臺灣史研究名家論集

（三編）

尹章義　林滿紅　林翠鳳

武之璋　孟祥瀚　洪健榮

張崑振　張勝彥　戚嘉林

許世融　連心豪　葉乃齊

趙祐志　賴志彰　闞正宗

蘭臺出版社

作者簡介（依姓氏筆劃排序）

尹章義　社團法人臺灣史研究會理事長、財團法人福祿基金會董事、財團法人兩岸關係文教基金會執行長。中國文化大學民國 106 年退休教授，輔仁大學民國 94 年退休教授，東吳、臺大兼課。出版專書 42 種（含地方志 16 種）論文 358 篇（含英文 54 篇），屢獲佳評凡四百餘則。
　　　　赫哲人，世居武昌小東門外營盤（駐防），六歲隨父母自海南島轉進來臺，住臺中水湳，空小肄業，四民國校、省二中、市一中畢業，輔仁大學學士，臺灣大學碩士，住臺北新店。

林滿紅　專攻歷史學，國立臺灣大學歷史學系學士與碩士、國立臺灣師範大學歷史研究所博士、美國哈佛大學歷史與東亞語文研究所博士；1990 年之後擔任中央研究院近代史研究所研究員與國立臺灣師範大學歷史學系教授，2008-2010 年間曾任中華民國國史館館長，2015 年迄今擔任中央研究院與陽明醫學大學合開人文講座課程兼任教授，2021 年轉任中央研究院近代史研究所兼任研究員；研究課題包括：近代中國或臺灣的口岸貿易與腹地變遷、晚清的鴉片觀與國內供應、十九世紀中國與世界的白銀牽繫、亞太商貿網絡與臺灣商人（1860─1961）、亞太歷史與條約：臺海，東海與南海等。

林翠鳳　臺灣彰化人。國立中山大學中文研究所博士，國立臺中科技大學應用中文系教授。曾任國立臺中科技大學應用中文系主任。主要研究方向：臺灣文學、民俗信仰等。著作：《陳肇興及其陶村詩稿之研究》《黃金川集》《鄭坤五及其文學研究》《施梅樵及其漢詩研究》等專書。主編《臺灣旅遊文學論文集》《宗教皈依科儀彙編》等十餘種。擔任《田中鎮志》《大里市史》《媽祖文化志》《登瀛書院簡史》等史志單元編纂。已發表期刊論文數百篇。

武之璋　河南孟縣（現孟州市）人，1942 年生，1949 年七歲隨父母赴台，淡江大學外文系畢業，曾經營紡織、營造業多年，從商期間自修經濟學，常發表財經論文，為當局重視，曾擔任台北市界貿易中心常務董事、行政院經濟改革委員會務顧問，多次參與台灣財經政策討論，後從商場退休，專心治學，範圍遍及中國近代史、台灣史及儒家學說，曾經出版《二二八真相解密》、《策馬入林》、《中庸研究》、《解剖民進黨》、《台灣光復日產接收研究》、《二二八真相與謊言》、《原來李敖騙了你》、《武之璋論史》、《外省人的故事》等書，近年

致力兩岸和平統一，強力反對民進黨文化台獨，並組織「藍天行動聯盟」，從文化、思想各方面與民進黨展激烈戰鬥。

孟祥瀚　國立中興大學歷史學系兼任副教授，國立臺灣師範大學歷史系博士，曾任臺灣古文書學會理事長。研究領域為臺灣區域史、臺灣原住民史、台灣方志學與台灣古文書研究等。主要關注議題在於清代與日治時期國家力量對於地方與族群發展的影響，如清末至日治初期，國家政策對於東台灣發展的形塑，清代封山禁令下番界政策對於中台灣東側番界開發的影響等。方志與古文書的研究，則是企圖透過在地生活的豐富紀錄，以思考與探討台灣基層社會運作的實際面貌。本書所收各篇，大致回應了上述的學思歷程。

洪健榮　臺灣臺南市人，籍貫澎湖縣。省立臺南一中畢業，輔仁大學歷史學系學士、清華大學歷史碩士、臺灣師範大學歷史博士。曾任僑生大學先修班、臺師大歷史學系、明志科大通識教育中心、中央大學歷史研究所、臺北科大通識教育中心、輔大歷史學系兼任教師、國立故宮博物院圖書文獻處助理研究員，現職國立臺北大學歷史學系教授兼海山學研究中心主任。主要研究領域為臺灣社會文化史、臺灣方志學、臺灣區域史、臺灣族群史，著有《龍渡滄海：清代臺灣社會的風水習俗》、《西學與儒學的交融：晚明士紳熊人霖《地緯》中的世界地理書寫》，發表相關學術論文五十餘篇，另曾主編《五股志》、《延平鄉志》、《新屋鄉志》、《續修五股鄉志》、《續修新竹縣志卷九‧人物志》。

張崑振　1970 年生於台北木柵，成大建築系畢業，成大建築博士，現任北科大建築系副教授，兼文化部、台北市及地方政府文資委員。曾擔任北科大創意設計學士班創班主任 2005-2008、北科大建築系主任 2016-2019。專長為建築史與理論、傳統建築與風土、遺產與都市保存，二十多年來一直從事台灣文化資產的保存、修復研究工作，主持六十餘件古蹟、聚落、文化景觀、產業遺產、遺址等類型文化資產調查研究計畫，近年也擔任古蹟修復設計及再利用策展工作。近年著有 2020《再尋冷戰軌跡-臺糖南北平行預備線文化資產價值研究》、2016《找尋曾經艱困的時代輪廓》、2015《傳家—新埔宗祠的故事》、2015《關渡宮—宮廟與文化景觀》等書。

張勝彥　臺灣大學歷史學學士、碩士，日本京都大學博士。先後任東海大學歷史系教授、日本京都大學文學部外國人招聘教授、中央大學歷史研究所教授兼所長、日本私立關西大學經濟學部外國人招聘教授、臺北大學歷史系教授兼民俗藝術研究所所長、及人文學院院長等教職。此外曾任臺灣歷史學會會長、內政部古蹟評鑑小組委員、臺中

縣志總編纂、續修臺中縣志總編纂、續修臺北縣志總編纂等職。現為臺北大學兼任教授、續修新竹縣志總編纂。已出版之學術著作有《南投開拓史》、《清代臺灣廳縣制度之研究》、《認識臺灣（歷史篇)》、《臺灣開發史》、《台中市史》、《臺灣史》等著作。

戚嘉林　Dr. Chi Chia-lin，中國統一聯盟前主席，1951 年生於台灣（原籍湖北沔陽/仙桃)，輔仁大學商學士、中國文化大學經濟研究所碩士、南非首都比勒陀利亞大學（University of Pretoria）國際關係學博士。台灣外事人員特考及格，任職駐外單位、退休后曾任中國統一聯盟主席、並在世新大學授課。現為《祖國》雜誌發行人兼社長，社團法人台灣史研究會理事長，著有《台灣史》《台灣二二八大揭秘》《李登輝兩岸政策十二年》《台灣史問與答》《謝南光-從台灣民眾黨到中國共產黨》，及主編《坎坷復興路》等書。

許世融　雲林縣口湖鄉人，1966 年生，臺灣師範大學歷史學系博士，現任臺中教育大學區域與社會發展學系副教授兼系主任。先後於嘉義農專、國空大、建國科大、清華大學歷史研究所擔任兼任講師、助理教授；陸續進行過科技部諸多專題研究案。2011-2013 年並參與京都大學經濟學部堀和生教授主持的「東アジア高度成長の史的研究―連論から東アジア論へ―」跨國研究計畫。主要學術專長：臺灣經濟史、社會史、族群史等。博士論文〈關稅與兩岸貿易（1895-1945)〉曾獲得彭明敏文教基金會臺灣研究最佳博士論文獎。

連心豪　福建省仙遊縣人，1954 年 3 月生於安溪縣文廟廖厝館，旋移居泉州市區。廈門大學歷史學碩士，歷任廈門大學歷史學系教授，廈門大學中國海關史研究中心主任，福建省連橫文化研究院院長，福建省文史研究館研究館員，中國海關博物館顧問。專攻中國近代海關史，兼治閩臺關係史、閩南民間信仰與譜牒學。著有《近代中國的走私與海關緝私》、《水客走水》、《中國海關與對外貿易》，主編《閩南民間信仰》、《福建連氏志》、《仙遊鳳阿阿頭連氏譜牒》等書。

葉乃齊　1960 年出生於嘉義。1982 年自文化大學建築系畢業，1987-1989 年曾就讀於台灣大學土木研究所交通乙組，1989 年曾於文化大學造園景觀系兼任執教，1990-1993 年服務於行政院文建會，從事古蹟保存業務。1993 年就讀台灣大學建築與城鄉研究所博士班，2002 年 7 月獲台大城鄉所博士學位，曾擔任南亞技術學院建築系專任助理教授及華梵大學建築學系專任助理教授。2005 年 8 月接任華梵大學建築學系主任、所長，於 2008 年 1 月卸任。曾參與王鴻楷教授主持之研究案有《澎湖天后宮之彩繪》等五案。及夏鑄九教授主

　　持之研究案有《新竹縣三級古蹟新埔褒忠亭整修計畫》等七案。專業研究規劃案有近二十五本著作，個人代表著作有博士論文《台灣傳統營造技術的變遷初探--清代至日本殖民時期》，碩論《古蹟保存論述之形成—光復後台灣古蹟保存運動》及近百篇論文與著述。

趙佑志　1968 年，臺北人，臺灣師範大學歷史系學士、碩士、博士。現任新北高中教師兼任學務主任、清華大學歷史研究所兼任助理教授、真理大學人文與資訊學系兼任助理教授、淡江大學師培中心兼任助理教授，曾參與《沙鹿鎮志》、《梧棲鎮志》、《桃園市志》、《續修臺北縣志》、《高中歷史教科書》的編纂。著有：《日據時期臺灣商工會的發展(1895—1937)》、《日人在臺企業菁英的社會網絡(1895—1945)》、《續修臺北縣志》卷八文教志、〈躍上國際舞臺—清季中國參加萬國博覽會之研究〉等近百篇論文。

賴志彰　臺灣彰化人，逢甲建築系學士，國立臺灣大學建築與城鄉研究所碩、博士，長期參與文化資產保存工作，從最早的內政部到目前幾個市縣的文化資產諮詢委員，深入研究霧峰林家的歷史與建築，研究臺灣地方民居（包括新北、桃園、苗栗、臺中縣、彰化、嘉義市等），碩博士論文攢研臺中市的都市歷史，研究過新莊迴龍樂生療養院、臺灣古地圖、佳冬蕭宅、彰化縣志的公共藝術與工藝篇等。目前服務於國立臺南大學文化與自然資源學系臺灣文化碩士班，担任副教授，指導超過 180 篇以上的碩士論文。

闞正宗　1961 年出生於臺灣嘉義，成功大學歷史學博士。1985 年起年從事新聞編採工作，進而主持佛教出版社、雜誌社。長年從事佛教寺院及文物的田野調查，二十餘年間完成有關佛寺、人物田野調查專著、合著十餘冊。1996 年起先後出版《臺灣佛寺導遊》九冊、《臺灣佛教一百年》、《臺灣佛寺的信仰與文化》、《重讀臺灣佛教——戰後臺灣佛教（正續編）》、《臺灣佛教史論》、《中國佛教會在臺灣——漢傳佛教的延續與開展》、《臺灣日治時期佛教發展與皇民化運動——「皇國佛教」的歷史進程（1895-1945）》、《臺灣佛教的殖民與後殖民》、《臺灣觀音信仰的「本土」與「外來」》等學術著作。除臺灣佛教史研究之外，研究領域尚延伸至臺灣宗教、中、臺、日三邊佛教交涉、日本文化等研究領域。曾任法鼓佛教學院、玄奘大學宗教研究所兼任助理教授，現任佛光大學佛教學系副教授。

《臺灣史研究名家論集》──總序

　　《臺灣史研究名家論集》即將印行，忝為這套叢刊的主編，依出書慣例不得不說幾句應景話兒。

　　這十幾年我個人習慣於每學期末，打完成績上網登錄後，抱著輕鬆心情前往探訪學長杜潔祥兄，一則敘敘舊，問問半年近況，二則聊聊兩岸出版情況，三則學界動態及學思心得。聊著聊著，不覺日沉西下，興盡而歸，期待半年後再見。大約三年前的見面閒聊，偶然談出了一個新企劃。潔祥兄自從離開佛光大學教職後，「我從江湖來，重回江湖去」（潔祥自況），創辦花木蘭出版社，專門將臺灣近六十年的博碩士論文，有計畫的分類出版，洋洋灑灑已有數十套，近年出書量及速度，幾乎平均一日一本，全年高達三百本以上，煞是驚人。而其選書之嚴謹，校對之仔細，書刊之精美，更是博得學界、業界的稱讚，而海峽對岸也稱許他為「出版家」，而不是「出版商」。這一大套叢刊中有一套《臺灣歷史文化叢刊》，是我當初建議提出的構想，不料獲得彼首肯，出版以來，反應不惡。但是出書者均是時下的年輕一輩博、碩士生，而他們的老師，老一輩的名師呢？是否也該蒐集整理編輯出版？

　　看似偶然的想法，卻也是必然要去做的一件出版大事。臺灣史研究的發展過程，套句許雪姬教授的名言「由鮮學經顯學到險學」，她擔心的理由有三：一、大陸學界有關臺灣史的任務性研究，都有步步進逼本地臺灣史研究的趨勢，加上廈大培養一大批三年即可拿到博士學位的臺灣學生，人數眾多，會導致臺灣本土訓練的學生找工作更加雪上加霜；二、學門上歷史系有被社會科學、文學瓜分，入侵之虞；三、在研究上被跨界研究擠壓下，史家最重要的技藝──史料的考訂，最後受到影響，變成以理代証，被跨學科的專史研究壓迫得難以喘氣。另外，中研院臺史所林玉茹也有同樣憂慮，提出五大問題：一、是臺灣史研究受到統獨思想的影響；二、學術成熟度仍不夠，一批缺乏專業性的人可以跨行教授臺灣史，或是隨時轉戰研究臺灣史；三、是研究人力不足，尤其地方文史工作者，大多學術訓練不足，基礎條件有限，甚至有偽造史料或創

造歷史的情形，他們研究成果未受到學術檢驗，卻廣為流通；四、史料收集整理問題，文獻資料躍居成「市場商品」，竟成天價；五、方法問題，研究者對於田野訪查或口述歷史必須心存警覺和批判性。

　　十數年過去了，這些現象與憂慮仍然存在，臺灣史學界仍然充滿「焦慮與自信」，這些焦慮不是上文引用的表面問題，骨子裡頭真正怕的是生存危機、價值危機、信仰危機，除此外，還有一種「高平庸化」的危機。平心而論，臺灣史的研究，不論就主題、架構、觀點、書寫、理論、方法等等。整體而言，已達國際級高水準，整個研究已是爛熟，不免凝固形成一僵硬範式，很難創新突破而造成「高平庸化」的危機現象。而「高平庸化」的結果又導致格局小、瑣碎化、重複化的現象，君不見近十年博碩士論文題目多半類似，其中固然也有因不同學門有所創見者，也不乏有精闢的論述成果，但遺憾的是多數內容雷同，資料重複，學生作品如此；學者的著述也高明不到哪裡，調研案雖多，題材同，資料同，析論也大同小異。於是乎只有盡量挖掘更多史料，出版更多古文書，做為研究創新之新材料，不過似新實舊，對臺灣史學研究的深入化反而轉成格局小、理論重複、結論重疊，只是堆砌層累的套語陳腔，好友臺師大潘朝陽教授，曾諷喻地說：「早晚會出現一本研究羅斯福路水溝蓋的博士論文」，誠哉斯言，其言雖苛，卻是一句對這現象極佳註腳。至於受統獨意識形態影響下的著作，更不值得一提。這種種現狀，實在令人沮喪、悲觀，此即焦慮之由來。

　　職是之故，面對臺灣史這一「高平庸化」的瓶頸，要如何掙脫困境呢？個人的想法有二：一是嚴守學術規範予以審查評價，不必考慮史學之外的政治立場、意識形態、身分認同等；二是返回原點，重尋典範。於是個人動了念頭，很想將老一輩的著作重新整理，出版成套書，此一構想，獲得潔祥兄的支持，兩人初步商談，訂下幾條原則，一、收入此套叢書者以五十歲（含）以上為主；二、是史家、行家、專家，不必限制為學者，或在大專院校、研究機構者；三、論文集由個人自選代表作，求舊作不排除新作；四、此套書為長期計畫，篩選四、五十位名家代表

作，分成數輯分年出版，每輯以二十位為原則；五、每本書字數以二十萬字為原則，書刊排列起來，也整齊美觀。商談一有結論，我迅即初步擬定名單，一一聯絡邀稿，卻不料潔祥兄卻因某些原因而放棄出版，變成我極尷尬之局面，已向人約稿了，卻不出版了。之後拿著企劃書向兩家出版社商談，均被婉拒，在已絕望之下，幸得蘭臺出版社盧瑞琴女史遞出橄欖枝，願意出版，才解決困局。但又因財力、人力、市場的考慮，只能每輯以十人為主，這下又出現新困擾，已約的二十幾位名家如何交代如何篩選？兩人多次商討之下，盧女史不計盈虧，終於同意擴大為十五位，並不篩選，以來稿先後及編排作業為原則，後來者編入續輯。

　　我個人深信史學畢竟是一門成果和經驗累積的學科，只有不斷累積掌握前賢的著作，溫故知新，才可以引發更新的問題意識，拓展更新的方法、理論，才能使歷史有更寬宏更深入的研究。面對已成書的樣稿，我內心實有感發，充滿欣喜、熟悉、親切、遺憾、失落種種複雜感想。我個人只是斗膽出面邀請同道之師長友朋，共襄盛舉，任憑諸位自行選擇其可傳世、可存者，編輯成書，公諸同好。總之，這套叢書是名家半生著述精華所在，精彩可期，將是臺灣史研究的一座豐功碑及里程碑，可以藏諸名山，垂範後世，開啟門徑，臺灣史的未來新方向即孕育在這套叢書中。展視書稿，披卷流連，略綴數語以說明叢刊的成書經過，及對臺灣史的一些想法、期待與焦慮。

卓克華

2016.2.22 元宵　於三書樓

《臺灣史研究名家論集》——推薦序

　　《臺灣史研究名家論集》這套書本身就是一種臺灣史研究。其性質與意義，可以我擬編的另一套書來做說明。

　　相對於大陸，臺灣學界個性勝於群性，好處是彰顯個人興趣、自由精神；缺點是不夠關注該學科的整體發展，很少人去寫年鑑、綜述、概括、該學科的資料彙編或大型學人論著總集。

　　所以我們很容易掌握大陸各學科的研究發展狀況，對臺灣則不然。比如哲學、文學、社會學、政治學都各有哪些學派、名家、主要著作，研究史又如何等等，個中人也常弄不清楚，僅熟悉自己身邊幾個學校、機構或團體而已。

　　本來名家最該做這種事，但誰也不願意做綜述、概括這等沒甚創見的勞動；編名家論集嘛，既抬舉了別人，又掛一漏萬得罪人，何必呢？

　　我在學生書局時，編過一些學科綜述，頗嘗甘苦。到大陸以後，也曾想在人文與社會學科中，每學科選二十位名家，做成論文集，以整體呈現臺灣二十世紀下半葉的學術成果，遷延至今，終於未成。所以我看卓克華兄編成的這套《臺灣史研究名家論集》特有會心、特深感慨。

　　正如他所說，現在許多學科都面臨大陸同行的參與，事實上也是巨大的壓力。大陸人數眾多，自成脈絡。臺灣如果併入其數量統計中去，當然立刻被淹沒了。他們在許多研究成果綜述中，被視野和資料所限，也常不會特別關注臺灣。因此我們自己的當代學術史梳理就特別重要、格外迫切。

　　《臺灣史研究名家論集》從這個意義上說，本身就是一種臺灣學術史的建構。所選諸名家、各篇代表作，足以呈現臺灣史這個學科的具體內容與發展軌跡。

　　這些名家，與我同時代，其文章寫作之因緣和發表時之情境，讀來歷歷在目，尤深感慨。

　　因為「臺灣史」這個學科在臺灣頗有特殊性。

　　很多人說戒嚴時期如何如何打壓臺灣史研究，故臺灣史尟有人問津；

後來又如何如何以臺灣史、臺灣文學史為突破口，讓臺灣史研究變成了顯學。克華總序中提到有人說臺灣史從「鮮學變成顯學」，然後又受政治影響，成了險學，就是這個意思。

但其實，說早年打壓臺灣史，不是政治觀點影響下的說詞嗎？卷帙浩繁的《臺灣風物月刊》、《臺北文獻季刊》、《臺灣文獻季刊》、臺灣銀行《臺灣文獻叢刊》等等是什麼？《臺灣文獻季刊》底下，十六種縣市文獻，總計就有四億多字，怎麼顯示五十年代到八十年代中期政府打壓了臺灣史的資料與研究？我就讀的淡江大學，就有臺灣史課程，圖書館也有專門臺灣史料室，我們大學生每年參加臺灣史蹟源流會的夏令營，更是十分熱門。我大學以後參與鄉土調查、縣誌編撰、族譜研究，所感受的暖心與熱情，實在不能跟批評戒嚴時期如何如何打壓臺灣史研究的說詞對應起來。

反之，對於高談本土性、愛臺灣、反殖民的朋友所揭櫫的臺灣史研究，我卻常看到壓迫和不寬容。所以，他們談臺灣文學時，我發現他們想建立的只是「我們的文學史」。我辦大學時，要申辦任何一個系所都千難萬難，得提前一兩年準備師資課程資料及方向計畫去送審；可是教育部長卻一紙公文下來，大開後門，讓各校趕快開辦臺灣史系所。我們辦客家研討會，客家委員會甚至會直接告訴我某教授觀點與他們不合，不能讓他上臺。同樣，教師在報端發表了他們不喜歡的言論，各機關也常來文關切……。這時，我才知道有一個幽靈，在監看著臺灣史研究群體。

說這些，是要提醒本叢刊的讀者：無論臺灣史有沒有被政治化，克華所選的這些名家，大抵都表現了政治泥沼中難得的學術品格，勤懇平實地在做研究。論文中匕鬯不驚，而實際上外邊風雨交加。史學名家之所以是名家，原因正要由此體會。

但也由於如此，故其論文多以資料梳理、史實考證見長。從目前的史學潮流來看，這不免有點「古意盎然」。他們這一輩人，對現時臺灣史研究新風氣的不滿或擔憂，例如跨學科、理論駕指史料、臺灣史不盡

為史學系師生所從事之領域等等，其實就由於他們古意了。

　　古意，當然有過時的含義；但在臺灣，此語與老實、實在同意。用於臺灣史研究，更應做後者理解。實證性史學，在很多地方都顯得老舊，理論根基也已動搖，但在臺灣史這個研究典範還有待建立，假史料、亂解讀，政治干擾又無所不在的地方，卻還是基本功或學術底線。老一輩的名家論述，之所以常讀常新，仍值得後進取法，亦由於此，特予鄭重推薦。

　　　　　　　　　　　　　　　　　　　　　龔鵬程

《臺灣史研究名家論集》——推薦序

　　臺灣，在許多大陸人看來是一個地域相對狹小、自然資源有限、物產不夠豐富、人口不夠眾多且孤懸於海外的一個島嶼之地。對於這座寶島的歷史文化、社會風貌、民間風俗以及人文地貌等方面的情況知之甚少。然而，當你靜下心來耐心地閱讀由臺灣蘭臺出版社出版的《臺灣史研究名家論集》（已出版三編）之後，你一定會改變你對臺灣這個神奇島嶼的認知。

　　《臺灣史研究名家論集》到目前為止，已經輯錄了近五十名研究臺灣史的專家近千萬字的有關臺灣史的研究成果。這些研究成果大都以臺灣這塊獨特的地域空間為載體，以發生在這塊神奇土地上的歷史事件、人物故事、社會變遷、宗教信仰、民間習俗、行政建制、地方史志、家族姓氏、外族入侵、殖民統治、風水習俗以及建築歷史等等為研究內容，幾乎囊括了臺灣的自然與社會生活的方方面面。例如，尹章義的《臺灣移民開發史上與客家人相關的幾個謎題》，林滿紅的《清末臺灣與我國大陸之貿易型態比較（1860-1894）》，林翠鳳教授的《臺灣傳統書院的興衰歷程》，武之璋先生的《從純史學的角度重新檢視二二八》，洪健榮的《明鄭治臺前後風水習俗在臺灣社會的傳佈》，張崑振的《清代臺灣地方誌所載官祀建築之時代意義》，張勝彥的《臺灣古名考》，戚嘉林的《荷人據台殖民真相及其本質之探討》，許世融的《日治時期彰化地區的港口變化與商貿網絡》，連心豪的《日本據臺時期對中國的毒品禍害》，葉乃齊的《臺灣古蹟保存技術發展的一個梗概》，趙佑志的《日治時期臺灣的商工會與商業經營手法的革新（1895—1937）》，賴志彰的《台灣客家研究概論—建築篇》，闞正宗的《清代治臺初期的佛教（1685-1717）——以《蓉洲詩文稿選集》、《東寧政事集》為中心……

　　上述各類具體的臺灣史研究，給讀者全面、深刻、細緻、準確地瞭解臺灣、認知臺灣、理解臺灣、並關注臺灣未來的發展，提供了「法國年鑑學派」所說的「全面的歷史」資料和「完整的歷史」座標。這套叢書給世人描摹出一幅幅臺灣社會、文化、經濟、生態以及島民心態變遷

的風俗畫。它們既是臺灣社會的編年史、也是臺灣的時代變遷史，還是臺灣社會風俗與政治文化的演變史。

《臺灣史研究名家論集》在史學研究方法上借鑒了法國年鑒學派以及其他現代史學流派的諸多新的研究方法，給讀者提供了新的研究視角，使得史學研究能夠從更加廣闊、更加豐富的空間與視角上獲取歷史對人類的啟示。《臺灣史研究名家論集》的許多研究成果，印證了中國大陸著名歷史學家章開沅先生對史學研究價值的一種「詩意化」的論斷，章開沅先生曾經說過，「**從某種意義上說，史學應當是一個沉思著的作者在追撫今夕、感慨人生時的心靈獨白。史學研究的學術的價值不僅在於它能夠舒緩地展示每一個民族精神的文化源流，還在於它達到一定境界時，能夠闡揚人類生存的終極意義，並超越時代、維繫人類精神與不墮……**」

閱讀《臺灣史研究名家論集》，能夠讓讀者深切感受到任何一個有限的物理空間都能夠創造出無限的精神世界，只要這塊空間上的主人永遠懷揣著不斷創造的理想與激情。我記得一位名叫唐諾（謝材俊）的臺灣作家曾經說過，由於中國近代歷史的風雲際會，使得臺灣成為一個十分獨特的歷史位置。「**在很長一段時間裡，臺灣是把一個大國的靈魂藏在臺灣這個小小的身體裡面……**」，的確，近代以來的臺灣，在某種程度上來講成就驚人。它誕生過許多一流的人文學者、一流的史學家、一流的詩人、一流的電影家、一流的科學家。它曾經是「亞洲四小龍」之一。

臺灣之所以能夠取得如此驚人的文化成就，離不開諸如《臺灣史研究名家論集》裡的這些史學研究名家和**臺灣蘭臺出版社**這樣的文化機構以及**一大批「睜眼看世界」的仁人志士們**持之以恆的辛勤耕耘和不畏艱辛的探索。是這些勇敢的探尋者**在看得見的地域有限物理空間拓展並創造出了豐富多彩的浩瀚精神宇宙。**

為此，我真誠地向廣大讀者推薦《臺灣史研究名家論集》這套叢書。

王國華　2021 年 6 月 7 日於北京

《臺灣史研究名家論集》——編後記

　　我在〈二編後記〉中曾慨嘆道，編此《論集》有三難：邀稿難、交稿難、成書難。在《三編》成書過程中依然如此，甚且更加嚴重，意外狀況頻頻發生，先是新冠肺炎疫情耽誤了近一年，而若干作者交稿、校稿拖拖拉拉，也有作者電腦檔案錯亂的種種問題，也有作者三校不足，而四校，五校，每次校對又增補一些資料，大費周章，一再重新整理，諸如此類狀況，整個編輯作業延誤了近一年，不得已情商《四編》的作者，將其著作提前補入《三編》出版，承蒙這些作者的同意，才解決部分問題。

　　如今面對著《三編》的清樣，心中無限感慨，原計畫在我個人退休前將《臺灣史研究名家論集》四輯編輯出版完成，而我將於今年（2021）七月底退休，才勉強出版了《三編》，看來又要耗費二年歲月才能出版《四編》，前後至少花了十年才能夠完成心願，十年，人生有多少個十年？！也只能自我安慰，至少我為臺灣史學界整理了乙套名家鉅作，留下一套經典。

卓克華　　于三書樓

2021.6.7

闞正宗

臺灣史研究名家論集

蘭臺出版社

目　錄

代序：跌宕起伏的臺灣佛教

一

臺灣佛教史四個分期如同政治分期：明鄭時期、清代、日本殖民時期與戰後，就歷史長短、研究比重，明鄭時期為最短，而且就國史而言，臺灣雖作為鄭氏三代反清復明的基地與偏安政權，但大陸早已進入滿清統治時期，不過廿二年的明鄭時期，累積的資料自然十分有限，仍有待新證據與新論證。

比起明鄭時期的廿二年，清朝治理下的臺灣共二百一十年，歷史幾乎是明鄭時期的十倍，但是這段臺灣佛教歷史的研究仍屬鳳毛麟爪。若將明鄭時期加上清代統治時間，已近清代國祚三分之二，但比起日本殖民半世紀，以及戰後國府遷臺七十年的當代臺灣佛教史研究，清代研究仍難望其項背，何以致此？史料的缺乏應是其中最大因素。

日本殖民臺灣半世紀、國府遷臺七十年，所留下來的資料汗牛充棟，加上 1980 年代以降臺灣佛教發展取得佳績，無論是出家人數或在家學佛屢創高峰，知識分子投身佛門比比皆是，自然也就引起學者的重視，研究成績自然不俗。

然而，歷史具起承轉合作用，明鄭至清代臺灣佛教未臻明朗，何能侃侃而談殖民佛教？若不明殖民佛教又如何書寫戰後初期的現當代佛教？

明鄭至清代臺灣佛教研究，若僅借重官方史料或方志記載，則必然有所不足，自然也難一窺佛教全貌。為補官方史料之不足，針對清代宮廟寺觀田野調查進行，實屬必須。近年發現許多清代民間信仰宮廟，甚至官方管轄廟宇，如城隍廟，皆發現住持或管理的僧侶牌位的田野文獻。

二

2019 年 4 月間，於戶外教學的田調中，發現宜蘭市城隍廟及相距不過百尺的昭應宮媽祖廟，皆安奉住持僧侶牌位，據〈宜蘭城隍廟歷任

住持和尚之蓮座〉載：傳臨濟正宗四十五世圓寂比邱安公振樂和尚之蓮座、開山第一代臨濟正宗順寂上靜下修和尚圓寂之蓮座、芳碧順寂沙彌上長下河‧上紹下通‧上旺下松大禪師三位之蓮座、順寂沙彌馮益上宗下輝蓮座、臨濟沙彌省勤和尚圓寂蓮座。

昭應宮媽祖廟的住持僧侶群牌位更加可觀，一塊為〈南院衍派〉，另一塊為〈黃蘗流芳〉。〈南院衍派傳臨濟正宗〉牌位的八位僧人分別是：克念‧克寬號然誠‧然和徐公、順寂沙彌師父振榮春公、智海公和尚暨列位禪師、順寂沙彌施公一色和尚、比邱上良下法湛義徐公、學蓮‧學文號法醢‧法章徐公。過去所謂的「南院」被普遍誤指為「漳州南山寺」，但有清一代南山寺並未有相同演字之僧侶名號，觀其字號別，當來自南海普陀山，故牌位上之「南院衍派」，當指南海普陀山普陀後寺，此一傳承與清代大甲鎮瀾宮一致。

〈黃蘗流芳〉牌位有十位僧人：開蘭第一代順寂沙彌光石玉公、開山臨濟正宗順寂沙彌秋桐月公、臨濟正宗願成承公一位、臨濟正宗三十九世上西下崑峨、臨濟正宗四十一世比邱正昌隆、示（順）寂沙彌建章號德公‧妙香恩公‧六乙就公‧明琳榮公‧香琳覺公之蓮座。而〈黃蘗流芳〉牌位則表示該僧侶群來自福建黃蘗（蘗）山的臨濟宗傳承，有別於〈南院衍派〉的南海普陀山系統。

昭應宮兩方牌位同屬臨濟宗傳承的黃蘗山及普陀山，看來是黃蘗山僧侶住持先於〈南院衍派〉，但昭應宮建於清嘉慶十三年（1808）前後，不到百年即進入日本殖民時期，若此兩牌位皆屬於清代，總共十八位僧人，要如何解釋？

無論如何，諸如宜蘭城隍廟與媽祖廟昭應宮裡的僧侶群，在其他清代宮廟也有類似情形，因此，如果忽視此一線索，清代臺灣佛教樣貌恐難以解明。

三

本研究論集分為四大部分：清代歷史與信仰篇、日本殖民佛教與兩岸交流篇、殖民到戰後宗派人物篇、戰後佛教文化與實踐篇。

　　第一部「清代歷史與信仰篇」，主要討論從明鄭時期至清代統治下的府城佛教歷史及人物，先以首任諸羅縣令季麒光（生卒年不詳）之《蓉洲詩文稿選集》為中心，除回溯明鄭時期佛教外，同時探討清代治理臺灣初期三十年間的佛教樣貌。其次，鳥瞰清代府城內外僧侶活動的軌跡，經懺佛事極其盛行，僧侶分持齋、不持齋，以及香花、禪和派。

　　清乾隆中葉，鳳山縣城一座以唐代神異僧僧伽和尚為崇拜對象的泗洲寺創立，僧伽和尚被傳為觀音化身，自宋代以後大盛，主要流行於江淮一帶，被尊為守護水路安全之神祇，人稱「泗洲大聖」，於鳳山地區流行約百年，其具「民俗信仰」的特色，乃臺灣另類觀音信仰的珍貴歷史。

　　清代方志雖也記載重要佛寺宮廟創建原由，但大部分都是寥寥數語，簡單帶過，因此，以方志為基礎，收集碑刻、鐘銘、牌位、手稿等相關文獻，方得解明寺廟人物及其歷史。第一部第四篇之〈臺灣佛教寺志與佛教史〉，以清代臺灣首座叢林海會寺為核心，旁及北港朝天宮、大甲鎮瀾宮的僧侶群，皆從其祖堂牌位之演字號進而推算出其法脈傳承。

　　第二部「日本殖民佛教與兩岸交流篇」，前三篇主要以日本佛教各宗派之「從軍僧」或「開教使」為線索，探討其在臺閩布教的人物及歷史。「從軍僧」在臺布教依附軍事行動而開展，故 1896 年 4 月之後，隨著日軍征臺戰役結束而結束，然繼之在亞洲戰場開啟的其他戰役，日本「從軍僧」依然活躍。

　　就「開教使」而言，於福建設立據點，以呼應總督府的對岸政策，其中臨濟宗妙心寺派與真宗東本願寺派最為積極，東本願寺派甚至藉 1900 年「庚子事變」製造出「廈門事件」，擬以保護僑民之理由佔領福建，日本佛教僧侶配合國家對外擴張主義，毫不避嫌。

　　臺灣大勢底定之後，各宗布教師在臺各地傳教，建立據點越發積極，邊陲之地的宜蘭，真宗東、西本願寺兩派在此競爭激烈的同時，也展開社會教化之實踐。

　　殖民時初中期，兩岸佛教的交流頻繁，直到「九一八事變」發生後，

日方才嚴格管制華僧來臺。

1917 年 10 月，太虛大師應基隆月眉山開山住持善慧法師之邀來臺參訪 45 天，並與齋教、儒教人士對話，之後在善慧法師陪同下前往日本，將在臺日見聞寫成《東瀛采真錄》傳世。除了太虛以外，兩岸佛教交流的時代人物不少，過去學界較為注意的大體為圓瑛、會泉、慧雲、巨贊等人，第二部第四篇之〈殖民時期兩岸佛教交流舉隅〉，將過去未曾被注意的諦閑法師之於新竹五指山觀音寺、仁山法師與臺中后里毗盧禪寺之往來因緣等等，以及深受太虛大師佛教改革、教育理念影響之羅妙吉一生之佛教事業，綜合說明，足以證明兩岸佛教於殖民時期交流之盛況。

第三部「殖民到戰後宗派人物篇」，目的在探討橫跨兩個不同政權的佛教人物歷史，他們如何調適，並開創出一番令人矚目的事業。首先是新竹靈隱寺無上法師，他出家於殖民時期，1939 年之後逐漸嶄露頭角。膾炙人口的是 1951 年秋，無上法師於寺中創辦「臺灣佛教講習會」前後五年，之後又於 1957 年創辦「靈隱佛學院」凡三年半，無上法師可說是臺灣光復後佛教教育的功勞者。

另外，日本曹洞宗兩大本山臺灣別院在臺開教歷史，見證了日本佛教在地化的成功，首先，曹洞宗臺灣別院首任院主大石堅童接引了該宗第一位臺籍弟子孫心源，並令其住持別院附屬道場—觀音禪堂。孫心源致力於臺民之布教，並延續至光復後，自 1947 年起連任臺北市佛教支會理事長至 1972 年圓寂止。

孫心源弟子之一源靈和尚，原是其俗家外孫，1941 年於日本島根縣永明寺之「覺皇學園」求學，因戰亂僅三年輟學回臺。光復後，源靈和尚以經懺為業，直到 1987 年正式出家，負起中興東和禪寺（原觀音禪堂）之責，2013 年靈源和尚圓寂。師徒二人見證了從殖民初期至戰後凡百年之歷史。

第三篇〈真言宗弘法寺與臺北天后宮—《閱讀臺北天后宮》內容的商榷〉，因 2006 年《閱讀臺北天后宮》一書出版，其中關涉真言宗弘法

寺之歷史，以及戰後弘法寺轉移給新興宮（臺北天后宮前身）頗多偏離史實，為正視聽而撰，載於《臺北文獻》。原本日本佛寺應該隨著日本戰敗離臺而交給佛教管理，但臺北市政府的行政命令主導一切，移撥給媽祖廟作為道場，如今臺北天后宮成為日本佛教與臺灣民間信仰共濟一堂之特殊景象。

殖民時期大陸僧侶來臺弘化或交流，時間少則數天，長則月餘，而來自廣西的茂峰法師則是寫下另一傳奇，他不僅自 1927 年 11 月起滯臺前後長達五年餘，更前後進出臺灣四次，直到 1932 年 2 月離臺後長居香港不復入臺。茂峰法師不僅奉獻於臺灣僧教育，1941 年 12 月日軍佔領香港後，他還以滯臺時加入日本曹洞宗所賜「金燦五衣」維護人民與道場的安全。從戰前到戰後，在臺港兩地，皆有不凡的貢獻。

第四部「戰後佛教文化與實踐篇」，主要探討 1949 年之後大批陸僧來臺及其與在地佛教競合之下所開啟的「新臺灣佛教」運動。

1950 年代，臺海漸趨穩定，在大陸民國時期佛教因遭受的挫敗而展開的改革運動，再一次地在臺灣重現。首篇〈戰後政局巨變下的佛教文化跨海—1950 年代臺灣佛教的改革運動〉，乃是應 2016 年 12 月文化大學史學系召開的「第一屆中國知識界的近代動向學術討論會—1950年代中國知識分子與文化新運的再開」所撰。本篇論文並不算是全新的研究，主要綜合過去已出版的《重讀臺灣佛教—戰後臺灣佛教》（大千出版社 2004）、《宜蘭弘法十年記—青年星雲的人間佛教之路》（佛光文化 2018）兩本專書與部分論文而成。內容主要環繞佛教教育、傳戒活動。

第二篇〈七世章嘉呼圖克圖在臺行述〉乃是應「中華佛教護僧協會」召開的「2016 漢藏佛教文化交流研討會暨為世界和平祈禱法會」而撰。內容主要介紹中國佛教會理事長章嘉大師來臺七年中的活動，尤其是他自 1952 年當選第二屆理事長至 1957 年圓寂，主持中佛會的事蹟。

第三篇〈1949 年來臺陸僧的再移出—「太虛法系」在菲律賓的弘化〉，發表於「2015 年臺灣宗教學會」年會。內容環繞印順、妙欽、自

立、唯慈四位大陸省籍僧侶在菲律賓弘傳太虛人間佛教的過程。尤其是印順法師五度蒞菲律賓弘法，以及自立、唯慈法師領導普賢中學，皆在弘揚太虛法師人間佛教理念，並逐漸展現成果。

第四篇〈戰後臺灣佛教結社與淨土行人（1949-1987）〉宣讀於 2016 年香港中文大學人間佛教研究院的「人間佛教在東亞與東南亞的實踐」國際學術研討會上。內容探討 1949 至 1987 年戒嚴期間，臺灣佛教的結社念佛之風，其中以李炳南居士在中臺灣的影響最大，並旁及律航法師、煮雲法師、鍾石磐、李濟華、王天鳴等重要淨土行人。

第五篇〈社區的愛情見證—從佛刊看戰後臺灣「佛化婚禮」的歷史演變〉，原發表於，《護僧》第 51 期（2008 年 6 月），2017 年再補充修改。「佛化婚禮」在臺的歷史並不長，但無論臺灣或大陸，兩岸的佛化婚禮都與日本佛教有關，大約起於民國十年前後，至臺灣光復後的 1950、60 年代而大盛，並持續至千禧年。

第六篇〈戰後臺灣的「反創價學會」運動〉宣讀於佛光大學「2017 近代東亞佛教的變遷與發展國際學術研討會」。殖民時期，臺灣共傳入日本佛教宗派凡七宗十二派，隨著日本戰敗，這些教派也被禁絕在臺傳教，但祕密傳教者大有人在，如日蓮宗。

與日蓮宗同出一脈的創價學會在戒嚴前並無在臺傳教紀錄，臺灣佛教界也對創價學會所知不多，直到 1968 年創價學會會長池田大作，鼓吹日本與中共建交，並提出「日中邦交正常化宣言」，臺灣佛教會才展開全面的「反創價學會」運動。

四

臺灣佛教歷史發展在不同時期展現不同面貌，自 1662 年鄭成功驅逐荷蘭人伊始，橫跨三百五十餘年，共歷四個不同政權，從佛道不分、禪淨雙修、戒僧香花和尚難辨的明鄭、清代走來，雖於半個世紀的殖民統治下，強化佛教學術發展，但卻陷入戒律不彰的「肉食妻帶」型佛教，造成 1949 年之後以重建戒律為核心的傳戒運動。更因佛教徒意識到社會參與的重要性，進而發展出於華人社會別具特色的「人間佛教」實踐

運動。

　　本論集從明鄭、清代的佛教歷史與信仰中鳥瞰早期臺灣二百餘年歷史，再從殖民者的「從軍僧」與「開教使」活躍的兩岸活動中，見證了兩岸佛教於此一時期的密切交流，進而觀察到出身於殖民統治，而半生又在國民政府的戒嚴時期過度的僧侶們，如何自我改造與適應的問題。

　　戰後佛教文化的跨海，它掀起波瀾萬千，有適應、有變革，更有重組與發展，終於匯流成現今的臺灣佛教樣貌，它未來必將隨著歷史的跌宕起伏，再次向前發展，而我們置身其中，既是觀察者也將會是參與者。

　　本書得以出版，承同任教於佛光大學民俗廟宇歷史文化專家卓克華教授的引薦，蒙蘭臺出版社不棄。是為序。

2020.1.27 於淡水

清代治臺初期的佛教（1685-1717）——
以《蓉洲詩文稿選集》、《東寧政事集》為中心

一、前言

　　臺灣佛教之傳，始於漢人移民。《臺灣風土志》載：「佛教之由大陸傳入臺灣，遠在荷蘭人侵據以前。」[1] 1662 年，鄭成功（1624-1662）驅逐荷蘭人後，大量漢人移民進入臺灣，歷經 22 年鄭氏三代的統治，康熙 22 年（1683）7 月，施琅（1621-1696）於澎湖大敗劉國軒（1629-1693）所領導的鄭軍，「一戰而澎湖克復」，[2]臺灣新附版圖。

　　明鄭、清代臺灣佛教研究文獻，光復後雖有《臺灣文獻叢刊》[3]的陸續編成，但幾乎是以一般寺宮廟宇歷史介紹為主，僧人資料少之又少，因此，明清兩代臺灣佛教的研究困難重重。

　　先期研究以鳥瞰式居多，李添春的〈臺灣佛教史要〉上從荷西下至日本殖民時期，作為臺灣佛教研究者的先行者及權威學者，點出了「福建之黃檗山與臺灣有密切之關係」，並指出明鄭時期所建的寺院彌陀寺、興隆寺、龍湖巖等；[4]另一篇〈明末清初的臺灣佛教〉，主要回顧荷蘭人據臺時期天主教的傳入，以及隱元禪師與鄭成功交往的軼事，其中僧侶部分頗見鄉野傳奇；[5]梁湘潤、黃宏介合編的《臺灣佛教史初編》，從明末佛教的特色，一直論述至戰後臺灣，雖非學術性與條理性的論述，但許多觀點值得重視；[6]江燦騰的《臺灣佛教史》，明清臺灣佛教方面著重介紹觀念性問題，如出家佛教源流、文化傳播趨勢與特色、宗教

---

[1] 何聯奎、衛惠林，《臺灣風土志》（臺北：中華書局，1989），頁 123。

[2] 清・蔣毓英，《臺灣府志》（臺北：臺灣銀行經濟研究室，1967），頁 3。

[3] 《臺灣文獻叢刊》的編印，始於 1946 年冬，臺灣銀行創立經濟研究室。1957 年 8 月至 1972 年 12 月陸續出版此一叢刊 309 種、595 冊，以下不另註明。

[4] 李添春，〈臺灣佛教史要〉，《中國佛教史論集（三）》，（臺北：中華文化出版事業委員會，1956），頁 915-948。

[5] 《中國佛教史論集（八）臺灣佛教篇》（臺北：大乘文化，1979）。

[6] 梁湘潤、黃宏介合編，《臺灣佛教史初編》，（臺北：行卯出版社，1993）。

營生、僧侶墮落、香花僧等問題；[7]楊惠南〈明鄭時期臺灣「名士佛教」的特質分析〉、〈明清時期臺灣佛教的神佛不分與三教同源〉，指出明、清兩朝的臺灣佛教，有兩個重大現象是：一是「名士佛教」，二是神佛不分；[8]匡宇的〈臺灣佛教史〉，概略式地介紹了明鄭、清代，以連雅堂的《臺灣通史》及左營興隆寺碑概括明鄭時期的佛教，並討論「逃禪」的明末遺臣；清代僧人形象則取自王必昌纂輯的《重修臺灣縣志》；[9]臺灣有關黃檗山派的研究，僅見野川博之之考論，因為史料的問題，突破性不大，不過初步解答了黃檗寺在臺南的興衰。[10]

　　明末清初臺灣佛教因史料的欠缺，研究成果難以突破，若不輔以田野調查，更難釐清當時的佛教傳播樣貌，例如 2012 年，雲林北港朝天宮相關人士，在福建仙遊找到當年帶著媽祖像來臺的開山住持樹璧和尚（1664-1723）的墳位。俗名嚴瑞義的樹璧，原出家仙遊龍紀寺，30 歲（1694）抵笨港創建北港朝天宮，46 歲回到故里。[11]由於樹璧和尚墓的發現，證實北港朝天宮之創建歷史，同時也釐清他當時活動的軌跡。

　　本文除回溯明鄭三代的佛教外，在清初佛教之時間界定，以蔣毓英（生卒年不詳）編修《臺灣府志》（1685）為始，下至《諸羅縣志》脫稿止（1717），地理空間上則以清治臺行政區域的一府三縣（臺灣府、臺灣縣、鳳山縣、諸羅縣）為範圍，在史料上以《蓉洲詩文稿選集・東寧政事集》為中心，探討清代至臺初期（1685-1717）三十餘年間的佛教人物及情況。

---

[7] 江燦騰，《臺灣佛教史》（臺北：五南出版社，2009）。

[8] 原載《臺灣文獻》，53 卷 3 期（2002 年 9 月），收在《當代臺灣佛教文獻》（http://buddhism.lib.ntu.edu.tw/museum/TAIWAN/md.html#03）。

[9] 《中國佛教史論集（八）臺灣佛教篇》（臺北：大乘文化，1979）。

[10] 日・野川博之，〈台南黃檗寺考—古黃檗末寺の盛衰—〉，《黃檗文華》第 122 號（2003 年 7 月），頁 53-75。

[11] 蔡維斌，〈北港朝天宮傳說迎媽祖來台的和尚找到了〉，《聯合報》（2013 年 11 月 22 日），A26。

二、季麒光及《蓉洲詩文稿》

（一）季麒光治績與交友

季麒光，字聖昭，生卒年不詳；康熙15（1676）年進士。[12]據《福建通志臺灣府》載：

> 季麒光，榜姓趙，江南無錫人，康熙丙辰進士，二十三年，由閩清縣移任。縣初設，無城郭，無街市都聚之會，一望蓁茅，民襖而貧，地□而曠。所隸土番，皆文項雕題，重譯始通一語，驟設官吏，束以法律，則日夕驚怖若驚獸入檻，觸藩躑躅，不有其生。麒光推心循拊，巽其辭命，使之自化。初定制丁田賦役，如理亂絲，為之條分縷析，寧簡無苛。方謀經始，而遭外難，大吏以巖疆難其人，檄令節哀視事候代。乃定賦額丁數，課士招商，綏番墾荒，拔儒童才質之佳者接禮之。於是此中人始知有禮教之樂，文物之美比於內縣。爰輯有臺灣府志，綜其山川、風物、戶口、土田、扼塞以佐治理，未成而代者至。三十五年，副使高拱乾踵成之。臺灣有志，自麒光始也。[13]

季麒光治諸羅功績，史多稱讚，尤其是《臺灣府志》（蔣志）的纂修，「自麒光始也」。這段過程，在《臺灣府志》附錄（一）引《蓉洲詩稿》中季麒光所撰的〈臺灣志書前序─代周又文憲副〉曰：「臺灣草昧初并，無文獻之徵，郡守暨陽蔣君經始其事，鳳山楊令芳聲，諸羅季令麒光廣為搜討，閱三月而蔣君董其成。」[14]

文中的「蔣君」即是指康熙23（1684）年出任首任臺灣之府的蔣毓英（生卒年不詳），季麒光與他同年到任諸羅，隨即由季麒光等「廣為搜討」，《臺灣府志》不過三個月即成，惟直至康熙27（1688）年才刊刻，時季麒光已不在縣令任上。

除了諸羅治績外，季麒光與流寓臺灣三十餘年的沈光文

---

[12] 清・李桓撰，《清耆獻類徵選編》（臺灣文獻叢刊第216種），頁604。

[13] 清・陳壽祺纂，魏敬中重纂，《福建通志臺灣府》（臺灣文獻叢刊第84種），頁494。

[14] 清・蔣毓英，《臺灣府志》，頁134。

（1612-1688）等組「東吟社」，據《臺陽見聞錄》載：

> 康熙二十四年，鄞縣沈斯庵光文流寓臺灣，招無錫季蓉洲、華蒼
> 崖、宛陵韓震西、會稽陳易佩等，聯為詩社，取謝太傅「山以東
> 重」之意，名曰東吟社。蓋臺灣之山，在東極高峻，不特人跡罕
> 到，且從古至今絕少有題詠之者。今與諸社翁共創始之，分題拈
> 韻，擇勝尋幽，可與王右軍之茂林修竹、石季倫之流水長堤，並
> 垂不朽。[15]

　　將東吟社之組成比喻為東晉書法名家王羲之（303-361）南渡後的
悠遊山水與好友組文人社團，以及西晉文學家「金谷二十四友」領袖石
崇（249-300）政治文學團體。

　　就季麒光所留下來的唱和詩文集來看，確實保留了諸多臺灣當時的
歷史景物。而季麒光與沈光文的交往尤值得重視，「逃禪」的沈光文現
僧相，反映臺灣「名士佛教」的部分樣貌（詳後）。

（二）《蓉洲文稿》及《東寧政事集》

　　《蓉洲詩文稿選集》及《東寧政事集》皆為清復臺後首任諸羅縣令
季麒光所著，《蓉洲詩文稿》大部分是其來臺後與時人相唱和之作，全
稿分《蓉洲詩稿選輯》七卷與《蓉洲文稿選輯》全卷；《東寧政事集》
則為季氏在諸羅縣令任上往來各種文書檔案，全一冊。其中《蓉洲文稿》
在乾隆 17（1752）年王必昌編修《重修臺灣縣誌》時，檢視與臺灣有關
的各家著作，羅列「臺灣雜記（一卷）、蓉洲文稿（一卷）、山川考略（一
卷）、海外集（一卷），俱諸羅縣知縣無錫季麒光蓉洲著……右自『東番
記』以下，作者二十一家、為書三十八種，邑無藏版，亦少懸籤；年代
未遙，散軼過半……。」[16]時人吳幅員在編輯《臺灣輿地彙鈔・弁言》
說「除撰著『臺灣雜記』外，並有『臺灣郡志稿』六卷、『山川考略』

---

[15] 清・唐贊袞，《臺陽見聞錄》（臺灣文獻叢刊第 309 種），頁 126。
[16] 清・王必昌，《重修臺灣縣誌》（臺灣文獻叢刊第 113 種），頁 16。

一卷、『海外集一卷、『蓉洲文稿』一卷，惜均已佚。」[17]

2003 年，大陸學者李祖基特訪上海圖書，於該館古籍部看到康熙 33（1694）年、塵封三百餘年與清初臺灣歷史密切相關的《蓉洲詩文稿》刻本，經校注，於 2006 年與《東寧政事集》合併在香港人民出版社出版。[18]

失佚三百餘年的《蓉洲詩文稿》，與臺灣歷史文化有關者頗多，尤其是延續明鄭以來的清代治臺初期的佛教樣貌，當可獲得部分的輪廓。

三、明鄭時期佛教與僧人（1661-1683）

（一）徵收度牒銀

鄭氏三代統治臺灣凡 22 年，永曆 15（1661）年 5 月，鄭成功攻佔赤崁城，改赤崁為東都明京設承天府，設一府二縣。永曆 18（1664）年 3 月，鄭經廢東都改稱東寧。[19]《小琉球漫誌》載：「辛丑（1661）歲，偽鄭成功敗自長江歸，土人勾之往，由鹿耳門入，潮水忽添數尺，紅毛戰敗逃歸。成功因名臺灣為偽東都，設一府二縣。府曰承天，縣曰天興、曰萬年。」[20]

明鄭時期來臺僧人有記錄者甚少，但每年都會徵收度牒銀若干，根據《東寧政事集》記載：「僧道：偽額四十五名，年徵度牒銀二百兩。僧每名牒銀二兩，道士每名牒銀五兩。」[21]略加計算，可以得知，一年僧人 8 人，道士 37 人，實徵 201 兩。[22]如果鄭氏三代每年都徵二百兩度牒銀，以二十年計，當時僧侶人數恐超過百人，當然，道士人數更多。

康熙 22（1683）年，臺灣入清版圖，越年，奉部文內開：「應將臺

---

[17] 收在清・吳桭臣，《臺灣輿地彙鈔・弁言》，（臺灣文獻叢刊第 230 種），頁 1。

[18] 李祖基點校，《蓉洲詩文稿選集・東寧政事集・出版說明》（香港：人民出版社，2006），頁 4-5。

[19] 陳正茂、林寶琮、林世宗，《新編臺灣史》（臺北：新文京開發出版，2008），頁 95。

[20] 清・朱仕玠，《小琉球漫誌（卷 2）海東紀勝（上）》（臺灣文獻叢刊第 3 種），頁 16。

[21] 清・季麒光，《東寧政事集》（香港：人民出版社，2006），頁 164。

[22] 計算公式為 x＝僧，y＝道，x＋y＝45，2x＋5y＝200。

灣僧道牒文換給，免其每年徵餉。」[23]可見清初治理臺灣是承認鄭氏三代所發之度牒，並給予免徵度牒銀的換證。

（二）左營興隆寺開山碑

明鄭統治下的 1665 年 3 月之後，東寧一時來了四位僧人，這已佔徵度牒銀全體人數之半，根據今現存高雄市左營區新上里新下街興隆寺內的〈開山碑記〉記載：

> 大清康熙乙巳年，臨濟宗支僧勝芝、茂義、伽、普□，分濟於東寧，見龜山之秀麗、形景而有奇；就處搭蓋草亭，登山伐木，烹茗濟渴行人。嗣募建寺宮，崇祀佛神，護官庇民，安行海舟。自勞苦勤耕，築田、蓋店，以資香燈。後蒙縣主李、參府陳公批，捨北門菜圃一處、店地一所，垂寺宮永奠，宗支接祀。又蒙董、胡二公添捨香燈業課。[24]

文中「分濟於東寧」，即是鄭經於 1664 年 3 月改名後之稱。從上文也可知僧人勝芝一行，最早即是在康熙 4（乙巳，永曆 19，1665）年來臺，為臨濟宗支派。此碑無落款，但從碑文之「康熙乙巳年」看，時臺灣仍在鄭氏統治之下，敢稱「大清」者，碑刻必然是在康熙 22（1683）年施琅入臺後所立。

康熙 23 年置鳳山縣，而就清代康熙鳳山知縣姓李者僅康熙 56（1717）年由南平知縣調任的李丕煜（任期 1717-1722），[25]據《鳳山縣采訪冊》載：「在舊城內龜山麓（興隆），縣西十五里，屋九間（額「興隆寺」），康熙五十八年知縣李丕煜建。」[26]故可知此碑必然立在康熙 56 年之後，當時正式的名稱是「興隆寺」。

這「臨濟宗支僧」師徒四人因見龜山秀麗，藉由「搭蓋草亭，登山伐木，烹茗濟渴行人」而募款建寺，他們自食其力，「勞苦勤耕，築田、

---

[23] 清・李麒光，《東寧政事集》，頁 164。

[24] 臺灣銀行經濟研究室，《臺灣南部碑文集成》（臺灣文獻叢刊第 218），頁 20。

[25] 清・倪贊元《鳳山縣采訪冊（戊部）・官職・知縣（1）》（臺灣文獻叢刊第 73 種），頁 191-192。

[26] 清・倪贊元《鳳山縣采訪冊（丁部）・規制・祠廟（2）》，頁 170。

蓋店」作為香燈資，這表現出禪宗的農禪精神，但因缺乏信徒的布施，而必須築田、蓋店以自給自食或出租，這不僅是明鄭時期，乃至清初臺灣佛教僧侶的共同現象，興隆寺僧到了清代，在官府的支持下有更進一步的發展。

（三）寧靖王捨宅為寺後之住僧

今臺南市大天后宮原為寧靖王邸，施琅定臺後改建為天妃宮，蔣毓英的《臺灣府志》說：「天妃宮二所：一在府治鎮北坊赤崁城南。康熙二十三年，臺灣底定，將軍侯施同諸鎮以神有效順功，各捐俸鼎建，廟址即寧靖王故宅也。」[27]這座寧靖王邸，根據康熙年間的《閩海偶記》載：「媽祖廟（即天妃宮）在南寧坊，有住持僧聖知者，廣東人；自幼居臺，頗好文墨。嘗與寧靖王交最厚，王殉難時，許以所居改廟，即此也。」[28]

施琅攻臺、寧靖王自縊前一年（1682），寧靖王「素不喜佛事，是年忽持齋誦準提金剛經咒，蓋其性地光明，故能了然皈正。」[29]寧靖王開始對佛教發生興趣，與越年鄭氏政權潰敗前的政治氣氛不無關係。

康熙 22（1683）年，馮錫圭等降表出鹿耳門，朱術桂「冠服乘輿出，與鄭克塽、國軒、錫范、繩武、洪磊等諸當事言別，又與左右鄰老辭。遂大開門戶，命僧人守候，遂望北叩首二祖、列宗。」[30]自縊前夕「命僧人守候」，此僧或許即是聖知。

從上文得知明鄭滅亡前有聖知和尚在臺南地區活動，季麒光稱「其遺宅為天妃神祠，住僧于後楹大士傍奉王為捨宅主」，[31]比對今大天后宮仍有奉祀朱術桂的牌位一座，上書「本庵捨宅檀越明寧靖王全節貞忠朱諱術桂神位　住持僧宗福耆士楊陞莊咨等全全」。[32]前述稱「住僧奉（寧

27　清·高拱乾，《臺灣府志（卷6）歲時·廟宇》（臺灣文獻叢刊第65種），頁70。
28　清·吳桭臣，《臺灣輿地彙鈔·閩海偶記》，（臺灣文獻叢刊第216種），頁19。
29　清·沈光文，《蓉洲文稿選輯·寧靖王傳》，頁121。
30　清·江日昇，《臺灣外記》（臺灣文獻叢刊第60種），頁433。
31　清·沈光文，《蓉洲文稿選輯·寧靖王傳》，頁122。
32　臺南大天后宮管委會，《明朝寧靖王府邸祀典臺南大天后宮》（臺南：臺南大天后宮管委會，2005），頁2。

靖）王為捨宅主」，或許就是此處的「住持僧宗福」。

（四）黃檗山僧繼成與良準標和尚

（1）僧繼成

鄭成功與隱元禪師（1592-1673）的關係被引為佳話，隱元在順治11（永曆 8，1654）年 5 月 10 日離開主持十七年的福清黃檗山萬福寺後，5 月 20 日至泉州，6 月 3 日至中左（廈門），「寓仙岩，藩主送齋金為供」，3 月 21 日「藩主備舟護送」，於同年 7 月 5 日抵長崎。[33]

鄭成功與黃檗山僧（臨濟宗）關係匪淺，明鄭時期的東寧境內即有黃檗庵的建立，正如連雅堂謂：「佛教之來，已數百年，其宗派多傳自福建。黃蘗（檗）之徒，實授衣缽……。」[34]這說明有清一代黃檗山僧具有一定影響力，黃檗山僧的來臺史有記載。

李添春在〈臺灣佛教史要〉說：「隱元禪師之弟子日僧仲祺和尚，曾住福清黃蘗（檗）山時，有見住臺灣之法弟繼成，登山請設齋上堂。又紫松禪師偕臺灣之比丘尼實法，信女如淑、如珍等登山，設齋請上堂。」[35]如此看來，明鄭時期曾有黃檗山寺僧繼成在臺，直到清代仍見其活動。

繼成和尚曾募緣重建清領後府城的黃檗庵，據《臺灣府志》載：「黃檗庵在海會寺南數里。壬申年，災於火；歲癸酉，僧繼成募緣重建。」[36]又《續修臺灣縣志》則指出黃檗庵為康熙 27（1688）年左營守備孟大志建。[37]又康熙 34（1695）年府城海會（開元）寺第二代住持福宗建造之梵鐘銘文上的「諸山鎮釘助緣和尚」共八人，即心常、募雲、本空、日珠、智生、敬本、文遠、繼成，「繼成」名列其中。[38]如此看來，活躍於

---

[33] 日・性派，《黃檗開山普照國師年譜》卷下（刻版，編撰於 1684 年之後），頁 2。

[34] 連橫，《臺灣通史》（臺灣文獻叢刊第 128 種），頁 567。

[35] 李添春，〈臺灣佛教史要〉，頁 937。

[36] 清・高拱乾，《臺灣府志》，頁 70。頁 220。

[37] 清・謝金鑾，《續修臺灣縣志（卷 5）》（臺灣文獻叢刊第 140 種），頁 342。

[38] 王進瑞，〈開元寺緣起に就て〉，《臺灣佛教》21 卷 4 號（1943 年 4 月），頁 33。

清領初期的繼成和尚，極可能是明鄭時期來自黃檗山，且是隱元之弟子。

（2）天后宮的「首任」住持

在今大天后宮聖父母廳所奉之〈奕葉相承〉歷任住持僧牌位書有「第一代泉洲開元當山示寂傳臨濟正宗第三十四世主席黃檗四堂誌戴良準紫雲弘開戒法標大和尚蓮座」，清楚顯示第一代住持是來自泉州開元寺，並主持過黃檗山寺，大天后宮以「戒法標」相稱，這恐有問題。此牌位所透露的歷史訊息是，「良準」為剃（外）號，「紫雲弘開戒法」有其歷史意義，「紫雲」二字為泉州開元寺的別稱，根據道光《晉江縣誌‧卷六十九‧寺觀志‧城中寺觀‧開元寺》載：「開元寺，一名紫雲寺，在肅清門外。」[39]「弘開戒法」是傳戒而言，「標」則是譜名（內號），根據中國佛教傳統，省略法派演字，故可知天后宮首任住持應為「良準□標」，因其「主席」黃檗，而黃檗山第 14 代住持為良準明標（1652-1734），與大天后宮〈奕葉相承〉所載為同一人。根據《黃檗山寺志》記載，良準明標為黃檗山第 14 代住持，其生平如下：

> 第十四代明標良準禪師，派行宗標，觀幻道人其別號也。泉州銀同人。父乾用林公，母黃氏。九月十九日誕，年十七，開元紫雲寺淡源者德為之薙染。越年，稟承天寺時現和尚戒。甲寅（康熙13，1674 年）春，檗山謁本師廣超老和尚……乙卯（康熙 14，1674 年）春解制，蒙囑累歸，挂錫清源。戊午（康熙 17，1678 年），奔本師喪時，住紫雲清居。辛酉（康熙 20，1681 年）造本師墖……。康熙四十七戊子（1708）年，主席黃檗，立兩序。……康熙六十（1721）年，開元準提閣，諷華嚴祝聖，四方雲集，求戒亦方便，勉應。雍正二（1724）年甲辰，福清邑侯張廷琰、總戒蔡晏復敦請再住黃檗。九月十一日進院結制，開爐上堂……。丙午（雍正）四（1726）年退席……。辛亥（雍正 9，1731 年）八旬，復就開元宏戒。甲寅（雍正 12，1734 年）十月十二日，

39 〈南陳宗親網‧泉州開元寺〉（http://www.nanchens.com/xqxx/xqxx27/xqxx27012.htm，2017.4.5 瀏覽）。

　　自撰塔銘示寂，坐七十二夏，壽八十三，塔全身于黃檗桑池園三
塔右側，語錄八卷隨大藏經流通。[40]

　　良準明標的生平非常清楚，從上述可得知，其生年是順治 5（1652）
年，卒年為雍正 12（1734）年。良準明標禪師 17 歲（1666）出家，康
熙 13（1674）年到黃檗山參學廣超老和尚，康熙 14（1674）年累歸「挂
錫清源」，這裡的「清源」是指泉州清源山承天禪寺。康熙 47（1708）
年正式主持黃檗山，康熙 60（1721）年在開元寺傳戒，這時良準明標已
72 高齡，並從黃檗山退位，否則不會到了雍正 2（1724）年「復敦請再
住黃檗」。雍正 4 年正式從黃檗山退位，此時良準明標更是高齡 77 歲。
雍正 9（1731）年，於泉州開元寺再度傳戒，雍正 12（1734）年圓寂。

　　康熙 13 年，良準明標到黃檗山拜謁，禮廣超超宣（1599-1678）為
師，「明標」二字應是從這裡所得的譜名，根據《黃檗山志》載〈明第
一代黃檗開法圓悟密雲祖師源流法派〉為：「祖道戒定宗　方廣正圓通
行超明實際　了達悟真空」，[41]師徒二人分別是「超」與「明」字輩。

　　康熙 14 年良準明標離開黃檗山，直到其師廣超圓寂時才又回到黃
檗山，之後又住回泉州開元寺。康熙 20 年時為其師造塔，但是，在康
熙 20-47 年被迎請回黃檗山住持之前，總共約有 27 年的時間動向不明。
《祀典臺南大天后宮志》說：「施琅從泉州聘請大開元寺『第一代泉洲
開元當山示寂傳臨濟正宗第三十四世主席黃檗四堂誌戴良準紫雲弘開
戒法標大和尚』住錫大天后宮，主持大天后宮廟事。」[42]如果施琅聘請
良準明標任大天后宮住持，必然在康熙 22 年或 23 年，但當時的住僧為
寄漚（詳後）。

　　良準明標任大天后宮住持的時間為何？若從其牌位「第一代泉洲開
元當山」所示，應指良準明標卓錫於泉州開元寺，其在泉州開元寺有兩
個時間點，即康熙 60（1721）年與雍正 9（1731）年。如果在康熙 60
年之後良準明標被聘為住持，距施琅卒於康熙 35（1696）年已過二十餘

---

[40] 杜潔祥主編，《中國佛寺史志彙刊·黃檗山寺志》卷 4（臺北：明文書局，1980），頁 192-194。
[41] 杜潔祥主編，《中國佛寺史志彙刊·黃檗山寺志》卷 4，頁 26。
[42] 曾吉連，《祀典臺南大天后宮志》（臺南：祀典臺南大天后宮管理委員會，2001 ），頁 67-68。

年，受聘為天后宮住持當另有其人。

綜合上述，臺南大天后宮是一座與福建黃檗寺法脈關係密切的道場。從寄漚（1683 年）到泉州開元寺當山良準明標（1708 年主席黃檗）任天后宮住持中間的 25 年間，雖未見有相關住僧的記載，但亦不能排除 1708 年良準明標住持福清黃檗寺後亦兼任臺南大天后宮住持。但良準明標是否曾親自來臺任天后宮住持，頗有疑問。

從上述來看，隱元禪師東渡日本後，開創黃檗宗，從 17 世紀晚期至 18 世紀早期快速發展，[43]對日本佛教產生重大影響之際，在臺灣也產生歷史影響。

（五）龍湖巖參徹和尚

昔臺南縣六甲鄉赤山龍湖巖首位住僧參轍（？-1790），相傳於明鄭時期來臺，該巖亦為鄭氏參軍陳永華（1634-1680）所建。

根據〈陳永華傳〉載，鄭成功死後，鄭經從廈門回臺，「永華築龍湖巖居，種碧蓮以自娛。常撫蒼檜，臨龍潭，眺遠峰，歎曰：『吾開此絕境，可稱幽僻矣。嗟乎！吾乃以此終老哉』！自是退休不豫事。」[44]

清代方志或野史，皆指向龍湖巖為陳永華所建，一說是陳永華「師次」赤山堡，一說是「退休不豫事」。所謂「師次」，即帶兵前來，這和鄭氏治臺「寓兵於農」的政策有關。而闢建龍湖巖作為退休終老之地，乃是陳永華被當權派馮錫範、劉國軒所排擠之故。

據今龍湖巖前所存乾隆 47（1782）年〈孫太爺開租碑〉所載：「偽鄭之時，以天興、萬年二州官分兵屯田，自給軍食……。」[45]由於龍湖巖附近為官兵屯田之地，因此，龍湖巖的發展必然受限於此，主要是地方十分窮困。情況是「彼時地廣人稀，崩壓墾換，歉收酌減，故無瘦瘠

---

[43] 吳疆，〈黃檗僧東渡斷絕考：十八世紀江戶幕府的唐僧招請〉，《漢語佛學評論》第五輯（2017 年 10 月），頁 196。

[44] 不著撰人，《野史無文・鄭成功海東事〈陳永華傳〉卷 12》（臺灣文獻叢刊第 209 種），頁 173。

[45] 臺灣銀行經濟研究室，《臺灣南部碑文集成・孫太爺開租碑》，頁 126。

重賦之虞。今賦有常則，田無墾換，歉收不敢望減，農根等物皆由己出：
偽例所以不可行於今也。」[46]

　　龍湖岩果是陳永華所建，那就有兩個可能時間，一是「師次」時，
一是「退休不豫事」時。首先，康熙 4（1665）年，陳永華師次赤山堡
建寺，其情況是：

> 本廟俗稱岩山廟，是一小寺宇。鄭成功參謀陳永華登赤山，於其
> 崁聽聞和著晨鐘暮鼓的誦經之聲，就而見之，唯有二名僧侶，愛
> 其信仰之深厚，而建廟宇與之。[47]

　　相傳龍湖巖首位住持僧參徹禪師，《臺灣詩鈔》〈碧雲寺〉條下載：
「康熙初，僧參徹東來，住錫龍湖巖」。[48]根據大仙寺所提供參徹從龍湖
巖往大仙寺的傳說是，康熙 5（1666）年，陳永華禮請參徹來臺，卓錫
龍湖巖，康熙 58（1719）年轉往大仙寺。[49]後來參徹復又轉往碧雲寺「愛
其山林之秀，遂闢茅結廬，奉龍湖巖之佛祀之。參徹沒，眾葬之寺前，
為建浮圖；今尚存。」[50]根據大仙寺所存參徹禪師墓碑落款年代，其圓
寂於乾隆 55（1790）年，如果他是康熙 5 年來臺，去世時年齡恐超過
140 歲，其可能性太小。參徹來臺或許在康熙末、乾隆初較合理，而當
時臺灣早已歸入清代版圖超過 30 年。

四、清初治臺的佛教樣貌

　　前述「臺灣有志，自麒光始」的臺灣第一部方志《臺灣府志》載：「（風
俗）佞佛諂鬼，各尚茹素，或八、九齋、朔望齋，或長齋。無論男女老
幼，常相率入禮拜堂誦經聽講，僧俗罔辨，男女混淆，廉恥既喪，倫常

---

46 臺灣銀行經濟研究室，《臺灣南部碑文集成・孫太爺開租碑》，頁 126。
47 日・相良吉哉，《臺南州祠廟名鑑・龍湖巖》（臺南：臺灣日日新報社，1933），頁 100。
48 連橫，《臺灣詩鈔（卷 17）三》（臺灣文獻叢刊第 280 種），頁 335。
49 黃文博・涂順從，《關仔嶺大仙寺》（臺南：臺南縣立文化中心，1995），頁 10。
50 臺灣銀行經濟研究室，《臺灣詩鈔（卷 17）三》，頁 335。

漸乖，故異端之教不可不距也。」[51]

　　說明清初臺俗民喜歡茹素、入廟禮拜的傳統，從明鄭時期至清初治臺與佛教有關的寺廟計有：天妃宮（鎮北坊）、慈濟宮（四所）、觀音廟（鎮北坊觀音亭）、觀音廟（諸羅縣目加溜灣社）、龍湖巖。民眾逢年過節喜歡逗留寺廟，其他民間信仰的寺廟在臺灣府縣、諸羅、鳳山至少還有 11 座。[52]

　　開啟臺灣方志編修的季麒光在勸募僧田時以「弟子」自稱，[53]他應為佛教徒，除與「逃禪」僧沈光文交往頗厚外，他扶持佛教亦不遺餘力。雖「首創『臺灣郡志』，未及終編，以憂去。」[54]季麒光因丁憂守孝而去官，於諸羅縣令「在任踰年」。[55]他自康熙 23 年末來臺，表示他至少任至康熙 24（1685）年，但他並未馬上離開臺灣，沈光文 76 歲時在〈題梁溪季蓉洲先生海外詩文序〉末尾提到「今先生行矣，余日益老矣」，落款「康熙丁卯孟夏望日」，[56]「丁卯」即康熙 26（1687）年。也就是說，季麒光雖在 1685 年卸任，但直到 1687 年 4 月（孟夏）仍在臺，同年「五月望日」季麒光與分巡臺廈道周昌等義武諸君集於北園，「余將行，得其勝」而賦詩誌謝。[57]表示他直到 1687 年 5 月才成行，故他在臺時間約有 4 年左右。

（一）大天后宮的僧人

　　康熙 22（1683）年 6 月，施琅克澎湖，朱術桂知大勢已去「具冠服拜天地祖宗，與臺人從容別飲，以三印授克壏而自殺，五妾殉焉」；8 月「施琅統舟師至臺灣受降」。[58]前述，寧靖王捨宅為寺的對象為聖

---

[51] 清・蔣毓英，《臺灣府志》，頁 58。
[52] 清・蔣毓英，《臺灣府志》，頁 69-71。
[53] 清・季麒光，《蓉洲詩文稿選輯・天妃宮僧田小引》，頁 131。
[54] 清・周鍾瑄，《諸羅縣志》（臺灣文獻叢刊第 141 種），頁 51-52。
[55] 清・余文儀，《續修臺灣府志》（臺灣文獻叢刊第 121 種），頁 180。
[56] 清・沈光文，《蓉洲詩稿選輯・題梁溪季蓉洲先生海外詩文序》，頁 1。
[57] 清・季麒光，《蓉洲詩稿選輯・五月望日》，頁 62。
[58] 日・川口長孺，《臺灣割據志》（臺灣文獻叢刊第 1 種），頁 79。

知和尚，但翌年施琅囑改建為天后宮時，已不見聖知和尚之名。《臺灣府志》載：「康熙二十三年臺灣底定，神有效靈，靖海將軍侯施琅同諸鎮捐俸鼎建。」[59]但「觀成于吳總戎之鳩工」。[60]吳總戎即是吳英，福建泉州人，原是鄭氏部將，康熙2（1663）年降清，攻臺時任副將，施琅班師後暫留吳英鎮守臺灣。[61]

雖說是「施琅同諸鎮捐俸鼎建」，實是「下至商販估漁，凡往來資息于重洋巨浪之中者，各發歡喜心，共助勝因。」[62]改建完成後的天后宮「棟宇尤為壯麗；後有禪室，付住持僧奉祀。」[63]當時的住持僧為寄漚，季麒光見到的情況是：

> 天妃一宮，前祀海神聖母，後奉觀音大士，皆以慈航普渡，故爾供養法應平等。住僧寄漚焚修祇侍，晨昏讚頌……。但香積常空，緇衣莫續，則香火誰資？弟子季麒光以招墾荒園二十七甲，永為常住執持之業。……身為窮子，財施法施，一切無有，惟從楮墨，倡導四眾，寄漚勉之！願力既堅，機緣自來，當有智覺善人，乘願護持，為大導師，弘開佛境……。[64]

寄漚和尚為「臨濟橫支」，授簡於季麒光，望其「申言倡導」募修天后宮，寄漚「發大弘願力，欲就宮旁餘地，作左右廊三間，位置僧寮前，樹山門一層，廓戲樓舊址而大之。庶幾有門有殿，有廊廡，有維摩室，有香積廚。」[65]可見今日大天后宮的規模是在寄漚和尚手中完成的，如果寄漚不是官聘住持，並得官方協助，如何募建天后宮？故知，寧靖王府改建為天后宮前，曾經歷捨宅為寺的階段，時住僧為聖知，而當康熙23年改建時，住僧為寄漚。

因此，入清版圖後所倡修的《臺灣府志》載：「（天后宮）後有禪

---

59 清・高拱乾，《臺灣府志》，頁219。
60 清・季麒光，《蓉洲詩文稿選輯・募修天妃宮疏》，頁127。
61 清・李桓撰，《清耆獻類徵選編・吳英》，頁566-570。
62 清・季麒光，《蓉洲詩文稿選輯・募修天妃宮疏》，頁127-128。
63 清・高拱乾，《臺灣府志》，頁219。
64 清・季麒光，《蓉洲詩文稿選輯・天妃宮僧田小引》，頁130-131。
65 清・季麒光，《蓉洲詩文稿選輯・募修天妃宮疏》，頁128。

室，付住持僧奉祀」，此住持僧當指寄漚。而《續修臺灣府志》所載的：
「有香燈園二十一甲，在安定里，年得租粟一百二十五石；諸邑令季麒
光置，交廟僧掌收」，[66]與上述「弟子季麒光以招墾荒園二十七甲，永
為常住執持之業」，田園雖有數甲之差，但都在季麒光任內所設。施琅
取臺第二年，即康熙 23 年，康熙帝題准福建轄下的臺灣僧道換給新度
牒，[67]這一政令非常重要，表示了鄭氏治臺時期的僧道身份獲得新政權
的承認。

（二）逃禪之沈光文

　　諸羅縣令季麒光與流寓臺灣的明末文官沈光文（1612-1688）之交膾
炙人口，據《臺灣府志》載沈光文生平、來臺過程，與變服逃禪的經過
如下：

> 沈光文，字文開，別號期菴，浙江鄞縣人，故相文恭公世孫，以
> 副車恩貢，歷仕紹興、福州、肇慶之間，由工部郎中加太僕少卿。
> 辛卯年，從肇慶至潮州，由海道抵金門‧壬寅，八閩總制李公諱
> 率泰聞其名，遣員致書幣邀之，期菴不就‧七月，挈其眷，買舟
> 欲入泉州，過圍頭洋，遇颶風，飄泊至臺，不能返棹，遂寓居焉。
> 及鄭大木掠有其地，斯菴以客禮相見。鄭經嗣爵，多所變更，斯
> 菴知經無能為，且以一賦寓譏諷，為忌者所中，幾死于□。乃改
> 服為僧，入山不出，於目加溜灣番社傍教授生徒，兼以醫藥濟人。
> 所著文有《臺灣賦》、《東海賦》、《橖賦》、《桐花賦》、《芳
> 草賦》及《花草、菓木襍記》。[68]

　　永曆 17（康熙 2，1663）年，沈光文因作〈臺灣賦〉「諷之，幾不
測；乃變服為浮屠，逃入臺北鄙」。[69]同一年友人〈吳正甫忽欲為僧，

---

[66] 清‧余文儀，《續修臺灣府志》，頁 261。

[67] 劉慶宇，《清乾隆朝佛教政策研究》（東北師範大學博士論文，2008），頁 66。

[68] 清‧蔣毓英，《臺灣府志‧沈光文列傳》，頁 122。

[69] 臺灣銀行經濟研究室，《清史稿臺灣資料集輯‧列傳‧沈光文》（臺灣文獻叢刊第 243 種），
頁 967。

以束寄賦答〉：

> 常說為僧好，君今欲了緣；果然撇得下，只便悟當前。
> 但使身無累，毋令世有權！釋名余早定，不是愛虛圓(余釋名超光)。[70]

　　從上得知，沈光文逃禪後法號超光，「入山不出」，現僧相後，先於羅漢門山中以居，旋於目加溜灣（今臺南善化）授徒自給。[71]及康熙22年施琅克復臺灣後才又公開活動，但仍示以僧相。

　　然沈光文在未與鄭經交惡之前留有「州守新搆僧舍於南溪，人多往遊，余未及也」一詩云：

> 沿溪傍水便開山，我亦聞之擬往還。
> 一日無僧渾不可，十年作客幾能閒？
> 書成短偈堪留寺，說到真虛欲點頑。
> 正有許多為政處，僅將心思付禪關。[72]

　　從詩作呈現出沈光文與佛教的親近，他或許早有逃禪之念，才會稱「釋名余早定」，直到對鄭經得失望，以及國破家亡的感概下，選擇為僧。他逃禪後留詩一首：

> 磬聲飄出半林聞，中有茅庵隱白雲；
> 幾樹秋聲虛檻度，數竿清影碧窗分。
> 閒僧煮茗能留客，野鳥吟松獨遠群。
> 此日已將塵世隔，逃禪漫學誦經文。[73]

　　沈光文「變服為浮屠，逃入臺之北鄙，結茅羅漢門山中以居」，[74]有

---

[70] 臺灣銀行經濟研究室，《臺灣詩鈔》（臺灣文獻叢刊第280種），頁5。

[71] 清・張恕修、董沛，《浙江鄞縣志・沈光文傳》，轉引自龔顯宗主編，《沈光文全集及其研究資料彙編》（新營：臺南縣立文化中心，1998），頁44。

[72] 清・余文儀，《續修臺灣府志》，頁865。

[73] 清・王瑛曾，《重修鳳山縣志・藝文志（中）/詩賦/普陀幻住庵・沈光文》（臺灣文獻叢刊第146種），頁377。

[74] 清・李元度，《清先正事略選卷四・沈光文》（臺灣文獻叢刊第194種），頁297。

學人研究認為「羅漢門山中」為今高雄阿蓮大崗山，[75]然所謂「臺之北鄙」，當指臺灣府縣（臺南）之北方，大崗山在府縣南方，地理位置不合。又云「山旁有目加溜灣者，番社也」，[76]前述臺灣第一方志《臺灣府志》僅謂「入山不出，於目加溜灣番社傍教授生徒」，並未說是入何山，目加溜灣基本確定是在今臺南善化一帶，故羅漢門山可能在善化一帶。

無論如何，沈光文變佛逃禪後，在「番社」傍教授生徒，或是行醫，直到康熙 23 年季麒光來任諸羅縣令，不久共組東吟社活動頻頻，沈光文寫下他們認識的經過：

> 甲子，先生從梅溪令簡調諸羅。仲冬八日，舟入鹿耳門，風濤大作，不克登岸，遣人假館於天妃宮。時余寄宿僧房……第二日，先生就館後，即往謁上憲。至晚，抵神宮。余投刺，先生即過我，恂恂粥粥，絕無長吏氣，依然名士風流也。[77]

康熙 23（1684）年 11 月 8 日，季麒光抵鹿耳門，翌日，與投宿於天后宮僧房的沈光文初識「一語情深，定交傾蓋，相見恨晚」。[78]季麒光也記錄這段相識的過程：「余自甲子冬月渡海，蹴居僧舍，即晤斯菴先生。見其修髯古貌，骨勁神越，雖野服僧冠，自非風塵物色。」[79]後季麒光「為粟肉之繼，旬日一候門下」，[80]兩人感情之深厚可見一斑。

逃禪的沈光文，終其一生並未脫下僧袍，季麒光與其交，可謂佛儒相通，如在〈別沈斯菴〉詩中稱：「兩人證合在蒲團，僧窗夜瞰滄波曉」；[81]在〈春王穀日，諸君子聚飲鎮臺署中，即以聚字限韻賦詩，人不一體，斯菴攜稿索和，雖不及廁席言歡，而良辰勝會，風流可再，因率筆賡續，以當紀言〉詩中曰：「蓮池佛性三峰禪，初明痛哭通天

---

[75] 毛一波，〈試論沈光文之詩〉，收在龔顯宗主編，《沈光文全集及其研究資料彙編》，頁 134。
[76] 清・李元度，《清先正事略選卷四・沈光文》，頁 297-98。
[77] 清・沈光文，《蓉洲詩稿選輯・題梁溪季蓉洲先生海外詩文序》，頁 1。
[78] 清・沈光文，《蓉洲詩稿選輯・題梁溪季蓉洲先生海外詩文序》，頁 1。
[79] 清・季麒光，《蓉洲詩文稿選輯・沈斯菴詩序》，頁 91。
[80] 臺灣銀行經濟研究室，《清史稿臺灣資料集輯・列傳・沈光文》，頁 967-968。
[81] 清・沈光文，《蓉洲詩稿選輯・別沈斯菴》，頁 17。

暮」。[82]

　　季麒光常稱沈光文為「老僧」，如在〈除夕口占示友〉詩中稱：「知斯菴老僧有同病也」；[83] 又稱：「座中老僧逸致閒」[84] 等等，當時沈光文已高齡 75 歲。作為逃禪僧的沈光文，如前述現僧相「於目加溜灣番社傍教授生徒，兼以醫藥濟人」，一日季麒光因聞沈光文罹病而特訪之：

> 斯菴老僧一日寢食失平，口藥靜攝。余知而叩之，則為人治病，出門矣。昔五地菩薩游於槃起之國，偶患濕熱，見國人有病，則以醍醐上藥，各往治之。具口慈悲，遂授如來印教。今老僧羈旅之踪，懸壺寄隱，是現藥王身而為說法也。然日為人療濟，而不聞作供養平等法。乃知老僧能活人，而人不能頂禮老僧。搓嗟嗟，舍己之芸，從井之救，余為老僧苦之。惟願如五地之行力，圓滿歡喜，證燈妙果，則庶幾矣。[85]

　　沈光文「教授生徒，兼以醫藥濟人」無假，他在佛學的造詣，季麒光如此形容：「先生修法華三昧，旋證陀羅尼身，入龍宮不啻天台老人，與太夫人康強白首，殆同受如來記以壽者。身得度，而現壽者相以度世，將香雲法雨，放光動地，攝此有緣，眾生同數蓮花。」[86]

　　沈光文「修法華三昧」，懸壺濟世，這或許就如同《續修臺灣府志》費應豫（生卒年不詳，活躍於清雍乾時代）之〈彌陀寺〉一詩中所形容的「山僧無俗韻，盡日檢醫方」[87] 的情況。楊惠南評論明末遺臣在臺所構成的「名士佛教」：「沈光文的入山，不管是來臺前的隱居浙江普陀幻住菴，或是來臺後的入山為僧，都不是出於自願。」[88]

---

[82] 清·沈光文，《蓉洲詩稿選輯·春王穀日》，頁 23。

[83] 清·沈光文，《蓉洲詩稿選輯·除夕口占示友》，頁 54。

[84] 清·沈光文，《蓉洲詩稿選輯·春王穀日》，頁 23。

[85] 清·季麒光，《蓉洲詩稿選輯·斯菴老僧一日寢食失平》，頁 58。

[86] 清·季麒光，《蓉洲文稿選輯·沈斯菴雙壽序》，頁 142。

[87] 清·余文儀，《續修臺灣府志》，頁 954。

[88] 楊惠南，〈明鄭時期臺灣「名士佛教」的特質分析〉，收在《當代臺灣佛教文獻》（http://buddhism.lib.ntu.edu.tw/museum/TAIWAN/md.html#03，2018.4.26 瀏覽）。

（三）海會寺志中和尚

清代建於府城的海會寺（今開元寺），是臺灣第一大叢林，為鄭經別館，《臺灣府志》載：「海會寺康熙二十九年建。在府治北六里許。舊為鄭氏別館；蕩平之後，總鎮王化行、臺廈道王效宗因其故趾（址）建為寺宇。佛像最勝，住僧雲集焉。」[89]這是一座官辦寺院，王化行去任後鳳山縣令閔遴在〈總鎮府都督王公去思碑〉說：「臺之十營諸將帥思公之德不置、感公之德難忘，謀刻石於海會寺中，以垂久遠。寺為公刱，見寺如見公焉。」[90]

總鎮王化行（生卒年不詳），陝西咸寧縣人，康熙 9（1670）年武進士，康熙 27（1688）年任臺灣總鎮，秩滿，調湖廣襄陽總兵。[91]臺廈道王效宗（任期 1683-1691），正白旗人，康熙 26 年任分巡臺灣道。[92]他們二位帶頭捐俸建寺，同時禮請志中和尚主持，王化行在〈始建海會寺記〉說：

> 蓋聞二儀效靈，人天永載無窮之運；萬物資始，凡聖統成有象之緣。法藉運而後興，道因緣而乃遇。故內典流於中夏，妙諦通乎遐陬。花雨香風，眼前解脫；招提蘭若，方外聲聞：有由來矣。顧茲臺灣版圖新闢，德教覃敷，神人胥慶，典章無闕；惟少一梵剎，福祐海天。附郭大橋頭有廢舍一所，宏敞幽寂，跨海面山，修竹茂林，朝煙暮靄。諸同人瞻仰於斯，僉曰：是三寶地，何不就此立寺招僧迦以修勝果，亦盛世之無疆福田也。時兵巡王公，同聲許可。會有僧志中者，自齠齔之年，皈依沙門，秉靈慧沉靜之聰，函松風水月之味，從江右雲遊，來聞其事，願募緣成之。於是同人各捐俸資，補葺門楹，重整垣宇，裝塑佛像；始於庚午八月七日，成於明年四月八日，名曰「海會寺」。[93]

---

89 清·高拱乾，《臺灣府志》，頁 219。
90 清·高拱乾，《臺灣府志》，頁 268。
91 清·陳文達，《臺灣縣志·武職》（臺灣文獻叢刊第 103 種），頁 115。
92 清·余文儀，《續修臺灣府志》，頁 126。
93 清·謝金鑾，《續修臺灣縣志》，頁 470-471。

「附郭大橋頭有廢舍」即指鄭經別館，王化行等人「立寺招僧迦以修勝果」，志中和尚「從江右雲遊，來聞其事，願募緣成之」，成就了此一因緣。海會寺從康熙29（1690）年8月7日肇建，至康熙30年4月8日竣成。

由於海會寺是在鄭經別館的基礎上改建，因此才能以不到一年的時間竣成。落成後志中和尚，以佛寺少一梵鐘而坐關募化，由其弟子福宗任住持，從鐘銘上的「康熙乙亥年孟春」得知，該鐘是在康熙34（1695）年鑄造完成，鐘銘上載：「泉州府僧行和，海會寺開山第一代，坐關募緣鑄鐘重一千六百觔」，募鐘圓滿的志中和尚出關時，並留下志中和尚出關偈：「獨坐釘關結善緣，募鐘立願利人天；一聲擊出無邊界，同種功德億萬年。」當時鳳山縣令閔達（1690-1694在任）特譽此出關偈「為臺灣諸剎出第一手眼也」。[94]

綜合上述，有關於志中和尚的資料僅如此，即「齠齔之年，皈依沙門」、「江右雲遊」、「泉州府僧行和」，幼年（10歲之前）出家，及長雲遊江右（江西），後卓錫於泉州府，法號行和。日本殖民時代鄭羅漢（卓雲）曾撰〈開山志中和尚小傳〉說：

> 志中能禪師，別號行和，中華福建泉州人氏。性靈敏，自幼出家，住承天寺，不數年明教通宗，乃雲遊四方，從江右來臺。康熙二十八年庚午，聞王觀察欲改北園為寺，願募緣成之。及寺落成，舉為住職，尋即隱退閉關三載，至乙亥出關。有偈云：「獨坐釘關結善緣，募鐘立願利人天；一聲擊出無邊界，同種功德億萬年。」蓋鑄鐘之偈也。後衣缽傳授法嗣福宗、福珀、福儀諸禪師等，莫詳其何年入寂，有像祀開山堂祖師殿。[95]

鄭羅漢說志中為「中華福建泉州人氏」，是以「泉州府僧」為據，然以「住承天寺」，則是過度延伸，畢竟泉州寺院不知凡幾，志中未必是卓錫承天寺。

---

94 王進瑞，〈開元寺緣起に就て〉，《臺灣佛教》第21卷第4號（1943年4月），頁34。
95 鄭羅漢，〈開山志中和尚小傳〉，《臺灣開元寺略稿》（臺南：開元寺，1930），無頁碼。

梵鐘的銘文記有志中和尚的徒子徒孫，除有「當代住持僧福宗建造外」，還有福珀、福儀、祥共、祥慶、祥雲、祥光、祥正、澄透、澄鴻，總共 11 人，所以《臺灣府志》才會說「住僧雲集焉」。從法號別來看，這顯然是師徒四代。

志中和尚為「泉州府僧行和」，故可稱之為志中行和，其師徒四代以「行－福－祥－澄」為譜名排序，與，明末曹洞宗一代宗師湛然圓澄（1561-1626）弘化江南，而其派下的演偈「圓明淨智、德行福祥、澄清覺海、了悟真常」相符。[96]如果從志中和尚「從江右雲遊」的地緣關係來看，與湛然圓澄弘化江浙吻合。

按圓澄的派下演偈「圓明淨智、德行福祥、澄清覺海、了悟真常」，「德」字輩下接「行」字輩，前述臺南開元寺首任住持志中行和與其徒弟字號演偈為「行-福-祥-澄」，與圓澄派下演偈一致，故知志中和尚所傳一脈為洞宗雲門系。

第二代住持外（剃）號竺庵，內號（譜名）福宗，鄭羅漢的〈竺庵禪師略傳〉道：「竺庵福宗禪師，志公之高足也。天資醇篤能詩書，精武術有眾望，續志公衣缽後大振宗風，得祥慶、祥雲、祥光、祥共、祥正等一班賢哲同轉法輪，而海會興盛一時。」[97]文武雙全的福宗，其生平如何亦不可知，而其他「福」、「祥」、「澄」字輩法師更不知其所以，直到澄聲和尚的出現。

根據《重修臺灣縣志》載：「釋澄聲，號石峯，海會寺住持也。戒行素著，擅書畫，好詠吟，尤善手談·有司聞其名，多就訪之。時或苦旱，延以祈雨，屢驗。」[98]澄聲雖未名列 1695 年海會寺梵鐘，但與澄透、澄鴻同輩，故活動時間上並不會相距太遠。澄聲「擅書畫，好詠吟」，還被「延以祈雨」，為清治臺初期的佛教樣貌之一。

---

[96] 洞山下二十八世（雪庭下十四世）順德開元萬安廣□禪師姓賈，另演三十二字俗呼為賈菩薩宗，參見《宗教律諸宗演派》卷一，CBATA，X88，no1667，0564a11。

[97] 鄭羅漢，〈開山志中和尚小傳〉，《臺灣開元寺略稿》，無頁碼。

[98] 清·王必昌，《重修臺灣縣志》，頁 392。

五、結語

雖說臺灣佛教「祖敘（述）福建，律依鼓山，祀配天妃」，[99]乃是自明鄭清初以來的樣貌之一。但從季麒光所遺留的資料，可以看到明鄭至清治臺之初的佛教情況：

首先，沈光文這位「逃禪」的名士，終其一生，並未脫下僧服，平常授課之餘還兼行醫。明鄭諸多逃禪之士如李茂春（？-1675）、祝髮為僧的林英（生卒年不詳）等人，都以獨善其身而終，並未對臺灣佛教有重大影響。

其次，作為官寺的臺南大天后宮，從寧靖王捨宅為寺後，歷有僧人住持其中，其中福清黃檗山第 14 代住持為良準明標（1652-1734），與今大天后宮〈奕葉相承〉所載為同一人，他是否來過臺灣姑且不論，但作為臺灣府僧綱司卓錫之地的大天后宮，「黃蘗（檗）之徒，實授衣缽」之語當不假。

第三，從明鄭至清治臺初，缺乏穩定道糧的僧人與寺院，依託官方賜與僧田為一常態，如鳳山縣興隆寺、大天后宮等皆是。

第四，明鄭及清初入臺僧，為「臨濟宗支僧」或「臨濟橫支」，皆為臨濟宗支派，表示非「臨濟正宗」，而建於 1690 年的臺南海會寺，首任住持志中和尚師徒，為來自江西之曹洞宗，祖承晚明湛然圓澄一系。只是傳承四五代後即為鼓山臨濟法系所取代。

---

[99] 梁湘潤、黃宏介合編，《臺灣佛教史初編》，頁 19。

清代臺灣府、縣僧侶的活動

一、前言

　　承襲明代，清代的佛教是一衰微的宗教。而處於邊陲的臺灣，在有清一代主要透過從福建移植而來的佛教，毫無疑問的，在僧侶素質普遍不高的情況下，加上初開發的臺灣移民人口，又都集中以農、漁民為首的中下階層民眾，故也無傳播高深義理的條件。人民對佛教的要求，其實和對一般民間宗教信仰無甚差別，普遍祈求靈驗、平安、賜福。僧侶為了滿足普羅大眾的期待，也只能隨順配合。

　　臺灣府、縣是清初治臺中心，也是人口較稠密的所在，在明鄭時期就有若干佛寺留下，清領之後又有以海會寺為首的佛寺建立，有寺必有僧。因此，可以肯定地說，清代僧侶在臺灣府、縣的活動是一個普遍的現象，而他們所從事的宗教活動有哪些？有什麼特色？和現代的僧侶活動又有什麼不同？

二、明鄭至康熙間臺灣府縣的佛寺

　　根據清康熙 59（1702）年《臺灣縣志》的記載，建於明鄭時期的重要佛寺有（以下均原文）：[1]

　　1.法華寺，偽時漳人李茂春搆茅亭以居，名「夢蝶處」。後僧人鳩眾易以瓦，供准提佛於中，改名「法華寺」。

　　2.觀音堂，偽時建。原為五帝廟，今改祀觀音。

　　3.準提室，偽時建。康熙四十六年，道標守備妻廣修。

---

[1] 清・陳文達，《臺灣縣志・寺廟》（《臺灣文獻叢刊》電子版），頁 207-213。《臺灣文獻叢刊》係由原前臺灣大學法學院院長周憲文先生號召臺灣史研究學者專家，竭十五年心力，搜集海內外圖書館珍藏編輯而成，從 1959 年 8 月至 1972 年 12 月陸續出版，叢刊共 309 種595 冊累計總字數為 4800 萬字，是臺灣有史以來最重要也最龐巨的學術工程（http://db3.greatman.com.tw/TaiwanWeb/home/index.asp）。以下均史料檔案均來自《臺灣文獻叢刊》，不另標註。

　　4.觀音亭，偽時建。中奉大士，左右塑十八羅漢。康熙三十二年，居民重修，並建後堂。

　　5.彌陀寺，〔在〕邑東郊外。年久傾圮，僧徒散去。僧一峰至自武彝山，有志重興；托跡偏廂募化，以供香火。五十七年，監生董大彩建中殿一座。五十八年，僧鳩建閣君殿於西偏，暨僧房六間；東偏三官殿，則監生陳仕俊倡義，首襄其事焉。

　　6. 竹溪寺，距邑治二里許。徑曲林茂，溪流環拱，竹木花果，堪稱勝致；匾其山門曰「小西天」。

　　雖然上述未提出彌陀寺的創建年代，但在嘉慶 12（1807）年修的《續修臺灣縣志》亦記為「偽時建」。[2]而連雅堂的《臺灣通史》也說：「東寧初建，制度漸完，延平郡王經，以承天之內，尚無叢林，乃建彌陀寺於東安坊，延僧住之。」[3]另外竹溪寺，時人盧嘉興考證臺灣最早的佛寺為臺南的竹溪寺，建於永曆 15（1661）年至 18（1664）年之間。[4]在編於康熙 25（1686）年，成書於乾隆 8（1743）年的《清一統志臺灣府》則載為「本朝康熙二十二年建」。[5]眾所周知，施琅平定臺灣是在康熙 24 年，故竹溪寺應建於明鄭統治臺灣的最後三年。以下表 1 顯示滿清入主臺灣前已知的僧人表列如下：[6]

2 清·謝金鑾，《續修臺灣縣志》，頁 343。

3 連橫，《臺灣通史》卷 22〈宗教志·佛教〉，頁 576。

4 盧嘉興，〈臺灣第一座寺院——竹溪寺〉，原載《古今談》第 9 期（1965 年 11 月），收在張漫濤主編《現代佛教學術叢刊》87 冊《中國佛教史論集·臺灣佛教篇》（臺北：大乘文化，1979），頁 247。關於竹溪寺是否為臺灣第一座佛寺，前臺大教授楊惠南有不同看法，請參見，氏著〈竹溪寺創見年代再商榷〉。

5 清·徐幹學，《清一統志臺灣府》，頁 32。

6 鄭喜夫，〈清代在臺僧人錄（初稿）〉，《臺灣文獻》第 41 卷第 2 期（1990 年 6 月）。

表 1　滿清統治臺灣前之僧侶統計

年代	僧侶法號	住持（開山）寺廟	來臺原因
永曆 36（1682）年	覺豐	嘉義番路紫雲寺	雲遊來臺
永曆 37（1683）年	宗福	天妃宮（今臺南大天后宮）	不明
康熙 23（1684）年	戒法標（應為「良準標」）	天妃宮（今臺南大天后宮）	泉州應聘
康熙 24（1685）年	純真	麥寮拱範宮	莆田奉媽祖金身來臺

從上表得知，在施琅平定臺灣前，已有僧侶來臺，但顯然雲遊來臺者多於應官方之聘者。在戰火頻仍的東南沿海，加上康熙元（1662）年頒布遷界令，沿海居民想出海，沒有軍隊保護或其他管道，恐難以出海。

而同樣根據《臺灣縣志》的記載，建於清代的重要佛寺有：[7]

1.黃檗寺，康熙二十七年，左營守備孟大志建。三十一年，火。三十二年，僧募眾重建。前祀關帝、後祀觀音三世尊佛，僧房齋舍畢備。

2.廣慈庵，康熙三十一年僧募建。今圮，未修。

3.海會寺，鄭氏舊宅也，距邑治四、五里許。康熙二十九年，臺廈道王效宗、總鎮王化行改建為寺。佛像莊嚴，寺宇寬敞。亦名開元寺。

4.觀音亭，在北路頭。五十四年李三建。僧人施茶亭中。

上述清代寺院中，除了廣慈庵為僧人所募建外，黃檗寺與海會寺皆是官方主導，而觀音亭是民眾所建。顧名思義，「亭」者當初可能是一般的涼亭之類，供觀音保佑來往行旅，後有僧人施茶其中，之後才轉變為寺廟，故是漸進式，非一下即建寺。從上述可知，在明鄭以降至清康熙一朝，所創建的佛寺至少有十座，僧侶住持其間從事各項活動是可預期的。

---

[7] 清・陳文達，《臺灣縣志・寺廟》，頁 207-213。

三、僧侶的佛事活動

（一）佛、道不分

明鄭時期的臺灣府、縣僧侶活動雖不能說頻繁，但亦不乏其身影，明鄭來臺的寧靖王朱術桂就喜與僧人交，康熙年間的《閩海偶記》載：

> 媽祖廟（即天妃宮）在南寧坊，有住持僧聖知者，廣東人；自幼居臺，頗好文墨。嘗與寧靖王交最厚，王殉難時，許以所居改廟，即此也。[8]

從上文得知明鄭滅亡前有聖知和尚在今臺南地區活動，今大天后宮仍有奉祀朱術桂的牌位一座，上書「本庵捨宅檀越明寧靖王全節貞忠朱諱術桂神位　住持僧宗福耆士楊陞莊咨等全全」。[9]像原寧靖王朱術桂的宅第在施琅平臺後改建為天后宮，當時亦曾延聘僧人主之。康熙 23（1684）年諸羅縣令季麒光在募修這座天后宮時說：

> 天妃一宮，前祀海神聖母，後奉觀音大士，皆以慈航普渡，故爾供養法應平等。住僧寄漚焚修祇侍，晨昏讚頌……。但香積常空，緇衣莫續，則香火誰資？弟子季麒光以招墾荒園二十七甲，永為常住執持之業。……身為窮子，財施法施，一切無有，惟從楮墨，倡導四眾，寄漚勉之！願力既堅，機緣自來，當有智覺善人，乘願護持，為大導師，弘開佛境……。[10]

寧靖王自縊前捨宅為寺交與聖知和尚，施琅平臺後改為天后宮，後殿奉觀音，有僧寄漚住錫其中，後來還有「智覺善人」護持，並任導師。不過，天后宮為民間信仰寺廟，後來許多來臺的僧侶不乏住在民間信仰的宮廟，其中原由為何？這可能與大清律法有關。根據《大清律》規定：

> 凡寺觀庵院，除先年額設現年處所外，不許私自剏建增設，違者

8　清‧吳桭臣，《臺灣輿地彙抄‧閩海偶記》，頁 19。

9　《明朝寧靖王府邸祀典臺南大天后宮》，頁 2。

10　清‧季麒光‧李祖基點校，《蓉洲詩文稿選輯‧天妃宮僧田小引》（香港：香港人民出版社，2006），頁 130-131。

杖一百，僧道還俗，發邊充軍。若僧道不給度牒，私自簪剃者，杖八十。若由家長，家長當罪，寺觀住持及受業師私度者與同罪，並還俗入籍當差。[11]

〈大清律〉還同時規定：「僧道多則戶口少……任其簪剃以虛戶口耶？故特禁之。」[12]對佛教多方限制的清代，僧人要獨立建寺是困難重重，只能透過士紳官宦的參與。

綜觀清初臺灣的佛教界，絕大部分都是從大陸來臺住持現成的寺廟宮觀，而非自行創建，在臺灣佛寺少、宮觀多的情況下，僧人住在媽祖宮、關帝廟恐屬不得已。當然也可能與清代僧侶素質良莠不齊、佛道不分有關。在一般民間信仰的寺廟活動，比起像官寺的天后宮、海會寺，更容易接近一般民眾，同時也是佛道不分或融合的表現。據《安平縣雜記》載：

> 臺之僧侶，多來自內地，持齋守戒律者甚少。其人有在出家者，半系遊手好閑、窮極無聊之輩，為三餐計，非真有心出家也。出家之人不娶妻、不菇（茹）葷，臺僧多娶妻、菇葷者；所行如此，可知其概。凡僧侶住持寺廟者，曰「東家」；借住者曰「客師」。廟有住持僧，香燈田歸其收用。若遇神誕，住持僧就里內街衢按戶捐資，名曰「題緣」；建醮演戲，以昭誠敬。或偕里眾同辦（值年辦理廟中公事者，有爐主、頭家之號）。[13]

僧人住持或借住民間信仰寺廟，如位於鹿耳門的媽祖廟，建於康熙58（1719）年「前殿祀媽祖、後殿祀觀音，各覆以亭。兩旁建僧舍六間，僧人居之，以奉香火。」[14]又如供奉水僊（仙）尊王的三益堂碑（立於

[11] 〈清代臺南名宦柯耀南先生珍藏之手抄清律判例〉，載《臺南文化》新9期（1980年6月），頁91。
[12] 清‧沈之奇（撰）‧懷效鋒、李俊（點校），《大清律輯註（上）‧私剏庵院及私度僧道》（北京：法律出版公司，2000），頁194。
[13] 不著撰人，《安平縣雜記‧僧侶並道士》，頁20-23。此書出於誰人手筆、成於何時？已無紀錄可尋。但所記者為臺南地區舊俗，文中提及日據以後之事，應為日據時期前後之撰作。
[14] 清‧陳文達，《臺灣縣志‧寺廟》，頁211。

乾隆 6 年，1741 年）載：「康熙四十四…歲給住持僧齋奉」。[15]就「正信」佛教而言，僧侶是不會住在民間信仰的寺廟，故此住在民間信仰寺廟僧舍的僧人不是「東家」就是「客師」。特別是民間信仰的香火廟，由於往來者眾，就算僧人欲保持佛教傳統的儀軌、法義，但限於寺廟的性質與香火考量，因此大都只能「入廟隨俗」，所以僧侶在清代可分持齋、不持齋，以及香花、禪和派：

> 大約臺之僧侶，有持齋、不持齋之分。佛事亦有禪和、香花之別。作禪和者，不能作香花；作香花者，不能作禪和，腔調不同故也。禪和派惟課誦經懺、報鐘鼓而已。[16]

香花僧就是住在一般民間寺廟的僧侶，他們專事「題緣」、「建醮」，和一般道士所作的工作無甚差別。而禪和僧則以課誦、經懺為事。因此，可以說清代的臺灣佛教及其僧侶，基本上是處於佛道不分的情況中，而此一情況不獨臺灣為然，包括主要傳承地福建（閩南），以及以漢人為主的聚集省份皆如此。這是漢傳佛教衰敗的表徵，也是民國之後僧人太虛欲以人生（間）佛教重振漢傳佛教的原因之一。

（二）經懺法事的性質

第一任臺灣縣知府蔣毓英在鄭氏降清之初（即 1684-1689 間），看到臺民的風俗說：

> 佞佛諂鬼，各尚茹素，或八、九齋、朔望齋，或長齋。無論男女老幼，常相率入禮拜堂，誦經聽講，僧俗罔辨，男女混淆，廉恥既喪，倫常漸乖，故異端之教不可不距也。[17]

依上述「誦經聽講，僧俗罔辨」來看，康熙得臺之初應有僧侶活動，

---

15 不著撰人，〈三益堂碑記〉，收在《臺灣南部碑文集成（上）》（南投：臺灣省文獻委員會，1994），頁 29-30。
16 不著撰人，《安平縣雜記·僧侶並道士》，頁 21。
17 清·蔣毓英，《臺灣府志》卷 5〈風俗〉，頁 58。蔣毓英是東北奉天錦州人，康熙 23 年來臺任官，二十八年陞江西按察使司。

一部分僧侶可能是明鄭時期所留下來的，例如臺南市大天后宮的住持僧聖知和尚即是。

（1）元宵、浴佛、盂蘭盆會

臺南府、縣歲時風俗也可看一些宗教行事，如元宵放燈，「庵、祠、廟、院及所居門首，各懸繩索竹竿，掛紅紙燈籠一盞。……更有裝束道、巫、仙、佛及昭君、龍馬之屬，向人歌舞作慶，謂之鬧元宵。」而特屬佛教的四月初八佛誕日則「各院僧於閏月前，沿門索施，作龍華會，俗謂之洗佛。」與道教、民間信仰重疊的七月十五日中元，「人家各祀所出，以楮作錢、銀、綺錦焚之，又為畫衣裳雜服，上書菩薩經文，名為經衣，延僧登壇說法，撒物食羹飯，俗謂普施盂蘭盆會。」[18]從《安平縣雜記》所載得知：「七月盂蘭會，各里廟亦有請僧侶建醮、演放珈瑜燄口，以拯幽魂。此臺之俗例也。」[19]整個盂蘭盆會的情況是：

> 各寺廟將作普度，寺僧及首事者數日前先向境內鳩金，沿街或二、五十家為一局，張燈結綵，延僧侶誦經一天。亦有誦經三天者。陳設牲牢、葷素食品、粿粽、糕餅、蕉蔗、鳳梨、龍眼、楊陶等物，至少亦數十盒，盤插少紙旐及小旛幢於其上，書「普度值福」等字。燈牌額曰「慶讚中元」，並陳列花粉、生厚煙絲各樣物件，演唱大小各戲，鑼鼓喧闐。亦有陳設七巧棹及花瓶玩器，供遊人賞玩者。境眾備菜飯、兩壺米膏、面線、粿粽等小鈷，陳列廟前，俟夜分僧侶登壇演放燄口施拯幽魂後收回。普度之明日，雇優人演戲一檯以謝醮。名曰「壓醮尾」。作普度前夕，必先豎燈篙，放水燈，請大士（大士俗傳觀音菩薩化身），各舖戶皆出明燈一對。董事乘轎，鼓吹前導，僧俗隨後，到各處請水陸幽魂到廟受享。境眾有趁是夕在家中張燈結綵、陳設牲醴粿品、自己作普度者，有另擇一日或演戲或不演戲者，各隨其便。就城內而論，自七月初一起，至三十日止，普度者相續不絕。舉燒紙

18　清・蔣毓英，《臺灣府志》卷6〈歲時〉，頁63-64。

19　不著撰人，《安平縣雜記・僧侶並道士》，頁21。

一款言之，所燒之紙，有值十金、八金者；至貧之家所燒紙幣，亦值金數角。相習成風，毫無吝惜。[20]

時至今日，民間的中元普度基本上與上述無甚差別，但是，僧侶參與普度的活動，雖然日據時代在皇民化運動中有受到壓制，但在國府遷臺後很快就復甦。戰後七０年代，臺灣佛教從自我本身出發，要求「神佛分離」，在盂蘭盆會與中元普度作出區隔，漸漸傳統僧侶幾乎不會出現在民間普度的場合，但是，一些身穿袈裟的個別「僧侶」或能得見，他們其中不乏清代臺灣的「香花派」，是帶妻肉食有家室者，非常值得注意。

高拱乾成書於康熙 34（1695）年的《臺灣府志・風土志》載臺民的風土謂「信鬼神、惑浮屠」，元宵時「神祠，俱延僧道設醮祈安」，四月八日「僧童舁佛作歌，沿門索施，俗謂之洗佛」，農曆七月十五日「盂蘭盆會，每會一老僧主之；黃昏後登壇說法，撒物食羹飯，謂之普施」。[21]蔣志與高志所記佛教記事大同小異，不過，康熙末（1720）年，陳文達編纂的《臺灣縣志》所載佛教的情況又不同了。謂：「婦女入寺燒香，臺俗最熾。……一遇有佛誕，則招群呼伴，結隊而行，遊人徧於寺中，邂逅亦不相避。」這種情況曾被前臺廈道所禁，但日久復熾。而當時的僧侶情況是「僧尼者，民而異端者也。……而臺地僧家，每多美色少年，口嚼檳榔，檯下觀劇。至老尼，亦有養少年女子為徒弟者。」[22]從上文得知，百姓喜到寺廟誦經聽講，而佛教的節日以佛誕及盂蘭盆會最受重視。除了固定佛誕、盂蘭盆法會外，府縣的僧侶還從事什麼樣的活動呢？

（2）超薦

陳文達在《臺灣縣志》有關〈風俗〉方面載：「（臺民）俗多信佛，延僧道，設齋供，誦經數日，弄鐃破地獄，云為死者作福。」[23]臺灣府、

---

[20] 不著撰人，《安平縣雜記・僧侶並道士》，頁 6-7。
[21] 清・高拱乾，《臺灣府志》卷 7〈風土志〉，頁 187、191-192。
[22] 清・陳文達，《臺灣縣志》卷 1〈輿地志〉，頁 60。
[23] 清・陳文達，《臺灣縣志》卷 1〈輿地志〉，頁 55。

縣僧侶常為喪家作佛事超薦。

《重修福建臺灣府志》記載臺地的喪禮說：

> 俗多信佛，設靈後，必延僧設道場，名曰「開冥路」。五旬，再延僧道禮懺，焚金銀楮錢，名曰「還庫錢」；或二晝夜、三晝夜，打地獄、弄鐃鈸普度，名曰「作功果」。[24]

所謂「開冥路」是用於富貴人家，與閩南、臺灣同俗的金門有史載：「居喪延僧道禮懺。富貴家開冥路、薦血盆、打地獄、擲鐃鈸、豎幡、普度諸名目，云為死者減罪邀福……。」[25]也就是說，「開冥路」是為亡者滅罪增福而作。什麼是「還庫錢」？《臺海使槎錄・赤嵌筆談》載：「俗謂人初生欠陰庫錢，死必還之」。[26]今之《臺灣大百科》有更詳細的說明：

> 葬禮中燒化最多者當屬銀錢和庫錢。棺材內於入殮時需放置些許庫錢。臺灣習俗認為十二生肖各有一庫，每庫都有一庫曹，人出生時，向所屬生肖之庫曹借庫錢充當出生盤費，往生後須繳錢還庫。燒庫錢時，家屬需圍成一圈，手拿木棍或竹條不停地敲打地面，目的阻止不相干鬼魂接近和奪取庫錢。[27]

無論是「開冥路」或「還庫錢」皆非佛教傳統，乃民間信仰儀式，僧侶從事這些工作，可見佛道不分的情況。關於「作功果」，《重修臺灣縣志》載：「貧家或於年餘擇日作功果。」[28]臺灣史上有名的「戴潮春之亂」發生在同治元（1862）年，雖然同治 2 年 12 月戴潮春（ ? -1864）已被捕，但其部屬林日晟仍抵抗中，福建陸路提督林文察率軍圍勦，林日晟兵敗大甲，回到彰化後又喪子，也請僧「功作果」：

> 同治三年（甲子）春，提督林文察偕其弟副將林文明、遊擊王世

---

[24] 清・劉良璧，《重修福建臺灣府志》卷 6〈風俗〉，頁 94-95。

[25] 林焜熿，《金門志・風俗記》（1960 年刊），頁 391。

[26] 清・黃叔璥，《臺海使槎錄・赤嵌筆談》卷 2（康熙 60 年刊），頁 391。

[27] 臺灣大百科（http://www.taipedia.org.tw）。

[28] 清・王必昌，《重修臺灣縣志》卷 12〈風土志・風俗〉，頁 401。

清進兵四塊厝。賊首林日晟自大甲敗後，歸四塊厝老巢逞其淫
威；以彰城付江有仁等。忽所生四子作數日間齊暴亡，疼慟至極，
垂頭喪志；遂延僧侶作功果七晝夜，焚化楮帛無數。[29]

上述的「焚化楮帛無數」的「楮帛」即是冥錢。佛道不分、僧侶素
質不佳的情況下，僧侶為人薦亡是極其普遍的現象，走入民間薦亡的僧
侶恐以香花派為多：

> 香花派則鼓吹喧闐，民間喪葬多用之。若入殮，若頭七（頭七俗
> 名「開魂路」）、若過旬（七日一旬，富裕之家必延僧道或菜公誦
> 經設祭一次）、若卒哭（俗名「撤靈」）、若安葬，必請其披袈裟
> （袈裟，僧衣也），禮誦彌陀經、金剛經、梁皇懺及血盆等經，
> 以超度亡者。多至十餘僧，少亦一僧。卒哭誦經，有至三五天者
> （俗名「做功德」）；喪主按其勤勞，出資酬謝焉（鄉下僧少，均
> 用道士，間有請禪和者）。[30]

僧侶一方面為民家超薦拔度外，另一方面也受官方委託執行法務，
但似乎僅限「官寺」寺僧。乾隆 17（1752）年，知縣魯梅鼎曾在臺灣
府、縣建兩處義塚，一在水蛙潭，一在北壇，史載：「（臺灣縣義塚）一
在北壇前，內葬無主棺骸一百六十具。一在海會寺前，內葬無主棺骸一
百八十具。」[31]海會寺前的義塚由海會寺僧負責例行法會應屬合理，如
蔣元樞撰寫於乾隆 42（1777）年左右的〈建設義塚殯舍碑記〉載：

> 閩俗惑於風水之說，每停棺歷久不葬習以為常，而臺灣尤甚。蓋
> 臺灣多流寓客死者，或希反首邱，或艱營窀穸（按：墓穴），率
> 度匶（柩）於南北壇。……郡西北郊，故有義塚二處，纍纍然不
> 能容椁（槨）可若何？爰相南郊竹溪寺後，有園一片，計八甲有
> 奇；又竹圍一所，亦頗寬曠，均屬民業，為立券購之。以園為義
> 塚，瘞旅殯之無歸暨貧不克葬者。又於竹圍內另建寄櫬之舍，募
> 僧守之，並籍記其姓名鄉貫及寄櫬之年月，以備稽查。……停頓

---

[29] 清・吳德功，《戴施兩案紀略》，頁 54。
[30] 不著撰人，《安平縣雜記・僧侶並道士》，頁 20-23。
[31] 清・余文儀，《續修臺灣府志》卷 2〈規制・義塚〉，頁 115。

樺樳（小棺），則有建構殯舍餼僧齋奠之費；運骸歸葬，則配船
給資之費；以及收殘骸壘化，臺廈司胥募巡丁，莫不各有經理給
賞之費。[32]

乾隆 43（1778）年三月立的〈海會寺園業碑記〉得知原五十二甲
寺田的海會寺被減去近八甲的地，一部分（二甲五分）作為教場（士兵
訓練營）的「營中義塚」，又抽出八分捐置為「新南壇香燈」。[33]值得注
意的是，在南北壇之外又出現「新南壇」，但這個新南壇其實正是蔣元
樞於乾隆42年捐置的，謝金鑾的《續修臺灣縣志》說：「新南壇義塚殯
舍：在小南門法華寺後。」[34]這裡的「法華寺後」應是「竹溪寺後」之
誤。海會寺因在城外，又是軍事重地，地僻而人煙稀少，故被闢為義塚，
延海會寺僧為之薦亡。

嘉慶 12（1807）年前後，整個臺南府縣的義塚共有七處，分別是
（1）大南門外魁斗山（俗稱鬼子山）；（2）新昌里，康熙 59（1720）
年國子生陳士俊捐園；（3）水蛙潭，乾隆 17 年知縣魯鼎梅捐俸買園八
分；（4）北壇前，即屬壇前，乾隆 17 年魯鼎梅置；（5）海會寺前，乾
隆 17 年知縣魯鼎梅置；（6）大南門口，乾隆 28（1763）年置；（7）大
北門外校場邊，乾隆 40 年蔣元樞購置。以上七處義塚若再加上大南門
外的大眾壇（即舊南壇）、萬緣堂、同歸所，以及在安平鎮一鯤身的萬
善堂，則共有十一處。[35]

從上述可以看出佛寺僧人已經被視為超薦的當然身份，而且顧僧守
之，並給僧人齋奠之費。從竹溪寺旁的義塚殯舍可以反證海會寺的情
況，只不過不同的是海會寺不提供停棺之處。從超薦佛事中收取嚫銀，
應行於海會、竹溪寺僧及其他寺僧之間。南壇與北壇的義塚建立之後延
僧主之恐已成慣例。

---

[32] 清・蔣元樞，〈建設義塚殯舍碑記〉，收在清・謝金鑾，《續修臺灣縣志》卷7〈藝文〉（二），
　　頁 513。
[33] 開元寺藏，〈海會寺園業碑記〉，另參見盧嘉興，〈北園別館與開元寺〉，載《古今談》第
　　27、28 期（抽印本），頁 6。
[34] 清・謝金鑾，《續修臺灣縣志》卷 2〈政志・義所〉，頁 92。
[35] 清・謝金鑾，《續修臺灣縣志》卷 2〈政志・義所〉，頁 91-92。

南壇有僧，北壇也必有僧，北壇較近海會寺，南壇則近彌陀寺。史載：「舊棺槥率寄城廂南北壇中，重洋遠隔，音耗不聞；內地眷屬，搬運為難。」[36]前述已說明，南、北壇等義塚延僧的目的是為亡者祈福超薦，隨著客死異鄉的閩人越來越多，乾隆 24（1759）年臺灣知縣夏瑚因心生憐憫，於是捐資代運遺骸至廈門。他說：

> 至廈之日，必須寄頓所有、經理有人，自應預擇附近海口寬曠廟宇一、二處，以資停寄；選撥誠妥僧人，按月給予辛勞銀兩，專司其事。……如一年後，無人赴領，就於廈門預擇無礙閒僻官山，作為義塚；至期即令該僧人催工擡埋……於每年夏秒，令該僧人將或領、或埋總數註明原簿，繳廳備查，照抄一本，行知臺邑存案。[37]

而在臺無人認領或查不出身份者，一年後就直接埋於臺地義塚，這是一套行於閩臺間的慈善事業，僧人在其中扮演重要角色，當然也可以說，乾隆初葉起，臺地僧人已經預聞超薦之事，因有義塚設於海會寺前，故可推知海會寺僧人必是參與追薦法會，而就海會寺的「官寺」性質而言，僧人超薦必是受官方委託而行之。

看來臺地僧人在清代以薦亡、祈福等佛事為主，海會寺僧澄聲還兼祈雨。

（3）祈雨

當乾隆初年衣鉢傳到海會寺第四代住持澄聲禪師時，他是以藝僧的身份出現，擅詩書，所以官員都喜歡和他接近，這是前三代祖師的傳統，例如海會寺第二代住持福宗禪師是「竺庵福宗禪師，志中之高足也。天資醇篤，能詩書，精武術，有眾望」。[38]根據史料記載：「釋澄聲，號石峰，海會寺住持也。戒行素著，擅書畫，好詠吟尤善手談。有司聞其名，

---

[36] 清・余文儀，《續修臺灣府志》卷 2〈規制・義塚・附考〉，頁 115。
[37] 清・余文儀，《續修臺灣府志》卷 2〈規制・義塚・附考〉，頁 115-116。
[38] 鄭羅漢，《臺灣開元寺誌略稿・沙門列傳》。

多就訪之。時或苦旱，延以祈雨，屢驗。」[39]

從上可知，澄聲禪師除了擅詩畫外，他還有一個專長就是祈雨，官寺僧道祈雨是有固定的方式與場所的，根據《安平縣雜記》載：

> 凡僧道設自官府者，分僧綱司、僧會司、道紀司、道錄司各名目，均有品級。祈雨、祈晴，日月食，傳之到官衙寺廟念經誦咒，作禳解諸法。此臺灣之僧道行為也。[40]

也就是說祈雨的工作是「官寺」的工作之一，當然也包括如前述接受委託超薦無名亡者。

臺灣府、縣的祈雨之所有兩處，一是永康里社稷壇之右的「風雲雷雨山川城隍同壇」，為康熙50（1711）年巡道陳璸所建；一在南寧坊的龍神廟，為康熙55（1716）年巡道梁文科所建，乾隆4（1739）年知府劉良璧重修。文載：「龍王為海濱之神，建廟崇祀，所以保障海疆，非第為祈禱甘霖也。……後有僧舍，西有廚房。命僧居之，以奉祀焉。」[41]因此，澄聲禪師除了住持海會寺外，雍、乾之間若遇乾旱，則會被延請祈雨。與澄聲為同一時期的僧侶，卓錫竹溪寺的釋志願，經通風水，傳載：「精風鑑，所評者，皆有後驗。士人重之。」[42]

乾隆初年澄聲禪師被延聘為祈雨僧，表示海會寺僧有機會出外活動。臺灣屬於福建管轄，根據《福建通志臺灣府》記載：

> 閩中舊俗：祈禱齋戒、致祭行香之日，僧、道誦經，部文亦議令誦經，委員查看。今自齋戒日為始，道紀司督率眾道於城隍廟誦經，僧綱司督率眾僧於龍王廟誦經，福州府委官查看，或委員赴鼓山行香請水，臨時酌行。[43]

看來像澄聲禪師祈雨有驗者，祈雨之處是在龍王廟，由於道士在城

---

[39] 清·王必昌，《重修臺灣縣志》卷11，〈人物志·方伎〉，頁392。

[40] 不著撰人，《安平縣雜記·僧侶並道士》，頁22。

[41] 清·王必昌，《重修臺灣縣志》卷6〈祠宇志〉，頁164-165、174。

[42] 清·王必昌，《重修臺灣縣志》卷11〈人物志·方技〉，頁392。

[43] 清·魏敬中，《福建通志臺灣府》〈典禮·祀典〉〔（道光9年孫爾准等修、陳壽祺纂，15年程祖洛等續修、魏敬中重纂，刊於同治10年）〕，頁232。

隍廟，僧侶則由僧綱司率領。不過，臺灣府出現僧綱司似乎是在乾隆末嘉慶初年，但澄聲祈雨是真，而且就乾隆初而言，在乾隆 3（1738）年秋，臺灣正面臨大旱災，田園無收者凡七千六百餘甲，[44]這一年澄聲禪師仍在海會寺住持任內，故他應也參與了祈雨的工作。

（三）參與軍事活動

在海會寺南方小西門外的黃檗寺，比《臺灣縣志》還早修纂二十餘年的《臺灣府志》（高拱乾修於康熙 33 年）不稱「黃檗寺」，而稱「黃檗庵」。志載：「黃檗庵，在海會寺南數里。壬申（康熙 31）年，災於火；歲癸酉（康熙 32 年），僧繼成募緣重建。」[45]黃檗寺與海會寺附近皆是軍事重地，特別是黃檗寺。康熙三十一年「災於火」，這場火並不是管理不當的災情，而是與天地會有關。馬子翊的〈臺陽雜興〉詩吟曰：「祅火曾焚黃檗寺，劫灰新撤赤崁樓」。[46]乾隆 10（1745）年至 12 年任巡臺御史兼提督學政范咸的《重修臺灣府志》，收錄乾隆 3（1738）年臺邑舉人陳輝的〈鎮北門晚眺〉詩云：

> 煙籠竹樹接沙洲（北門外，北接州仔尾），夕照橫波海氣浮。
> 樵子唱回雲彰路，戍人吹動角秋聲（北門外有校場）。
> 僧歸廢寺鐘尚寂（城外有黃檗寺），燕喜澄潭水不流。[47]

黃檗寺從康熙 32（1693）年募建到乾隆十年，也有半世紀的歷史，雖然「僧歸廢寺」，但是黃檗寺硬體建築還在。到了乾隆 56（1791）年，由里人倡修，這裡所說的「里人」表示了黃檗寺一帶軍事重地的角色已有所改變，至少平民百姓可以在附近活動。臺灣地方志收錄詠臺南諸寺詩甚多，惟黃檗寺難以得見，或許是因為相傳在乾隆中葉黃檗寺僧曾是

---

44 清・謝金鑾，《續修臺灣縣志》卷 2〈政志・祥異賑卹〉，頁 96。

45 清・高拱乾，《臺灣府志》卷 9〈外志・寺觀〉，頁 220。

46 馬子翊，〈臺陽雜興詩〉，引自綠珊盦，〈臺南黃檗寺僧與天地會八卦教〉，《臺南文化》
　　季刊第 3 卷 2 期（1953 年 9 月），頁 29。

47 清・范咸，《重修臺灣府志》卷 25〈藝文（六）〉，頁 802。

天地會的領導者之一，後被知府蔣元樞送回內地，最後被處決有關，[48]故無人敢詠黃檗寺。

康熙 60（1721）年發生臺灣史上重要的農民事件「朱一貴事件」，事件之前，有僧來臺，史載：

> 一異僧來臺灣，周遊街巷；告民雲：「茲歲將有大難；難至，惟戶設香案，書『帝令』二字於黃紙小旗，鋪之案，難庶可免矣」！言訖不知其所之。[49]

朱一貴是漳州長泰人氏，來臺灣以養鴨為生，為人忠義，史載：「茲春，鳳山令缺，臺郡太守王珍攝縣篆，而收斂苛刻，奸黨毀其短以搖民心」、「一貴之亂起也，家家悉設香案，插『帝令』旗，如異僧教，清兵誤以為百姓皆從賊，遂慌亂及於敗。」[50]

不僅是有「異僧」預言起事，朱一貴起事後，至少黃檗寺有兩位僧人參與軍事活動，一位是寄淵和尚，在朱一貴事件中密送飲食給被擄獲的金門陣標右營康朝功，史載：

> 金門鎮右營千總康朝功，帶領班兵到臺，戰敗被傷，雜死屍以免。及府陷，為賊所擒，略賊兄戴顯得釋，入黃檗寺為僧，與周應遂等謀內應，事洩逃匿破柩六日，僧寄淵密送飯食，得不死。[51]

另一位是寂興和尚，在朱一貴事件中保釋為朱軍擄獲之臺灣道標營把總陳喜。[52]史載：

> 道標把總陳喜，或有言其在林曹處辦事，而該弁則供為林曹所獲，僧寂興保之得免。[53]

黃檗寺僧除一路支援清軍外，還作為「內應」，協助對抗朱一貴：

---

[48] 連橫，《臺灣通史》卷 22〈宗教志・佛教〉，頁 577-578。

[49] 日・川口長孺，《臺灣割據志》，頁 81-83。

[50] 日・川口長孺，《臺灣割據志》，頁 81-83。

[51] 清・藍鼎元《東征集》卷 6（雍正元年刊），頁 99。

[52] 鄭喜夫，〈清代在臺僧人錄（初稿）〉，《臺灣文獻》第 41 卷 2 期。

[53] 清・藍鼎元《東征集》卷 6，頁 99。

> 鎮標左營把總李先春，戰傷被擒，不降，獸醫魏本忠保之，得釋；
> 與黃檗寺謀內應，不果。後隨軍大穆降殺賊，北路、中路，皆有
> 奔走效勞。臺協水師右營把總韓勝，戰敗負傷逃匿，潛與黃檗寺
> 謀內應，不果。[54]

前述，鄭氏兵敗初期，黃檗寺僧參與了抗清運動，清朝治理臺灣數
十年後，朱一貴起事，黃檗寺僧轉而援助清軍，這種轉變是值得注意的。
不過，為什麼黃檗寺及其寺僧屢屢與清代的軍事活動有關？主因素恐是
寺址位於軍事要衝，史載：「黃檗寺，康熙二十七年，左營守備孟大志
建。」[55]黃檗寺位於左營盤附近，為兵家必爭之地，故常捲入戰火。除
了黃檗寺僧參與軍事活動外，還接納戰敗的滿清軍官薙髮入寺藏匿：

> 鎮標中營把總周應遂，在南路赤山戰傷被擒，繫縲牛車，於春牛
> 埔陣上遇陳宋救回。及府陷，往黃檗寺為僧，在寺中密製大清旗
> 與千總康期功、把總李先春、韓勝等謀為內應，事洩奔逃。[56]

不止黃檗寺僧參與軍事活動，清代嘉慶年間亦有僧侶協助「海賊」
的內應活動。在謝金鑾的《續修臺灣縣志》附錄記載，臺灣府城南壇有
僧，「（嘉慶）十一年（1806）丙寅正月二日，賊（按：蔡牽）攻大南門，
既退，修衛砲十柵，盤獲南壇僧澄潭。臨訊，並供獲林柏，皆約賊內應
者。同日，置於法。」[57]

蔡牽在清代是有名的「江洋大盜」，清廷屢勦不成，而他常使用的
方法之一就是賄賂官兵，甚至是一般民眾，凡能有助於他者，皆不惜重
金，嘉慶 11 年的南壇僧澄潭就是受賄賂而為內應者的其中之一。

四、臺灣佛教的衰微

臺灣府、縣的僧侶從事超薦、盂蘭盆、浴佛、祈雨，甚至參與軍事

---

[54] 清‧藍鼎元《東征集》卷 6，頁 98。

[55] 清‧陳文達，《臺灣縣志‧寺廟》，頁 207。

[56] 清‧藍鼎元《東征集》卷 6，頁 98。

[57] 清‧謝金鑾，《續修臺灣縣志》卷 5〈外編‧兵燹〉，頁 381-382。

活動，其中比較有趣的是，清代被延請從事佛事的僧侶並不會索謝金，如《安平縣雜記》所載：「能做香花、禪和諸佛事。延請者，不索謝金，送手巾、摺扇而已。」[58]清代臺灣府、縣的僧侶或許多半素質欠佳，但也有懂得詩詞吟詠的藝僧，如海會寺首任住持志中禪師即是，史載：「有僧志中者，自齮齕之年，皈依沙門，秉靈慧之聰，函松風水月之味，從江右雲遊來……。」[59]

由於清代臺灣府、縣僧人從事諸多未符佛教傳統之事，《安平縣雜記》就特別評之曰：「佛家以虛無寂滅為宗，道家以清淨無為為本，降而至於吞劍、吐火，作種種幻術，已大失本來面目。臺之僧道，尤不足言，有其名而已。」[60]

清代臺灣府、縣多見僧人有家眷者，在《大清律》亦有處罰規定，曰：「凡僧道娶妻妾者，杖八十，還俗。女家主婚人同罪，離異。財禮入官。寺觀住持知情，與同罪；如因人連累不在還俗之列，不知者，不作。」[61]其處罰不可謂不重，還有前述《臺灣縣志》謂：「婦女入寺燒香，臺俗最熾。」其實這也是《大清律》所禁：「若有官及軍民之家，縱令妻女於寺觀神廟燒香者，笞四十，罪坐夫男。無夫男者，罪作本婦。其寺觀神廟住持，及守門之人，不為禁止者，與同罪。」[62]不僅如此，對於僧人建醮拜奏青詞都有一定的限制。可是這些活動卻屢見於清代臺灣府、縣僧侶之中，或許可說是清廷鞭長莫及。

大體由於臺灣府縣的僧人良莠不齊，從圓寂於嘉慶年間的勝脩、奕是禪師，分任西定坊天后宮第7代（重興第一代）及第8代住持，分別為「臺灣僧綱司」推知，大約是乾隆末、嘉慶初，僧綱司被派來臺，並住錫於大天后宮。[63]乾隆末、嘉慶初臺灣僧綱司的出現，正表現出臺灣

[58] 不著撰人，《安平縣雜記・僧侶並道士》，頁23。

[59] 清・王化行，〈始建海會寺記〉，收在謝金鑾，《續修臺灣縣志》卷7〈藝文（二）〉，頁470。

[60] 不著撰人，《安平縣雜記・僧侶並道士》，頁20-23。

[61] 清・沈之奇（撰）・懷效鋒、李俊（點校），《大清律輯註（上）・僧道娶妻》，頁280。

[62] 清・沈之奇（撰）・懷效鋒、李俊（點校），《大清律輯註（上）・褻瀆神明》，頁280。

[63] 鄭喜夫，〈清代在臺僧人錄（初稿）〉，《臺灣文獻》第41卷第2期（1990年6月）。

佛教僧侶的紀律已到了非整頓不可的地步。編纂於日本殖民時期的《南部臺灣誌》載：

> 本島佛教，傳自福建鼓山、西禪二叢林。康熙、乾隆年間奉佛的官紳建立寺剎，延請二叢林道德崇高的出家人到臺灣住持寺剎。嘉慶以後，禪規大弛，僧綱落地，窮夫寒貧之徒，剃髮法衣，因作度日之計，故佛燈頓滅，大寺巨剎或廢或存。其存者頹廢荒寥，僅徒留亡教之遺跡……。[64]

故推知乾、嘉年家僧綱司來臺，應該就是為整頓僧侶綱紀而設。日本人統治初期，學者佐蒼孫三在明治36（1903）年曾評臺僧是：

> 臺僧亦圓頂方衣，與本邦（按：日本）僧侶相同，誦經音調亦相似。但大抵不學無識，參禪苦戒之力甚薄弱。且以人民信仰之心冷澹，收資極寡；垢面襤褸，一貧如洗，徒守寺院耳，豈亦有感化濟度之力哉！[65]

臺僧「參禪苦戒之力甚薄弱」，說明居民間寺廟的僧侶者眾，快速的「世俗化」，加上「不學無識」，只能在寺廟任「客師」，收入有限，無法「感化濟度」眾人，就算是作諸佛事，收到也只是手巾、摺扇而已。不過，日本殖民統治後的十年間，包括臺南地區的臺灣全島，隨著本土四大法脈的崛起，一方面臺僧自我提升素質、戒律，一方面對抗日本佛教肉食帶妻之風，漸有回歸漢傳佛教叢林傳統之勢，並在1949年之後逐漸擺脫頹廢、衰敗的陰霾。

---

[64] 臺南州共榮會，《南部臺灣誌》（昭和9年刊）（臺北，南天書局，1994），頁469。

[65] 日・佐倉孫三，《臺風雜記・僧侶》（東京：國光社，1903），頁6。

清代鳳山縣城的泗州觀音信仰

一、前言

2003 年 11 月，大陸江蘇江陰市青陽鎮悟空村出土一處千年地宮，地宮石函藏有舍利，經考古學者初步考證，為泗洲大聖僧伽（628－710）的真身舍利。石函銘文大意為：江陰悟空院僧人應雲和「同行者」沈惟素四方化緣，於北宋景德3（1006）年建泗洲大聖寶塔，並由常州府太平興國寺僧人善聰，以其所藏的舍利「特置石函銀瓶盛貯藏於塔下，永充供養」。[1]

唐代詩仙李白（701－762）曾作《僧伽歌》詩一首收於《全唐詩》中，歌頌僧伽大師，間接證實唐代的泗洲大聖信仰的流行：

> 真僧法號號僧伽，有時與我論三車。問言誦咒幾千遍，口道恒河沙復沙。此僧本住南天竺，爲法頭陀來此國。戒得長天秋月明，心如世上青蓮色。意清淨，貌棱棱。亦不減，亦不增。瓶里千年鐵柱骨，手中萬歲胡孫藤。嗟予落魄江淮久，罕遇真僧說空有。一言散盡波羅夷，再禮渾除犯輕垢。[2]

李白十歲的時候，僧伽大師圓寂，從地緣來說，僧伽不可能與幼年的李白有過接觸，何況李白當時人應在四川，故李白的詩作反映的應是僧伽寂後其信仰的流行。當時僧伽住持泗洲普照王寺期間，神行異蹤變現不一，消災祈福。凡此種種奇跡，可謂應驗不貳，被視為觀音化身。

起於唐代，興於宋代的「泗洲大聖」觀音信仰，其流行區域主要在今安徽省的泗縣一帶，地處蘇皖兩省五縣交界地帶，江蘇一地亦頗見流行。

被稱為「泗洲大聖」的西域沙門法號僧伽，於唐高宗龍朔初（661）

---

[1] 〈江陰古塔塔基下驚現「觀音舍利子」〉，《新華網 NEWS》http://big5.xinhuanet.com（2014.8.28 流覽）。

[2] 《中華詩詞網》，http://www.haoshici.com/Libai8928.html（2014.10.23 流覽）。

年來華，後於泗洲臨淮縣（今江蘇省盱眙縣淮河鎮）信義坊求土建寺時，挖到古香積寺的銘記和一座金像，上面刻有「普照王」佛字，因建普照王寺，後為避武則天名諱而更名為普光王寺。更有學者懷疑僧伽信仰是否是「中亞新興宗教，藉佛教之名傳入中國者」，[3] 然此非本文討論重點。

清代臺灣鳳山城中有一座不知創建年代的泗洲寺，寺前有放生池，清乾隆 52（1788）年「林爽文事件」時，該寺住僧曾被捲入。泗洲大聖的信仰曾在清代鳳山城流行一時，本文旨在探討清代泗洲觀音信仰在鳳山縣起源及消失的可能原因。

二、泗洲大聖與觀音信仰

（一）生平

唐代疑似來自西域的神異僧僧伽和尚，於臨淮卓錫時所演變而成的泗洲觀音信仰，日本學者牧田諦亮稱之為「民俗佛教」。[4] 泗洲寺與觀音信仰，因僧伽和尚的神異事蹟而引發，現存最古老有關僧伽和尚的資料首推李邕（673－742）的〈大唐泗州臨淮普光寺碑〉：

> 和尚之姓何，何國人，得眼入地。龍朔初（661）忽乎西來，飄然東化，獨步三界，遍遊十方。鳥飛於空，月見於水，泥鍵鐵鎖，降伏貢高。……香象之行，雖極水底，神龜之出，亦兼陸道。……嘗縱觀臨淮，發念置寺，以慈悲眼目，信義方寸，興廣濟心，儀普照佛，光相纏現，瞻仰已多，遠近簪裙，往來舟楫，一歸聖像。再謁真僧，作禮祈祥，焚香拔苦。[5]

文中大意是說，僧伽和尚姓何，為何國（今吉爾吉斯斯坦的阿爾別

---

3 蔡相煇，〈以李邕（673~742）〈泗州臨淮縣普光王寺碑〉為核心的僧伽（628~709）信仰考〉，《空大人文學報》第 14 期（2005 年 12 月），頁 86。

4 日‧牧田諦亮著，索文林等譯，《中國近世佛教史研究》，《世界佛學名著譯叢》46 冊（臺北：華宇出版社，1985），頁 2。

5 日‧牧田諦亮著，索文林等譯，《中國近世佛教史研究》，《世界佛學名著譯叢》46 冊，頁 3。

希姆）人氏，龍朔初年忽然西來，發願在臨淮建寺供奉普照王佛，使得遠近男女，以及舟楫往來人民歸信。而僧伽和尚亦稱為泗洲大士或大聖，其形象是以神異僧的面貌行化。關於僧伽和尚西來建寺的情況《宋高僧傳》載：

> 釋僧伽者，葱嶺北何國人也。自言俗姓何氏。亦猶僧會本康居國人便命為康僧會也。然合有胡梵姓名，名既梵音，姓涉華語。詳其何國在碎葉國東北，是碎葉附庸耳。伽在本土少而出家，為僧之後誓志遊方，始至西涼府。次歷江淮，當龍朔初年也。登即隸名於山陽龍興寺，自此始露神異。初將弟子慧儼同至臨淮，就信義坊居人乞地下標，誌之言，決於此處建立伽藍。遂穴土獲古碑，乃齊國香積寺也。得金像衣葉刻普照王佛字。[6]

不過，元代之《佛祖歷代通載》對於僧伽和尚出生等卻有不同的記載，但建寺時掘獲香積寺碑則相同：

> 大師自西國來，唐高宗時至長安、洛陽行化，歷吳楚間手執楊枝混于緇流，或問：師何姓？即答曰：我姓何。又問：師是何國人？師曰：我何國人。尋於泗上欲構伽藍，因宿州民賀跋氏捨所居，師曰：此本為佛宇。令掘地果得古碑云：香積寺，即齊李龍建所創。又獲金像，眾謂然燈如來，師曰：普光王佛也。因以為寺額云。[7]

僧伽和尚應出生西域，根據《釋氏稽古略》說：「僧伽大士，初自碎葉國遊於西涼，是年顯化洛陽。」[8]

綜合上述，僧伽和尚是自碎葉國（其故址在吉爾吉斯斯坦托克馬克城西南八公里處的 Ak－Beshim）來到西涼，在中土出家，唐高宗時方至長安、洛陽行化，後來到江浙、兩湖混於世俗間，並在泗洲（在蘇皖交界淮水邊）住於賀跋氏宅時「身忽長其床榻各三尺許，莫不驚怪。次

---

[6] 宋・贊寧，《宋高僧傳》卷 18，CBETA，T50，0822a03。

[7] 元・念常，《佛祖歷代通載》卷 12，CBETA，T49，0587c14。

[8] 元・覺岸，《釋氏稽古略》卷 3，CBETA，T49，0817c13。

現十一面觀音形，其家舉族欣慶倍加信重，遂捨宅焉，其香積寺基。」[9]大為驚嘆的賀跋氏於是捨宅為寺，建立普光王寺。可能是僧伽和尚的事蹟驚動了皇室，而被唐中宗和尚迎入宮，《佛祖歷代通載》說：

> 泗洲大士僧伽詔入宮供養，度惠儼、惠岸、木叉三人為侍者，帝親書所居寺額曰普光王，未幾遷止薦福寺。明年京畿旱，有旨命大士致雨，僧伽以瓶水散洒，即有濃雲自所居而涌大雨傾注。又明年二月示寂，壽八十有三。神采如生，勅就薦福寺塑身建塔，即穢氣滿城，帝炷香祝之，許送歸淮，言訖異香郁然，傾都歡異，遂奉全身歸泗洲普光王寺建塔。帝嘗問法雲公萬回曰，僧伽何如人？對曰：觀音大士化身耳，神化事迹具如蔣穎叔所著傳。大師自西國來，唐高宗時至長安洛陽行化，歷吳楚間手執楊枝混于緇流，或問：師何姓？即答曰：我姓何。又問：師是何國人？師曰：我何國人。尋於泗上欲構伽藍，因宿州民賀跋氏捨所居，師曰：此本為佛宇。今掘地果得古碑云：香積寺，即齊李龍建所創。又獲金像，眾謂然燈如來，師曰：普光王佛也。因以為寺額云。乾符中諡證聖大師。[10]

　　唐中宗景龍 2（708）年，僧伽和尚被迎入宮中供養，後遷長安薦福寺，翌年京都乾旱，旨命祈雨果驗。景龍 4（710）年，僧伽示寂，中宗命於薦福寺塑身建塔，卻穢氣滿城，直到許送歸淮才飄異香。遂全身歸送泗州普光王寺建塔。

　　然有關僧伽和尚「神異」的傳說，《宋高僧傳》描述說：「有疾者告之，或以柳枝拂者，或令洗石師子而瘳，或擲水餅，或令謝過，驗非虛設功不唐捐」，「或預知大雪，或救旱飛雨，神變無方測非恒度。」[11]

　　僧伽和尚自居楚州龍興寺即大顯神異，先是建寺以天眼掘地，出香積寺銘及金像，接著化現十一面觀音度化施主賀跋氏；止錫於江表靈光寺，見地方漁民捕魚，而勸其轉業，漁民漁網裂釣竿折；讓盜匪捨金救

9　宋・贊寧，《宋高僧傳》卷 18，CBETA，T50，0822a03。

10　元・念常，《佛祖歷代通載》卷 12，CBETA，T49，0587c14。

11　不著撰人，《神僧傳》，卷 7，CBETA，T50，0992a17。

獄，同時救匪一命；以澡罐水治癒長安附馬都尉武攸暨，並用種神通療多眾病。[12]

　　另在《觀音慈林集》記載兩則僧伽和尚顯聖故事，唐懿宗咸通年間（860－874），徐州戍卒龐勛，擅離職守，沿路劫掠，進攻到泗洲，僧伽於塔頂現形阻寇，泗洲以此事奏聞，唐僖宗乾符年間（875－879）乃賜諡號「證聖大師」。

　　相傳僧伽和尚，多於塔頂現小僧狀，傾州瞻望，適時吉凶表兆。另，後周世宗時，江南多事，有攻於泗洲，僧伽寄夢於州民，不可輕敵。雖然州牧已聽聞，但卻不信，奇怪的是家家戶戶皆有此夢，後終於降敵，故載「天下凡造精廬，必立伽真相，牓曰大聖僧伽和尚，有所乞願，多遂人心。」[13]

　　由於僧伽和尚神異事蹟自唐後普遍流傳，宋・《景德傳燈錄》載：「泗州僧伽大師者。世謂觀音大士應化也。」[14]元・《歷朝釋氏資鑑》說：「僧伽大士，菩薩應世。或安坐深室，或振錫長途。淨瓶擲裴公之房，頓療辛氏疢疾；水洒石師子之口，盡療于母牙之痛；施扇則風濤無害；慈幼奉菓，則趙母病苦自痊；不施鈔鑼，則裴氏鈔鑼而沒；不施駿馬，則縣令墜馬而亡。離山陽則道俗攀依，至淮陰則舟航稽首，莫不停帆獻供，息棹焚香。」[15]

　　《高峯龍泉院因師集賢語錄》也提到：「泗洲菩薩號僧伽，歸命消災長善芽，瀟洒祇園興雨露，巍峩寶塔插雲霞，教開六度驅瘟疫，德濟群生別正邪，願別蓮宮臨法會，介茲景福等河沙。」[16]都說明至少在宋代，僧伽和尚被視為觀音菩薩的化身，並多所崇拜。

---

[12] 不著撰人，《神僧傳》，卷7，CBETA，T50，0992a17。

[13] 清・弘贊，《觀音慈林集》卷3，CBETA，X88，0096b07。

[14] 宋・道原，《景德傳燈錄》卷27，CBETA，T51，0433a04。

[15] 元・熙仲，《歷朝釋氏資鑑》卷6，CBETA，X76，0193b17。

[16] 元・如瑛，《高峰龍泉院因師集賢語錄》卷7，CBETA，X65，0021b03。

（二）宋代之後的流行

宋太宗在太平興國 5（980）年興建太平興國寺時，在寺中特設泗洲大師堂；[17]太平興國 7（982）年，宋太宗重蓋僧伽塔，並遣使瘞葬舍利寶貨於地宮，因宋太宗以皇帝之尊公開崇敬僧伽，[18]雍熙元（984）年，加諡「大聖」，封號「大聖文佛」，[19]宋代僧伽崇拜與信仰普及與皇室不無關係。

僧伽和尚肖像開始流傳應始於宋代，據載：「乾元中州牧李（亡名）有推步者，云為土宿加臨災當惡弱，伽忽現形撫李背曰：吾來福至汗出災銷，後無他咎。嘗於燕師求甄齍，稍是泗州寺僧燕使寶所求物到認塔中形信矣，遂圖貌而歸，自燕薊展轉傳寫無不遍焉。」[20]是說李州牧因染疾，僧伽顯化將之治癒，州牧於泗州寺求僧伽像，之後展轉傳寫。地方志所載的泗州寺、大聖寺、普照寺，以僧伽和尚信仰為主的寺院創建頗多，為宋朝以後之事，這也說明僧伽信仰在泗洲的流行。[21]

由於僧伽和尚信仰自宋之後的廣泛流行，被收入大正藏「疑似經」的《僧伽和尚欲入涅槃說六度經》，則進一步完善了僧伽和尚神異及救度行止：

> 吾告於閻浮提中善男子善女人，吾自生閻浮，為大慈父教化眾生，輪迴世間，經今無始曠劫分身萬億，救度眾生。為見閻浮提眾生多造惡業，不信佛法，惡業者多，吾不忍見，吾身便入涅槃，舍利形像遍於閻浮，引化眾生，以後像法世界滿正法興時，吾與彌勒尊佛同時下生，共坐化城，救度善緣。元居本宅，在於東海，是過去先世淨土緣，為眾生頑愚難化，不信佛法，多造惡業，吾

---

[17] 黃啟江，〈宋太宗與佛教〉，《故宮學術季刊》12：2（1993 年冬季號），頁 113。

[18] 黃啟江，〈泗州大聖僧伽傳奇新論　宋代佛教居士與僧伽崇拜〉，《佛學研究中心學報》第 9 期（2004 年 7 月），頁 186。

[19] 林曉君，〈福州泗洲文佛信仰初探〉，http://hk.plm.org.cn/gnews/2009122/2009122100516.html（2014.8.27 瀏覽）。

[20] 不著撰人，《神僧傳》，卷 7，CBETA，T50，0992a17。

[21] 日・牧田諦亮著，索文林等譯：《中國近世佛教史研究》，《世界佛學名著譯叢》46 冊，頁 67。

離本處身至西方教化眾生，號為釋迦牟尼佛，東國遂被五百毒龍陷為大海，一切眾生沈在海中，化為黿鼉魚鱉。吾身已後却從西方胡國中來生於閻浮，救度善緣，佛性種子，吾見閻浮眾生，遍境凶惡，自相吞食，不可開化。吾今遂入涅槃，舍利本骨願住泗州已後，若有善男子善女人，慈心孝順，敬吾形像長齋菜食，念吾名字，如是之人散在閻浮，吾愍見惡世力兵競起，一切諸惡逼身不得自在，吾後與彌勒尊佛下生本國，足踏海水枯竭，遂使諸天龍神八部聖眾在於東海中心，修造化城，金銀為壁，琉璃為地，七寶為殿。吾後至閻浮，與流佛法，唯傳此經，教化善緣，六度弟子歸我，化城免在閻浮，受其苦難悉得安穩，衣食自然，長受極樂，天魔外道弱水隔之，不來為害。吾當度六種之人，第一度者：孝順父母敬重三寶；第二度者：不殺眾生；第三度者：不飲酒食肉；第四度者：平等好心不為偷盜；第五度者：頭陀苦行，好修橋梁并諸功德；第六度者：憐貧念病，布施衣食，極濟窮無。如此善道六度之人，吾先使百童子領上寶船載，過弱水免使沈溺得入化城。若不是吾六度之人，見吾此經心不信受毀謗正法，當知此人宿世罪根身受惡報，或逢盜賊兵瘴而死，或被水火焚漂，或被時行惡病遭官落獄，不善眾生皆受無量苦惱，死入地獄，無有出期，萬劫不復人道。善男子善女人，書寫此經，志意受持，若逢劫水劫火黑風天暗，吾故無量光明照汝，因緣俱來佛國，同歸化城，悉得解脫。[22]

《僧伽和尚欲入涅槃說六度經》不僅表明，僧伽和尚累劫於閻浮教化眾生，化生釋迦牟尼佛，未來世將與彌勒菩薩一起下生人間，涅槃後舍利留於泗洲，度化六類眾生，若稱念其號或受持此經者，可免刀兵水火之劫，頗具觀音菩薩功德形象。而作為疑偽經的《僧伽和尚欲入涅槃說六度經》，考其成立的年代，可能反應了趙宋初期混亂的宗教界狀況。

宋代皇室對泗洲大聖信仰普及有一定作用，而宋代官吏文人，為泗洲大聖作傳，更起推波助瀾之效。宋仁宗嘉祐2（1057）年進士蔣之奇（1031－1104）對泗洲大聖頗多推崇，曾編寫〈泗洲大聖普照國師傳〉，

22　不著撰人，《僧伽和尚欲入涅槃說六度經》卷1，CBETA，T85，1463b28。

較宋僧贊寧之《宋高僧傳》有新增或敘述較詳之處：1、以僧伽之口吻說僧伽欲建寺；2、詳述唐中宗於景龍2（708）年迎僧伽入殿內，賜國師號，而僧伽自求以佛號牓其臨淮寺額；3、鋪陳真身、建塔事，而謂中宗使漆身建塔，送入臨淮寺安其真身。蔣文強調唐僧萬迴以來所傳的僧伽是「觀音化身」之說，其後侄子蔣璨（1085－1159）重寫〈泗州大聖傳〉，南宋孝宗時大臣李祥（1128－1201），亦曾為文敘述僧伽大師滅度後應化靈異事。[23]凡此皆為僧伽信仰提供了有利的傳播平臺，一直延續至明、清時代。

　　僧伽和尚後來被奉為航路安全之神、水神，是因為他建寺於北有黃河，南有長江，東有淮河多重氾濫之臨淮之地。從十一面觀音的化身，到成為泗洲特定地區的守護神，被尊為泗洲大聖，強調有求必應。而僧伽和尚信仰傳到福建後，進一步與地方神祇結合，如同安縣泗州院，僧伽即與天乙仙姑合祀。不止如此，福建平潭侯均區的一口水井的一尊石佛，被稱為水井公，又叫泗州佛，福州諺語稱「天下無佛，泗州最大」，僧伽和尚泗州寺遍及於江蘇、浙江、福建、廣東一帶，[24]在乾隆12－25年之間，泗洲寺及其信仰落腳在鳳山縣。

三、鳳山縣的泗洲寺

（一）創建年代考略

　　清代鳳山縣（今高雄左營）有一座泗洲寺，乾隆25年至27年（1760－1762）年間編纂的《續修臺灣府志》載：「泗洲寺在城西，前有潭一口，為放生池。」[25]這是最早有關泗洲寺的資料，但是沒有說明創建年代。

---

23 黃啟江，〈泗州大聖僧伽傳奇新論　宋代佛教居士與僧伽崇拜〉，《佛學研究中心學報》第9期（2004年7月），頁190-192。

24 日・牧田諦亮著，索文林等譯，《中國近世佛教史研究》，《世界佛學名著譯叢》46冊，頁5、29-33。

25 清・余文儀，《續修臺灣府志》，頁648。

乾隆 25 年 8 月，鳳山知縣王瑛曾來任（任期 1760－1764），志載：
「王瑛曾（字玉裁，江蘇無錫人，舉人），乾隆二十五年八月任，薦舉。
二十八年編纂鳳山縣志。」[26]縣志完成後有關泗洲寺的記載說：「泗洲寺，
在縣城西，創建莫考。寺前有潭一口為放生池，大旱方涸。」[27]亦沒有
標明創建年代，多了兩句「創建莫考」、「大旱方涸」。而之前乾隆 9 年
至 12 年（1744－1747）范咸等編纂的《重修臺灣府志》，並沒有泗洲寺
的記載，康、雍間其他方志亦未有任何說明，是故泗洲寺極可能是創建
於乾隆 12－25 年（1744－1760）之間。

清代〈戶律〉規定：「凡寺觀庵院，除現在處所先年額設外，不許
私自創建增置。違者，杖一百，還俗。僧道，發編遠充軍；尼僧女冠，
入官為奴。地基材料入官。」[28]

清律規定「不許私自創建增置」，除非鳳山泗洲寺（也稱泗州佛堂）
經官方許可或默許。但若是官方介入，則不會不知道寺廟建寺年代，所
以有可能是「默許」私建的結果，而縣官亦可能是出身蘇皖交界人士。

乾隆 25 年之後才出現泗洲寺的記載，而修地方志的空窗期是乾隆
12 年至 25 年，若有官員「默許」，這一段時期任何一任鳳山縣知縣，
皆可能與泗州寺創建有關，表 1 即為此一時期的知縣一覽。

表 1　乾隆 12 年至 25 年間鳳山縣知縣籍貫履歷一覽表

姓名	任期	履歷及籍貫
魯光鼎	乾隆 12 年 7 月~10 月；乾隆 13 年 7 月再署	浙江會稽人，監生，本縣丞
呂鍾琇	乾隆 12 年 10 月~13 年 7 月	廣東饒平人，丙午舉人
王如璋	乾隆 13 年 6 月~	江西廬陵人，本府經歷
陳志泰	乾隆 14 年~16 年 6 月	江南甘泉人，舉人
吳開福	乾隆 16 年 6 月~17 年 3 月	江南全椒人，臺灣縣丞

---

[26] 清・盧德嘉，《鳳山縣采訪冊（戊部）職官（知縣一）》，頁 193。
[27] 清・王瑛曾，《重修鳳山縣志》卷 11，頁 267。
[28] 清・沈之奇著，懷效鋒、李俊點校，《大清律輯註・私創庵院及私度僧道》（北京：法律出版社，2000），頁 195。

吳士元	乾隆 17 月 3 月~19 年 5 月	河南光州人，舉人
嵇璇	乾隆 19 年 5 月~20 年 9 月	江蘇長州人，諸羅縣丞
丁居信	乾隆 20 年 9 月~23 年 12 月	江南儀徵人，庶吉士散館
秦其焴	乾隆 23 年 12 月~24 年 12 月	廣西桂林人
張天德	乾隆 24 年 12 月~25 年 8 月	貴州貴筑人，拔貢，諸羅縣丞
王瑛曾	乾隆 25 年 8 月~29 年 5 月	字玉裁，江蘇無錫人，舉人

資料來源：清・盧德嘉，《鳳山縣采訪冊（戊部）職官（知縣一）》，臺灣文獻叢刊第 73 種

　　泗洲大聖的信仰屬於地方信仰，並非普及性的民俗觀音信仰，就像清水祖師屬於福建安溪信仰，定光古佛屬於福建汀州信仰一樣，泗州大聖是屬於蘇皖交界的地方信仰。因此排除表 1 非蘇皖人士，以及知縣王瑛曾（乾隆 28 年方修鳳山縣志），故得出屬蘇皖人士有陳志泰（江南甘泉人，任期 1749－1751.6）、吳開福（江南全椒人，任期 1751.6－1752.3）、嵇璇（江蘇長州人，任期 1754.5－1755.9）、丁居信（江南儀徵人，任期 1755.9－1758.3）。

　　陳志泰（？－1751），江南甘泉人，康熙 56（1717）年舉人。蓋「江南」是指江南省，設於順治 2（1645）年，乾隆 25（1760）年正式分為江蘇、安徽兩省，而「甘泉」是指江蘇江都一帶。關於陳志泰的生平，方志載：「乾隆十四年由泰寧調知縣事，為人廉靜耿介，言笑不苟，案牘隻字必出己手，繩家人以法，治奸吏蠹役如鷹鸇之逐鳥雀，積弊悉除。訟獄兩造，具即聽斷，民無積滯拘攣之苦。任三年，民無一詞、一事枉於情勢者。以積勞成疾去，士民思之。」[29]陳志泰勤於任事，摘奸發伏，頗受愛戴，但任內未有任何興修寺廟之舉。

　　吳開福（生卒年不詳），江南全椒人，「全椒」古名椒邑，西漢始稱全椒，有「江淮背腹」、「吳楚沖衢」之稱，地處安徽省東部，臨接南京。[30]其任內於乾隆 16（1751）年曾增砌書院（義學）圍牆。[31]

---

[29] 清・盧德嘉，《鳳山縣采訪冊（庚部）列傳（官蹟）》，頁 256-257。

[30] 《百度百科・全椒縣》http://baike.baidu.com/view/157001.htm（2014.8.27 瀏覽）。

　　嵇璇（生卒年不詳），江蘇長州人，長州即今之蘇州，任內亦未見有任何興修寺廟之舉。

　　丁居信（生卒年不詳），江南儀徵人，儀徵即今江蘇揚州市所轄，其任內於乾隆22（1757）年曾續修書院（義學）。[32]

　　以上蘇皖籍知縣沒有人參與過鳳山縣城寺廟的興修，但吳開福與丁居信曾參與書院的修繕工作，這亦是一個線索。泗洲大聖在福州被稱為「泗州文佛」，是有助升學作用的佛菩薩，[33]就好像文昌帝君一樣，是莘莘學子的祈求考試順利的守護者。

　　前述，泗州僧伽信仰最大的特色是，其流行區域主要在蘇皖兩省五縣交界湖濱水畔地帶，僧伽於臨淮建寺，獲得往來舟楫之歸信，在水上交通週而復始的河川氾濫的地區，具有水難救助、航路安全的水上守護神角色，[34]這是另一線索。

　　乾隆18至19年間（1753－1754），鳳山縣知縣吳士元在按例呈報額徵小船梁頭餉稅時說：「乾隆十七、十八兩年間，據各船戶行保陸續具報，遭風擊碎各船共二十四隻，無徵梁頭餉銀三十六兩二錢六分八釐零。」乾隆21（1756）年，知縣丁居信調查此事屬實，並上報說：「其乾隆十七、十八、十九、二十等年無徵銀兩，遵經照數墊完，合再取具無捏甘結，造冊加具印結詳送，俯賜加結轉詳，請自乾隆二十一年為始豁免，俾免駁累等由到府。」[35]乾隆17、18年間風災擊毀船隻二十四艘，這情況影響往後數年稅收，繼吳士元（河南籍）之後出任鳳山知縣的江南省籍丁居信，或許有可能藉此船災，引進水上守護神泗洲大聖的信仰，與此同時，泗洲大聖亦是助升學之神。因此，若鳳山泗洲寺在乾隆12年至25年修志的空窗期被建立起來，或許任期自乾隆20（1755）年

---

[31] 清・王瑛曾，《重修鳳山縣志》卷6，頁181。

[32] 清・王瑛曾，《重修鳳山縣志》卷6，頁181。

[33] 林曉君，〈福州泗洲文佛信仰初探〉，http://hk.plm.org.cn/gnews/2009122/2009122100516.html（2014.8.27瀏覽）。

[34] 日・肥田路美，〈四川省夾江千仏岩僧伽・宝誌・萬迴三聖龕について〉，《早稻田大學大學院文學研究科紀要》第3分冊（東京：早稻田大學大學院文學研究科編，2012），頁54。

[35] 清・閩浙總督覺羅伍拉納題本，《臺案彙錄內集》卷1（臺灣文獻叢刊第176種），頁20。

9 月至 23（1758）年 12 月的丁居信可能性較大。畢竟江南水鄉的水上守護信仰，僧伽之於蘇皖水鄉人氏與閩南人對媽祖的信仰類似。另一線索為放生池。眾所周知，放生池的起源與隋代天台山智者大師有關，因江南地區濱海及江河湖泊甚多，自明末以來戒殺放生思想十分普及，特別是蓮池大師（雲棲袾宏，1523－1615）所撰的〈戒殺放生文〉，[36]也就是說，明清以來放生池的建立與江南地區人士有密切關係。丁居信亦符這樣背景及條件。

（二）泗州寺傾毀年代

若以乾隆 20 年（1755）作為鳳山縣泗州僧伽信仰的開端，最晚在光緒 20 年（1894），泗州寺僅存硬體，住僧人去寺空。但表示其在鳳山縣的信仰歷史少說也有百年的歷史。

道光 9 年（1829）編纂的《福建通志臺灣府》仍記載：「（鳳山縣）泗洲寺在城西，前有潭一口，為放生池。」[37]然而到了光緒 19 年至 20 年（1893－1894）編纂完成的《鳳山縣采訪冊》，時舊稱觀音寺的泗洲寺已毀，據載：「在舊治西門外（興隆），縣西十五里，屋一間（額「泗洲寺」），創建莫考。今廢。寺前有潭一口，為放生池。」[38]據此推知，泗洲寺是毀於道光 9 年至光緒 19 年（1829－1893）之間，從上述記載「今廢」來看，泗洲寺匾額還在，但僅「屋一間」，表示沒有人住的時間未久，或許泗洲寺的廢棄是漸進式，並非一夕之間造成。

乾隆 51 年 12 月，莊大田（？－1788）攻破鳳山縣城（今高雄左營區），導致縣治遷往埤頭（今高雄鳳山區）。然嘉慶 11 年（1806），蔡牽（？－1809）攻臺灣，吳淮泗乘隙攻陷埤頭，城破，於是又有遷回興隆里舊城之議，但因所費不貲遂罷，志曰：「蔡牽之亂，吳淮泗陷埤頭，將軍賽沖阿議城舊治，未行。」[39]道光 4 年（1824），巡撫孫爾准（1772

---

[36] 林麗珠，《戒殺放生文之研究──以蓮池大師為例》（國立花蓮師範學院碩士論文，2003）。
[37] 清・陳壽祺纂、魏敬中重纂，《福建通志臺灣府》，頁 890。
[38] 清・盧德嘉，《鳳山縣采訪冊》，頁 170。
[39] 連雅堂，《雅堂文集》卷 3，頁 203。

－1832）巡臺，適有楊良斌（？－1824）之亂，知府方傳穟（1755－？）
檄諭諸紳士曰：

> 臺灣，富庶之國也，而困于兵燹亟矣。自康熙二十二年入版圖，
> 三十五年則有吳球之亂，四十年有劉卻之亂，六十年有朱一貴之
> 亂，雍正九年吳福生亂于岡山，乾隆三十五年黃教亂于大穆降；
> 五十一年林爽文、莊大田相繼亂，北路先陷，南路應之；六十年
> 陳光愛、陳周全相繼亂，南路甫平，北路旋失；汪降之亂也在嘉
> 慶五年，許北之亂也在十五年，中更間以蔡牽之亂，則吳淮泗陷
> 鳳山矣，胡杜侯之亂則陳錫宗據曾文矣。百三十年，變亂十一見。
> 近者，楊良斌之事又用兵，雖饒富其何堪乎？且亂賊如吳球也、
> 朱一貴也、莊大田也、陳光愛也、汪降與許北也、吳淮泗與楊良
> 斌也，皆鳳山之事。前後十二亂，鳳山獨居其八。此一隅兵燹尤
> 多者，何也？則近郡之故也。[40]

　　從康熙 22 年（1683）入清版圖以來，至嘉慶 15 年（1810）的一百
三十年間，十二次民變，發生在鳳山縣竟有八次，這無疑不利於鳳山縣
的長治久安。乾隆 53 年（1788）從舊縣城遷往新縣城，但仍無法避免
民變破城，而位於舊城的泗洲寺，可能隨著縣城的遷移，原本在「舊治
西門外」，新城建立後已位距「縣西北十五里」，[41]離縣治已有相當距離。
而泗洲寺前的泗洲潭「夏秋蓄水養魚，冬則涸」的情況，[42]似乎也不利
於放生，畢竟放生池在晚明以降極具江南地方色彩。基於以上這些原
因，導致泗洲寺逐漸走向衰微，終至人去寺空。
　　泗州寺究竟是毀於何時？從 1893－1894 年間完成的《鳳山縣采訪
冊》仍見題額及屋一間的情況看來，泗州寺似乎不是毀壞太久。

---

[40] 清・姚瑩，東槎紀略》，頁 5-6。
[41] 清・盧德嘉，《鳳山縣采訪冊》，頁 107。
[42] 清・盧德嘉，《鳳山縣采訪冊》，頁 107。

四、「林爽文事件」與泗州寺

乾隆 52 年（1787）5 月「林爽文事件」時，總兵柴大紀（1730－1788）守府城，拏獲曾錦、王世昌二名，其中曾錦係僧人，為泗州佛堂住持。而王世昌為監生王世英（啟郎）之弟，俱住鳳山縣城，林爽文破鳳山時，兄弟二人攜帶家眷逃至府城，後王世英被曾錦誣為賊首，差拘到案。5 月 9 日，據福建布政使徐嗣曾（？－1790）轉報：「連日接據臺灣鎮道具報，鳳山滋事不法之賊首王啟郎、曾錦等，亦被拿獲。」[43] 曾錦在供詞中說：「僧人本係王啟郎邀在泗州佛堂作住持，後仍被逐出。自鳳山破後，沿途乞食，被兵拏獲，認為奸細，將兩耳割去，只得自認為軍師，並扳王啟郎為賊首。」[44]

鳳山縣泗洲寺又稱泗州佛堂，在乾隆 52 年前後是由僧人曾錦所住持，其之任住持是由監生王世英所邀請，而被誣為賊首的王啟郎係王世英之弟，因故被逐出泗州佛堂的曾錦，在鳳山城破後，於一路乞討的過程中被柴大紀以涉嫌間諜所逮捕，曾錦：「供出南路賊首王啟郎遣來打探軍情。隨即拏到王啟郎收禁，經撫臣徐嗣曾據咨具奏，旨將王啟郎、曾錦解京。」[45] 而王世昌為王啟郎之兄長，亦一併被逮捕。4 月 21 日，曾錦及王世昌共七人被押解進京途中，發覺王世昌可能遭誣陷，根據派往臺灣之守備林登雲稟稱：「道府等將王啟郎放出，並伊弟王世昌同帶義民，指引官兵赴南路進攻鳳山。臣以主啟郎係曾錦供出南路賊首，何以遽行放出，隨行文催解。據該道府詳稱，王啟郎即監生王世英，同伊弟武生王世昌，俱住鳳山縣城，平日甚屬安分。」[46]

「林爽文事件」時，莊大田（？－1788）起兵鳳山響應，時王啟郎為知縣湯大奎所訓練的鄉勇，曾與千餘人力守鳳山城，阻敵於一時「賊鋒稍挫」。[47] 王啟郎後在府城紳士遊廷元等以「王啟郎從前辦理黃教時，

43 臺灣銀行經濟研究室，《欽定平定臺灣紀略（卷5）》，頁 159。
44 臺灣銀行經濟研究室，《欽定平定臺灣紀略（卷16）》，頁 301。
45 臺灣銀行經濟研究室，《欽定平定臺灣紀略（卷16）》，頁 301。
46 臺灣銀行經濟研究室，《欽定平定臺灣紀略（卷16）》，頁 301。
47 清・陳壽祺纂，魏敬中重纂，《福建通志臺灣府・宦績（6）》，頁 493。

從軍出力，實係良民」，而將啟郎保出，「作為嚮導帶同戰兵在大湖軍前效力」，但 3 月 1 日還是被「奉文解京」，但最後在打狗「痰壅氣閉，當即殞命」。[48] 而受牽連的王世昌與曾錦在押解途中，府道調查後稟稱：「王啟郎兄弟並無為匪情事，兼又在軍前出力，不惟不應治罪，並宜獎賞。王啟郎已死，伊弟王世昌自毋庸解京。……其曾錦、王世昌二名，暫緩起解。」[49]

　　由一位泗州佛堂的被逐住持曾錦的誣陷，所引發的冤假錯案，從而得知監生王世昌推薦僧人住持泗洲寺一事。「監生」眾所周知，是明清兩朝由官方選拔入國子監讀書的生員，或是取得入國子監資格的生員，故可以推知，泗洲寺可能具有半官半民的色彩，從清律規定來看，至少泗洲寺的建立不能排除是官方所默許。

五、結語

　　興起於唐代的僧伽大師觀音化身信仰，至宋代在皇室與文人官吏的倡導下而普及。泗州寺是清代臺灣鳳山縣僅見與唐代僧伽和尚化身觀音信仰有關的寺院，與傳統或民俗的觀音救苦濟世形象並無不同，但具一定地方信仰色彩，特別是蘇皖交界之河水易氾濫之川湖地帶，成為泗洲特定地區的守護神，而被尊為泗洲大聖，強調有求必應。

　　從編修於乾隆 25 年至 27 年（1760－1762）年間的《續修臺灣府志》首載泗州寺，來對照編纂於乾隆 9 年至 12 年（1744－1747）未有泗州寺記載的《重修臺灣府志》，大約得知泗洲寺成立的年代介於乾隆 12－25 年（1744－1760）之間。由於清律規定，私人不得興建寺廟，或許在得到地方父母官的許可或默許下方有建寺的可能，加上泗洲大聖信仰極具蘇皖交界的地方色彩，以及放生池亦在晚明之後成為江南特色，要滿足以上三條件，或許乾隆 20 年 9 月至 23 年 12 月出任鳳山知縣的江南儀徵人丁居信可能性較大。

---

[48] 臺灣銀行經濟研究室，《欽定平定臺灣紀略（卷 16）》，頁 301。
[49] 臺灣銀行經濟研究室，《欽定平定臺灣紀略（卷 16）》，頁 301-302。

　　道光 9 年仍有泗州寺的記載，但與初載泗州寺的《續修臺灣府志》仍有一甲子的間隔，其傾毀年代甚難論定。然從 1893－1894 年間完成的《鳳山縣采訪冊》仍見題額及有屋一間的記載看來，泗州寺似乎不是毀壞太久。或許是在光緒年間因人去寺空才逐漸傾毀。

　　當然，泗州寺雖主要流行於蘇皖交界之川湖交界一帶，但至宋代以後亦傳入福建，因此，亦不能排除清代鳳山泗州大聖信仰由閩入臺，在鳳山縣城至少流行超過百年，其毀或許是由於民變，或是由於放生池因素。無論如何，泗州大聖化身觀音而成為「民俗信仰」，為清代臺灣另類觀音信仰留下寶貴的歷史一頁。

臺灣佛教寺志與佛教史
——以《開元寺寺志》及宮廟志為例

一、前言

臺灣漢人歷史自鄭成功來臺 1662 年起，迄今不過三百五十餘年，在政經、社會、文化研究成果漸豐之際，臺灣佛教史的研究仍有待積極開拓。特別是明鄭時期至清代二百三十餘年的佛教歷史，研究者仍鮮，其原因當然是缺乏相關的史料文獻。

《開元寺寺志》的全稱為《物華天寶話開元》，於 2010 年 12 月正式由臺南開元寺出版。全書共分為四部分，即〈開元寺傳承發展史〉、〈開元寺之建築史〉、〈開元寺石質文物調查〉、〈古寺遺珍—臺南開元寺所藏〉，筆者負責的部分為第一部分〈開元寺傳承發展史〉。

《開元寺寺志》的團隊撰寫，大約自 2005-2006 間年展開。就寺史撰寫的資料收集而言，清代的史料主要還是仰賴方志片斷的記載，以及寺院留下的碑刻、鐘銘。至日本殖民時期方才有寺方人眾鄭羅漢所撰的《臺灣開元寺誌略稿》，以及記載寺眾的手稿。故《開元寺寺志》完成主要奠基在清代方志、碑刻、鐘銘、手稿等文獻史料上。

本文以《開元寺寺志》等寺廟志為例，分別就寺志撰寫、臺灣佛教史研究等相關問題來加以探討。

二、《物華天寶話開元》撰寫與出版的意義

臺南府城為漢人最早開發臺灣之地，寺廟的建立當然也是最早。開元寺的前身為鄭經北園別館，清廷擊敗鄭氏將臺灣納為版圖後，於 1690年改建為寺，迄 2010 年止，正好三百三十年。開元寺作為臺灣佛教歷史最悠久的寺院，沒有一本正式的寺志是遺憾的。因此，在已故永康妙心寺住持傳道法師（1941-2014）關心下，獲得開元寺前住持郁定法師

的首肯，並與成大歷史系所陳玉女教授合作，本人忝列其間。

　　史料蒐集除前述清代方志、碑刻、手稿等外，最重要的是開元寺本身所收藏的文物，當時接手撰寫的首要條件是，寺方必須毫無保留地開放所有的資料，第一點也獲得住持郁定法師的允諾，及傳道法師全力的支持。在撰寫的過程中，特別是日本殖民時期某任住持發生不名譽事件，在傳道法師及陳玉女教授的折衝之下，完整保留，這是一件艱難的決定，頗令人敬佩。

　　在撰寫的過程中，歷史的還原是在史料文獻的比對中漸漸獲得，史料的爬梳，不能僅限於開元寺本身，其他周邊寺廟的歷史沿革必須一併比對。在撰寫過程中，解釋分析片斷的史料，去作成完整或整體的論述是困難的，但亦只能勉力為之。

　　雖然隨著《開元寺寺志》的出版，雖然完成三百多年來有寺無志的一項歷史工程，但是，許多的歷史之問題仍然待解，有待進一步的研究。當然，《開元寺寺志》的出版意義是在整個臺灣佛教史拼圖又鑲上一塊，每一本寺志的完成，無疑都肩負這樣的歷史意義。

三、寺志與臺灣佛教史

　　《開元寺寺志》的具體成果之一，是解開了首任住持志中和尚的宗派傳承，並透過《祀典臺南大天后宮志》（2001 年出版），同時解明開元寺與大天后宮僧人的傳承。

（一）志中和尚法燈之謎

　　《臺灣府志》載：「海會寺康熙二十九年建。在府治北六里許。舊為鄭氏別館；蕩平之後，總鎮王化行、臺廈道王效宗因其故趾（址）建為寺宇。佛像最勝，住僧雲集焉。」[1]說明這是一座官辦寺院，王化行去任後鳳山縣令閔達在〈總鎮府都督王公去思碑〉說：「臺之十營諸將

---

[1] 清・高拱乾，《臺灣府志》，頁219。

帥思公之德不置、感公之德難忘，謀刻石於海會寺中，以垂久遠。寺為公刱，見寺如見公焉。」[2]

總鎮王化行（任期 1687-1688）與臺廈道王效宗（任期 1683-1691）二人捐俸建寺，同時禮請志中和尚主持，王化行在〈始建海會寺記〉說：

> 蓋會有僧志中者，自齠齔之年，皈依沙門，秉靈慧沉靜之聰，函松風水月之味，從江右雲遊，來聞其事，願募緣成之。於是同人各捐俸資，補葺門楹，重整垣宇，裝塑佛像；始於庚午八月七日，成於明年四月八日，名曰「海會寺」。[3]

「附郭大橋頭有廢舍」即指鄭經別館，王化行等人「立寺招僧迦以修勝果」，志中和尚「從江右雲遊，來聞其事，願募緣成之」，成就了此一因緣。海會寺從康熙 29（1690）年 8 月 7 日肇建，至康熙 30 年 4 月 8 日竣成。

由於海會寺是在鄭經別館的基礎上改建，因此才能以不到一年的時間竣成。落成後志中和尚，以佛寺少一梵鐘而坐關募化，由其弟子福宗任住持。從鐘銘上的「康熙乙亥年孟春」得知，該鐘是在康熙 34（1695）年鑄造完成，鐘銘上載：「泉州府僧行和，海會寺開山第一代，坐關募緣鑄鐘重一千六百觔」，募鐘圓滿的志中和尚出關時，並留下志中和出關偈：「獨坐釘關結善緣，募鐘立願利人天；一聲擊出無邊界，同種功德億萬年。」當時鳳山縣令閔逵特譽此出關偈「為臺灣諸剎出第一手眼也」。[4]

在志中和尚募鑄梵鐘的銘文記有其徒子徒孫法號，除有「當代住持僧福宗建造外」，還有福珀、福儀、祥共、祥慶、祥雲、祥光、祥正、澄透、澄鴻，總共 11 人。從法號別來看，這顯然是師徒四代。

志中和尚為「泉州府僧行和」，故可稱之為志中行和，其師徒四代以「行－福－祥－澄」為譜名排序，與明末曹洞宗一代宗師湛然圓澄

---

[2] 清・高拱乾，《臺灣府志》，頁 268。

[3] 清・謝金鑾，《續修臺灣縣志》，頁 470-471。

[4] 王進瑞，〈開元寺緣起に就て〉，《臺灣佛教》第 21 卷第 4 號（1943 年 4 月），頁 34。

（1561-1626）弘化江南，而其派下的演偈「圓明淨智、德行福祥、澄清覺海、了悟真常」相符。如果從志中和尚「從江右雲遊」的地緣關係來看，與湛然圓澄弘化江浙吻合。

按圓澄的派下演偈「圓明淨智、德行福祥、澄清覺海、了悟真常」，「德」字輩下接「行」字輩，前述臺南開元寺首任住持志中行和與其徒弟字號演偈為「行-福-祥-澄」，與圓澄派下演偈一致，故知志中和尚所傳一脈為曹洞宗雲門系。

（二）大天后宮的燈譜

根據鄭羅漢手稿《臺灣開元寺略稿》指出，志中和尚師徒共 7 代，自第 8 代以後有一部分不詳，之後接堅持戒禪師，此 7 代分別為第 1 代志中能、第 2 代竺庵宗禪師、第 3 代介山雲禪師、第 4 代石峰聲禪師、第 5 代道純益禪師、第 6 代昭寬懷禪師、第 7 代道淵源禪師。[5]第 8 代之後就「佚失」，若從志中和尚 1690 年住持海會寺算起至石峰澄聲的乾隆 17（1752）年，約 60 年時間，平均每任約 15 年，故至第 7 代道淵源禪師，時間落在乾隆末葉至嘉慶初年間。

從海會寺改稱後的開元寺，有一座「示寂臺灣府僧綱司傳臨濟三十八世奕是如公壽塔」，落款時間為「嘉慶二十年乙亥桂月」。而「奕是如公」並不在鄭羅漢的開元寺歷任名錄中。為大天后宮第 8 代住持，其蓮位在大天后宮，但其壽塔卻在開元寺出現，而開元寺自第 8 代住持即不明，奕是如公與開元寺失落的住持名錄有何關係？

今臺南大天后宮的〈臺南大天后宮歷代住持僧猊座一覽表〉有兩任僧綱司的牌位，分別是「第七代示寂傳臨濟正宗三十六世重興本宮第一代開山授臺灣府僧綱司先師父勝脩恬大和尚蓮座」與「第八代圓寂傳臨濟正宗三十八世授臺灣府僧綱司重興本宮奕如是公大和尚蓮座」，[6]其中第 8 代的「奕如是公」應為「奕是如公」之誤。

---

5 鄭羅漢，《臺灣開元寺略稿・歷代住職》（臺南：開元寺，1930），無頁碼。
6 曾吉連，《祀典臺南大天后宮志》（臺南：大天后宮，2001），頁 234。

　　「奕是如公」即是奕是超如，其壽塔有「嘉慶二十年乙亥桂月旦」，顯示他是圓寂於嘉慶 20（1815）年，但他是什麼時間來臺？前述《續修臺灣縣志》記載，他在嘉慶元年與府城紳士等募修大天后宮。超如是於嘉慶元（1796）年募修大天后宮，與他圓寂在嘉慶 20 年的活動時間相符，顯示他最晚在嘉慶元年即繼任大天后宮第 8 代住持。

　　既然「奕是如公」即是嘉慶元年募修大天后宮的超如，那這個「超」字就極具關鍵性價值。在「奕是如公」壽塔上刻有其法派徒子徒孫，分別是：嗣法門人明弼、寔（實）耀，徒孫寔無，曾孫際遒，元孫了戒、了寬（有圖）。

　　前述《黃檗山志》載〈明第一代黃檗開法圓悟密雲祖師源流法派〉為：「祖道戒定宗　方廣正圓通　行超明實際　了達悟真空」，第 8 代為「超如」，加上其徒子、徒孫、曾徒孫的字號排序，正好是從「超」字輩一路下來至「了」字輩，即「超」如－「明」弼－「寔」耀（或「寔」無）－「際」遒－「了」戒（或「了」寬）。

　　鄭羅漢在《開元寺誌目錄》指出，開元寺第 8 代至 34 代住持不明，第 35 代之後才又清楚。[7]這種「推斷」極有問題，因為奕是超如以僧綱司身份兼開元寺住持之年，最晚是在嘉慶元年重修大天后宮之時，而其是圓寂於嘉慶 20 年，那麼從嘉慶 20 年至榮芳達源和尚在咸豐 8（1858）年尚住持大天后宮算來，[8]其間不過 44 年，如何可能出現第 8 代到 34 代（共 27 任住持）？平均一個人任期是不到 2 年，這種可能性極低。

　　《臺灣開元寺誌略稿》記載，在榮芳之前還有一任住持「堅持戒禪師」。[9]鄭卓雲無意的一筆出現「堅持戒禪師」，對開元寺斷落的系譜連上大天后宮歷任住持，有關鍵性的幫助。在〈臺南大天后宮歷代住持僧猊座一覽表〉載：「傳臨濟正宗三十九世圓寂比丘上了下戒堅持公大和尚」，[10]此就是鄭卓雲筆下的「堅持戒禪師」，大天后宮記為「了戒堅持」，

7　鄭卓雲，《開元寺誌（略）目錄・歷代住持》（臺南：開元寺，1930），無頁碼。

8　臺灣銀行經濟研究室，〈天后宮鑄鐘緣起碑記〉，《臺灣南部碑文集成》，頁 324。碑記最後有「董事鄭川澤、住持僧達源同募緣重造」。

9　鄭卓雲，《臺灣開元寺誌略稿・沙門略傳》（手稿本、硬筆）。

10　曾吉連，《祀典臺南大天后宮志》，頁 234。

而開元寺記為「堅持（了）戒」，都是同一人。

延續密雲圓悟或天隱圓修派下的「行－超－明－實－際－了－達－悟－真－空」演字，可以推出，堅持了戒是屬於「了」字輩，而榮芳達源是屬於「達」字輩，至於「悟」字輩，鄭卓雲在《開元寺誌（略）目錄》排在榮芳達源之後的是「來性勝」，[11]而《臺灣開元寺誌略稿》則寫「悟順來勝」，屬「悟」字輩。[12]

另從光緒8（1882）年所立的榮芳禪師墓碑上有悟順、悟覺、悟徹、悟靈、悟修、悟德、明性、悟旨、真現等門徒及徒孫，而開元寺現存立於光緒乙酉（11，1885）年的「開元禪寺普同塔」落款處，載有「本山監院悟順等募建全立」字樣，[13]從輩份來說，即使是榮芳達源，乃至來性（勝）悟順，與密雲圓悟臨濟宗黃檗山派下演字相符。

榮芳圓寂，其弟子悟順接掌開元寺住持之後，榮芳徒孫「真」字輩的徒眾未出現，到了日本殖民時代則進入寶山常青系統，這是可能是臨濟宗的另一派別，即是鄭卓雲所說的鼓山湧泉寺系，開元寺的法燈又進入新的轉折。

從以上開元寺的鐘銘題記，以及大天后宮的〈臺南大天后宮歷代住持僧猊座一覽表〉，找出僧人法號譜名排序，這對研究明鄭至清代臺灣佛教史幫助甚大。尤其甚者，清代民間信仰宮廟，其崇拜雖非佛教神祇，但住持有很大一部分是僧侶，不研究其僧人燈譜，清代臺灣佛教面貌不可能呈現。

四、兩間媽祖廟的僧人法燈

清代臺灣佛教的研究頗為缺乏，因此歷史脈絡的發展不甚清晰。究其原因或有以下諸端：（1）來臺僧侶素養不高，未有可靠手稿文本留下。

---

11 鄭卓雲，《開元寺誌（略）目錄・歷代住持》（手稿本、書法）。

12 鄭卓雲，《臺灣開元寺誌略稿・沙門略傳》（手稿本、硬筆）。

13 鄭喜夫，〈清代在臺僧人錄（初稿）〉，《臺灣文獻》第41卷2期，頁136-137，另見開元寺碑林之「開元禪寺普同塔」。

（2）宮廟對於佛教規儀陌生，留下文獻殘缺不全。（3）各方對於佛教史缺乏認識，以傳說多於史實。

（一）「五臺、峨嵋普陀前後寺」法燈

清代臺灣臨濟宗法脈衍傳以「五臺、峨嵋普陀前後寺」法燈為大宗，最晚可溯自雍正時期。至清末，此派衍傳以福州鼓山湧泉寺為主。

普陀前寺是指今普濟寺，普陀後寺則是指今法雨寺，「五臺、峨嵋、普陀前後寺」法燈有兩大轉折，一是碧峰寶金，一是突空智板。碧峰寶金活躍於元明之際，突空智板禪師（1381-1449），姓氏未詳，為臨濟宗第 25 世楊歧派斷橋（妙倫）系方山（文寶）下碧峰性（寶）金禪師第 7 世孫，無際明悟禪師三傳弟子，月澄耀澄禪師再傳弟子，千峰鏡秀禪師法嗣。[14]

突空智板禪師演派 16 字：「智慧清淨　道德圓明　真如性海　寂照普通」，五臺、峨嵋、普陀前寺續演 32 字：「心源廣續　本覺昌隆　能仁聖果　常演寬宏　惟傳法印　證悟會融　堅持戒定　永紀祖宗」；普陀後寺則從「通」字以下續演 48 字：「湛然法界　方廣嚴宏　彌滿本覺了悟心宗　惟靈廓徹　體用周隆　聞思修學　止觀常融　傳持妙理繼古賢公　信解行證　月朗天中」。[15]

日本殖民時期臺灣四大法脈，除苗栗法雲寺派為曹洞宗外，其餘皆臨濟宗，以〈五臺、峨嵋、普陀前寺〉法燈演派為主，而清代康熙 39（1700）年臨濟宗僧樹璧和尚建北港朝天宮，其系譜應是〈五臺、峨嵋、普陀前寺〉法燈之最早者，大甲鎮瀾宮則是屬普陀後寺演派。

（二）北港朝天宮僧人系譜考訂

北港朝天宮之創建始於清康熙 33（1694）年，臨濟宗僧樹璧和尚

---

[14] 心照不宣，〈黔城龍標山普明禪寺禪師傳〉（http://article.hongxiu.com/a/2004-4-9/348761.shtml，2012.7.22 流覽）。

[15] 清・守一，《宗教律諸宗演派》卷 1，CBETA，X1667，0560a04、0560a08。

為始,稱「臨濟宗三十四世」。但由於其牌位稱「樹璧欽公」,[16]省略為最關鍵之演字,因此,甚難推斷其臨濟宗代別是否正確。惟朝天宮自第三代住持能澤和尚(?-1775?)始,徒子徒孫代代相傳未輟,加上在不諳僧人燈譜的登錄習慣,時有以演字為「諡」號,或是省略者非關鍵演字,北港朝天宮僧人燈譜及代別有了解明的可能性。

樹璧和尚於雍正 8(1730)年收篤齋能澤為徒,[17]能澤收徒鼎梅、岐衍(1719-1783)、妙珍(1729-1788)、妙鞏(1735-1797)、妙琛為徒,其中徒岐衍(1719-1783)諡「仁智」,其同門師弟妙琛諡「仁」。[18]蓋「諡」號雖為東亞古代君主、諸侯、大臣、后妃等具有一定地位的人死去之後,根據他們的生平事迹與品德修養,評定褒貶,而給予一個寓含善意評價、帶有評判性質的稱號。但封建帝王後期賜諡權高度集中於皇帝手中,要取決於「聖裁」。[19]因此,皇帝給予特殊僧人「諡」號,古有明例,並不足為奇。但是,朝天宮僧人並未見有符合「諡」號的事績,且大部分名不見經傳,「聖裁」諡號,當無可能,若說由寺廟給予圓寂僧人「諡」號,不僅不合常理,也不合體制。

故此「仁」字當為演字,可能是來自臨濟宗 25 世碧峰下第 7 世突空智板禪師演派 16 字:「智慧清淨,道德圓明,真如性海,寂照普通」,五臺峨嵋普陀前寺續演派 32 字:「心源廣續,本覺昌隆,能仁聖果,常演寬宏,惟傳法印,證悟會融,堅持戒定,永繼祖宗」,[20]為能澤和尚的「能」字輩的下一輩,以下諸多證據顯示此一推測的可能性極高(參見表 1)。

---

16 蔡相煇,《北港朝天宮志》(雲林:北港朝天宮董事會,1989),頁 210。

17 蔡相煇,《北港朝天宮志》,頁 83。

18 蔡相煇,《北港朝天宮志》,頁 84。

19 〈諡號〉,http://zh.wikipedia.org/zh-tw(2010.12.6 流覽)。

20 清・守一,《宗教律諸宗演派》卷 1,CBETA,X1667,0560a04、0560a08。

表 1　北港朝天宮僧人錄

代表	僧侶	徒弟	備註
第一代	樹璧欽公	篤齋能澤	—
第二代	篤齋能澤（？-1788）	岐衍仁智、鼎梅惠公、妙珍傳公、妙鞏應公、妙琛仁公	—
第三代	岐衍仁智（1719-1783）	法俊	—
第三代	妙珍傳公（1729-1788）	志心慈公	—
第三代	妙琛仁公（1750-1823）	體紀、體正寬公	妙琛於乾隆 42（1777）年往諸羅溫陵廟
第三代	妙鞏應公（1735-1797）	仰仲	—
第三代	鼎梅惠公（1754-1782）	禪宗友公	—
第四代	禪宗友公（1750-1793）	景端	景端疑於嘉慶 17（1812）往新港建奉天宮，有碑記
第四代	體正寬公（1760-1798）	景璋、葉祠	—
第四代	志心慈公	修德、修誠豐公、修論	—
第五代	修誠豐公（1755-1794）	浣衷常公	—
第六代	浣衷常公（1765-1824）	溫恭、皈藏、邇蓮、邇鶴、丹霞、丹嚴演公	—
第七代	丹嚴演公（1776-1831）	清泰寬公、清順	—
第七代	溫恭	—	後為臺南大觀音亭住持
第七代	皈藏	—	—
第七代	邇（通）蓮	—	邇蓮曾至漳州龍溪天柱巖習法，後任臺南普濟殿住持

第七代	丹霞	—	—
第七代	邇蓮	—	—
第八代	清泰寬公	見應宏公、見昇宏公、見益宏公	—
第八代	清順	—	—
第九代	見應宏公（？-1847）	瑞合惟公、從愿惟公、瑞芳、佛傳	—
第九代	見昇宏公（？-1847）	從祐	—
第九代	見益宏公（1803-1859）	—	—
第十代	從愿惟公（1798-1859）	淡如傳公、淡轉傳公	從愿後於道、咸年間任鹿港城隍廟鰲亭宮住持
第十代	瑞合惟公（1803-1857）	振（晉）明傳公（1808-1878）、振（晉）寶、振（晉）華	振（晉）明曾任福建省漳州府龍溪縣天柱巖住持
第十代	瑞芳	—	瑞芳於道、咸年間任臺南普濟殿住持
第十一代	淡如傳公（1807-1872）	—	—
第十一代	振（晉）明傳公（1808-1878）	朝慶法公、朝祥法公（1840-1885）、朝復法公（1840-1883）	—
第十二代	朝慶法公（1840-1883）	達聰印公、達慎	—
第十三代	達聰印公（1849-1884）	添品證公、添澤證公、添潤、添洪	—
第十四代	添品證公（？-1901）	勤智悟公	—
第十四代	添澤證公（1854-1893）	勤禮悟公、惟參	—
第十五代	勤禮悟公（？-1904）	—	—
第十五代	勤智悟公（？-1893）	頓超會公	—

| 第十六代 | 頓超會公（1890-1923） | 松茂融公、松林（後還俗） | —— |
| 第十七代 | 松茂融公（1895-1922） | —— | —— |

資料來源：綜合蔡相煇，《北港朝天宮志》、鄭喜夫，〈清代在臺僧人錄〉，《臺灣文獻》第 41 卷 2 期，1990 年 6 月

從表 1 看來，第 4、5 兩代，無法看出演字系譜，但 6、7、8 代的「諡」號分別「常」（浣衷常公）、「演」（丹嚴演公）、「寬」（清泰寬公），[21]時間約乾隆至道光年間。「常」、「演」、「寬」三字絕非「諡」號，更非巧合，實為前述臨濟宗 25 世碧峰下第 7 世突空智板禪師後五臺峨嵋普陀前寺續演派字中的「常、演、寬、宏」。如果把第 2、3 代與 6、7、8 代的「諡」（法）號，排起來為「能、仁、□、□、常、演、寬」，空格處若加入演字「聖、果」，則剛剛好代別相演一字不差，這恐非巧合了。

（三）大甲鎮瀾宮僧人法燈

《淡水廳志》載：「（天后宮）一在大甲街，乾隆三十五年，林對丹等捐建，五十五年，吳遍等重修。」[22]又《新竹縣志初稿》載：「鎮瀾宮，在大甲街，距竹城西南九十五里。乾隆三十五年，林對丹等捐建。五十五年，吳偏等重修。廟宇一百三十七坪七合、地基七百六十五坪八合。祀田六甲。」[23]可知鎮瀾宮建於乾隆 35（1770）年。

另據鎮瀾宮網站載，相傳清雍正 8（1730）年福建莆田湄洲島人氏林永興，自湄洲媽祖祖廟奉請天上聖母神像來臺，途經大甲定居謀生，當時移民篤信湄洲媽祖，紛紛前來參拜，地方縉紳見香火鼎盛，事後徵得林氏同意，擇地於現址，於清雍正 10（1732）年興建小祠，至乾隆 35 年改建為「天后宮」。[24]

從乾隆 35 年至大正 13（1924）年止，154 年共歷八代住持，以時

---

[21] 鄭喜夫，〈清代在臺僧人錄〉，《臺灣文獻》第 41 卷 2 期（1990 年 6 月），頁 128-129。

[22] 清‧陳培桂，《淡水廳志（卷 6）》，頁 150。

[23] 清‧鄭鵬雲、曾達辰，《新竹縣志初稿（卷 2）》，頁 127。

[24] 〈大甲鎮瀾宮沿革說明〉（http://www.dajiamazu.org.tw/html/page01-2-1.html，2012.7.23 流覽）。

間推算，第一代禪僧應在乾隆年間鎮瀾宮肇建時即任主持，開山若清湛
隱禪師被認為參與了創建工作。[25]從鎮瀾宮所藏〈南院西天中土歷代祖
師生蓮之座〉的禪師名錄得知，鎮瀾宮曾有八代禪僧住持於此。

根據〈南院西天中土歷代祖師生蓮之座〉與〈歷代和尚禪師忌神〉
所錄歷代祖師排序為：

表2　大甲鎮瀾宮歷代祖師

代別	法號	忌日
第一代（開山）	若清湛隱禪師	九月十七日
第二代	允立然禪師 開瑞然禪師 佛恩然禪師 佛曇然禪師	五月二十日 十二月初四日 四月十五日 四月十九日
第三代	啟成法禪師 啟傳法禪師 啟志法禪師	八月初四日 六月初一日 八月初七日
第四代	慈三界禪師 慈雲界禪師 慈帆界禪師[26]	二月初五日 九月十七日 六月十六日
第五代	智華方禪師	七月初十日
第六代	淵霖廣禪師 生元廣禪師	十二月初六日
第七代	箕萊嚴禪師 淇滿嚴禪師	十一月初九日 十月十七日
第八代	覺定 庚鐘	—
————	比丘宗贊界通禪師 比丘碧河照禪師	六月初九日 四月初八日

資料來源：大甲鎮瀾宮祖堂

---

[25] 郭金潤，《鎮瀾宮歷史風華》（大甲：鎮瀾宮，2005），頁43。
[26] 大甲鎮瀾宮志將「慈帆」誤植為「慈仇」。

大甲鎮瀾宮〈南院西天中土歷代祖師生蓮之座〉（資料來源：自攝）

　　從表 2 可以得知，鎮瀾宮前 7 代住持的法號有相當的秩序，即：湛—然—法—界—方—廣—嚴，第 2 代「然」字有 3 位，第 3 代「法」字亦有 3 位，第 4 代「界」字有 3 位，第 6 代「廣」有兩位，第 7 代「嚴」字有 2 位，這是只有燈譜才有的現象，正是普陀後寺從突空下「通」字派接續演 48 字的燈譜：「湛然法界，方廣嚴宏，彌滿本覺，了悟心宗，惟靈廓徹，體用周隆，聞思修學，止觀常融，傳持妙理，繼古賢公，信解行證，月朗天中」，是從「智慧清淨，道德圓明，真如性海，寂照普通」的「通」字普陀後寺（法雨寺）續演上述 48 字，而普陀前寺（普濟寺）則從「通」字續演 32 字：「心源廣續，本覺昌隆，能仁聖果，常演寬宏，惟傳法印，證悟會融，堅持戒定，永紀祖宗」。[27]

　　也就是說，鎮瀾宮的歷代祖師演字與普陀後寺一致，這又是不諳佛教傳統，所省略為非關鍵演字偈，因此，給予研究清代佛教法燈的一線光明。

　　從上述北港朝天宮與大甲鎮瀾宮的僧人法燈的考證，發現其是分屬臨濟宗 25 世碧峰下第 7 世突空智板禪師後五臺峨嵋普陀前寺續演派字，以及普陀後寺續演派字。

---

[27]　清・守一，《宗教律諸宗演派》，CBETA，X166，0560a04-0560a12。

2011-2012 年間，南臺灣地區學者及研究生，曾就民間信仰宮廟做田調，如南臺科大王惠琛之〈臺灣南部寺廟中的僧侶神主牌位調查〉（一），就臺南祀典武廟（俗稱大關帝廟），除發現僧侶蓮位外，還有三方清代僧綱司牌位。[28]臺南大學研究生吳嘉燕調查屏東九如三山國王廟，發現該廟有〈三山國王廟歷代主持神位〉，共十位僧侶，年代約在清同治至日本殖民時期之間。[29]

因此，從以上所介紹的民間信仰宮廟存在程度不一的僧侶牌位可以得知，清代僧侶入主非佛教體系之寺廟恐是常態。

五、結語

嚴格來說，佛寺編撰寺志的比例少於民間宮廟志，臺南開元寺歷史悠久，幾乎在三百三十年後才有寺志問市。清代開元寺就臺灣佛教史上而言，有其重要性，解開其宗派傳承，即可以進一步探究清代宗派思想。而看似與佛教無關得宮廟，尤其在清代「佛道不分」的情況下，很大一部分是有僧人住持，如臺南大天后宮、北港朝天宮、大甲鎮瀾宮、臺南祀典武廟，甚至是遠在屏東的客家傳統信仰三山國王廟，都有一批傳承有序的僧人住持。

從臺南開元寺僧人系譜連接上了臺南大開元寺的法燈，證明佛寺與宮廟關係匪淺，特別是媽祖廟與佛教的關係更是千絲萬縷。故要研究清代臺灣佛教，若缺乏宮廟調查這一塊，其歷史真象是無法解開的。

---

[28] 王惠琛，〈臺灣南部寺廟中的僧侶神主牌位調查〉（一），《媽祖與民間信仰：研究通訊（1）》（臺北：博揚文化，2012 年 6 月），頁 41-51。

[29] 吳嘉燕，〈九如三山國王廟的田野考察〉，《媽祖與民間信仰：研究通訊（1）》（臺北：博揚文化，2012 年 6 月），頁 53-56。

殖民初期日本佛教「從軍僧」來臺的隨軍布教

一、前言

　　日本佛教僧侶的從軍布教始於甲午戰役（日本稱「日清戰爭」），之前均未聞有所謂的「從軍僧」（或稱從軍布教師、布教使），也就是說「從軍僧」是明治維新後軍隊國家化，第一場國家戰役下所產生，目的是「軍隊慰問」、「戰死者追弔」及對「清韓順民布教」。[1]

　　日本佛教到海外傳教，以 1886 年真宗本願寺派的夏威夷為開始，[2]其布教師的身分有多種。一般在未有傳教師之地布教，所派遣的布教師稱「開教師」或「開教使」；已經開教之地，再派遣輪調者稱為「布教師」；往來巡迴布教兼視察殖民地教化情況者，屬短期性質者稱「巡教使」或「巡迴布教師」。就以曹洞宗來說，巡迴布教的型式，兩大本山（永平寺與總持寺）是以春季巡迴開始，此一制度也行於日本本土及海外開教地。[3]另外，在當地傳教已歷相當時日，如日本人移民夏威夷，許多佛教宗派所派遣的布教師前往傳教，則稱為「追教」。[4]由於臺灣是日本新殖民地，所以並沒有在臺布教歷史，是故明治 28（1895）年派遣來臺者，部分是由從軍僧的身分轉為「開教使」。

　　甲午戰爭（1894）爆發後，日本佛教各宗商討從軍僧之必要後，自動向政府提出申請，首先由真言宗勸修寺門跡大僧正釋內海寂師，商於各宗，與天臺宗村田寂順一起到廣島大本營請願，獲准各宗可推派從軍僧 3 名。於是真言宗、天台宗、臨濟宗妙心寺派各推派 1 人，在慰問使方面，真言宗 3 人、天台宗 1 人、妙心寺派 3 人。[5]

---

[1] 《佛教・內外彙報：從軍師慰問使の發錫・派遣の原因》，第 98 號（1896 年 1 月），頁 37（原日文，筆者譯，以下同）。關於從軍僧的角色與任務另參見釋慧嚴，〈西來庵事件前後臺灣佛教的動向－以曹洞宗為中心〉，《中華佛學學報》，第 10 期（1997 年）。

[2] 日・小島勝・木場明志，《アジアの開教と教育》（京都：法藏館，1992 年），頁 9。

[3] 日・宮坂喆宗，《禪の生活・教化の問題》，第 7 卷第 8 號（1928 年 8 月），頁 41。

[4] 日・小島勝・木場明志，《アジアの開教と教育》，頁 7。

[5] 《佛教・內外彙報：從軍師慰問使の發錫・誰か之を發議せるものぞ》，第 98 號，頁 37。

　　乙未割臺，從軍僧來臺有兩個管道，一是隨「鎮南軍」（或稱南征軍）從中國東北來臺，一是自日本本土來臺。本文旨在探討日本佛教各宗從軍僧在 1895-1896 年間來臺隨軍活動的動向。

二、甲午從軍僧的任務與角色

　　1894 年 12 月 14 日，真言宗召集 4 名特使，由長者大僧正高志了夫分別對布教師與慰問師發出不同的訓令，揭示了從軍僧的任務與角色，是「親自向軍人、軍夫、土人（按：征服地之住民）布教」、「向負傷病患者、俘虜等誠懇慰問」、「祈禱軍隊健全」、「舉行亡者葬儀追悼」、「視察清韓兩國古今宗教之沿革」。[6]

　　大部分的從軍布教師的任務是差不多，如真宗本派本願寺從軍僧的任務是協助軍方傳達政府政令、給軍人（傷兵）慰問、鼓勵士氣、協助處理亡者的喪葬儀式。[7]至於慰問追弔使的任務則是：「舉行戰死者及病死者之追悼」、「在軍隊開示法語，以鞏固報國的義膽」、「向土人懇示吾宗教在清韓兩國有特別深厚的因緣，以取得擴張之策」、「視察清韓兩國古今宗教之沿革，建立本宗傳導之目的」。[8]

　　如此看來，從軍僧和慰問追弔使的任務與角色是有部分重疊的。除了肩負在軍隊傳教、慰問的角色之外，同時還有對征服地住民傳教，以及視察中、韓兩國宗教，以便評估日後擴展教勢之用。

　　甲午戰爭尚未正式展開，西本願寺派方面，於日本對滿清宣戰的一週後，即 1894 年 7 月 7 日，在本山內設立統轄戰時奉公事務的臨時部，其活動的一環就是派遣從軍布教使赴朝鮮及臺灣。[9]馬關條約簽定後，

凡有[ ]為筆者所加或推測。

6 《佛教‧內外彙報：從軍師慰問使的發錫‧訓示》，第 98 期，頁 38。

7 日‧大橋捨三郎，《真宗本派本願寺臺灣開教史》（臺北：真宗本派本願寺臺灣別院，1935 年），頁 1-2。

8 《佛教‧內外彙報：從軍師慰問使的發錫‧訓示》，第 98 期，頁 38。

9 日‧野世英水，《印度學佛教學研究‧真宗における從軍布教の歷史と役割》，第 41 卷第 2 號（1993 年 3 月），頁 714。

隨即登場的是日軍接收臺灣之役，而第一個著手到臺灣開教的是神道派神宮教，其布教師甲斐一彥等 3 人，已經定下在臺設支部的計畫。[10]

　　雖然西本願寺派早有派遣從軍僧赴臺計畫，但與其他佛教宗派一樣，未見其計畫內容。倒是神宮教臺灣布教使權大教正甲斐一彥有其隨軍布教的現身說法。雖然神宮教屬神道教派，與佛教各宗不同，但他在軍中的工作內容應與佛教各宗布教師沒什麼不同，而其見聞更是非常有價值。

　　從甲斐一彥的「談話」中，他執行了對戰死者的慰靈法會後，將死者靈位帶回日本東京覆命。他談到在臺灣軍人死亡的原因主要是氣候等自然因素，病死的非常多，如他看到從澳底至基隆的 20 里中，除蘆薈水外，其他的水非煮沸不得飲，否則便會「中毒」，就連吃的東西也不衛生，加上 6、7 月天氣酷熱，將校 439 人，病死 2 人；士兵 13,250 人中，病死有 29 人；軍伕 2,180 位中，病死 273 人。[11]

　　而從軍僧每到一處，若欲與某寺廟結盟，或是將該寺列為該宗派的分寺下院，必須提出申請，若有欲從事之布教事項者，亦要比照辦理。[12]

三、佛教各宗從軍僧來臺

（一）甲午戰爭從軍僧

　　甲午戰爭爆發後，被正式發布的佛教各宗從軍僧計有真言宗 4 人：岩堀智道、山縣玄淨、五十嵐光龍、和田大圓（1858-？）；臨濟宗 4 人：坂上宗詮（1830-？）、原日應、日吉全識、丸山元魯；天台宗 1 人：大照圓朗，總共 9 人（參見圖 1）。[13]

　　西本願寺派甚至在日本對滿清宣戰的一週後，即明治 27（1894）

---

[10] 根據《臺灣日日新報》明治 29 年（1896）12 月 11 日報導，甲斐、山口兩位布教師在艋舺設立「艋舺學校」，教授臺民日語，將在臺灣三地設立神宮教會，大傳神道法義。

[11] 《日清戰爭實記・臺灣布教使甲斐教正の談話》，第 40 編（1895 年 9 月 27 日），頁 66-68。

[12] 《日清戰爭實記・臺南の狀況》，第 48 編（1895 年 12 月 27 日），頁 29。

[13] 《日清戰爭實記・口繪：各宗特派從軍布教師》，第 40 編，無頁碼。

年 7 月 7 日，在本山內設立統轄戰時奉公事務的臨時部，其活動的一環
就是派遣從軍布教使赴朝鮮及臺灣。[14]西本願寺派於 1894 年 10 月 30
日，最初派遣從軍布教使木山定生巡迴第一軍、第二軍戰線，在各營所、
醫院從事慰問、布教、葬儀。[15]

　　當然，之後還有陸續加入滿、鮮戰場的從軍布教師，但因史料缺乏
無法一窺全貌。然甲午戰後從戰場退下來的僧侶至少有真宗本（西本願
寺）派 3 人：名和淵海、木山定生、弓波明哲、鹿多正現；真宗大谷（東
本願寺）派 5 人：平松理英（1855-1916）、佐佐木靈秀、佐佐木圓慰、
伊藤大惠、秦數江；天台宗 1 人：大照圓朗；真言宗 1 人：五十嵐光龍；
曹洞宗 2 人：佐佐木珍龍（1865-1934）、水野秀道，以及先行回日本的
淨土宗 2 人：荻原雲臺、大門了康；日蓮宗 1 人：伊東智靈等。[16]

圖 1　卷頭插圖：各宗特派從軍布教師
資料來源：《日清戰爭實記》第 40 編

---

[14] 日‧野世英水，《印度學佛教學研究‧真宗における從軍布教の歷史と役割》，第 41 卷第 2
號（1993 年 3 月），頁 714。

[15] 日‧大橋捨三郎，《真宗本派本願寺臺灣開教史》（臺北：真宗本派本願寺臺灣別院，1935
年），頁 1-3。

[16] 《佛教‧內外彙報：從軍僧の歸朝を迎ふ》，第 103 號（1896 年 6 月），頁 30。

　　以上能夠找到資料的有平松理英[17]、佐佐木珍龍[18]等少數人，在在不利於全面研究。其中天台宗大照圓朗與真言宗和田大圓，是一路隨軍從甲午戰爭開始至結束的 2 人，而其他陸續加入的如前述的真宗本派 3 人、真宗大谷派 5 人、曹洞宗 2 人等等。以上這些是經歷甲午戰爭，不乏隨著近衛師團的「鎮南軍」來臺者。

　　日本宗教界認為甲午戰爭的從軍布教的屏幕雖降下，而臺灣傳道的舞臺即將開啟，第一個著手到臺灣開教的是神道派神宮教布教師甲斐一彥等 3 人，並已經定下在臺設支部的計畫。[19]

（二）來臺布教師的隨軍活動

　　近衛師團的「鎮南軍」第一波的攻臺之役是澎湖島的攻防。1895 年 3 月 23 日，比志島義輝（1847-1927）大佐所率領的支隊 4,000 澎湖派遣軍，登陸澎湖北方的鰲正島，由於千里跋涉 20 天，士兵疲憊已極，加上水土不服，軍隊死傷慘重，死亡超過 350 人，生病者凡 2 千餘人。當 7 月中旬曹洞宗從軍僧佐佐木珍龍到澎湖慰問時，還埋葬追悼 453 人。[20]

　　當然曹洞宗並非是第一時間隨著比志島支隊登陸澎湖的從軍布教，佛教各宗首先於澎湖隨軍布教的是真宗西本願寺派，之後包括曹洞宗在的佛教各宗才陸續在澎湖布教。

---

[17] 平松理英，大谷派僧侶，1855 年生，明治初年廢佛毀釋發生後，開啟佛教公開演講的人，於各地布教，甲午、日俄戰爭時任從軍布教師，之後任東京北品川正德寺住持，1916 年 10 月 21 日去世，享年 62 歲。著有《教海美譚》、《無盡藏》。《デジタル版 日本人名大辞典+Plus の解説》（http://kotobank.jp/word/%E5%B9%B3%E6%9D%BE%E7%90%86%E8%8B%B1（2014/7/15 流覽）。

[18] 關於佐佐木珍龍生平，請參見拙稿〈日僧佐佐木珍龍的臺灣開教——佛教曹洞宗在殖民初期（1895-1901）的活動〉，《圓光學報》，第 20 期（2013 年 6 月）。

[19] 根據《臺灣日日新報》明治 29 年 12 月 11 日報導，甲斐、山口兩位布教師在艋舺設立「艋舺學校」，教授臺民日語，將在臺灣三地設立神宮教會，大傳神道法義。

[20] 日・佐佐木珍龍，《從軍實歷夢遊談》（東京：鴻盟社，1900 年），頁 55-61。

圖 2　混成支隊長比志島大佐與司令部員

資料來源：國家化資料庫，http://nrch.moc.gov.tw/ccahome/search/search_meta.jsp？
xml_id=0000533979&dofile=cca110001-hp-pb0372842p051-i.jpg　（ 2014/7/10　流
覽）。

（1）真宗

1.西本願寺派

甲午戰爭爆發後，西本願寺派於 1894（明治 27）年 10 月 30 日，
最初派遣從軍布教使木山定生巡迴第一軍、第二軍戰線在各營所、醫院
從事慰問、布教、葬儀；翌年 1 月，再派遣香川、鹿多、弓波、伊藤 4
人赴戰場；[21]1895 年 3 月，比志島混成支隊占領澎湖後，3 天內有 3、4
百人生病，到了第 4 天死亡人數高達 350 人。一週後，生病者 2 千，死
亡數百，到第 15 天，千人以上死亡，生病者達 3 千人，最後有 1,445
人死亡。[22]從軍僧下間鳳城（？-1895）、名和淵海從屬比志島支隊，登
陸後不久，下間病逝於馬公，[23]當時下間鳳城與同派名和淵海，以及東
本願寺派從軍布教使松江賢哲、伊藤大惠二人一起從軍，名和、松江二
人在裏正角醫院，下間與伊藤在司令部內服務，一起出入醫院，最後下

---

[21] 日‧大橋捨三郎，《真宗本派本願寺臺灣開教史》，頁 1-3。
[22] 日‧佐佐木珍龍，《從軍實歷夢遊談》，頁 54-56。
[23] 日‧大橋捨三郎，《真宗本派本願寺臺灣開教史》，頁 1-3。

間感染病毒，還不到一天的時間即病逝，[24]而名和淵海即是前述先參加甲午戰役，隨後再隨比志島支隊來澎湖者。

1895 年 4 月，大江俊泰從屬近衛師團、磐井宗城從屬第四師團赴中國大陸；6 月，大江俊泰隨近衛師團南征來臺；8 月 14 日，武內外量亦從軍來臺；9 月，小野島行薰以征臺慰問使身分，與豐田巍秀（？-1895）、長尾雲龍一起來臺，後豐田巍秀隨南進軍到澎湖，染病去世。之後，長尾雲龍駐錫臺南，1896 年 1 月 23 日，正式著手開教事業。[25]

2.東本願寺派

甲午戰爭後，1896 年秋，先在彰化開設教堂、醫院，以管理華南的布教工作，並在臺灣設立 26 個布教所，法主大谷光演（1875-1943）之弟能淨院（大谷光瑩，1852-1923）因與征臺的北白川宮能久親王（1847-1895）關係良好，還獲贈其寢具，教勢頗有發展，但北白川宮能久死後，加上經濟問題，只留下臺北、宜蘭、臺南、廈門、泉州、彰州等布教所。[26]

（2）曹洞宗

1895 年 5 月 24 日，佐佐木珍龍（1895-1934）從中國大陸營口經旅順回日本，抵達宇品港，正值總督府一行要出發接收臺灣，樺山大將率領總督府各官員暨文武百官乘船前去，佐佐木隨即接到來自本山的命令，務必隨附總督府而行，5 月 29 日確定可隨行，30 日乘京都丸從宇品出發，6 月 12 日抵基隆港。6 月 15 日，佐佐木進入臺北城，整個 6 月都在軍隊從事慰問或追悼。[27]

7 月初赴澎湖，從事軍隊慰問。離開澎湖後，佐佐木回到臺北仍住艋舺龍山寺，同（1895）年 12 月上旬，隨南進軍南下臺南，再與開元寺、竹溪寺、法華寺、大天后宮、考壽院 5 寺訂下本末寺契約。有鑑於

---

[24] 《日清戰爭實記・征南軍の惡疫》，第 25 編（1895 年 4 月 27 日），頁 24。

[25] 日・大橋捨三郎，《真宗本派本願寺臺灣開教史》，頁 1-3。

[26] 〈東本願寺の新築・布教の大發展〉，《臺灣日日新報》，臺北，1920 年 10 月 16 日，版 7。

[27] 日・佐佐木珍龍，《從軍實歷夢遊談》，頁 49-50。

南北教區無法兼顧，佐佐木於同年 12 月中旬稍後回日，向曹洞宗兩大本山說明情況，於是本山派遣木田韜光、足立普明、若生國榮（1865-1943）、鈴木秀雄、櫻井大典、天生有時等 6 人與佐佐木一起來臺開教。[28]

佐佐木等回日本「述職」後，得到曹洞宗大本山的支持，1896 年 1 月 28 日，特派從軍兼布教師足立普明起草印製〈示臺灣土人〉、〈示臺灣僧徒〉二文；1896 年 2 月，以足立普明為首的佐佐木珍龍、若生國榮 3 人以「曹洞宗大本山特派慰問使兼從軍布教師」的身分署名，向總督府民政局呈送〈來臺旨意書〉。[29]

整個 3 月，因尚屬軍政時期，以佐佐木為首的 6 位布教師，仍在軍隊從事布教、慰問、追悼之工作，同年 4 月 1 日起，臺灣總督施政由軍政轉入民政，曹洞宗劃分布教區，佐佐木在臺北，足立普明在臺中，若生國榮在臺南等。[30]

1896 年 6 月，在臺北軍隊慰問的過程中，佐佐木與同宗布教師鈴木雄秀在西門街設立佛教會館，結合淨土宗、真言宗、真宗、實行教、日蓮宗等各宗布教師，定期聚會演講，[31]與此同時，佐佐木與鈴木兩師發起組織「大日本臺灣佛教會」，結合有志之士從事「對本島人傳教，組織機構對本島人子弟施以日式教育，並欲發行其他雜誌。」[32]

（3）淨土宗

淨土宗來臺布教以從軍僧以林彥明為最早，他是 1895 年 6 月，作為外征士卒慰問使的身分來臺，[33]同年 10 月，橋本定幢（1858-？）與

---

[28] 日・佐佐木珍龍，《從軍實歷夢遊談》，頁 99-100。

[29] 溫國良編譯，〈臺北縣艋舺龍山寺等十四寺為曹洞宗附屬之申報書〔卷 000 三三/件一〕〉，《總督府檔案專題翻譯（二）宗教系列之一・臺灣總督府公文類纂宗教史料彙編（明治二十八年十月至明治三十五年四月）》（南投：臺灣省文獻委員會，1999 年），頁 25-26。

[30] 日・佐佐木珍龍，《從軍實歷夢遊談》，頁 99-101。

[31] 〈日本佛教會堂の嚆矢〉，《臺灣新報》，臺北，1896 年 6 月 17 日，版 3。

[32] 〈大日本臺灣佛教會〉，《臺灣新報》，臺北，1896 年 6 月 17 日，版 3。

[33] 「淨土宗海外開教のあゆみ」編集委員会，《淨土宗海外開教のあゆみ》（京都：淨土宗開教振興協會，1990 年），頁 31。

佐藤大道一起被分派到臺灣征討軍，擔任從軍布教使來臺。1896 年 1 月，他回日本向淨土宗宗務所報告布教情形，之後再以軍隊慰問兼布教使的身分來臺，直到 1896 年 7 月才回日本。[34]在回日本的前一個月，橋本定幢與真言宗的小柴豐嶽、淨土真宗的紫雲玄範合作，組成「臺灣開教同盟事務所」，[35]經過這樣的準備階段，1896 年 6 月赴任的仲谷德念、武田興仁才是淨土宗真正開教的開始。橋本於是借得艋舺萬安街（或說營盤頂街）的海山館作為宿舍及布教所。[36]

　　1896 年 8 月，在日本小石川光圓寺的不染信翁、小林瑞成、渡邊海旭（1872-1933）的發起下，組成「臺灣傳道援護會事務所」，並發出為淨土宗布教師武田興仁、仲谷德念懇請十方大德資助的廣告，從而武田與仲谷得以安住並學習臺灣話。[37]

（4）真言宗

　　1896 年 4 月，真言宗派遣從軍布教師椋本龍海、小柴豐嶽、小山祐全（？-1927）來臺至臺南市及彰化市開教，[38]其中小柴豐嶽先是在曹洞宗布教師佐佐木珍龍、鈴木雄秀等於同（1896）年 6 月於臺北所創建的「佛教會館」活動，並在同年 7 月 16 日前後共創「大日本臺灣佛教會」，[39]咸信這是日本佛教各宗在臺的最早聯合組織。

（5）日蓮宗

　　日蓮宗從軍布教師來臺始於 1895 年，當時派遣武田宣明、久保要瑞二師；1896 年 6 月，一般開教正式展開，後派遣渡邊英明、佐野是

---

[34] 日・松金公正，〈關於日據初期日本佛教從軍佈教使的活動──以淨土宗佈教使橋本定幢〈再渡日誌〉為例〉，《圓光學報》，第 3 期（1999 年 2 月），頁 385。

[35] 「淨土宗海外開教のあゆみ」編集委員会，《淨土宗海外開教のあゆみ》，頁 32。

[36] 「淨土宗海外開教のあゆみ」編集委員会，《淨土宗海外開教のあゆみ》，頁 31-32。

[37] 「淨土宗海外開教のあゆみ」編集委員会，《淨土宗海外開教のあゆみ》，頁 33-34。

[38] 江木生，《南瀛佛教・內地佛教の臺灣傳來と其現勢》，第 15 卷第 2 期（1937 年 2 月），頁 15。

[39] 〈日本佛教會堂の嚆矢・大日本臺灣佛教會〉，《臺灣新報》，臺北，1896 年 7 月 16 日。

秀前來交替。[40]約在同（1896）年 6 月間，曹洞宗的佐佐木珍龍
（1865-1934）、鈴木雄秀等人，在臺北西門館二町目設立佛教會館，作
為日本佛教來臺開教師聚會的場所，每週六、日舉行演講，除曹洞宗佐
佐木、鈴木外，其他各宗開教師有：淨土宗橋本定幢、真言宗小柴豐嶽、
真宗紫雲玄範、實行教大教正北條三野夫，以信徒身分參加的有：日蓮
宗的內藤無一庵。[41]曹洞宗佐佐木、鈴木身先士卒，集合各宗僧侶，以
及菊地慶治郎、鹿山豐、內藤無一庵、小躓和夫等有志之士，創立「大
日本臺灣佛教會」，目的是「開放自家信仰之志念，維持社會道德，進
而開導本島人」，已有 300 人入會，預計同（1896）年 7 月 21 日舉行成
立大會。[42]該會草創只見日蓮宗信徒內藤無一庵，未見渡邊與佐野等相
關布教師入會。

表 1　日本佛教各宗從軍布教一覽（1895-1896）

宗派別	從軍僧	師團	分隊	抵臺時間
西本願寺派	下間鳳城、名和淵海	近衛師團	比志島支隊	1895.3
東本願寺派	松江賢哲、伊藤大惠	近衛師團	比志島支隊	1895.3
曹洞宗	佐佐木珍龍	近衛師團	—	1895.6.12

---

[40] 〈臺北の寺院 日蓮宗臺北布教所〉，《臺灣日日新報》，臺北，1910 年 2 月 27 日，版 7。
另參見江木生，《南瀛佛教‧內地佛教の臺灣傳來と其現勢》，第 15 卷第 2 期，頁 19。

[41] 〈日本佛教會堂の嚆矢〉，《臺灣新報》，臺北，1896 年 7 月 16 日。實行教是源於江戶時代
的富士信仰，是日本山岳信仰的一環。16 世紀後半，透過「富士講」的開山長谷川角行
（1541-1646），開始了信仰教義的組織性開展。「富士講」驚人的發展是在 18 世紀後半，
身祿派第八代江戶淺草的雕刻師伊藤參行（1671-1809）著《四民の卷》，倡四民平等，讓
富士信仰具思想性的展開，身祿派的影響及富士派之大半。幕末，身祿派商人出身的小谷
祿行三志（1765-1841），以江戶北郊的農村為中心，向全國農村提倡以實踐道德為中心的
「不二道」，而實行教就是從「不二道」的教義中衍生出來的。幕末，奉行不二道的柴田
咲行花守（1809-1890）進入小谷祿行之門，到全國各地傳教，明治維新之後，柴田創立不
二道實行派，與祿行之子小谷川兵衛的不二道孝心講分裂。實行派順著政府的神道國教化
政策。強烈傾向以天皇為中心的國家主義，1882 年從神道事務局獨立，即是實行教。參見
日‧村上重良，《日本宗教事典》（東京：講談社，1989 年），頁 266-269。

[42] 〈大日本臺灣佛教會〉，《臺灣新報》，臺北，1896 年 7 月 16 日。

西本願寺派	大江俊泰	近衛師團	南征軍	1895.6
淨土宗	林彥明	近衛師團	—	1895.6.11
西本願寺派	武內外量	近衛師團	—	1895.8.14
西本願寺派	小野島行薰、豐田巍秀、長尾雲龍	近衛師團	—	1895.9
淨土宗	橋本定幢、佐藤大道	近衛師團	第七混成旅團	1895.10
日蓮宗	武田宣明、久保要瑞	近衛師團	—	1895
真言宗	椋本龍海、小林榮運	近衛師團	—	1895
天台宗	加藤慈晃	—	—	1895（？）
曹洞宗	佐佐木珍龍、木田韜光、足立普明、若生國榮、鈴木秀雄、櫻井大典、天生有時	近衛師團	—	1896.1
真言宗	掠本龍海、小柴豐嶽、小山祐全	近衛師團	—	1896.4
日蓮宗	渡邊英明、佐野是秀	近衛師團	—	1896.6
淨土宗	武田興仁、仲谷德全、嶺原惠海、神谷大周、荻原雲臺、岩井智海、大門了康、林彥明	—	—	1896.6
西本願寺派	紫雲玄範、井上清明、田中行善	—	—	1896
真言宗	小山祐全、小芝豐嶽	—	—	1896

資料來源：綜合上述及歷年《臺灣日日新報》

四、從軍僧隨軍動向—以淨土宗林彥明為中心

（一）澎湖的從軍僧

1895 年 3 月 15 日，比志島混成支隊為了占領澎湖，從佐世保出港，24 日黎明，陸戰隊登陸澎湖島，隨即攻陷拱北砲臺，上午 11 時左右占領馬公城；26 日占領讓日軍困擾多時的漁翁砲臺，[43]至此澎湖已幾乎完全淪陷。

前述，真宗西本願寺派從軍僧下間鳳城、名和淵海從屬比志島支隊，登陸後不久，下間病逝於馬公，同年 9 月，西本願寺派又派遣小野島行薰、豐田巍秀、長尾雲龍 3 人來臺，豐田巍秀與長尾雲龍隨軍到澎湖，其中豐田巍秀因病去世。豐田巍秀去世後，獨留長尾雲龍在澎湖。1895 年 10 月 21 日，乃木師團少將由山口所率的第十六聯隊在未遭抵抗下順利從小南門入城，於城牆上掛上日章旗後，宣告占領臺南城。[44]而從澎湖來駐錫臺南的長尾雲龍，也在之後抵臺南，於 1896 年 1 月 23 日，正式在當地開教。

攻占澎湖的第一軍比志島混成支隊，1896 年 10 月 20 日，其守備憲兵隊各將校來到臺南安平，地方知事、縣官出迎，本願寺特率生員歡迎。[45]從上述來看，西本願寺的從軍僧似乎是從屬比志島混成支隊，至少兩者關係密切。

（二）臺北的從軍僧

甲午戰役暫告一段落後，駐紮在旅順的近衛師團司令部，5 月 20 日移至旅順口，5 月 22 日，以 4 艘為一船隊並排前進，踏上「南征」之途。與此同時，5 月 24 日下午 5 時 30 分，臺灣總督樺山資紀一行從

---

[43] 《日清戰爭實記・馬公城占領別報》，第 26 編（1895 年 5 月 7 日），頁 13-19。

[44] 許佩賢譯，《攻臺見聞—風俗畫報臺灣征討圖繪》（臺北：遠流出版事業，1995 年），頁 416。

[45] 〈臺南通信　軍隊歡迎〉，《臺灣新報》，臺北，1896 年 10 月 28 日，版 3。

宇品港出發，航向臺灣，26 日抵琉球中城灣，翌 27 日，與樺山總督所搭乘的橫濱丸會合。[46]

5 月 29 日，日軍於三貂角登陸；6 月 4 日，從澎湖來的混成支隊登陸基隆，[47]6 月 6 日進入臺北城，[48]臺北淪陷。

臺北落入日軍手中後，隨軍布教的各宗從軍僧紛紛進駐臺北，最早進入臺北之一的淨土宗從軍僧林彥明，6 月 11 日抵達。[49]前述曹洞宗從軍僧佐佐木珍龍則是 6 月 15 日來到臺北。他們 2 人整個 6 月都在臺北軍隊從事慰問或追悼。前述其他宗派的從軍僧日蓮宗武田宣明、久保要瑞，曹洞宗鈴木雄秀，淨土宗的橋本定幢、真言宗小柴豐嶽、真宗紫雲玄範、實行教大教正北條三野夫等人都集中在臺北慰問、傳教。

近衛師團很快占領基隆、臺北，在短暫重整旗鼓後繼續南下，但是在三角湧（三峽）、桃園皆受到臺民頑強的抵抗，因此，桃園以南對從軍僧來說其實還是相當的危險，這可能限制了從軍僧的活動。如淨土宗的從軍僧林彥明，遲至 7 月 29 日方隨近衛師團逐步前進到桃園、中壢以南地區，南下隨軍征戰前後長達 5 個月。

（三）林彥明在西部的從軍布教

（1）隨行近衛師團司令部

6 月 12 日，近衛師團第二聯隊第四中隊從臺北出發，沿鐵路前進，經桃園、中壢、楊梅一路南下。[50]顯然這是先頭步隊，是肅清、掃蕩抗日民兵，為後備部隊或行政人員進駐掃除障礙，等一切局面控制後，再啟動相關機制，因此，林彥明方於 7 月 29 日隨軍移動（參見表 2）。

---

[46] 《日清戰爭實記・臺灣綏撫記》，第 30 編（1895 年 6 月 17 日），頁 36-37。

[47] 《日清戰爭實記・臺灣綏撫記（二）》，第 31 編（1895 年 6 月 27 日），頁 25-28。

[48] 許佩賢譯，《攻臺見聞—風俗畫報臺灣征討圖繪》，頁 94。

[49] 日・松金公正，〈關於日據初期日本佛教從軍佈教使的活動——以淨土宗佈教使橋本定幢〈再渡日誌〉為例〉，《圓光佛學學報》，第 3 期，頁 387。

[50] 許佩賢譯，《攻臺見聞——風俗畫報臺灣征討圖繪》，頁 103。

表 2　1895 年淨土宗林彥明在臺行軍路線

時間	地點
5 月 23 日	受命近衛師團從軍慰問兼布教使
6 月 11 日	抵臺北，在臺北軍中弘法、舉行追悼會、慰問傷病者
7 月 29 日	跟隨近衛師團移動，桃子園→中壢→大湖口→新竹→南勢山→中港→後壠→通宵→大甲→牛罵頭（臺中清水）→大肚溪
8 月 29 日	抵彰化，在彰化軍中弘法、慰問傷病者
10 月 10 日	從彰化出發，員林→北斗→斯同（刺桐）巷→大甫林（大林）→嘉義→大茄冬仔（臺南後壁）→後損后（臺南後壁一帶）→灣里（臺南善化）→大目降（臺南新化）
10 月 22 日	到臺南，在臺南軍中弘法、慰問傷病者
11 月 5 日	征臺役戰死病殘者大追悼會
11 月 7 日	佐藤大道、橋本定幢到臺南
11 月 11 日	阿公店
11 月 12 日	到打狗港
11 月 13 日	從打狗港出發
11 月 18 日	抵廣島

資料來源：日‧松金公正，〈關於日據初期日本佛教從軍佈教使的活動──以淨土宗佈教使橋本定幢〈再渡日誌〉為例〉，《圓光佛學學報》，第 3 期（1999 年 2 月）

　　7 月 29 日，林彥明正式踏上隨軍布教之旅，而之前稍早，步兵第一聯隊第七中隊 7 月 12 日已從臺北出發，以後衛支援身陷重圍的坊城大隊，並任大姑陷守備，至大姑陷時，突然深陷敵人重圍，數日連戰跋涉山谷，死傷倍增，彈盡糧絕。[51]得知此不利戰況的近衛師團長北白川宮能久親王（1847-1895），於 7 月 19 日下達新一波掃蕩計畫，針對「殲滅散在大姑陷河兩岸的敵兵計劃令」（第一期）。7 月 22 日，山根第二旅團長率步兵第三、第四聯隊從海山口（板橋）出發，沿大姑陷河左岸前進，松原步兵第二聯隊第二大隊長率領該大隊本部及兩個中隊，從臺北出發沿大姑陷河右岸，慢慢地向三角湧附近前進。[52]這波的肅清是為

---

[51] 《日清戰爭實記‧大姑陷附近の大擊攘》，第 37 編（1895 年 8 月 27 日），頁 25。

[52] 《日清戰爭實記‧大姑陷附近の大擊攘》，第 37 編，頁 5-7。

日後從臺北出發的能久親王提供安全屏幛。

由於第一期計劃令未能奏效，能久親王於是再下達第二期計劃令，「殲滅散在臺北、新竹間的賊徒」，而其所率領的師團司令部，7 月 29 日從臺北出發，與各隊一起前進，預計 30 日在桃園宿營。[53]

從上述可以得知，林彥明隨軍布教紀錄所載他於 7 月 29 日隨近衛師團移動，就是隨行於近衛師團司令部。

近衛師團司令部 29 日下午抵桃園宿營；30 日早上 8 點從桃園出發，下午 1 點抵中壢兵站司令部；31 日，師團長能久親王以精神不佳，下午 2 點乘火車從中壢出發到新竹，下午 5 點抵新竹。[54]

（2）加入河村、山根支隊

從桃園到臺中（大肚溪）林彥明隨軍走了 1 個月，最後於在 8 月 29 日抵彰化，之後隨軍停留逾 1 個月，其情況根據史料，其隨軍活動如下。

8 月 2 日，近衛步兵第四聯隊第二大隊與山根支隊呼應，攻擊大湖口東邊的新埔；3 日從新埔出發到新竹；6 日，伊崎少佐支隊攻擊管府坑及金山面附近，山根支隊前進北埔。此戰，伊崎少佐支隊第七中隊長新谷德平中尉戰死，隔天屍體被送到新竹醫院，在新竹車站後方的墓地，由從軍僧侶舉行法會祭拜，[55]林彥明為隨行的僧侶（應該還有其他從軍僧），當會參與此次祭典法會。

8 月 8 日起，近衛師團開始掃蕩新竹附近的敵人，共有 3 個支隊即河村少將所指揮的右翼隊、內藤大佐的左翼隊，以及山根支隊，加上還有從基隆而來的吉野、浪速二艘艦隊軍艦，適時砲擊抗日軍。日軍接連攻破新竹金山面、虎仔山及牛埔山的抗日軍後，進駐香山東方高地露營；9 日清晨 5 點，日軍向尖筆山攻擊，早上 8 點完全奪取尖筆山，上午 11 時抵中港，在此宿營，但右翼諸隊，由河村少將率軍前進後壠，

---

[53] 《日清戰爭實記‧大姑陷附近の大擊攘》，第 37 編，頁 26-27。
[54] 《日清戰爭實記‧大姑陷附近の大擊攘》，第 37 編，頁 33。
[55] 《日清戰爭實記‧雞卵面戰鬪記》，第 40 編（1895 年 9 月 27 日），頁 30-35。

抗日軍一部分朝西邊，一部分朝苗栗方向撤退，中港、後壠遂被占領。[56]後壠北擁新竹，東控苗栗，南押大甲，是一要衝之地。

13 日占領後壠，以山根支隊為首的部隊繼續攻擊苗栗，14 日占領苗栗，山根支隊留駐苗栗，河村支隊 15 日起向通宵前進。[57]然就在 14 日早晨 7 點，來自基隆曾在甲午海戰立下戰功的吉野、浪速兩艦從後壠拔錨朝通宵偵察而去，從陸上偵察兵獲悉「通宵無敵之兵營，也無中國士兵駐守」的情報，當天下午 1 點從通宵起航至大安港偵察。[58]

攻下苗栗後，8 月 20 日山根支隊受命進占大甲，與川村支隊在通宵、大甲間開設兵站線，並將糧秣存放在大甲、后里，當天中午不久進入大甲。[59]隨河村少將支隊往通宵的林彥明，在未遇抵抗後進入通宵，之後來到大甲與山根支隊會合。在大甲稍事休整後，24 日從大甲出發的近衛師團前衛，26 日來到大肚溪左岸，本隊抵大肚溪及牛罵頭（清水）。[60]

日軍在抵牛罵頭後，師團左側支隊開始攻擊東大墩（臺中），造成自家 15 人死傷；28 日清晨 3 點，川村少將的右翼隊、山根少將的左翼隊開始攻擊八卦山，早上 7 點半占領了八卦山及彰化，並停留在彰化讓士兵休養，[61]而林彥明則晚一日才抵彰化，可見他並不在左、右翼隊中。

也就是說從 8 月 8 日起，林彥明加入河村、山根支隊攻擊中港、後壠、苗栗的行動後，與山根支隊分道揚鑣，最後是隨河村少將的支隊往通宵而去。一路經通宵，8 月 20 日諸軍會合於大甲，24 日從大甲出發，26 日來到牛罵頭，29 日隨軍來到彰化。

（3）彰化受困於風暴與瘴癘

8 月 29 日，林彥明隨軍抵彰化後，10 月 10 日才又從彰化出南下，

---

[56] 《日清戰爭實記‧臺灣電報‧中港、後壠的攻擊》，第 37 編，頁 43。

[57] 《日清戰爭實記‧臺灣電報‧苗栗之攻擊》，第 37 編，頁 43-44。

[58] 《日清戰爭實記‧軍艦の應援》，第 39 編（1895 年 9 月 17 日），頁 15-20。

[59] 《日清戰爭實記‧大甲の鎮定》，第 39 編，頁 28-30。

[60] 《日清戰爭實記‧臺灣電報‧臺灣北部的戡定》，第 39 編，頁 35。

[61] 《日清戰爭實記‧臺灣電報‧臺灣北部的戡定》，第 39 編，頁 35。

為何在當地停留超過 1 個月？畢竟是隨軍行動，一切要以部隊戰情需要而定。

8 月 29 日，師團已停駐於彰化附近，並向臺中方向派出偵察隊，主要是等待後備部隊抵達，作為兵站線的換防，但是 9 月 3 日至 5 日 3 天遭遇颱風襲擊，河川暴漲，大湖口、新竹間橋樑沖毀，火車軌道受損不通，中港以南通訊完全不通，直到 10 日還無法得知各部隊人馬與位置。[62]

除了颱風延宕師團的行進外，連日陰雨不停，忽冷忽熱，在彰化的第一、第二野戰醫院，每天感染瘴氣的有 8、9 百人，凡感染者，服藥無效，經 4、5 小時全身發熱，就算是發燒也有多種，許多人先是感到寒冷刺骨，接著輕者發燒 39 度，重者 40 度，耳鳴、食不下嚥，並引發下痢。[63]

從軍僧林彥明隨軍行動亦在彰化一待超過 1 個月，可能是忙於軍中慰問，或許自己也感染病毒亦未可知，因此，近衛師團各支隊士兵在彰化以颱風受困為始，受病毒感染為終，延宕了南進的行程。

（4）繼續南下

在彰化以北完全攻克之後，「南征軍」超過 4 萬人兵分三路，近衛師團走陸路從北東方向入臺南，第二師團第三旅團走海路，從臺南南方的枋寮登陸，第四旅團亦走海路，從嘉義沿岸的布袋嘴上岸。[64]

9 月 29 日，北白川宮能久親王在彰化師團司令部下達「南進計劃令」，師團右側支隊掃蕩西螺抗日軍，左側支隊掃蕩斗六方面抗日軍，步兵第三聯隊派出四個中隊分別往北斗、刺桐、他里霧（雲林斗南）、大莆林（嘉義大林）。[65]

---

[62] 《日清戰爭實記‧臺灣電報‧臺灣の暴風雨》，第 39 編，頁 37；《日清戰爭實記‧臺灣電報‧暴風雨被害》，第 40 編，頁 40。

[63] 《日清戰爭實記‧彰化の瘴癘》，第 42 編（1895 年 10 月 17 日），頁 7-9。

[64] 《日清戰爭實記‧近衛師團の南進》，第 43 編（1895 年 10 月 27 日），頁 1。

[65] 許佩賢譯，《攻臺見聞—風俗畫報臺灣征討圖繪》，頁 269。

10 月 3 日，北白川宮所率領的近衛師團出彰化城，經茄苳腳（彰化花壇鄉內）、金墩庄（彰化花壇鄉內），同日 11 時 30 分抵員林街，之後南行抵永靖街；4 日停駐該地；5 日占領北斗。[66]

林彥明的紀錄是 10 月 10 日才從彰化出發，而前述師團主隊已在 10 月 3 日出發，是因為其腳部受傷而延後出發。[67]而根據林彥明的隨軍行程為：彰化→員林→北斗→斯同（雲林刺桐）巷→大甫林（嘉義大林），與能久親王所率的師團步兵第三聯隊路線一致。

10 月 6 日，隨師團抵西螺、刺桐、樹仔腳（可能是刺桐饒平一帶）；10 月 7 日，抵土庫、他里霧及雲林；8 日，抵打貓（民雄）；9 日，隨師團攻擊嘉義並占領；10 日，師團前衛抵大茄冬仔（臺南後壁），派遣右側支隊至鹽水港。從 10 月 5 日攻占北斗起，至 9 日占領嘉義止，師團共有 68 人死傷，[68]林彥明隨行必然要從事傷兵慰問與亡者追悼儀式。

林彥明雖然隨師團前衛一度到大茄冬仔，但從其後續行程來看，他還是隨軍停駐於嘉義，等待第四旅團及乃木第二師團分從鹽水港與枋寮登陸一起向臺南進攻。[69]

近衛師團在嘉義停留 1 週，10 月 18 日從嘉義出發，抵店仔口，安溪寮（臺南後壁）；10 月 19 日從店仔口出發，經古期后（臺南後壁一帶）抵六甲宿營；10 月 20 日從六甲出發，隨師團往灣里（臺南善化）；10 月 21 日從灣里出發抵大目降（臺南新化），而右縱隊宿於距臺南四華里的城隍廟；10 月 22 日師團從三面向臺南進軍，隨後占領臺南，[70]林彥明隨軍入城。而近衛師團以超過 4 萬人的兵力傾全力欲與劉永福（1837-1917）的黑旗軍決一死戰，豈知 10 月 19 日劉永福已從臺南安平離臺。

自 10 月 22 日隨軍進入臺南之後，一直到 11 月 6 日，林彥明都在臺南地區從事軍中弘法、慰問傷病者時間長達半個月，停駐時間僅次於

[66] 許佩賢譯，《攻臺見聞—風俗畫報臺灣征討圖繪》，頁 271。

[67] 慧嚴法師根據《淨土教報》記載指出，林彥明是腳部受傷所致而延後出發時間。

[68] 《日清戰爭實記・臺灣電報・近衛師團の南進》，第 43 編，頁 26。

[69] 《日清戰爭實記・近衛師團臺南府に入る》，第 47 編（1895 年 12 月 7 日），頁 11。

[70] 《日清戰爭實記・近衛師團臺南府に入る》，第 47 編，頁 11-13。

彰化。原來，8 月 29 日，師團長北白川宮抵彰化後，也受瘴氣所染，體溫曾一度高達 40 度，終日臥病，10 月 21 日攻占臺南前，尤發燒 39 度 4，冒病召開作戰計畫，占領臺南當天還有 39 度，到了 29 日已呈病危狀況，決定回日本；11 月 4 日抵東京後即死亡。[71]

11 月 5 日，師團舉行「征臺役戰死病殘者大追悼會」，想必和師團長北白川宮之死有關。此追悼大會不會僅淨土宗林彥明 1 人，至少還有真宗西本願寺派的長尾雲龍與會，但具體的從軍僧及布教師有多少人無資料可供佐證，而當天參與追悼大會者，包括總督樺山資紀在內共有超過 1 萬人以上，報導如下：

> 近衛兵入臺灣者，前後共一萬餘，與敵戰鬥大小六十餘戰，亡客家賊，追劉（永福）賊，孤軍長驅直入臺南城，其時將士實不過三千有餘，彼等大半死於槍彈或疫癘，彼等失其友，其中失隊長，亡其參謀，失其聯隊長，失其旅團長而入城，彼等病僂身軀，身穿褪色軍服牽瘦馬入臺南。凡見此者誰眼中無一滴淚？況至第二師團入臺南城，亦死傷不少，於是明治二十八年十一月五日於臺南城郊設大壇，以清酌庶饈為戰死者舉行祭典。列席奠祭有總督以下約萬餘人，壇之正面立著書寫著「征臺役戰死者靈」的木柱，周圍飄揚著戰友所獻納的大小旗幟數百面⋯⋯早上七點，紅帽、黃帽各隊陸續抵達會場，近衛在左，第二師團在右，各隊整齊排列，總督以下文武百官亦相繼來到。壇前神官及僧侶著金襴衣入席⋯⋯過早上九點來到預定時刻，首先由神官舉行儀式，朗讀祭文，接著由僧侶朗讀祭文，禮畢，樺山總督進壇朗讀以下祭文⋯⋯。[72]

淨土宗從軍僧佐藤大道、橋本定幢在近衛師團占領臺南後，於 11 月 7 日來到當地，並去訪問林彥明，之後繼承林的任務，以南部為中心隨軍布教。[73]與佐藤大道、橋本定幢任務交接後，11 月 11 日，林彥明

---

[71]　《日清戰爭實記・近衛師團臺南府に入る》，第 47 編，頁 13。

[72]　《日清戰爭實記・臺南の招魂祭》，第 47 編，頁 27-28。

[73]　日・松金公正，〈關於日據初期日本佛教從軍佈教使的活動——以淨土宗佈教使橋本定幢〈再渡日誌〉為例〉，《圓光佛學學報》，第 3 期（1999 年 2 月），頁 388。

來到阿公店，12 日來到打狗港，13 日從打狗港回日本，18 日抵廣島。

　　關於林彥明自 1895 年 5 月 23 日至 11 月 13 日從軍行程，雖然學者松金公正在〈關於日據初期日本佛教從軍佈教使的活動—以淨土宗佈教使橋本定幢〈再渡日誌〉為例〉一文中已有概略載明，但是，其隨軍的具體行程與動向，甚至是部隊的番號不為人知，透過《日清戰爭實記》各編，有效地解析了部分的情況。以下表 3 是重理林彥明隨軍的可能動向。

表 3　淨土宗林彥明隨軍可能動向

日期	動向
7 月 29 日	從臺北隨近衛師團司令部出發，下午抵桃園
7 月 30 日	從桃園出發，下午 1 點抵中壢兵站部
8 月 2 日	隨近衛步兵第四聯隊第二大隊與山根支隊呼應，攻擊大湖口東邊的新埔
8 月 3 日	從新埔出發到新竹
8 月 6 日	隨伊崎少佐支隊攻擊管府坑及金山面附近，或隨山根支隊前進北埔
8 月 7 日	執行伊崎少佐支隊第七中隊長新谷德平中尉戰死法會
8 月 8 日	近衛師團三支隊即河村少將所指揮的右翼隊、內藤大佐的左翼隊，以及山根支隊開始掃蕩新竹附近的抗日軍，林彥明極可能加入河村少將的右翼隊
8 月 9 日	隨河村少將率領的右翼諸隊前進後壟，並占領中港、後壟，並停留在後壟
8 月 15 日	隨河村支隊往通宵
8 月 20 日	隨軍到大甲
8 月 26 日	隨本隊抵大肚溪及牛罵頭（清水）
8 月 29-10 月 2 日	抵彰化，10 月 3~5 日因暴風雨，後引發瘴癘，士兵染病眾多，隨軍停留於彰化
10 月 3 日	隨北白川宮所率領的近衛師團出彰化城
10 月 4 日	抵永靖
10 月 5 日	抵北斗
10 月 6 日	抵西螺、刺桐、樹仔腳（可能是刺桐、饒平一帶）

10 月 7 日	抵土庫
10 月 8 日	抵打貓（嘉義民雄）
10 月 9 日	抵嘉義，隨師團前衛一度到大茄冬仔
10 月 10-17 日	隨師團前衛抵大茄冬仔，後停留嘉義一週
10 月 18 日	從嘉義出發，抵店仔口（安溪寮）
10 月 19 日	從店仔口出發，經古期后（臺南後壁一帶）抵六甲宿營
10 月 20 日	從六甲出發，隨師團往灣里（臺南善化）
10 月 21 日	從灣里出發抵大目降（臺南新化），而右縱隊宿於距臺南 4 華里的城隍廟
10 月 22 日-11 月 4 日	師團從三面向臺南進軍，隨後占領臺南，在臺南軍中弘法、慰問傷病者
11 月 5 日	征臺役戰死病殘者大追悼會
11 月 11 日	隨軍至阿公店
11 月 12 日	隨軍到打狗（高雄）港
11 月 13 日	從打狗港回日本
11 月 18 日	抵廣島

資料來源：綜合上述

五、結語

　　1895 年 3 月之後，先是隸屬近衛師團的比志島混成先遣支隊攻占澎湖，西本願寺從軍僧下間鳳城、名和淵海從屬比志島支隊，於登陸後不久，下間即病逝於馬公，最後感染瘴癘而死亡的士兵超過千人以上，當同年 9 月曹洞宗從軍僧佐佐木珍龍赴澎湖布教慰問時記錄下當時的慘狀。不久，為了慰靈，官方在當地建立千人塚。

　　乙未割臺之戰，臺灣民眾不分南北群起抗日，倉促成軍的客家義軍，以及黑旗軍、清軍，以落後的武器前仆後繼，留下可歌可泣的抗日血淚史。

　　日本佛教各宗從軍僧來臺人數到底有多少，其從軍情況皆難以窺

知，雖淨土宗林彥明有留下在臺行軍路線紀錄，但僅是概略的日期與地點，究其因恐是軍事行動屬於軍事秘密，故無法詳實報導之故。但從以《日清戰爭實記》各編為主的戰報在標榜征臺戰功之際，也透露了部隊在南北的動向與遭遇，再配合林彥明的行軍路線紀錄，稍可還原林彥明一路隨軍的路徑與任務。

透過《日清戰爭實記》各編與林彥明的行軍路線紀錄對照，有以下幾點發現：

1.師團8月29日攻占彰化後，一直到10月3日才又往南攻掠，在彰化竟然待了30餘天，本文研究發現，原來在等待後備部隊抵達，作為兵站線換防之際，先是在9月3日至5日3天遭遇颱風襲擊，交通及通訊完全中斷，加上入城的士兵感染瘴氣，每天發病者高達8、9百人，颱風及病毒感染，延宕了南進的行程。

2.近衛師團兵分三路，傾全力要與5千黑旗軍主力在臺南決一死戰，但因劉永福在攻城的前2日（10月19日）即逃返大陸，日軍幾乎兵不刃血即占領臺南城。而師團長北白川宮在彰化即感染瘴氣，一路拖著病體指揮作戰，最後10月29日決定回日本治療，但11月4日抵日後不久即死亡。[74] 11月5日，師團隨即舉行「征臺役戰死病殘者大追悼會」，與北白川宮之死有某種巧合。

當然，《日清戰爭實記》對於從軍僧的紀錄甚少，若有記載也是簡單帶過，雖然松金公正大作，將橋本定幢從軍日記〈再渡日誌〉全文披露，但是，此〈再渡日誌〉是日軍幾乎已完全攻占臺灣後，橋本以北部為主的布教慰問過程，其紀錄是從1896年1月25日起至6月30日，不是像林彥明是戰鬥中的從軍紀錄。

臺灣佛教在日本殖民臺灣伊始即備受歧視，日僧一直目臺僧素質「低落」、「無知無識」，但臺僧在乙未抗日中卻表現的令人肅然起敬。據橋本定幢1896年2月24日〈再渡日誌〉記載：「這次的匪徒（按：抗日軍）掃蕩，這些基督教徒也大力幫忙，安撫居民。相反

---

[74] 有關北白川宮之死，臺灣盛傳其是死於臺南，而非回到日本才死亡，感謝陳梅卿老師提醒。

的，有些佛教徒反而跟土匪一丘之貉，因此，和尚等於是供給匪徒糧食，以及補充軍隊資源的人。」[75]從這裡看到，臺灣佛教徒並未缺席乙未抗日。

　　無論從隨軍布教僧或是日後來臺的各宗日僧，他們對於臺灣佛教的蔑視實無以復加。而從軍布教，特別是 1895 年至 1896 年 6 月情況隱晦不明，要瞭解該時期，甚至是甲午戰爭的從軍僧角色，其實需要更多的史料。而從軍僧的任務與角色，隨著日本擴張主義下引發的戰爭而有所不同，其在東亞的演變史是甲午戰爭（1894）→日俄戰爭（1904）→九一八事變（1931）→七七事變（1937），本文僅就乙未割臺之役的初步嘗試。

---

[75] 日・松金公正，〈關於日據初期日本佛教從軍佈教使的活動——以淨土宗佈教使橋本定幢〈再渡日誌〉為例〉，《圓光佛學學報》，第 3 期，頁 390-391。

殖民初期日僧來臺轉赴福建的活動——
以臨濟宗與真宗東本願寺派的「廈門事件」為例

一、臨濟宗的來臺與大龍峒保安宮

　　根據《鎮南山緣起》的記載，日本臨濟宗最早來臺的是細野南岳，時間是明治 30（1897）年初，他原是日本安東縣鎮江山臨濟禪寺的住持。來臺後自感獨力難支在臺布教事業，乃於同年的初夏又回到日本尋找志同道合的伙伴，第一次來臺僅停留半年。細野南岳第二次來臺是在明治 30 年的冬天，原本成功聯絡到大德寺派管長見性宗般（松雲）禪師，預計同年的 12 月來臺，但後因與所住持寺院的法務重疊，欲暫緩一、二年，故未能來臺。等待未果的細野南岳只好再回日本找尋有緣的大德，這次接觸到的是足利天應禪師，他於是在明治 31（1898）年的早春來臺。他們先是賃居在北投的虞兆庵內，並有意開山建寺。[1]

　　值得注意的是，細野南岳雖說是賃居北投，但他卻至少在大龍峒保安宮住了一個月以上，時間是 1898 年的 1 月 1 日起。他所留下來的日記是寫著「臺北府大龍洞保安禪寺留錫」。[2]此時的保安宮極可能在思考（或已）由原本加盟曹洞宗轉為臨濟宗。大龍峒保安宮是在明治 29（1896）年 3 月 13 日加入日本曹洞宗派下，同時加盟曹洞宗的 14 座寺廟分別是，艋舺龍山寺、艋舺祖師廟、淡水福祐宮、（士林）芝山巖、（士林）劍潭古寺、海山口慈祐宮、板橋接雲寺、慈惠宮、海山口王爺宮、地藏庵、武聖廟、國王廟、后庄五谷先帝廟。[3]

　　初來乍到的日本佛教宗派到處吸收本土寺廟加盟，雖然看似頗有成

1　日‧松本無住，〈鎮南山緣起〉，《鎮南紀念帖》，（臺北：鎮南山護國臨濟禪寺，1913），頁 3-6。

2　日‧細野南岳，〈明治三十一年の手記〉，《圓通》（1930 年 7 月），頁 33。

3　溫國良（編譯），〈臺北縣艋舺龍山寺等十四寺為曹洞宗附屬之申報書〉{卷 000 三三\件一}，《臺灣總督府公文類纂宗教史料彙編》，（南投：省文獻會，1999 年），頁 1-2。另參見廖武治監修，《新修大龍峒保安宮志》，（臺北：保安宮，2005 年），頁 44。

績，但其實這並沒有實質的約束力，彼此也沒有權利義務關係。這可以從加盟自由進出的情況得知，例如上述在 1896 年 3 月加盟曹洞宗的板橋慈惠宮，在 1898 年 5 月 4 日就轉申請加盟真宗本願寺派本願寺（西本願寺派）。[4]可能是由於日本佛教各宗在爭取本土寺廟加盟太無章法，在 1898 年的 5 月 10 日，地方長官向總督發出請示文件：

> 有關本島舊有之寺廟成為內地各寺之分寺乙案，各縣廳有陸續呈報上來之情形。本島寺廟雖大多祭祀賢士、功臣等，惟若任意使之成為寺院，則可謂處置不當。縱然使其稱為某某分寺，充其量亦僅在於揭櫫其成為某分寺之標誌而已。其實舊有之寺廟大多不具寺院之體裁，本案畢竟係從事布教之輩，因某方面之競爭所產生之弊端。對於此等不妥之情形，在於另行制定某種法規之前，有關此等寺廟成為分寺乙案，則當予禁止，可否？謹此擬具內訓案，敬請核示。[5]

約一週後（5 月 18 日），總督府的回答是「有關本島舊有寺廟成為內地各寺之分寺案，各縣廳往往有呈報不窮之情形。經本府審議，嗣後關於此等成為分寺案，暫時一概不予許可，希照辦。」[6]

不過，保安宮轉加盟臨濟宗，可從兩個方向思考，首先是地緣關係，保安宮離後來臨濟宗在臺最高布教中心臨濟寺甚近；其次，臨濟寺的建立與第四任總督兒玉源太郎（任期：1898-1906）有密切的關係，故《臺灣佛教名蹟寶鑑》就說：「鎮南山臨濟護國禪寺當時是臺灣總督陸軍大將兒玉源太郎將軍開基」。[7]臨濟寺是在明治 33（1900）年 7 月建成，名曰「圓山精舍」又稱「鎮南精舍」，這就是鎮南山臨濟護國禪寺的前身，[8]不僅如此，兒玉源太郎（1852-1906）還皈依臨濟宗首任在臺布教總監得庵（梅

4　溫國良（編譯），〈臺北縣轄下之慈惠宮成為本願寺之分寺案〉{卷 000 二九\件一 0}，《臺灣總督府公文類纂宗教史料彙編》，頁 20。

5　溫國良（編譯），〈本島舊有之寺廟禁止成為內地寺院之分寺案——內訓第一八號〉{卷 000 二四八\件四一}，《臺灣總督府公文類纂宗教史料彙編》，頁 179。

6　溫國良（編譯），〈本島舊有之寺廟禁止成為內地寺院之分寺案——內訓第一八號〉{卷 000 二四八\件四一}，《臺灣總督府公文類纂宗教史料彙編》，頁 179。

7　施德昌，《臺灣佛教名蹟寶鑑》，（臺中：民德寫真館，1941），無頁碼。

8　日·松本無住，〈鎮南山緣起〉，黃葉秋（編），《鎮南寫真帖》，頁 46-53。

山）玄秀（1858-1920）。[9]因此，藉由兒玉的皈依臨濟宗派下，不只是保安宮，其他的寺廟一舉轉加盟是可能的。

保安宮由曹洞宗轉臨濟宗後來是已確定的事實，像臨濟宗第八任在臺布教總監高林玄寶（1875-1961），在昭和 7（1932）年 5 月來臺就任後，保安宮早就是屬臨濟宗的布教所之一。[10]

臨濟宗在臺的開教，細野南岳是個值得注意的人物，除了前述他曾卓錫在保安宮內，後來他曾在明治 32（1899）年轉到福州鼓山湧泉寺「活動」，正是臨濟宗與兒玉總督推動的華南政策之一，後經民政長官後藤新平（1857-1929）定案的結果。

二、細野南岳與「廈門事件」

日本政府在甲午戰爭擊敗滿清取得臺灣之後，並不以此為滿足，當清光緒 24 年（1898）3 月，德國強租膠州灣；俄國強租旅順、大連；英國強租威海衛及要滿清承認長江流域為其勢力範圍；法國強租廣州灣，並要清廷承認廣東、廣西、雲南不得割讓他國。日本在這種情況下，便向清廷提出「福建不割讓」的要求。在列強瓜分中國的局勢漸明下，日本駐北京公使矢野文雄向政府建議：「當今情勢既如此，我國亦該為預防他國之威脅領土及將來之保留地於東亞大陸起見，應要求中國將接近我領土之地區，大者可有迫近臺灣之福建、浙江各省之半部；小者可有三沙灣。」[11]1898 年 4 月 15 日，外務大臣西德二郎向矢野發出訓令，要他向清廷提出以下的口述書：

> 日本帝國政府對於清國皇帝陛下之政府，最近所遭遇之困難，始終表示深切之同情；威海衛駐軍（日軍）的撤出，正如帝國（日本）政府前所宣言，其意不外乎減少清廷之累贅。但，若因此而

9　施德昌，《臺灣佛教名蹟寶鑑》，無頁碼。

10　關正宗，〈殖民後期日本臨濟宗的在臺布教——以第八任總監高林玄寶的《布教監督巡教日誌》為中心〉，2006 年 5 月 13-14 日（現代佛教學會年會）。

11　《日本外交文書》第 31 卷第 1 冊 428 件。轉引自梁華璜，〈臺灣總督的福建政策〉，《臺灣總督府的「對岸」政策研究》，（臺北：稻鄉出版社，2005），頁 53。

忽略日本之地位及利益，究非帝國政府所能接受，故為對付目前
之局勢，日本國皇帝陛下之政府不得已對清國皇帝陛下之政府，
要求正式保證：福建省之任何地方不能割讓或租予他國。

閣下在提出本口述書時，必須說明：帝國政府雖希望清政府正式
答覆，然為清國計，不特別指定答覆之日期。並曰：帝國政府提
出上述要求之另外理由，不僅為保障中國版圖之完整，並且可保
全日本國之新領土（臺灣）。[12]

訓令日本駐北京大使向清廷提出福建「不能割讓或租予他國」的要
求，正是第四任臺灣總督兒玉初上台一個多月的時間，可以推定日本政
府的政策，將是臺灣總督必須執行的政策，根據學者梁華璜的研究，在
明治 33（1900）年 8 月「廈門事件」的暗中策動者正是兒玉、後藤（新
平）。

其實早在第二任臺灣總督桂太郎就任並巡視華南沿岸時寫下的〈意
見書〉就說到：「臺灣的設施經營不能單單止於臺灣境域，應該有更大
的對外進取策略」、「過去單獨維持日本海的安全，而國威雖未失墜，但
將來要更進逼到中國海，與南清（華南）沿岸緊接，交通南洋列島，以
臺澎之地利，據以大採國勢延伸之策」，因此「緊密與廈門開始交通，
保持福建一帶地方之潛勢」。[13]「強硬派」的兒玉總督，後來的所作所為
的就是延伸國家既定政策。

第四任臺灣總督兒玉源太郎與民政長官後藤新平的體制，在臺灣殖
民初期是一個非常組合，兒玉、後藤其實是努力貫徹帝國主義勢力於福
建的人物，如果再與臨濟宗（或其他宗派）對政治熱衷的僧侶相結合，
或許可以利用宗教對將福建劃入勢力範圍有所幫助。

---

[12] 《日本外交文書》第 31 卷第 1 冊 432 件。轉引自梁華璜，〈臺灣總督的福建政策〉，《臺
灣總督府的「對岸」政策研究》，頁 53-54。

[13] 日・中村孝志，〈台湾と「南支・南洋」〉，《日本の南方關与と臺灣》，（奈良：天理教
道友社，1988），頁 6。

（一）細野南岳在鼓山湧泉寺

因為兒玉、後藤是佔領福建的強硬派，是故以兒玉為首的「南進」策略中，吸收人員在福建「工作」就成為必要之舉。兒玉自明治31（1898）年 2 月底繼任日本殖民臺灣的第四任總督起，就暗中為出兵福建而布局，而其中被吸收的是與他「理念」相合的臨濟宗僧侶，甚至是淨土真宗的僧侶。這或許可以解釋，兒玉總督為什麼會對臨濟宗妙心寺派情有獨鍾，不僅幫助它在臺開山建寺，後來還皈依在該宗首任布教總監得庵玄秀的座下。

臨濟宗僧侶細野南岳在明治32（1899）年 6 月 15 日與足利天應、松本無住從淡水出發前往廈門，就在出之前，他們三人曾去面謁兒玉總督，並獲 3 百圓旅費，[14]可見兒玉與臨濟宗有特殊關係，而這種特殊關係的建立或許是構築在「理念」上，例如細野與松本一行談到福建視察所抱持的目的是：

> 決不能單純考量建立像平常一樣的寺院來弘布教法，在日清戰役（按：甲午戰爭）後成為我新版圖的臺灣，與華南一衣帶水，臺灣海峽處在吾軍事要衝上，故要守衛單靠軍備是不行的，至少裡面必須有宗教力量，這是第一目的；其次，中國南方是吾佛教中禪宗的發源地，正如我國所迎來的是其末流，然末流滾滾不盡，發源地的佛教卻像是枯竭了，這不應是禪僧沈默以對的現象，而臺灣不用說，甚至在中國南方，特派我禪門大德，大樹法幢，擂打法鼓，以彼我相應，大力交流，將我大乘佛教來個反輸入，這是第二目的。[15]

正是這種「理念」，讓兒玉總督似乎有了著力點。這次廈門之行，細野南岳決定留在南普陀寺「視察民情」，並沒有跟足利天應、松本無

---

[14] 日・松本無住，〈鎮南山緣起〉，黃葉秋（編），《鎮南寫真帖》，頁 12-14。

[15] 日・村田何休，〈創業的人，守成的人〉，《正法輪》第 324 號（1914 年），轉譯自胎中千鶴，〈日本統治期台湾における臨済宗妙心寺派の活動――1920-30 年代を中心－〉，《台湾史研究》第 16 號（1998 年 10 月），頁 3-4。

住前往廣東、福建、浙江、江蘇等地名山古剎參訪。[16]細野南岳最初是
擬留在廈門的南普陀寺,後來為什麼會轉往福州鼓山?其中可能有兩個
因素,一是松本無住在結束華南的巡視之後向兒玉總督的建議的結果
(詳後);其次,當時廈門已有東本願寺僧在那裡活動。

　　當明治 33(1900)年 4 月 1 日至 25 日,民政長官後藤新平赴廈門、
福州、漳州等地巡視「推行帝國(日本)南進政策的鋪路工作」時,[17]細
野南岳在數月前已被奉派進駐鼓山湧泉寺,並接受臺灣總督府的資助,
同年 4 月 30 日福州領事豐島捨松向外務大臣青木周藏的報告說:

> 由總督府支付給留錫在當地鼓山湧泉寺的本國禪宗僧細野南岳
> 津貼一千圓。該湧泉寺是當地唯一的大寺院,後藤長官在數月前
> 已令僧南岳進駐該寺。該寺欲置於本國僧侶控制下之策略,非一
> 朝一夕可成功。[18]

　　由總督府每年支付臨濟宗僧侶細野南岳一千圓,是當初松本無住巡
視華南回臺後兒玉總督的承諾,雖說是有將日本佛教「反輸入」之想法,
但僧侶支領政府津貼無疑是必須為政府工作,其工作目的就是有朝一日
將鼓山湧泉寺「置於日本佛教控制之下」,但如果沒有兒玉總督的冒進
行為,功虧一簣,或許鼓山湧泉寺最終將成囊中物。後藤新平巡視福建
的 4 個月後,藉由東本願寺大火製造出派兵的「廈門事件」,欲一舉將
福建置於日本佔領之下。「廈門事件」後的同年 12 月下旬,細野南岳回
日本途中到廈門等船,還發生疑似在旅館內叫女陪宿的醜聞。[19]

(二)東本願寺大火與「廈門事件」

　　1900 年 8 月 21 日,將「北守南進」當作是「國是」的日本山縣有

---

[16] 日・松本無住,〈鎮南山緣起〉,黃葉秋(編),《鎮南寫真帖》,頁 14-15。

[17] 《後藤新平》第 2 卷,轉引自梁華璜,〈日本帝國主義與廈門事件〉,《臺灣總督府的「對
岸」政策研究》,頁 76。

[18] 日本外務省外交史料館收藏,〈後藤臺灣民政長官清國廈門及福州地方へ出張一件〉,(明
治 33 年 4 月)。

[19] 《臺灣日日新報》1900 年 12 月 27 日,5 版。

朋（1838-1922）首相，趁著歐美列強處理義和團事件（日本稱為「北
清事變」）時，提出「北清事變善後策」表示：

> 對我邦中國的關係在貿易而非侵略，在保全而非分割，昔福建的
> 不割讓要求，畢竟只是在保持與各國之均衡，以維持東亞之和
> 平，故這次所講的善後政策當亦宜期貫徹此目的，福建之外更要
> 加入浙江為我勢力區域，果其然，則將來與臺灣成為犄角之勢
> 力，在平時作為中國內地貿易工業的根據地，一旦有事，可扼東
> 亞之咽喉，得以制敵之侵攻。……為保全我南方門戶之經營，發
> 達工商業，非佔領福建、浙江之要地不可。[20]

　　內閣決議對滿清唯一不割讓之地的福建廈門出兵，而其中兒玉、後
藤就是佔領福建的強硬論者。[21]在兒玉過世後，友人在追憶有關他出兵
廈門前後的情況表示：

> 他見到明治三十三年發生的團匪事件餘波，在廈門成為排日兇亂
> 的餘波胚胎。蓋在北清（華北），既可見到像猖獗的義和團橫行，
> 情勢激烈之處，不數日其災禍所及，南清（華南）不保，而與我
> 臺灣關係最深的對岸福建，是依明治三十年的協定，清國政府對
> 列強宣佈不割讓意義深重的地區，露骨地說，這裡作為日本的勢
> 力範圍，進入了兒玉總督的時代後，特別刻意開發其土，或是開
> 設學堂教養子弟，或是設立本願寺布教所，督促教化住民等政策
> 之執行。
>
> 然一朝北清事變起，廈門也漸呈騷亂之兆，排日的氣勢愈加升
> 高，最後發生一群無賴把本願寺燒毀的暴行。於是一見機會來
> 到，就出兵廈門，忽然送來了實現的機運，快速地派遣臺灣第一
> 旅團，那時候還把進入基隆的商船、郵船連同軍用船悉數徵用，
> 幾千士兵踴躍踏上征途，三軍之士氣已有未蹈其地先吞其土的氣
> 慨。我後藤長官此時已經渡航到目的地，發揮策劃縱橫的快腕。

---

[20] 日・安岡昭男，〈明治期日中軍事交涉上の琉球、臺灣、福建〉，《中國福建省琉球列島交
　　涉史の研究》，（東京：第一書房，1995年），頁246。
[21] 高蘭，〈日清戰後の対清国経済進出構想――伊藤博文を中心〉，《日本歷史》593期（1997
　　年10月），頁57。

我臺灣的情勢一如預期，然此大事件決行的一瞬間，廟堂的議論
忽一變，今朝在基隆碼頭歡送出兵壯舉的人，接到中央政府急電
南清暫停出兵撤回的命令。跟在藤園將軍（按：兒玉源太郎）身
邊二十年之久的人，看到將軍不止流淚兩次……。接到電報的將
軍，暫不動身，沈默思考、感慨無限…現在在將軍的心中，為了
作為新領土總督的威信，有斷然辭職的大決定。
而在對岸廈門心急如焚卻睥睨風雲徂徠的後藤長官，接到此意外
的通報，就匆匆忙忙搭乘軍艦回臺。
至此，時山縣內閣就不用說，明治天皇御身也非常煩惱，此種場
合無論如何卻沒有打算更動兒玉的地位，以不曾有之破格，親自
接見後藤長官，並下令不准辭職。後藤伯受明治大帝另眼相看蓋
始於此，爾來（角色）益發重要，姑不論其在朝，作為國家的重
臣，在他死去的今天「獲得前任官員始無前例的優渥，頒下命令
書，賜下幣帛祭粢料真榊」……。[22]

從這裡可以看出兩件事，首先，兒玉可能是東本願寺焚燬的可能幕
後策劃人，他是有計畫利用僧侶在福建活動，並藉機派兵登陸廈門；其
次，因為兒玉的行動魯莽而壞了日本政府布局的大事，所以才會被批評
說「臺灣總督冒進的福建佔領計畫，頓成泡影」。[23]事後兒玉並沒有受到
懲處，可見佔領福建始終是日本政府的東亞政策之一。

兒玉之所以選擇東本願寺僧侶作為事端的製造者，或許有某些考
量，首先，東本願寺僧侶是第一個進入中國大陸傳教的日本佛教宗派，
時間是在明治 6（1873）年，布教師為小栗棲香頂（1831-1905），他們
對中國佛教界的關心比起其他宗派更深，其認為，中國佛教之不振是因
為中國佛教界的腐敗墮落，真宗（東本願寺）在中國布教可以讓中國佛
教界「甦醒」。另一方面，由於日本佛教是源於中國，真宗開山祖師親
鸞是以中國佛教的曇鸞、道綽、善導三大師為思想之師，故在中國大陸

[22] 日·小松吉久，〈憶後藤棲霞伯〉，《圓通》第 98 號（1930 年 6 月 10 日），頁 14-16（原日文，筆者譯）。
[23] 高蘭，〈日清戦後の対清国経済進出構想——伊藤博文を中心〉，《日本歴史》593 期，頁 58。

傳教也是「報恩」；不過，明治初年日本國內的「廢佛毀釋」運動，佛教受到嚴重衝擊，真宗來到中國大陸也有挽救教勢的作用。[24]

　　雖然明治 7（1874）年 8 月，東本願寺布教所在上海設立，但因種種原因，又在明治 14（1881）年撤除，直到 1885 年 11 月，才又在上海設立「支那國布教掛」，雖然恢復上海別院的名稱，但是布教對象僅限於日本僑民，隨著甲午戰爭（1895）日本獲勝，才又恢復對中國大陸早已陷入停頓狀態的布教活動。明治 32（1899）年 2 月在東本願寺上海別院設立「清國開教本部」，一方面在華中、華南建立傳教據點，其中因為福建與臺灣的地緣關係，早在明治 31 年 7 月就在廈門建寺。[25]因為兒玉是在明治 31 年 2 月就任第四任臺灣總督，前述提到兒玉曾「設立本願寺布教所」，說不定就是指「廈門建寺」一事。或許是東本願寺有上述的「條件」，所以才會成為日本帝國勢力覬覦福建拉攏的對象。

　　廈門的東本願寺被縱火是出於兒玉總督、後藤民政長官之指示，[26]是欲藉著製造事端，並以保護僑民的口實出兵，例如 1900 年 8 月 14 日海軍大臣派發電報給在廈門的和泉艦長齋藤孝治大佐的電訓第 211 號就說：「又廈門地方有不穩的狀況或乘其他的機會，與同駐在地帝國（日本）領事協議，以保護居留帝國臣民的口實，致力讓若干兵員登陸，注意勿躊躇以失機會。」[27]

　　承繼第二任臺灣總督桂太郎「以臺灣為立足地，從廈門之港將我勢力注入南清」，兒玉、新平體制的布局是，在廈門開設臺灣銀行分行、設立東亞學院、在廈門、泉州設東本願寺、在廈門設西本願寺，在漳州設分院，華南的布教總監為高誓松和尚」。[28]而高誓松就是 1900 年 8 月 24 日疑似放火燒毀廈門東本願寺布教所，嫁禍給「中國暴民」的人，而停留在當地的日艦和泉號陸戰隊立即在廈門登陸。事實上，東本願寺

24 日・佐藤三郎，《近代日中交涉史の研究》，（東京：吉川弘文館，1984），頁 222。

25 日・佐藤三郎，《近代日中交涉史の研究》，頁 236-237。

26 梁華璜，〈日本帝國主義與廈門事件〉，《臺灣總督府的「對岸」政策研究》。

27 日・斎藤聖二，〈廈門事件再考〉，《日本史研究》第 305 期（1988 年 1 月），頁 32。

28 日・安岡昭男，〈明治期日中軍事交涉上の琉球、臺灣、福建〉，《中国福建省琉球列島交涉史の研究》，頁 245。

僧高松誓最早是大谷派來臺之布教師，明治 29（1896）年秋，東本願寺決定在臺北、彰化、臺南開設分院，高松誓就是被派到彰化分院的布教師。他的傳教以普及皇恩為第一，獲得兒玉源太郎的賞識，兒玉於1898 年繼任總督之後，高松誓時為其施政獻策，而傳利用火燒廈門東本願寺出兵的正是高松誓。高松誓是福岡人，法號釋雲清院知海，為真宗大谷派本願寺住持國友慧默的第五子，因入桑門高松氏繼承其家，故改名高松。[29]

　　廈門東本願寺布教所被焚另有幾個疑點指向高松誓和尚：一來高松誓是該布教所的僧侶（代理主任）；二來高松誓為「華南布教總監」；第三，東本願寺布教所大火約前一週即 8 月 18 日，高松誓以東本願寺布教所代理主任的身份收受來自臺灣總督府民政長官後藤新平 600 圓的費用。[30]而另根據梁華璜及日本學者多人的研究指出三點：

　　（1）8 月 24 日凌晨一時廈門東本願寺布教所發生火災的前一天，陸軍大臣桂太郎即令兒玉，若接獲和泉號艦長求援，要從臺灣調兵前往。當本願寺起火時和泉、高千穗兩艦即進入戰備，臺灣方面的陸軍亦陸續起航。可見是有計畫的安排。

　　（2）本願寺起火後，日本領事及警察皆未到現場查證，只是忙於引導日軍登陸。

　　（3）災後，福州的中國官民之間盛傳廈門本願寺被焚前二、三天，日僧早已將該寺一切器具搬移他處。[31]而事後日本自己的說法是：

> 廈門山仔頂本邦真宗大谷派教堂，於本月廿三日係清□七月廿九日夜無端被匪人縱火并搶劫，左右鄰居地方文武官馳往救援無及等情已誌本報。據教師云，更是夜三更後忽有人在民前叫鬧，即施放洋槍堂中之人驚懼……火滅四壁徒然，成因照會提出，請為查拏匪類，議復教堂，旋有闌匪造謠謂，係教堂中燃燈失慎所致，

---

[29] 許介鱗，〈日本佛教團體如何為戰爭效勞〉，「許介鱗論說」網站
（http://www.japanresearch.org.tw/Column/Column_Hsu_006.html，2006.7.5 瀏覽）。

[30] 日‧斎藤聖二，〈廈門事件再考〉，《日本史研究》第 305 期，頁 37。

[31] 梁華璜，〈日本帝國主義與廈門事件〉，《臺灣總督府的「對岸」政策研究》，頁 89-94。

又云臺匪渡廈所□大火因□不肯認賠等語，此皆無端揣度之言。
□次夜本部巷有富家陳某復被匪搶，所失贓物價值三千餘金。二
十五日□而謠言四起，商民僉稟領事上野君，由高千穗、和泉兩
兵艦調兵登岸，駐紮東亞書院，直至鎮□街港仔所有本邦商店分
兵日夜□巡以資保衛。[32]

　　也就是說當時東本願寺失火一事，地方上至少有兩種說法，一是寺
中用火不慎；一是與臺灣籍民有關。但是，日方卻全盤否認，畢竟若這
兩點屬實，則完全與清廷無關，日本當然沒有藉口出兵，故一口咬定是
「闖匪」故意縱火，經過「商民」向上野領事求告，日方才派兵登岸，
以保護日本商店。日方自己表示出兵決非偶然，其中所持的第一個理由
是：「廈門排外熱其由來甚深，眾人皆知，加之廈門失去管轄臺灣而不
能糊口的官吏（更不用說是滿清時代），以及（廈門為）游兵、紳士、
秀才與流匪之集合地，這些人始終說要收復臺灣以為糊口，並散佈種種
謠言以擾亂民心者眾多」；第二個理由是：「日本人比其他外國人有更特
殊的關係，目前在廈門的日本臣民大約有七白餘人，比起外國居民二白
餘人幾乎達三倍以上」；第三個理由是「（由於流匪等）處在像此不穩的
情況下，清朝官吏說要以什麼方法負起治安之責、常議官諭示如何，事
實上都不過是一紙空談」。[33]日本方面要說的是，廈門治安不好，流民甚
多，排外風氣很盛，而日方僑民眾多，日本出兵是為保護自己的權益。

　　這些冠冕堂皇的理由其實是掩人耳目，在戰略與殖民的考量下，日
本方面的思維是，福建位於臺灣正對面，若能佔領福建，則可以和臺灣
互補，扼守南進的戰略要地，有利日本帝國勢力的延伸，因此，利用北
京的義和團事件破壞外國宗教教堂會所可能蔓延的機會，泡製出類似的
宗教事件，而雀屏中選就是廈門的東本願寺布教所。例如在「廈門事件」
發生的前8天，即8月16日，日本廈門領事上野就通知廈門東本願寺，
可能會成為當地居民排斥的對象，更在兩天後的8月18日，通知有江

---

[32] 〈廈門近狀〉，《臺灣日日新報》（1900年9月2日），5版。
[33] 〈廈門陸戰隊上陸前後　上陸は偶然に非ず〉，《臺灣日日新報》（1900年9月2日），2
　　版。

西省、福建省汀州府與位於廈門西北 120 公里的龍巖州有某基督教教堂被焚燬，並預測教會破壞熱今後會日益擴大。到了 8 月 22 日，電報更說位於廈門西方 30 公里的漳州府已經受到波及了。總督府於是要廈門東本願寺要有成為「排外騷動」目標的準備，這都是為了製造派兵佔領廈門的有利藉口。[34]在東本願寺失火前後，日方的說法是：

> 排日熱潮熾盛，不只是廈門市街已無法自由交通，到處鼓吹排日熱由來已久。在發布高千穗入港後，情況已有些穩定。及北清事變的流言不斷在坊間流傳，危機更加迫切，廈門僑民惶惶不安，移居鼓浪嶼者亦不少。果然二十四日黎明之交大火突起，一把火將東本願寺焚毀，匪徒乘機徘徊⋯⋯領事命居廈門市之日本人（內地人）一起遷移鼓浪嶼。此時見清朝文武百官的態度，表面看似在從事安撫，內部卻在增加兵勇、砲台，且有東亞書院讓清軍進駐之議。東亞書院素來屬帝國領事直轄，故此際正待領事採取何種措施，忽焉我陸戰隊登陸，當時僑民歡呼不已，保持了帝國的威信，在保護所有人民生命財產安全上，而只高千穗、和泉兩艦的士兵尚有不足，此時吾儕最是感慨清朝文武官員的兩面手法，向彼等訴願根本上要負治安之責。[35]

日方把全部責任都推給了清廷，不斷強調排日熱危害日本僑民生命財產的安全，派兵登陸全是為了要保護之。

廈門東本願寺是在 8 月 24 日凌晨零時 30 分失火，1 時 15 分火就撲滅了，但是東本願寺一失火，上野廈門領事就立即通知停泊在廈門港的高千穗艦長，要他派兵登陸保護僑民。[36]這如果沒有充分準備，迅速出兵恐怕是辦不到的。

「廈門事件」之所以沒有成功佔領福建，主要的原因當然是英國的反對，當時的日本政要伊藤博文（1841-1909）對出兵廈門就警告表示：「今日的場合出兵南清，要避免突然與英國（衝突）釀禍，若爾，就會

---

[34] 日・斎藤聖二，〈廈門事件再考〉，《日本史研究》第 305 期，頁 37。

[35] 〈東本願寺の燒拂前後〉，《臺灣日日新報》（1900 年 9 月 2 日），2 版。

[36] 日・斎藤聖二，〈廈門事件再考〉，《日本史研究》第 305 期，頁 40。

負擾亂東洋和平之責，必定陷入受世界各國干涉之困境。」結果，看穿
日本心事的英國，以不惜軍事衝突要日本撤軍，同年 9 月 7 號英日兩國
一起撤軍。[37]其實由於列強的壓力，特別是英國，在 8 月 30 日，英艦入
廈門，60 位陸戰隊攜砲一門登岸屯駐警戒。在這樣的壓力下，到了 9
月 2 日，日本已經打算停止出兵了，但是他們一貫的說詞是為了保護自
己在廈門的 7 百僑民。[38]但卻不提來自英方為首的壓力，避重就輕地說：

> 日本兵現有登岸情事，當即確加密查始知係為保護三井洋行，□
> 非與地方百姓為難，但恐居民未悉情形□致□□滋事，□□請日
> 本領事立即撤兵回船以安民心，而免滋事外，□行示諭此示，即
> 閤廈軍民人等知悉。[39]

東本願寺僧侶被利用縱火以製造有利日本出兵的「廈門事件」，而
連同臨濟宗的僧侶也被派駐到福州的鼓山湧泉寺，意欲控制該寺，不可
忘記的是，他們都收受來自臺灣總督府的金錢，箇中原由頗耐人尋味。

（三）松本無住與足利天應的構想

1899 年 6 月中，接受兒玉總督贈送旅費到華南視察的細野南岳、
足利天應、松本無住三人，在細野南岳決定留在廈門南陀寺後，足利
天應、松本無住二人轉往浙江、江蘇、廣東等地，之後在同年的 9 月回
臺的第一件事就是向兒玉總督報告說：

> 為了要實行日清兩國同宗佛教徒的聯合，首先要讓適合的大德留
> 錫福州，以教化彼國的和尚們，在兩國教徒頻繁的往來下，慢慢
> 地獲取土豪紳董之歸信，配合一般民眾的願景，更進而成就宗教
> 上的同盟，果爾，則一方面可破除我內地（日本）叢林之無所事
> 事，回復祖門興隆之運，另一方面，兩國的人民以宗教信念增進
> 相互親交，以開拓我國是的進展，關於實行此目的，特別請閣下

---

[37] 高蘭，〈日清戰後の对清国経済進出構想――伊藤博文を中心〉，《日本歷史》593 期，頁
58。

[38] 〈出兵の中止を議す〉，《臺灣日日新報》（1900 年 9 月 2 日），1 版。

[39] 〈廈門近狀〉，《臺灣日日新報》（1900 年 9 月 2 日），5 版。

考量。[40]

聽完了松本無住的「建議」後，兒玉總督表示：

> 你再東歸遍訪內地叢林，在古寺山院物色，只管尋找其人，若得其人，首選兩三名英衲作為隨侍，茲組織教團，首先留錫福州從事（工作），若幸而可以實行之時，此教團乘船之費用及留錫彼地的菜油金，及養病巡錫等臨時之費用，在不超過年金一千二百圓的範圍內，可以隨時支付。此事在實行上不管好壞，必須要滿三年，若要繼續，經過三年之後，根據成果來決定存廢。……此後之事要與親如吾子的後藤長官商量。[41]

從上述兒玉總督的回答，我們終於知道細野南岳被從廈門派往福州鼓山湧泉寺並獲得一千圓的資助，正是當時兒玉對松本無住的承諾，而真正運作此事的就是民政長官後藤新平，時間是在 1900 年初，目的並不純粹是松本無住所言的「兩國的人民以宗教信念增進相互親交」，或許最終是欲「將鼓山湧泉寺置於日本佛教控制之下」的「開拓我國是的進展」。

松本無住獲得兒玉總督的承諾之後，他回到日本尋找「工作」僧侶，首先他找到了位於熊本見性寺的松雲禪師，但由於松雲法務繁忙，加上沒有意願，松本無住只好另覓他人，而原本在廈門南普陀寺的細野南岳也專程為此事回日本襄助，他們拜訪金地院的實全和尚，告以華南佛教現況云：「連同新領的臺灣，應可興隆我宗，時機漸成熟，當此時南清布教之實行，惟非僅是國家需要，亦是我佛陀之使命……」，當要求實全和尚來領導組織時，還是被婉拒了。[42]

松本無住與細野南岳四處尋覓臨濟宗派下合適僧侶並不順利，大約到了 1899 年的 11 月下旬，在峨山禪師的提議下，臨濟宗十本山的管長終於在洛東（京都）建仁寺為「支那布教開始」召開會議，與會者是建

---

[40] 日・松本無住，〈鎮南山緣起〉，黃葉秋（編），《鎮南寫真帖》，頁 21（原日文，筆者譯，以下同）。

[41] 日・松本無住，〈鎮南山緣起〉，黃葉秋（編），《鎮南寫真帖》，頁 22。

[42] 日・松本無住，〈鎮南山緣起〉，黃葉秋（編），《鎮南寫真帖》，頁 26。

仁寺的默雷、南禪寺的毒湛、大德寺的廣州、相國寺的東岳、黃檗寺的
又梅、天龍寺的峨山、圓覺寺的代表天應、圓覺寺的宗般禪師等。松本
無住在會上概略報告了他們一行視察華南的見聞：

> 彼地的法脈已斷絕，榮西、聖一、大應等我國開山祖師的傳法道
> 場的情況，以臨安五山為首，天童、長慶、鼓山、徑山等名剎，
> 堂塔古址雖儼然存在，但法脈已斷，已無高僧大德，名山的僧徒
> 空有三百、五百大眾，陷入戒律迷失，不能出野狐禪。或燃頂，
> 或燃指，或危坐於岩窟中，或站立在籃中，身苦心痛，雖探道源
> 者所在不乏其人，然慧眼已盲，其人無指導，日夜滿邪想，一盲
> 引群盲，見如此慘境，實有不忍者。……不忍冷眼忽視慘境已極
> 的傳法祖師道場，處此現狀，我宗報恩之大義豈能沈默。且盱衡
> 今日世界之大勢，日清結合是東洋和平的根本，彼我官民為此苦
> 身心已非一日……幸我臺灣總督特見於此，苟有其人從事，其有
> 不辭為後援之意。[43]

松本無住的訴求有兩個，一個是訴諸佛教宗派情感，一是訴諸國家
利益，而且重點應是放在國家利益至上。也同松本無住一道前去華南巡
視的足利天應接著提出實行辦法：

> 目前讓我一大宗匠率領數名英衲駐錫彼地，先行教化彼地之僧
> 侶，構成一道場，振興百丈以來之宗規，發揚本宗教義的同時，
> 讓我雲衲陸續渡航彼地參學，隨時陪伴彼地的雲衲回國，讓其掛
> 單在我各道場，與我佛徒雜居，共同修行，在慢慢行腳於國內各
> 道場，此至少能讓我宗門下彼我僧侶撤去日清兩國的國界，發揮
> 天外出家的本色。
> 彼地我祖師傳法的名剎，現在頹廢者，不僅要在兩國盡力募緣助
> 其再興，有特別因緣的廢寺，如我弘法大師入唐最初的道場、福
> 州芊山白塔寺等的在興，特派傳法的老師住持，作為發揮本宗義
> 理的道場。[44]

43　日・松本無住，〈鎮南山緣起〉，黃葉秋（編），《鎮南寫真帖》，頁 32。
44　日・松本無住，〈鎮南山緣起〉，黃葉秋（編），《鎮南寫真帖》，頁 33。

　　雖然，上述提議大會無異議通過，但其實這都是臨濟宗相當一廂情願的看法，這有兩種原因，一是自宗欲配合前往福建的高僧大德甚難尋找，最後有勞圓福寺的松雲（宗般）老和尚領軍，但在他赴任前的數個月，派遣足利天應與細野南岳為先發，事先交涉，這正是 1900 年 11 月下旬的事。[45]而最後是經過後藤民政長官的安排，似乎僅細野南岳進駐鼓山湧泉寺。其次是日本佛教在中國大陸的傳教權始終未獲清廷許可，特別是在明治後期屢屢發生糾紛，中日兩國對外國傳教權的主張各自解讀不同，主要的歧異有三點：（1）中國（清廷）與歐美各國所定的條約中，載有承認基督教傳教權，日本依條約的精神推衍作出廣義的解釋，認為不應僅限於基督教，而包括承認所有善良宗教也具有一樣的傳教權，但中國只根據文字所載，作出狹義的解釋，只承認基督教的傳教。（2）根據甲午戰後在明治 29 年（1897）7 月所重訂的〈日清通商條約〉第二十五條有關最惠國待遇一事，日本認為在中國內地具有傳教權，但中國認為日本的傳教權僅適用於通商口岸附近。（3）〈日清通商條約〉第四條有關在開放通商口岸得開設寺院的規定，日本方面認為可以對中國人傳教，但是中國認為，日本宗教活動的對象僅限於居留的日本人。甚至進入大正時期，傳教權的問題還是無解，如大正 4 年（1915）1 月18 日，日本對中國提出二十一條要求時，在〈希望事項〉中還明載「需承認日本人在中國的傳教權」。[46]

　　所以我們見到日僧大部分會集中在中國大陸沿海的通商口岸活動，即是基於清廷（含民國時期）不認可日本宗教在中國內陸的傳教權之故，而廈門、福州正是通商口岸，包括臨濟宗僧侶在內的日本佛教各宗都將眼光集中在此也是有原因的。

---

[45] 日・松本無住，〈鎮南山緣起〉，黃葉秋（編），《鎮南寫真帖》，頁 38。
[46] 日・佐藤三郎，《近代日中交涉史の研究》，頁 268-269。

三、臺灣鎮南山臨濟護國禪寺的建立

臨濟宗妙心寺派自得庵玄秀來臺，明治 32 年（1899）創建圓山鎮南山臨濟護國禪寺並任首任布教監督伊始，自戰敗離臺（1945）止，共歷十任布教監督，一般來臺任布教總監者，都是臨濟寺的當然住持。關於鎮南山臨濟護國禪寺的創建歷史，《臺灣佛教名蹟寶鑑》載曰：

> 鎮南山臨濟護國禪寺當時是臺灣總督陸軍大將兒玉源太郎將軍開基，該寺境內土地是林本源發菩提心所捐贈…。開山得庵玄秀禪師在明治三十二年來臺，接受兒玉總督的皈依，更藉由民政長官後藤新平伯爵的虔誠信仰，而獲得諸多的信施。明治四十五年，大寮、大殿、鐘樓門、倉庫等竣工，寺貌大成。其後長谷慈圓繼任，設立鎮南中學林，開設專門道場，在臺灣成為禪宗緇素教育的根本道場，尤其是作為臨濟宗臺灣布教監督所、聯絡寺廟總本部，是百餘個寺院、布教所、舊慣寺廟齋堂的聯絡中心。[47]

從上述的資料算是非常簡略，得庵玄秀為什麼會在明治 32 年（1899）底來臺？事實上是延續著前述松本無住等人在華南（主要是福建）擴大教勢，並為帝國從事工作的思維。

當決定由細野南岳及足利天應二人作為先發到福州後，松本無住便將此一決定告知後藤新平表示「基於日清兩國宗門聯絡之方向」：

> 在臺灣設立根本道場之事尚未得其人，蓋要完成日清兩國宗教上的聯合，若要著手南清，我臺灣作為兩國往來的中間地帶，務必設一道場。且在統治臺灣，疏通官意民情上，讓南清的僧侶在我法門下修行者，盡可能多留錫臺灣，讓同民族在（臺灣）住民之間，擴大我宗旨，正是大好的理由。此事藤園將軍亦希望我若能如此做，有擴大南清布教的意味，組織臺灣傳道布教同盟者，以大力協助南清布教，臺灣布教苟得其人，姑且不論官方的援助，若有不少民間同情的有志者，此時務必與其人同時著手，這是最

---

[47] 施德昌，《臺灣佛教名蹟寶鑑》，（臺中：民德寫真館，1941），無頁碼。

佳時機。[48]

　　松本無住的構想是雙管齊下，即臺灣與福建的布教同時進行，而臺灣在地緣上是帝國勢力及臨濟宗教勢擴大的跳板，於是在尋找臨濟宗來臺開山建寺中，松本無住透過坂上宗詮禪師找到了得庵玄秀，並獲其允諾。松本無住與得庵玄秀一行人 1899 年 12 月 13 日從日本神戶港出發，19 日抵基隆，21 日抵達劍潭，先是寄住在劍潭寺，白天就到臺北市托缽勸募，翌年 4 月因天氣忽冷忽熱，寺眾 10 人有 6 人生病，得庵玄秀度過相當艱辛的一段歲月。5 月初，兒玉源太郎招請得庵玄秀一見，感其行止，而有建一精舍安僧之念。後選中圓山公園預定地西面山麓的一塊荒地，而該土地為板橋林本源所有，在兒玉總督的指示下，時住臺北縣的總督府庶務課長金子源治商於板橋林家，獲允捐地建寺，從 1900 年 6 月中開始建設，至同年 7 月 21 日舉行落成慶祝，所完成的僅是 33 坪多的小精舍，名曰「圓山精舍」又稱「鎮南精舍」，這就是鎮南山臨濟護國禪寺的前身。[49]

　　「圓山精舍」建設之間，臨濟宗在華南的布教行動亦展開，先發的足利天應與細野南岳 1900 年 3 月 2 日經臺北、淡水出發到廈門並進入福州。答應先發到福建後數月即行動的松雲宗般禪師，同年 7 月 29 日抵基隆，隨即到「圓山精舍」舉行晉山典禮，並預計 8 月 5 日出發到福州，松本無住多年奔走的華南布教、臺灣開教行動此已就緒。[50]

　　可惜兩件事情完全破壞了臨濟宗在臺海兩岸的布教計劃，第一件是極力促成臨濟十宗召開「支那布教開始」會議的峨山禪師在 1900 年 10 月遷化，接著前往福建的松雲宗般禪師到了福州之後久病不癒，在 12 月 13 日回臺，翌（1901）年正月就回日本，福州傳教工作由足利天應代理，但 1902 年冬，足利天應又回日本承接衣缽而辭任，華南布教中斷。[51]

---

[48] 日‧松本無住，〈鎮南山緣起〉，黃葉秋（編），《鎮南寫真帖》，頁 38-39。

[49] 日‧松本無住，〈鎮南山緣起〉，黃葉秋（編），《鎮南寫真帖》，頁 46-53。

[50] 日‧松本無住，〈鎮南山緣起〉，黃葉秋（編），《鎮南寫真帖》，頁 53。

[51] 日‧松本無住，〈鎮南山緣起〉，黃葉秋（編），《鎮南寫真帖》，頁 54。

　　第二件事是，因為日俄在中國東北利益的衝突，兒玉總督在 1901年底 1902 年初左右，先行到了東北準備參戰，1904 年 2 月發生「日俄戰爭」正式爆發。若不是兒玉總督在中國東北 3 年，於明治 38 年（1905）12 月 30 日才回臺，[52]那麼憑他與臨濟這些年的交情，臨濟宗在臺布教中心──鎮南山臨濟護國禪寺的建立應該會更快，可是臨濟宗的弘法不順還不僅於此。

　　回臺後的兒玉總督在明治 39（1906）年正月元旦到臺灣神社參拜（臺灣神社即今圓山大飯店址），因離得庵所住的圓山精舍甚近，故前去拜會，談到了精舍改建為鎮南山臨濟護國禪寺之事宜，估計所需款項約 5、6 萬，兒玉問得庵勸募可得多少款項，得庵以其勸募 1、2 年，可得約 2 萬元答之，兒玉答應只要得庵募到 2 萬元，其餘的就由他承擔。可惜兒玉在同年 2 月初回到東京後，7 月 24 日病逝於自宅。為了完成自己，也是兒玉總督的願望，得庵終於在兒玉過世後第七（1912）年完成了鎮南山臨濟護國禪寺的重建工程。[53]若不是兒玉總督在 1906 年 7月去世，臨濟護國禪寺的落成應該也不會拖到 7 年後。如果從臨濟宗妙心寺派自 1899 年底布教總監得庵禪師來臺，到明治 45（1912）年鎮南山臨濟護國禪寺落成為止，共花費了 12 年的時間，這對臨濟宗臺的開教是很不利的。甚至可以說到大正 3（1914）年 6 月得庵任滿離臺為止，這是一段還是屬臨濟宗妙心寺派在臺的草創期，因為他僅完成了臨濟寺的硬體建設，尚未正式展開教務。

　　愈到臺灣殖民後期，臨濟宗（其他各宗亦然）為日本帝國主義張目是愈加明顯的，例如「九一八事變」（日本稱為「滿州事變」）的第二年（1933）3 月，日本退出國際聯盟組織，臨濟宗妙心寺派的宗務總長古川大航（1871-1968）就發表訓示說：

> 茲以本（三）月二十七日，遂頒發退出聯盟詔書，所指示的貫徹國際正義與國民所嚮往者，實不勝惶恐之同時，帝國的責任，據

[52] 日・松本無住，〈鎮南山緣起〉，收在黃葉秋（編），《鎮南寫真帖》，頁 55。

[53] 日・松本無住，〈鎮南山緣起〉，收在黃葉秋（編），《鎮南寫真帖》，頁 54-56

此，國民覺悟倍加重要之時，宜趁此機會，奉體聖旨，不惑於輕
佻之興論，努力專心於產業之振興，竭力培植國本，期以扶翼萬
古不易之國本。

尤其是本派僧侶及信徒，須體察佛祖之慈訓，鑑別開宗立派之大
義，稽思久遠神功之洪業弘安之一喝，近思明治之大捷，及深信
至誠感應冥護靈驗，善處勇往邁進不屈不撓艱難之秋，勉旃萬無
遺憾。[54]

「九一八事變」是一個重要開端，日本佛教宗派被動員到戰爭舞台
上助力，其間經過 1937 年中日戰爭爆發直到日本戰敗，初期臨濟宗在
臺的布教與兒玉、後藤的關係是一個可提供的觀察點。

四、結語

臨濟宗妙心寺派欲以臺灣為跳板，進軍福建弘法，其中具關鍵性作
用的人就是第四任臺灣總督兒玉源太郎，也就是說，臨濟宗在明治末
期，在臺灣乃至福建開教初期，都與兒玉，甚至是民政長官後藤新平有
重大關係，而他們二者都是佔領福建為南進腹地的「強硬派」。他們資
助臨濟宗僧侶或是真宗僧侶為帝國工作，有其特定的考量，像讓真宗廈
門東本願寺僧侶高松誓縱火焚燬布教所，製造日軍出兵佔領的「廈門事
件」，就是一個非常明顯的例子。無論是真宗或臨濟宗的考量真是為中
日兩國宗教同盟而努力，或是為帝國主義鋪路，特別是初期臨濟宗的閩
臺布教策略，其背後有臺灣總督府這一官方單位大力的介入是不爭的事
實。愈到臺灣殖民後期，臨濟宗與其他各宗，為日本帝國主義張目的態
勢是愈加明顯。

---

[54] 日・古川大航，〈訓示〉，《圓通》第 132 期（1933 年 5 月），無頁碼。

殖民時期西本願寺派在宜蘭的布教

一、前言

　　「乙未之役」初期，日軍雖由北一路南下攻伐，但派軍進入與臺北鄰近的宜蘭，在所難免。甲午戰爭所誕生的「從軍布教師」成為日本佛教與各宗教的「傳統」。因此，合理推測，1895 年從軍僧入蘭當毫無懸念。而西本願派從軍僧是否曾在乙未初期來蘭，並沒有資料可佐證。

　　在日本八宗十二派（或說十三派）陸續入臺時，作為最重要的教派之一的淨土真宗本派本願寺（西本願寺派），直到 1897（明治 30）年方派遣軍隊布教使楠祐護入蘭，前後歷九任布教使，在宜蘭地區前後創建三處布教所，即羅東布教所、太平山布教所、蘇澳布教所。

　　西本願寺派在臺灣的殖民布教，比起同是真宗的東本願寺派，其積極性稍弱。主要的原因是西本願寺派將重心放在對中國大陸的傳教上。

　　本文旨在探討西本願寺派在羅東一地布教的歷史發展及社會教化實踐的面向。

二、明治時期的西本願寺派

（一）布教使來臺與日軍入蘭

（1）西本願寺派布教使

　　自甲午戰爭伊始，開啟從軍布教師之風，日本佛教各宗布教師如雨後春筍，如真宗本派本願寺（以下稱西本願寺派）從軍布教使來臺有兩位，即下間鳳城與名和淵海，首戰是加入 1895 年 3 月 7 日的比志島混成枝隊的澎湖佔領。[1]然而在 1897 年 4 月之前，西本願寺派似乎沒有派

1　臺灣開教教務所臨時編輯部，《真宗本派本願寺臺灣開教史》（臺北：臺灣別院，1935），頁 3。

遣布教使來宜蘭，但從慣例來說，其他宗派必定有隨軍布教來蘭。無論如何，到了 1897（明治 30）年，西本願寺派才大量派遣布教使來臺，名單如下：

表 1　1897 年西本願寺派來臺布教使

日期	姓名	原籍	備註
4 月 7 日	池田慧琳	佐賀縣	以病辭任
4 月 7 日	田中良雄	福岡縣	—
4 月 7 日	清水文雄	山口縣	—
4 月 7 日	多田文豹	兵庫縣	4 月 15 日解職
4 月 15 日	楠祐護	兵庫縣	翌年一、二月間去職
4 月 15 日	故選義貫	廣島縣	—
6 月 24 日	橘摩騰	島根縣	—
6 月 24 日	藤本周憲	北海道	—
6 月 24 日	足立格致	福岡縣	—
6 月 24 日	櫻井桃英	東京府	—
6 月 24 日	村井選澂	香川縣	—

資料來源：《教海一覽》第 2 號，1897 年 8 月 20 日，頁 7-10

其中池田慧琳到鳳山，田中良雄到嘉義，清水文雄到彰化，楠祐護到宜蘭（屬步兵第六中隊），故選義貫到新竹，橘摩騰到卑南，藤本周憲到雲林，足立格致到澎湖，櫻景桃英到苗栗，村井選澂到恆春，但不久，池田慧琳因病去職，楠祐護因「事故」而回日本。[2]

（2）日軍入宜蘭

1895 年 5 月 29 日，日軍從澳底登陸後並沒有立即分軍入蘭，據日方的報導說：

---

[2] 〈本派の臺灣布教〉《教海一覽》第 17 號（1898 年 3 月 26 日），頁 15-16。

然宜蘭地方的殘兵擅掠奪，蘇澳地方「番人」出沒，接獲良民的訴苦，臺灣總督派遣比志島混成枝隊的後備步兵第一聯隊中的一個部隊到該地，接獲進行鎮壓與警備的命令，大隊本部第二中隊、第四中隊為派遣隊，第一、第三中隊於基隆港留守，等待出發命令。

六月廿日　下午五時從基隆港乘船出發，本次實為十萬火急，沒準備運送船，只能乘坐海軍御用船河野浦丸，其餘的搭乘軍艦八重山艦。河野浦丸搭載大隊本部第二中隊行政人員、憲兵及來自宜蘭控訴的七位臺民。

廿一日　下午五時從基隆港出發，海上無波，早上十時抵蘇澳港。蘇澳港被西南北三方向的山包圍，僅東面接海，雖恰似小基隆，但是，東南風不絕激起大浪，船隻要停泊及上岸都很困難。然此日所幸無風浪，立即準備上岸，第四中隊率先上岸，大隊本部第二中隊次之。[3]

　　日軍入宜蘭前地方已陷混亂，有來自宜蘭的七位民眾來到基隆向日軍「控訴」，於是派遣比志島混成枝隊的後備步兵第一聯隊中的大隊本部第二中隊、第四中隊乘軍艦向蘇澳出發。6 月 21 日在蘇澳上岸。

　　日軍登陸後表示「當地人民一般是歡迎我軍的，或呈水果，或辦盛宴歡迎將校，其他的陸續呈上頌德表，門庭若市，故無一人抵抗我。」[4]6 月 22 日向宜蘭進軍前，先在蘇澳市區盤檢時發現：

唯在市區稍微寬大的房屋裡是藏匿兵器彈藥其他一切武器之處，檢查屋內，有逃出的清軍三三五五躺在床上，幾乎是饑餓不堪，其憔悴樣有如喪家之犬，與其說是抵抗，不如說是向我乞憐，實讓人憐憫。像這樣的殘兵在當地遊蕩者有百餘人，於是大隊沒收所有武器，更著手集中殘兵。[5]

---

[3] 關正宗譯，《甲午戰爭‧臺灣篇（二）─〈日清戰爭實記〉編譯附劉永福抗日〈草莽奇人傳〉》（臺北：博揚文化，2014），頁 216。

[4] 關正宗譯，《甲午戰爭‧臺灣篇（二）─〈日清戰爭實記〉編譯附劉永福抗日〈草莽奇人傳〉》，頁 216。

[5] 關正宗譯，《甲午戰爭‧臺灣篇（二）─〈日清戰爭實記〉編譯附劉永福抗日〈草莽奇人傳〉》，頁 216-217。

　　清軍似乎是未戰而潰，百餘人被收繳武器。日軍一路上沒有遭遇反抗，反而「婦女盛裝，男子停業以送迎」，6 月 23 日晚上八點抵達宜蘭。[6]入城後的宜蘭情況是：

> 宜蘭是特別請求我軍隊前來之地，人民的歡迎又很特殊，無論是市街店面，或是如何偏僻的地方，無不懸掛我帝國國旗，而國旗上還寫著「明治廿八年良民住居」等文字，依照其貧富而有大小，有布作的，也有紙作的，形狀各式各樣，滿城迎風飄揚，十分壯觀。走到市街，各戶競相歡迎我士兵，或奉茶果，或嘗試筆談，歡喜誠意我軍來到，以表歸順之意。以如此情況，我軍隊將士等未遇一人抵抗，雖有些沮喪，但其愉快又非筆墨能盡，恰似在本國受我同胞歡迎一般。[7]

　　日軍入宜蘭不費一兵一卒即完成佔領與接收，直到同年 11 月之後才有以林大北為首的義軍出現。[8]

（二）楠祐護與雷音寺

　　1897（明治 30）年 9 月，從軍布教使楠祐護奉派來宜蘭，從屬步兵第六中隊。[9]楠祐護「雖佛緣夙萌，但未及一般布教之機」，在退轉後，由真宗大谷派取代。[10]楠祐護「退轉」的時間在翌年的一、二月間，之後西本願寺派呈現十數年的空窗期。雖是如此，但他爭取雷音寺加入西本願寺派，留下重要的史料。

　　1897 年 11 月 10 日，雷音寺的住持陳開隆申請加入日本真宗西本願寺派，當時的雷音寺還有另一稱呼叫「釋迦院」。根據楠祐護的調查得知，雷音寺於 1841（道光 21）年 8 月完工落成，住持為鄭普敬，奉

---

[6] 闞正宗譯，《甲午戰爭・臺灣篇（二）—〈日清戰爭實記〉編譯附劉永福抗日〈草莽奇人傳〉》，頁 217。

[7] 闞正宗譯，《甲午戰爭・臺灣篇（二）—〈日清戰爭實記〉編譯附劉永福抗日〈草莽奇人傳〉》，頁 218。

[8] 林正芳，《宜蘭的日本時代（1895-1945）》（宜蘭：宜蘭縣立蘭陽博物館，2016），頁 32-34。

[9] 臺灣開教教務所臨時編輯部，《真宗本派本願寺臺灣開教史》，頁 469。

[10] 臺灣開教教務所臨時編輯部，《真宗本派本願寺臺灣開教史》，頁 469。

三寶佛，調查特別強調「其派乃優婆塞宗」，日軍進入宜蘭當時，主持已改為陳開隆，楠祐護看到的雷音寺是這樣：

> 本堂是十間開（按：兩根柱子為一間）中的四間開，左右兩側是六間開中的一間半開，本堂安奉彌陀、釋迦二尊，左右兩堂一奉觀音，一奉勢至。
>
> 該寺的位置在城外北門街口，前面控制著可通往基隆的大河，位居水路往返基隆的要地，可謂位置便利、風景絕佳的好寺院。此寺有寺產，一年可得米二十石，可供香油之資，六、七年前清廷給寺祿二十餘石，寺眾得以專事佛事。現任住持陳開隆年五十三歲，曾拜林普實為師，修習儒學，後至鼓山寺拜妙密為師，學習金剛經等，如今身家富裕，從事教導信徒子弟的教育。其堅持不食肉，品行端正，有篤實之聞。[11]

從上述可以得知，雷音寺最初為齋教之屬，從其創建者等法號為「普」字來看，應該為龍華派。陳開隆與楠祐護所簽訂加入真宗西本願寺派的〈立誓書〉全文如下：

> 大日本京都真宗本願寺派本山本願寺
>
> 大法主猊下特派布教師楠祐護，令弘宣教法於臺灣，吾等聞法隨喜至心歸依，茲以宜蘭城外北門街口釋迦院，屬大本山之管轄，以為永遠弘法之道場，乃呈立誓一紙，以為證，伏願查收。
>
> 釋迦院住持主理陳開隆，信徒總代翁年春，同（信徒總代）林延年
>
> 明治卅年十一月十日。[12]

住持陳開隆隨後於同年 12 月，收到由西本願寺執行長大洲鐵然的回覆文「依願自今釋迦院成為本山之末寺」。與此同時，卓錫於宜蘭天后宮的僧侶瑞琳也加入西本願寺派下。[13]

雖然日本殖民之初，雷音寺加入日本真宗西本願寺派，但這並非永久不變，最晚到了 1939（昭和 14）年即改隸淨土宗西山深草派。

---

[11] 〈宜蘭釋迦院の歸屬〉，《教海一覽》第 20 號（1898 年 1 月 12 日），頁 13-14。

[12] 〈宜蘭釋迦院の歸屬〉，《教海一覽》第 20 號，頁 14。

[13] 〈宜蘭釋迦院の歸屬〉，《教海一覽》第 20 號，頁 14。

1934 年，廖老嬰發起改建，至 1939 年當時的管理人為郭楊茂水，住持為微宗啟光（1909-？，俗名唐啟西）。微宗啟光自幼持齋，16 歲時至廈門、泉州、福州、鼓山湧泉寺學佛三年，後又學禪三年，在鼓山湧泉寺住持的推薦下任知客職三年，後朝禮四大名山，於蘇杭各名山參學，1935 年回臺，住嘉義慈德堂，後受雷音寺管理人郭楊茂水之請，前來住持雷音寺。1935 年 9 月 21 日，由日本信州善光寺智融上人任命為淨土宗西山身草派開教使。[14]

隸屬步兵第六中隊布教使的楠祐護，在同（1897）年 12 月因在部隊發生「事故」而去職。[15]楠祐護到底發生什麼「事故」？1898（明治31）年 4 月 13 日，宜蘭廳長西鄉菊次郎以「宜庶第一四四號」向臺灣總都府民政局長後藤新平通報「調查社寺、廟宇、教務所等數量及布教狀況事宜」，報告指出，當時在宜蘭布教的日本佛教宗派有曹洞宗及東、西本願寺，其中以曹洞宗布教最廣。其中特別說明了西本願寺派楠祐護的情況：

> 去年春夏左右，真宗本派本願寺之僧侶中，雖有一人親自宣稱係以布教目的來臺，惟卻素行不良，非但頗惹本地人之輕侮，且亦損本邦宗教之顏面。時至本年一、二月左右，遂被罷職，召回內地。[16]

楠祐護因「素行不良」去職後，西本願寺派又奉派布教使柳川洗心（浩然）來宜蘭取代，並以宜蘭城內的天后宮為布教場，並成功地讓天后宮加入西本願寺派下，至 1898 年 3 月時，宜蘭地區的臺灣人信徒已有五十多人。[17]最晚在 1899 年 11 月，天后宮成已為西本願寺派的臨時說教所。[18]

---

[14] 施德昌，〈雷音寺〉，收在《紀元二千六百年紀念臺灣佛教名蹟寶鑑》（臺中：民德寫真館，1941），第 27 號。

[15] 〈本派軍隊布教一覽〉，《教海一覽》第 17 號（1898 年 3 月 26 日），頁 22。

[16] 溫國良編譯，《臺灣總督府公文類纂宗教史料彙編（明治二十八年十月至明治三十五年四月）》（南投：臺灣省文獻會，1999），頁 267。

[17] 〈本派軍隊布教一覽〉，《教海一覽》第 17 號，頁 18。

[18] 〈法廷雜俎〉，《臺灣日日新報》（1899 年 12 月 2 日），2 版。

日軍入宜蘭後，1895 年 7 月 15 日，在天后宮成立「明治語學校」，直到 1896 年宜蘭國語傳習所成立後，才遷離天后宮。[19]大約在 1896 年 8 月左右，宜蘭國語傳習所校舍整建完成，才開始遷入上課，報導說：

> 本所校舍原為民有家屋，久為守備隊之倉庫，修繕多數之破損，該所當初設立目的是實地授業，校舍修繕及各項設備，慢慢計畫，職員赴任後立即著手事務，去年八月二十日有甲科生四十名、乙科生二十三名開始上課。[20]

由於國語傳習所在 1896 年 8 月左右遷出天后宮，據前述，1897 年 9 月，楠祐護來到宜蘭，吸收宜蘭天后宮僧人瑞琳入教，此時天后宮極可能成為西本願寺派下寺院，並設臨時說教所。

因為沒有更進一步資料，無法確知柳川洗心之後的布教情形，至少 1899（明治 32）年 4 月，柳川洗心（照）尚在宜蘭，[21]而信徒戶數為 81 戶。[22]但從後來的發展來看，恐怕也是曇花一現，如根據 1911 年 5 月統計全臺佛教信徒，宜蘭僅有真宗大谷派信徒 280 人，沒有西本願寺派的信徒人數。[23]直到 1918（大正 7）年 7 月，新任布教使高木場超聖來蘭後，積極布教，並與真宗大谷派展開激烈的競爭。

三、大正時期的積極開展（1918-1926）

（一）宜蘭、羅東建寺陷兩難

柳川洗心在 1899 年前後離任，西本願寺派之後空窗期長達 19 年，直到 1918（大正 7）年 7 月 19 日，布教使高木場超聖被派駐宜蘭布教。[24]

---

19 林正芳，《宜蘭的日本時代（1895-1945）》，頁 74。

20 〈各直轄學校の近況/宜蘭國語傳習所〉，《臺灣日日新報》（1897 年 1 月 8 日），3 版。

21 〈客年後半季の臺灣開教駐在〉，《教海一覽》第 42 號（1899 年 4 月 11 日），頁 16。

22 〈本派の臺灣布教〉《教海一覽》第 17 號，頁 16。

23 〈全島宗教信徒數〉，《臺灣日日新報（漢文）》（1911 年 5 月 27 日），3 版。

24 臺灣開教教務所臨時編輯部，《真宗本派本願寺臺灣開教史》，頁 469。

　　高木場首先在金六結（原員山堡舊名五結）暫借民宅，面對大谷派加藤布教使十年來在宜蘭的耕耘，當時的小松宜蘭廳長在建築宜蘭神社後（1918 年 10 月竣工），有意在宜蘭興建宜蘭寺，這對西本願寺是一個機會，於是高木場向廳轄申請建立開教所。1918 年 8 月 29 日，廳處人員前來調查，與此同時，高木場並與小松廳長會談，小松承諾私下給予保護，並希望在金六結的臨時布教所先安奉本尊佛，首要之急是掛上布教所招牌。除了廳長，高木場又遍訪課長、校長、民間有志者尋求支持。[25]於是在同年 9 月 1 日，高木場邀請臺灣教區教務所臺北別院駐在布教使小泉曉了在宜蘭公會堂演講，[26]打響弘法布教第一步。

　　1918 年 10 月 27 日，臨時布教所開設；12 月 26 日，高木場回日本，爭取到本山下賜木佛一尊。[27]1919（大正 8）年元月 13-18 日，在臨時布教所舉行慶讚等法會，14 日在宜蘭公會堂舉行慶賀演講；[28]2 月，本山撥款一千五百元建寺費用，西本願寺派以興建宜蘭寺為目標正式展開；[29]6 月 17 日，本願寺宜蘭日曜（週日）學校開設獲本山許可。[30]

　　雖然臨時布教所成立，但是並未獲得官方許可，加之與大谷派的明爭暗鬥依然持續不斷，高木場此時生起更大的雄心，他在 1920（大正 9）年 4 月發給開教事務所的報告說：

> 我來此赴任前，（布教所）腹地是由臺南製糖會社捐贈，雖然買下一部份檜木材料，但是新建（寺院）前景漫漫。
>
> 在新設宜蘭布教所與羅東布教所之間，就經濟上的問題，是應該分成兩份，或是僅就我派信徒之捐款做分配？或就捐贈設立宜蘭新設布教所之承諾？全不見解決。眼下若建羅東布教所，就無法建宜蘭布教所，建宜蘭布教所，就不能建羅東布教所。我所努力

25 臺灣開教教務所臨時編輯部，《真宗本派本願寺臺灣開教史》，頁 469-470。

26 〈宜蘭/佛教講演會〉，《臺灣日日新報》（1918 年 9 月 3 日），3 版。

27 臺灣開教教務所臨時編輯部，《真宗本派本願寺臺灣開教史》，頁 470。

28 〈地方近事/宜蘭/本派本願寺宜蘭布教所慶讚會〉，《臺灣日日新報》（1919 年 1 月 14 日），4 版。

29 臺灣開教教務所臨時編輯部，《真宗本派本願寺臺灣開教史》，頁 470。

30 臺灣開教教務所臨時編輯部，《真宗本派本願寺臺灣開教史》，頁 470。

的地方就在此，看在我的努力上，希望官廳給予協助也是在此。[31]

高木場希望能兼顧宜蘭與羅東的布教所，但是，宜蘭廳以「一市之內不能有二寺」而加以否決，又大谷派（東本願寺）也想以「宜蘭寺」命名，官方要判給誰也陷入兩難，1919 年 4 月 15 日遂召開地方協調會，但無結果。同年 10 月 23 日，小松廳長召集廳下財經權威波江野吉太郎及高木場到廳長辦公室協商，確定將宜蘭廳以濁水溪分為宜蘭及羅東，宜蘭為宜蘭寺，屬大谷派，羅東歸西本願寺派。[32]

（二）羅東布教所的成立

雖然西本願寺派在 1920 年成立婦人會及羅東幼稚園，但是，布教所成立仍然遙遙無期。1921 年 1 月 25 日，高木場給「臺灣開教教務所」發出的請求表示：

> 在羅東信徒熱心支持下，堅決實行最初的約定，本月十六日，該地十五、六名有志者俱集合於羅東俱樂部，首先以在該街新建布教所為前提，決議以設立臨時布教所為急務，臨時布教所設置申請向有關當局提出，過去下賜給宜蘭布教所的木佛尊像，搬遷到了羅東，而應宜蘭熱心信徒之請，該宜蘭布教所從過去到現在，為了此布教所存續，大家討論後希望下賜御尊像一幅，以上請求。[33]

1921 年 4 月，當「宜蘭佛教婦人會」成立一週年慶在宜蘭公會堂舉辦浴佛法會時，有來自蘇澳、羅東的信徒一百五十餘人與會，顯示宜蘭地區以外的信眾人數逐漸增加。[34]

1922 年 6 月 29 日，將宜蘭布教所的木佛搬到羅東，宜蘭布教所不再運作，但是「出張布教」及舉行法會並未終止。[35]1922 年 9 月，高木

---

[31] 臺灣開教教務所臨時編輯部，《真宗本派本願寺臺灣開教史》，頁 471。
[32] 臺灣開教教務所臨時編輯部，《真宗本派本願寺臺灣開教史》，頁 471。
[33] 臺灣開教教務所臨時編輯部，《真宗本派本願寺臺灣開教史》，頁 472。
[34] 〈宜蘭/降誕會〉，《臺灣日日新報》（1921 年 4 月 16 日），4 版。
[35] 臺灣開教教務所臨時編輯部，《真宗本派本願寺臺灣開教史》，頁 472。

場借得專賣局一處古倉庫，創設羅東布教所，同年 12 月竣工。[36]從籌設
羅東布教所到完成，中間的過程如下，報導說：

> 羅東街尚未有設布教所，自去年中，有高木場幼稚園主，並地方
> 有力內臺人，協議數番，欲建一羅東寺，於羅東小學校西鄰，請
> 當局批准。但適值材（財？）界不況之際，批准為一布教所而已。
> 其建設費預定三千圓以內，經既選定委員募集著手，但一街三庄
> 之本島人，預定寄附八百圓云。[37]

高木場仍以籌設兩處布教所而已任，但是，因為經濟不景氣，有關
當局僅批准一處，前述西本願寺本身的說法是宜蘭官廳以「一市之內不
能有二寺」否決，而非「經濟不景氣」。值得注意的是，羅東布教所建
設費圓三千元內，有臺籍仕紳的捐款。

東本願寺派布教所建於 1902（明治 35）年，到了 1919 年元月因建
物腐朽，加以信徒捐款資金到位。[38]隨著區域劃分的大勢底定，東本願
寺派於 1920 年 6 月，布教使加藤廣海擇地於西門外的金六結動土建寺，
同年 12 月竣工後，從原本的東門口避病院布教所遷出。[39]此時西本願寺
派建寺也開始轉為趨積極。

（三）羅東幼稚園的成立與運作

有穩定的信徒才有穩定的經濟來源，1920 年 4 月 8 日，舉行「宜
蘭佛教婦人會」成立典禮，共有會員 328 名，8 月，設立羅東幼稚園。[40]羅
東幼稚園之設立是以招收臺灣人兒童為主，同年 12 月舉行開園儀式，
報導說：

> 採（臺日兒童）共學制，以招收本島兒童為目的，臺北州羅東街
> 幼稚園舉行開園儀式，在本派本願寺開教使高木場超聖與該街長

---

36 臺灣開教教務所臨時編輯部，《真宗本派本願寺臺灣開教史》，頁 472-475。
37 〈羅東特訊/設布教所〉，《臺灣日日新報（漢文）》（1922 年 11 月 28 日），6 版。
38 〈宜蘭/布教所改築移轉計畫〉，《臺灣日日新報》（1919 年 1 月 14 日），4 版。
39 〈新築本願寺〉，《臺灣日日新報（漢文）》（1920 年 12 月 3 日），6 版。
40 臺灣開教教務所臨時編輯部，《真宗本派本願寺臺灣開教史》，頁 472。

陳純精的熱心努力下，園舍籌備妥當，園長高木場以達成招收三
十名園生的抱負開園，二十四日上午十時舉行開幕致詞，依序是
唱君代歌（園生）、園長致詞、陳街長報告成立經過、木浦郡守
祝賀演說、遊藝（園生），之後閉幕。……聞園長為了研究語言、
風俗，曾在臺北一年與臺灣人共住共食，希望可以為本島永續經
營。[41]

　　1918 年 7 月被派駐宜蘭之前，高木場特地以一年的時間學習臺灣
風俗習慣，1920 年 12 月在羅東街長陳純精的協助下，成立以招收臺灣
子弟為主的羅東幼稚園。

　　事實上，宜蘭地區仕紳早在前清時代即有設立幼稚園之議，並留有
基金，日本殖民之後，地方仕紳不得已，最後選擇與西本願寺高木場合
作：

羅東郡，本島人諸有力者，曩經提議創設幼稚園，困於經費，未
得就緒。其後因文宗社基本金，有多少殘額該地發起人，遂與該
社董事，交涉寄附，迨至客臘中旬，使得成議。聞該社係前清士
子醵出緣金，及鳩集富家鉅款，結成一會，建置田園十數甲，築
建文廟，在中後街，崇祀五夫子牌位。前清時代，除逐年收入租
谷，充春秋祭典，及油香諸費外，留存為會內子弟學資，及助士
子應試旅費。改隸後被管理人侵蝕不少。經訴訟公庭數次，後更
迭管理人二三，再為籌計善後，維持永久。此次該社會員，即將
所殘餘之款，寄贈為幼稚園諸費，培養兒童，於是諸有志者，復
各出醵金，共成其事，假文廟為園所，聘內地婦人二名，及本島
公校卒業女生一名為教師，按定收容兒童三十六名，以本願寺布
教所某師為園主，經於年末二十日決議成立，已蒙當局批准，遂
於二十六日，午前九時，舉行開園式。[42]

　　原來西本願寺在羅東設立幼稚園，是由地方仕紳所組織的文宗社捐
出基金而設立，解決了高木場的經濟問題，地點設在文昌廟內，也解決

了場地問題。[43]

　　在充滿差別待遇的日本殖民教育政策中,臺日兒童的共學制是一項創舉,1922 年 3 月 27 日,舉行「第一回保育證授與式」,當時園生已開始申請進入小學就讀,[44]到了 4 月,雖然有 17 位的臺日小朋友分別進入小學校與公學校,其中僅一位臺籍兒童進入小學校,而申請入幼稚園的日本兒童有 26 人,臺灣兒童有 23 人,預估還有申請者,但因場地所限,無法全部入學。[45]

　　1923 年 5 月,幼稚園組織變更為財團法人,並訂定〈財團法人羅東幼稚園財團寄附行為〉,向當局提出申請;[46]同年 6 月,創辦日曜學校,並設立以日本子弟為主的羅東第二幼稚園,只可惜,同年 9 月 3 日,高木場回日本,新任布教使杉浦亮嚴來任。[47]

　　經過一年的變更為財團法人申請,1924 年 5 月,終於獲得批准,總金額為一千圓,羅東街長陳純精出任理事。[48]

　　接任宜蘭布教使一年餘,杉浦於 1924 年 12 月 31 日辭任,翌年元月,伊藤禪月接任,1926 年又再轉任。[49]

　　高木場離任後的西本願寺派布教使人事異動頻繁,這在某個方面將影響與東本願寺派的競爭。

四、昭和時期的教務發展（1926-1941）

（一）安藤靈嚴布教使

繼伊藤禪月駐宜蘭布教使為安藤靈嚴,1926 年 3 月來任,9 月為慶

---

43 關於文宗社的研究,可參見錡啟弘,《以聖道之名:羅東文宗社與地方社會再造》(佛光大學歷史學系碩士論文,2014)。

44 〈羅東の幼稚園〉,《臺灣日日新報》(1922 年 4 月 3 日),1 版。

45 〈羅東/幼稚園の兒童〉,《臺灣日日新報》(1922 年 4 月 14 日),4 版。

46 〈羅東兩幼稚園組織を變更〉,《臺灣日日新報》(1923 年 5 月 27 日),4 版。

47 臺灣開教教務所臨時編輯部,《真宗本派本願寺臺灣開教史》,頁 472-475。

48 〈蘭陽特訊/變更法人〉,《臺灣日日新報(漢文)》(1924 年 5 月 10 日),6 版。

49 臺灣開教教務所臨時編輯部,《真宗本派本願寺臺灣開教史》,頁 472-475。

祝羅東布教所成立三週年，發起成立羅東及二結佛教婦人會，致力於婦女教化，[50] 報導指出：

> 本次趁機設立羅東佛教婦人會，在秋季彼岸會中舉行成立大會，首先由安藤布教使報告會規，其次由橫山郡守致詞，當天成立大會，臺北西本願寺派遣田名布教使開示。並有紀念紅白糕點及攝影留念，下午四點半散會。附帶一提的是有來自羅東及二結會員二百餘人。[51]

安藤布教使一方面致力於婦女教化，另一方面則持續幼稚園保育教育，當 1927 年 3 月「第六回保育終了式」，幼稚園生日本兒童 19 人，臺籍兒童僅 5 人，[52] 與地方仕紳原本為教育臺籍子弟的目標漸行漸遠。安藤布教使僅在宜蘭一年即轉任，1927 年 8 月由宍戶了要取代。

（二）宍戶了要布教使

宍戶了要繼任布教使後，於 1927（昭和 2）年 9 月開設「二星日曜學校」，翌年發起組織「宜蘭婦人修養會」，聘請大津夫人、櫻井女士等人擔任顧問，每月 18 日於宜蘭舉行例行集會，復又設立「和光修養會」，專門招收藝妓、女侍、酒促女為會員；1928 年 9 月，舉行「三星佛教婦人會」成立大會，極力擴展教線，致力於布教修養。[53]

1929（昭和 4）年 3 月，宍戶轉任。

（三）池田幹志布教使

新任布教使池田幹志從蘇澳前來接替，首先創立「羅東和光會」，作為釋放者（更生人）保護事業，1930 年 3 月 21 日，在地方有志官民的支持下舉行成立儀式，同時加盟「三成協會」（1932 年 9 月再加入「輔

---

[50] 臺灣開教教務所臨時編輯部，《真宗本派本願寺臺灣開教史》，頁 476。
[51] 〈羅東佛教婦人會〉，《臺灣日日新報》（1926 年 9 月 26 日），7 版。
[52] 〈幼稚園保育終了式〉，《臺灣日日新報（漢文）》（1927 年 3 月 28 日），4 版。
[53] 臺灣開教教務所臨時編輯部，《真宗本派本願寺臺灣開教史》，頁 476。

成會」）；1931 年 2 月，開設營林所日曜學校，10 月 30 日，第一屆全島社會紀念日，作為「光照法主猊下就職紀念事業」，成立免費住宿所，名為「和光寮」，兼作暫時釋放者保護直接收容所。[54]

1933（昭和 8）年 3 月，池田轉任，由立森速成接任。[55]

（四）立森速成布教使

立森速成應該是西本願寺最後一任在宜蘭的布教使，1933 年接任後一個月，在信眾的期盼下成立夜校，專事日本兒童補習課業，同時輔導考試。[56]1937 年中日戰爭爆發後，他積極投入佛教的皇民化運動。

立森布教使延續釋放者（更生人）保護事業與幼稚園教育，進一步開啟慈善救濟事業，例如 1933 年 12 月，慰問貧民，將來自園生及更生人之善款 53 圓，一部分用於手工餅，一部分現金，分送給羅東地區一百多戶貧戶人家。[57]

皇民化運動時期，1938 年 4 月 8 日，由百餘名道士組織的「羅東佛教護國團」在羅東公會堂舉行成立大會，立森布教使擔任指導員。[58]「羅東佛教護國團」成立一年後有報導說：

> 臺北州羅東佛教護國團自去年八月設立以來，在立森布教使適當的指導下，穩步推進有實績，每月初一、十五兩天訂為勤行報國日，團員率先參加，持續令人感佩的奮鬥，尤其是本月十五日上午九時起，立森布教使率領團員到羅東神社，大熱天揮汗進行該神社除草仕奉工作……。[59]

皇民化運動時期，到神社進行除草仕奉，也包括一般學生，而「羅東佛教護國團」在立森布教使的指導下，目的是以養成日式僧侶為目

---

54 臺灣開教教務所臨時編輯部，《真宗本派本願寺臺灣開教史》，頁 476。
55 臺灣開教教務所臨時編輯部，《真宗本派本願寺臺灣開教史》，頁 476。
56 臺灣開教教務所臨時編輯部，《真宗本派本願寺臺灣開教史》，頁 476。
57 〈正月の餅を貧しき人人へ 園兒から送る〉，《臺灣日日新報》（1933 年 12 月 22 日），3 版。
58 〈佛教護國祭 羅東の道士結成〉，《臺灣日日新報》（1938 年 4 月 9 日），5 版。
59 〈教護團の奉仕〉，《臺灣日日新報》（1939 年 9 月 17 日），5 版。

標。到了 1941 年 4 月，隨著戰爭局勢的吃緊，「羅東佛教護國團」解散，以皇民錬成為最高標，並指定西本願寺布教所及淨土宗布教所為本島僧侶養成中心。[60]同年 9 月 16 日，作為皇民化運動側翼的「佛教奉公團宜蘭支部」假羅東西本願寺布教所成立，網羅宜蘭一市三郡的各宗派負責布教師六人，立森布教使為支部會長，其餘為羅東淨土宗村橋琢善、太平山西本願寺禿憲正、宜蘭東本願寺長崎昇進、宜蘭日蓮宗榊原、宜蘭曹洞宗松尾瑞星、蘇澳西本願寺左藤城雲，[61]其中光西本願寺派就佔三席，可見西本願寺派在皇民化運動下的宜蘭地區的積極態度。

「羅東佛教護國團」在羅東神社除草的仕奉報導
資料來源：《臺灣日日新報》，1939 年 9 月 17 日，5 版

表 2　西本願寺派宜蘭布教使一覽

任別	姓名	任期
第一任	楠祐護	1897.9-1897.12
第二任	柳川洗心（浩然）	1897.12-1899.4？

[60] 〈羅東郡から道士一掃　當局・健全職業轉向慫慂〉，《臺灣日日新報》（1941 年 4 月 25 日），4 版。

[61] 〈佛教奉公團蘭陽支部結成〉，《臺灣日日新報》（1941 年 9 月 19 日），4 版。

第三任	高木場超聖	1918.7-1923-9
第四任	杉浦亮嚴	1923.9-1924.12
第五任	伊藤禪月	1925.1-1926.3
第六任	安藤靈巖	1926.3-1927.8
第七任	宍戶了要	1927.8-1929.3
第八任	池田幹志	1929.3-1933.3
第九任	立森速成	1933.3-1945？

資料來源：綜合前述

五、結語

　　西本願寺進宜蘭布教，有史可稽始於 1897 年 9 月，首位布教使為楠祐護，前後歷任九任布教使，而楠祐護為期最短的是第一任，翌年一、二月間因「素行不良」去職，但是他卻留下齋堂雷音寺非常重要的史料。第二任柳川洗心事蹟不明，僅知道他以宜蘭天后宮為臨時布教所。

　　1899 年 4 月柳川洗心離開之後，西本願寺派有長達 19 年的空窗期，沒派駐任何布教使來蘭，以致 1918 年 7 月第三任布教使高木場來到宜蘭後，深感東本願寺早已深耕發展，頗有難以競爭的態勢，原本有意在最大都會宜蘭街建立布教所，加以經濟因素，只能退而求其次，以羅東為出發點。

　　1920 年 4 月，高木場成立宜蘭佛教婦人會，12 月在地方仕紳所組織的文宗社基金的支持下，設立臺日兒童共學的羅東幼稚園，以凝聚護法善信，終於在 1922 年 6 月 9 日，設立羅東布教所。1923 年 6 月，並設立以日本子弟為主的羅東第二幼稚園。高木場五年的經營羅東有成，奠定西本願寺派在宜蘭布教的基礎。同年 9 月，高木場卸任，並迎來任期僅一年的第四任布教使杉浦亮嚴，之後經過第五任布教使伊藤禪月，在第六任安藤靈巖布教使手上將布教區再擴大，1926 年 3 月 9 日，成立羅東及二結佛教婦人會，致力於婦女教化。

　　之後，第七任布教使宍戶了要，於 1927 年 9 月開設「三星日曜學

校」，1928 年發起組織「宜蘭婦人修養會」、設立「和光修養會」，專門招收藝妓、女侍、酒促女為會員；1928 年 9 月，成立「三星佛教婦人會」，致力於布教修養。第八任池田幹志布教使創立「羅東和光會」，作為釋放者（更生人）保護事業。

1933 年 3 月，立森速成接任第九任布教使後，特別是在 1937 年中日戰爭爆發後，積極推動佛教皇民化運動，1939 年 9 月，主導以道士為班底「羅東佛教護國團」成立：1941 年 9 月，擔任皇民化運動側翼的「佛教奉公團宜蘭支部」支部長。

綜觀整個殖民結束前，西本願寺在宜蘭地區共建立三處布教所，即羅東布教所、太平山布教所、蘇澳布教所。而其社會教化實踐的面向大致有幼稚園、婦人會、釋放者（更生人）保護事業、週日學校、夜校等等。

西本願寺在宜蘭的布教發展，與日本其他宗派一樣，具有強烈社會實踐的趨勢，當時至少另外有東本願寺派、淨土宗、日蓮宗、曹洞宗四派進入宜蘭設立布教所。本研究將逐步推進其他四派的研究，以冀全面了解殖民時期的日本佛教在宜蘭的布教歷史發展。

殖民時期兩岸華僧的交流
——太虛來臺與儒生見聞記遊

一、前言

1917 年冬 10 月，太虛法師（1890-1947）應基隆月眉山住持善慧法師（1881-1945）之邀來臺，不及半月，偕善慧赴日。滯臺期間，除參加月眉山活動外，至中部遊覽，並與臺島士紳酬對。在臺期間自 10 月 27 日起即於《臺灣日日新報》連載其遊臺見聞，名為〈東瀛采真錄〉凡五期，至 11 月 9 日止。此五期所記，實乃於基隆法會期間之見聞，之後往遊臺中，乃至日本皆未記入。遊日歸陸後，方將遊臺後半及旅日見聞一一補入完成，太虛逝後由印順法師編入《太虛大師全集》中。

太虛來臺，是日本殖民時期眾多兩岸華僧交流事件之一，但是，由於太虛在當時中國大陸佛教的地位特殊，故《臺灣日日新報》有許多報導。其滯臺期間於曹洞宗所屬之臺灣佛教中學林演講之〈吾之哲學觀〉，亦自 11 月 20 日在《臺灣日日新報》連載十一期，至 12 月 8 日。

當代研究太虛思想及行誼者不少，而涉及太虛來臺一事，僅見釋慧嚴之〈太虛、圓瑛二大師與臺灣佛教界〉，[1] 以及性瑩法師之〈太虛大師與臺灣有緣—東瀛采真錄摘述〉一文外，[2] 未見其他相關研究。

本文旨在探討太虛臺灣記遊所見之臺灣佛教情況，特別是與臺籍佛教徒、齋友要人間的互動，在兩岸佛教交流具有何特殊歷史意義。

---

[1] 釋慧嚴，〈太虛、圓瑛二大師與臺灣佛教界〉《中華佛學學報》第 17 期（2004 年）。
[2] 原載《普門慈幼月刊》第 128 期（2011 年 9 月）。

二、普陀山閉關與赴臺

(一)閉關與出關

民國肇建後，國事蝸蟺，佛教多事，太虛雖努力於佛教改革，但自承：

> 從民國元年的春天到民國三年的夏天，這兩個半年頭中，我似不曾做過關於佛教的其他事業。……但我內心中善根佛種的時時喚醒我，終不能安處於一般的塵俗生活。到了民三的五六月間，再不耐和光混俗的下去了，乃於秋間入普陀閉關，以「大陸龍蛇莽飛動，故山猿鶴滿清怨，三年化碧書生血。千里成虹俠士魂，一渡蓮洋渾不憶，爐香鐘梵自晨昏」；結束了這一期的夢痕。[3]

感到一事無成的太虛，因而萌生閉關於普陀山之想，最終於 1914 年秋，一償所願。

除了閱藏外，太虛閉關普陀山期間，仍不絕俗離世，詠「幽居原與困磚磨，呼吸常通萬里波」以明其志，每天讀《申報》及其他新聞，凡見有誣謗佛教的言論，為文批駁。[4]

1914 年秋閉關，原本以三年為一期，預定 1917 年秋出關，但太虛於第三年的立春「忽然動念要出關了」，遂請普濟寺住持了餘和尚來開關。出關後太虛坐上籐轎在普陀山轉一圈，雖剃髮但蓄鬚，這就是後來大家所熟悉的太虛形象。[5]

(二)赴臺因緣

普陀山了餘法師欲留太虛在山幫忙，但太虛只在山上盤桓十餘日即下山赴寧波、上海訪緇素道友，最後「在寧波觀音寺與陸鎮亭太史、圓瑛、王吟雪等，結木犀香詩社，頗有唱和」，從圓瑛法師（1878-1953）

---

[3] 《太虛大師全集‧自傳》（新竹：正聞出版社光碟版，2005），頁 209-210。
[4] 《太虛大師全集‧自傳》，頁 215。
[5] 《太虛大師全集‧自傳》，頁 220-221。

處得赴臺因緣，太虛的回憶：

> 時臺灣基隆月眉山靈泉寺寺主善慧，請圓瑛去講演佛學，並托代
> 請水陸正表及頭單香燈。水月法師及他的法徒靈意，已應擔任水
> 陸之事；圓瑛以寧波接待寺、福建會館等事忙，轉請我去。我久
> 圖往游日本，遂要圓瑛先與善慧函約，若能臺灣事畢陪我去日本
> 一遊，方允前去；善慧函復，意甚殷懇，願陪遊臺灣、日本諸處。[6]

　　基隆月眉山善慧和尚原本欲請圓瑛前去演講並主持法會，但因諸事
忙不開身，故請太虛代為前往。太虛久有一遊日本之想，遂修書善慧希
望在臺灣行後，能陪他一遊日本，條件談妥後，終促成太虛來臺。

　　當時上海與臺灣是有定期船班，但護照等手續較繁瑣。此行太虛與
水月、靈意二法師一同來臺，水月法師即寧波七塔寺之岐昌前住持。三
人乃由上海乘日本郵船到位於九州福岡的門司港，再由門司轉往基隆。

　　1917 年 10 月 11 日，從上海出發，13 日抵門司，時善慧已託人來
迎，經詢問，往基隆之船班需至 10 月 16 日下午一時方有，於是太虛趁
兩三天空檔，於 14 日參訪了甲宗八幡宮（門司之武神廟）、小倉市福岡
縣立高等女學校、日蓮宗直淨寺。15 日參訪八幡宮、贈書《寶嚴風韻》
及《真常之人生》各一冊予宮崎政吉，宮崎政吉請其贈稅關官及福岡日
日新聞、門司新聞等五新聞社各一分。16 日，各新聞社社員集議來訪。
16 日下午登船，19 日曉開抵基隆。[7]

三、臺灣紀行

（一）靈泉三塔落成法會

　　1917 年 10 月 19 日清晨，太虛一行三人所乘船班自門司抵基隆，
靈泉寺德專與久寶寺住職兼基隆布教師水野雷幢偕某師來迎，同往慶安

宮。稍作停留後即由德專知客偕乘肩輿登月眉山。[8]

當天抵月眉山後即以〈丁巳九月四日抵基隆初登月眉山宿靈泉寺即事錄請山主善慧大和上指正〉詩作一首呈善慧和尚:

> 不二門開道有師。進行無復費疑思。
> 紆青路比長安直。環翠亭留小住宜。
> 隔樹幽谿銷世慮。問鐘梵剎見僧儀。
> 此身又在瀰山裏。初夜當看月似眉。[9]

地處偏遠的月眉山靈泉寺,沒有車路相通,故只能乘輿前往,太虛寫下他的第一印象,此詩後收入《太虛大師全集》中,並更名為〈登月眉山〉。同行的岐昌法師亦呈詩與善慧酬對。[10]

太虛三人此行頭等要事當然是主持靈泉三塔落成法會。而抵基隆當天,善慧並不在山上,直到翌日才自臺北回。並偕太虛遊觀造塔,塔共三座:中曰開山,左曰報恩,右曰普同。靈泉三塔前有二山,象左伏而獅右騰,殊有形勢。善慧慶太虛題一聯,隨拈「師性馴時先師靈骨在;象王行處萬象法身融」。[11]

自 10 月 19 日至 27 日靈泉三塔落成前,太虛在山歷遊,其中歷九九重陽,獨行山之深處,經大水窟而至寒翠居,而寫下感懷詩句〈靈泉寒翠居〉:

> 寺是靈泉境,未是靈泉心,
> 欲識靈泉心,更入深山深。
> 內有大水窟,潺潺常龍吟。

8　《太虛大師全集‧東瀛采真錄》,頁 319。

9　太虛,〈丁巳九月四日抵基隆初登月眉山宿靈泉寺即事錄請山主善慧大和上指正〉,《臺灣日日新報》(1917 年 10 月 26 日),6 版。

10　岐昌,〈余於丁巳秋初游基隆月眉山靈泉寺即事有感偶占俚句錄呈善慧大法師指正〉,《臺灣日日新報》(1917 年 10 月 26 日),6 版。詩云:為訪幽禪境。不辭跋涉艱。雲山過萬疊。鳥道轉多灣。梵韻人難識。仙花孰可攀。靈泉常自在。無雨亦潺潺。月眉建梵剎。甘露潤秋林。寶塔安高下。靈泉自淺深。閒雲消俗態。頑石證禪心。願假曹溪水。洗塵聽法音。臺有幽人欲我來。來時正值桂花開。開眼遽然超八地。地高直上法雲臺。

11　《太虛大師全集‧東瀛采真錄》,頁 320。

撥雲窮杳冥，曉露濕衣襟；
行盡得禪室，悠然寒翠岑。[12]

10 月 28 日，靈泉寺法會開始，29 日，舉行靈泉三塔落成法會，報導說：

首日即二十九日舉行迎聖，禮請佛祖，臺中廳張清火以下有五百名參拜，夜間有佛教中學林的熊谷泰壽及來自中國普陀山的太虛師說法。隔天三十日法會是舉行靈泉三塔揭幕式，未受下雨影響，是有八百人參與的盛會。三塔中，祖師塔祭拜該寺開山胡善智大和尚，報恩塔祭祀現任住持善慧師之父江順等與母郭氏普碧，更有優婆塞、優婆夷塔祭祀信徒靈骨，已納骨八十一人。本日主要參拜者為顏雲年、經營金山總辦蘇維仁等，臺北茶商亦頗多人來參拜。夜間說法為井山俊英師及太虛師。第三天即三十一日，正好是天長節，照預定，進行天皇陛下聖壽萬歲祝聖大法會，晚上由山主善慧師及來自中國的岐昌師說法。此日，中學林的齋藤道癡師及曹洞宗別院信徒數人，以及臺北廳柴田氏等數人上山。第四天即十一月一日，為各長官紳商等有緣信徒作增壽延福之祝禱。此日主要參拜者有黃□祥、林大化等，久寶寺住持水野雷憧專程上山。下午由齋藤道癡師，晚上由善慧師說法。[13]

另根據太虛的回憶，當時有四位佛教中學林的老師來赴靈泉法會，他們分別是：齋藤道癡、熊谷泰壽、井上俊英、新美俊逸。當時中學林校長大石堅童師回日本，道癡代理中學林一切事務。法會圓滿日天台宗布教師中澤慈愍、日蓮宗布教師堀部行省、曹洞宗臺灣別院布教師富田禪宏亦上山拜會太虛等。[14]

靈泉寺藉新建寶塔落成舉行四日法會，來山士紳與信徒絡繹於途，太虛有兩晚說法，也得以認識臺籍士紳及日方佛教人士。太虛的講題為〈真常之人生〉及〈佛法兩大要素〉，由善慧翻譯。[15]第四天靈泉三塔法

---

[12] 《太虛大師全集・二十編詩存》，頁 78。
[13] 〈靈泉寺大法會〉，《臺灣日日新報》（1917 年 11 月 3 日），4 版。
[14] 《太虛大師全集・東瀛采真錄》，頁 321-322。
[15] 印順，《太虛大師年譜》（竹北：正聞出版社，2000），頁 91。

會後，太虛寫下〈靈泉法會〉一詩：

> 五臺俱會出尋常，七日宏開選佛場。
> 八面玲瓏三寶塔，十方洞達普光堂；
> 洗心藏密穫秋實，止雨停風乞太陽。
> 千尺靈泉兩眉月，待裁霞錦入篇章。[16]

太虛在月眉山前後十七天，11 月 6 日傍晚，與岐昌、靈意二師辭山至基隆市區，住慶安宮，區長許梓桑君，設筵，岐昌、靈意、賢道、德專、顏雲年等陪席。翌日由德專師導遊基隆公園及水族館，同下午赴臺北。[17]寓基隆慶安宮時，太虛寫下〈寓基隆贈許顏二君〉：

> 人生遇合亦何常，翰墨緣深興便長；
> 料得他時歸國後，還應有夢到東方。[18]

太虛在《東瀛采真錄》中，雖載「住慶安宮」，事實上可能是住在當時基隆士紳許迺蘭（梓桑，1874-1945）家，因為報紙刊登了太虛之〈宿基隆許迺蘭先生家即事和歧昌老和尚韻〉。[19]

11 月 7-8 日，太虛在善慧法師的導覽下，7 日晚宿佛教中學林（觀音禪堂），次日遊新北投、士林啟明堂、臺北神社、公園、動物園，並拜會佛教中學林教師道癡、禪宏、熊谷三師。8 日晚，隨善慧法師搭夜車南下，原本欲至嘉義義德佛堂，但因有事改至彰化；9 日，靈意師回國。

在基隆、臺北旅次，太虛至少留下〈曉起即事和迺蘭先生家壁間梁啟超游臺作〉（後更名〈和梁任公壁間韻〉）、〈冒雨游基隆水族館即事〉

---

[16] 《太虛大師全集·二十編詩存》，頁 78。
[17] 《太虛大師全集·東瀛采真錄》，頁 331。
[18] 《太虛大師全集·二十編詩存》，頁 79。
[19] 〈詩壇·支那佛教學者太虛近詩〉，《臺灣日日新報》（1917 年 11 月 11 日），第 6 版。許梓桑，字迺蘭，號德馨，清同治 13（1874 年）7 月 14 日生於基隆。日本殖民臺灣後，許梓桑被派任基隆區街庄長事務所書記，1903 年任基隆街庄長；1937 年被選派為臺北州會員、臺北州協議會員。傳 1945 年臺灣光復，他抱病代表基隆參加受降典禮後，猝逝於慶安宮，享年 72。

（後更名〈詠水族館〉）、〈由基隆赴臺北車次〉（後更名〈赴臺北〉）、〈游臺北街作〉（後更名〈臺北街〉）、〈日本曹洞宗大本山臺灣別院壁間見日本太虛道人所書心經戲作〉（後更名〈紀日本太虛〉）、〈乘車赴新北投沐浴〉（後更名〈新北投溫泉〉）、〈浴後經新北投松濤園赴啟明堂午齋〉、〈士林游次偶作〉（後更名〈遊臺北公園等處〉）。[20]從這些詩作原始名稱，可一窺當時太虛之行蹤。

（二）中臺灣之行

離開臺北，太虛一行坐夜車南下，11 月 9 日「至彰化曇華佛堂。該佛堂修道場七日，堂主林普聯請予（按：太虛）三人與善慧師及臺中諸日本布教師，赴彼說教。予同行四人，到時日尚未午。堂主林柱求字，岐師與予各成即事詩一絕。書一橫幅與之。」[21]曇華佛堂為齊教龍華派道場，當時正在舉行「道場七日」。所謂「道場七日」是指龍華派特有的過光場儀式，一連七天，故謂之。

曇華佛堂建於清嘉慶 25（1820）年，1906 年林普堅購地重建，太虛來曇華佛堂住一星期，當時的堂主為林國柱（普聯）。[22]當天下午太虛等遊八卦山，結識許林（普樹），太虛形容他「為龍華派佛教徒中之碩望耆德，嘗朝參江、浙諸名山大剎，研究內典，覃精神理。初任佛教中學林講師，以病辭去。與諸龍華派信徒，和光同塵，隨緣化導。」[23]

當天來訪者有白沙教育會會長李振鵬，彰化區長楊吉臣及甘得中、施爾錫、施至善、黃臥松、林天爵。[24]

11 月 10 日，太虛往臺中慎齋堂午齋，堂主張清火，午後，岐昌、靈意師由德林師陪同先返臺北，整頓行李準備回國。太虛與善慧師及張清火重返彰化，靈泉寺信徒蔡楗獅約共晚齋畢，至曇華佛堂為眾說法。

[20]〈詩壇・支那佛教學者太虛近詩〉，《臺灣日日新報》（1917 年 11 月 11 日），第 6 版。《太虛大師全集・二十編詩存》，頁 79-80。

[21]《太虛大師全集・東瀛采真錄》，頁 333。

[22] 朱其昌，《臺灣佛教寺院庵堂總錄》（高雄：佛光出版社，1977），頁 359。

[23]《太虛大師全集・東瀛采真錄》，頁 333。

[24]《太虛大師全集・東瀛采真錄》，頁 333。

與日僧臺中寺住職曹洞宗布教師大野鳳洲，及本願寺布教師道後保城會晤。11 月 11 日，在善慧、張清火陪同下遊彰化柑子井善德佛堂，當晚回曇華佛堂參加法會、擊鉢會，會畢，搭午夜火車回臺北。[25]

在善德佛堂參訪中，太虛留詩一首曰：「捲臘秋風黃菊影，開來午日綠柑邨。善心男子慈悲女，一樣如來德州存。」[26]當晚曇華佛堂擊鉢會，太虛詩云：「一會曇花直指心，欣從海外拓胸襟。達磨千載無消息，今日彰城見少林。」[27]

11 月 12 日抵臺北後，曾回基隆，當晚即回宿佛教中學林，善慧弟子「德」字輩僧人德融、德林、德專、德茂，太虛皆與之接觸，頗多稱許，一直盤桓至 18 日，才由善慧陪往臺中參加隔天之展覽會。[28]在六天中，太虛以〈吾之哲學觀〉為題於中學林演講，自 11 月 20 日起於《臺灣日日新報》連載講稿全文凡十一期，至 12 月 8 日止。[29]

11 月 18 日，抵臺中慎齋堂等所設之佛教講演師寓所，藥石訖，赴臺中展覽會佛教講演所。與會者有齋藤道癡、德融、長谷慈圓師、沈本圓、岩田宜純、許普樹、林普崇、曾道舟等。19 日，同善慧師、林柱等參觀展覽會；20-21 日兩晚，由太虛講演，善慧師通譯。[30]

在 11 月 18 日至 11 月 31 日滯臺中期間，太虛與中部士紳名人見交者有霧峰（阿罩霧）林家林紀堂、林獻堂（1881-1956）、區長林幼春（1880-1939）、林燕卿、林梅堂、洪月樵、臺中廳參事林烈堂、臺中博愛醫院張鑫生、張焱生、張清火、張焱生、張吉臣、王敏川、林天爵（1876-1947）、林峻山。11 月 30 日，臺中展覽會閉幕；31 日回臺北，宿中學林；12 月 1 日回基隆，住慶安宮；2 日，善慧和尚來基隆，許梓

[25] 《太虛大師全集·東瀛采真錄》，頁 333-335。

[26] 〈偕靈泉寺善慧和尚至柑子井善德堂〉，《臺灣日日新報》（1917 年 11 月 17 日），第 6 版。

[27] 〈彰化曇花堂祝釐聖壽支廳長勢山先生等皆臨席邀予及善慧師為擊鉢吟贈予詩者頗多予即席和支廳長原韻〉，《臺灣日日新報》（1917 年 11 月 20 日），第 6 版。

[28] 《太虛大師全集·東瀛采真錄》，頁 336-343。

[29] 《臺灣日日新報》（1917 年 11 月 20 日），第 6 版、《臺灣日日新報》（1917 年 12 月 8 日），第 6 版，第 6 版。

[30] 《太虛大師全集·東瀛采真錄》，頁 343-344。

桑、顏雲年（1874-1923）、黃淡梅等設宴餞別，同日下午搭乘亞米利加九赴日本，結束在臺 45 天行程。[31]

四、宗教人士、儒生之酬對

太虛來臺與臺日士紳、宗教人士多有接觸，除了透過德融了解日本佛教情況外，更藉日本在臺佛教各宗僧侶、布教師，對日本佛教現況多所關注。本節僅針對臺籍宗教界人士與太虛之間的往遊，以了解彼此所關心之處。

（一）許林（普樹 1877-1933）

齋教龍華派名人，法名普樹。彰化鹿港人，光緒 3（1877）年生。1895 年日本殖民臺灣後，投身警界。1910 年於鹿港創設博濟院救濟孤貧。兩年後辭去警察職務，投身心宗教工作，常出入鹿港慎齋堂、恩德堂。1913 年與慎齋堂主施炮、彰化曇花佛堂堂主林柱，一同前往大陸禮祖，並由總敕普梅傳列「太空」位階。

1915 年與施炮同受日本曹洞宗囑託為布教師補。同年臺灣總督府新廳舍落成，舉辦「臺灣共進會」，佛、齋教人士善慧、本圓、黃玉階等於會場設「佛教大演講會」。許林亦北上與會。1920 年齋教三大派聯合組成「臺灣佛教龍華會」，設總本山「天龍堂」於嘉義。1922 年被聘為布教主任。同年南瀛佛教會成立，被推為理事兼幹事、講師，同時受聘為曹洞宗中學林講師。1925 年 11 月，代表臺灣出席東京「東亞佛教大會」。會後，參詣京都本願寺，出家為僧，從此篤信真宗教義。返臺後力推真宗信仰，並在員林籌建本願寺員林布教所，即後來之雙林寺。1933 年因病去世，年 55。[32]

---

[31] 《太虛大師全集・東瀛采真錄》，頁 344-351。

[32] 張子文，《臺灣記憶・許林》
（http://memory.ncl.edu.tw/tm_cgi/hypage.cgi?HYPAGE=toolbox_figure_detail.hpg&project_id=twpeop&dtd_id=15&subject_name=%E8%87%BA%E7%81%A3%E6%AD%B7%E5%8F%B2

11 月 9 日，太虛遊彰化八卦山，因託許林買香，當晚許林送香至太虛下褟的曇花佛堂，而有一夕談。[33]在太虛的心中，許林是「龍華派佛教徒中之碩望者德，嘗朝參江、浙諸名山大剎，研究內典，覃精神理」，由於許林為齋教龍華派太空，其辯才無礙，而太虛此行來臺與齋教人士頗多往還，知道齋教在臺灣有一定影響力，故對許林說：

> 予告以臺灣齋友頗多，信心亦足，甚望有智德之士結一佛學社，發心研究佛教大乘諸經典，互相講說，開導未知，令了解佛法之精義，皆真正皈依三寶而造成一完滿無間之佛教團，以發揚佛教之精神。[34]

許林則回答說：「臺灣佛教有名無實，然我派人多用黃葉止啼之方接引之。大法之布施，不得信受。今承下教，尚恐有負熱心耳！」[35]

當時的許林因前一年參加臺北「佛教大演講會」而聲名大噪，在彰化鹿港一帶頗具影響力，他深知齋教龍華派的法門只是「黃葉止啼」的方便法。隨著 1920 年齋教三派組成「臺灣佛教龍華會」，兩年後許林被聘為布教主任，成為南瀛佛教會的理事、講師，而此時的他亦朝佛教淨土信仰靠近，1925 年他出席在日召開之「東亞佛教大會」後，成為日本真宗僧侶，返臺後創建員林雙林寺。

（二）林天爵（1876-1926）、黃臥松（1876-1944）

11 月 9 日晚，除許林來訪外，還有兩位儒家要人，一是林天爵，一是黃臥松。他們所關心的問題與許林又有不同，而著重於儒佛如何合作解決世道頹廢問題，最高潮則是 1927 年，因臺中佛教會館住持林德林的「桃色疑雲」，而引發所儒佛論戰的所謂「中教事件」。

%E4%BA%BA%E7%89%A9%E5%B0%8F%E5%82%B3--%E6%98%8E%E6%B8%85%E6%9A%A8%E6%97%A5%E6%93%9A%E6%99%82%E6%9C%9F&subject_url=toolbox_figure.hpg&xml_id=0000295005&who=%E8%A8%B1%E6%9E%97，2015.7.27 流覽）。

[33] 《太虛大師全集・東瀛采真錄》，頁 333。

[34] 《太虛大師全集・東瀛采真錄》，頁 333。

[35] 《太虛大師全集・東瀛采真錄》，頁 333。

　　林天爵，字修其，號古愚，光緒 2（1876）年生於彰化，書畫天資奇高，八歲即畫〈四愛圖〉，顯露其書畫天分，由其舅周紹祖教授。畢生尊崇孔教，晚年移居員林，對員林地區之文教，有啟迪之功。[36]

　　黃臥松，彰化人，號筆俠，為漢文塾師。彰化崇文社社長。崇文社原是祭祀文昌帝君的神明會，1917 年，彰化塾師黃臥松募集社員，重修倉頡、沮誦牌位，於春、秋兩季，祭拜文昌帝君、倉頡等神明，以改時弊。翌年「因憤慨風俗頹壞，人心不古」，黃臥松遂與賴和、吳貫世倡議徵文，籌組崇文社，黃臥松任社長。其徵文活動持續至 1941 年，長達 25 年之久。[37]

　　對照彰化崇文社的成立與太虛來臺時間，其間頗多耐人尋味之事。

　　1917 年 10 月 6-7 日，崇文社於彰化南垣武廟恭迎倉頡、沮誦二聖。[38]一個月後（約 11 月 8 日左右）發布崇文社主旨凡五條，[39]此時正是崇文社員林天爵、黃臥松於 11 月 9 日晚拜會太虛前夕。

　　當晚來拜會太虛的似乎是儒家系統（漢學）出身的士紳，即白沙教育會會長李振鵬，彰化區長楊吉臣及甘得中、施闕錫、施全善、黃臥松、林天爵等人。其中以崇文社要人林天爵與黃臥松提出儒佛同倡論，先儒後佛，以禦耶教，以拯道衰，太虛與林、黃二人對話如下：

> 林君（天爵）留學東京多年，嘗識太炎居士。聞談佛學，謂「欲使人精研佛學，當先昌明漢學，故擬以佛學同提倡之」，予頗嘉

---

[36] 《興賢吟社先賢簡介・林田爵》

　　（http://library.taiwanschoolnet.org/cyberfair2003/C0322500088/yinshe/s2-2.htm，2015.7.27 流覽）。

[37] 參見蘇秀鈴，〈日治時期崇文社研究〉（彰化：國立彰化師範大學中國文學教育研究所碩士論文，2001），頁 70-76。施懿琳，〈日治中晚期臺灣漢儒所面臨的危機及其因應之道：以「崇文社」為例（1917-1941）〉，收在《從沈光文到賴和：臺灣古典文學的發展與特色》，頁 272-273。

[38] 〈倉沮二聖祭典及恭迎〉，《臺灣日日新報》（1917 年 10 月 10 日），第 4 版。

[39] 〈崇文社主旨〉，《臺灣日日新報》（1917 年 11 月 8 日），第 6 版。崇文社主旨五條如下：1. 尊崇聖人，振興禮教為基礎，綱常之道庶幾不墜。2.喚醒社會迷信，所以尊崇聖人之道，在於嚴肅誠敬，不在物質形式。3.文廟春秋祭祀先師，執事祭品未臻完善，武廟祀典缺修，吾輩胡可漠視。4.聯絡中流以上人物，感情親善，使人人對於地方上義務，有公德心、有團體心。5.教育義團中人，青年會中人，為崇文社員居多，對於一般不在斯二者之人，為崇文社員，將如何親善，使之知所觀感。

其說。黃君則謂:「耶教既興,儒佛應同心禦侮,不可更分門戶。儒於人倫道德,固為粹美;然下之未能使蚩蚩者氓知敬畏,上之間亦未足以饜學者之推求心。唯佛教徹上徹下,能備儒教之未逮,然非孚合儒教,則佛教或未足以利其行」。[40]

在拜會太虛之後,太虛以〈答黃臥松居士〉詩一首相贈:「戰國世重開日局,殺人場欲鬧星球;群魔忍看爭千劫,一鏡誰懸仰萬流。有漏雜心因莫造,眾生同業果須酬;漫漫長夜沉沉夢,一念圓明便不儔。」[41]本詩內容其實是指一次世界大戰在歐洲爆發後,太虛以為西方文明之耶教,已失其宗教功能,希望以佛教來普及世界來相勉。

11 月 13 日左右,以「鞏固德性為基礎,首在尊崇聖人」為由,崇文社發起會員募集。[42]不過,從崇文社成立主旨,到募集會員說帖,皆隻字未曾提到佛教。翌年 2 月,崇文社第一期課題即以「勸孝悌以重人倫論」展開其儒教道德教化工作。[43]

先儒後佛果若是黃臥松等崇文社同仁之理念,在日本殖統治之下的臺籍佛教僧侶,其染日式佛教肉食妻帶之風,或許是黃臥松等儒生所難以接受,終於在 1927 年,以臺中佛教會館主持林德林的一椿「桃色疑雲」為由,崇文社成員以社長黃臥松為首,開始在各報刊上撰文和投書,雖劍指林德林,但意在臺灣本土佛教界,從崇文社所彙編的五集《鳴鼓集》,即可知其大概。林德林首當其衝,風暴波及月眉山靈泉寺善慧、五股觀音山本圓,以及苗栗大湖法雲寺覺力,儒佛對立空前緊張。[44]

1934 年 10 月,儒佛緊張關係已消緩多年,臺南地區人士王則修、陳江山等代表特赴彰化崇文社,贈送「崇正衡文」一方,王則修朗誦祝詞,黃臥松致答詞,林天爵致謝詞,祝詞中說到:

[40] 《太虛大師全集・東瀛采真錄》,頁 334。

[41] 《太虛大師全集・二十編詩存》,頁 81。

[42] 〈崇文社募集春秋致祭倉沮二聖暨文昌關帝會員序〉,《臺灣日日新報》(1917 年 11 月 13 日),第 6 版。

[43] 〈彰化崇文社第一期課題〉,《臺灣日日新報》(1918 年 2 月 11 日),第 4 版。

[44] 江燦騰,〈日據時期臺灣新佛教運動的先驅──「臺灣佛教馬丁路德」林德林的個案研究〉,《中華佛學學報》第 15 期(2002 年),頁 255-303。

> 蓋以崇文社，創立於滄桑浩劫之後，漢學式微之秋，歷期徵文，以翼世道人心，以扶綱常名教，挽既倒之狂瀾，作中流砥柱，厥功匪鮮。[45]

從文可知，崇文社主要目的是高舉儒家人倫綱常，矯正不古之人心，黃臥松當時晤太虛所言之「唯佛教徹上徹下，能備儒教之未逮」，在「林德林事件」後，似乎專心地走以儒治世之道，而不再談儒佛同倡，某個程度崇文社還具有反佛色彩，在日本殖民後期留下儒佛的緊張關係。

（三）林獻堂（1881-1956）

11 月 20 日之後，太虛應林紀堂（1874-1922）之邀，遊阿罩霧，林獻堂請太虛等於家中說法。當晚善慧師說法畢，太虛略為說：

> 佛法之實踐，不外大小乘兩種道德：小乘道德，即人生道德，所以造成各個人完善粹美之人格，如孔門所云人人有士君子之行者是也。大乘道德，即世界道德，因了知萬法互為緣起，個人不僅個人，乃法界無量因緣所緣成而無個人相，家庭不僅家庭，國家不僅國家，世界不僅世界，亦皆法界無量因緣所緣成，而無家庭國家世界相，故自他不二，物我無間，孳孳然恆以攝化家人，開導社會，嚴淨國土，使咸進於善，即為自修之福德智慧。然二種道德，實相成而不相悖者。而小乘道德，尤為道德之根本，譬之分子不良，即不能有良團體。故欲修大乘道德，必先以小乘道德為方便也。[46]

雖然不知道林獻堂有何回應，但是，從太虛詩贈林獻堂謂：「淨名居士是前身，會得無言道最真；卻引文殊來說法，一時傾讚動天人。」[47]當然，霧峰林家是傳統華人家庭，儒佛兼修，雖然未明林獻堂佛教理念，

---

45 〈贈區崇文社〉，《臺灣日日新報》（1934 年 10 月 20 日），第 8 版。

46 《太虛大師全集・東瀛采真錄》，頁 345。

47 太虛，〈贈林獻堂〉，收在《太虛大師全集・二十編詩存》，頁 84。

但他深受梁啟超政治理念影響，志在以政治改革為臺民謀福利，頗有佛教入世精神。

林獻堂名朝琛，號灌園，以字行。1881 年 11 月 1 日生於阿罩霧庄（臺中霧峰），七歲啟蒙，受傳統漢文教育。十五歲那年，臺灣割讓日本，雖一度為避戰禍攜眷內渡，但仍返臺。1907 年，第一次赴日旅遊，拜會梁啟超，深受啟迪並推動「非武裝抗日運動」。1911 年，梁啟超來臺訪問，勸說林獻堂、林幼春叔侄，不可「以文人終身」。1913 年，民國肇建次年，林獻堂前往大陸遊歷；1914 年參與要求「與日本人同樣權利待遇」的「臺灣同化會運動」；1918 年領導留日臺籍學生，向日本政府呼籲撤銷其賦予臺灣總督之律令制定權及禁錮臺民的「六三法」；1920 年，林獻堂赴日與臺灣留日學生組織「新民會」，展開為時十四年共計十六次的臺灣議會請願運動。「新民會」為啟迪臺灣人民思想，後來發行「臺灣民報」。臺灣光復後，林獻堂被選為臺灣省參議員、國民參政員，曾任省通志館館長。1956 年 9 月 8 日，於日本病逝，回葬臺灣。[48]

（四）洪月樵（1826-1929）

被太虛稱為「臺灣之遺老」的洪月樵，於太虛來遊中彰之際，嘗遣其門人某君將其所著《寄鶴齋詩話》二集相贈，並有書云：

> 太虛上人禪座慧鑒：僕處荒海，心在中原久矣，而方外名流，尤僕所千里神交者也。聞上人本吾儒一脈，有託而逃，殆亦如明末王翰、萬壽祺，感憤滄桑，棄冠帶而披緇，一稱願雲師，一稱萬道人者歟？頃稔上人飛錫臺中，吐廣長舌，現菩提身，說蓮花法。僕聞之不覺神往心馳，恨不得皈依玉麈，聽生公講偈耳。爰特寄上近刷小詩二部，聊結香火之緣。昔白香山託詩集如滿禪師，僕非欲謬希前賢，特以僕在此間，鬱鬱不樂，潛夫雖未遂九洲之行，少文終懷五岳之志。他日者表上通台，帕出函關，擬由吳淞口而溯錢塘潮，游明聖

---

48 《林獻堂》（http://library.taiwanschoolnet.org/cyberfair2001/C0112400335/main604.htm，2015.7.27 流覽）。

湖而謁普陀山，則與上人拈花握笑，將藉此詩為賓介之方。惟望上
人攜歸武林勝地，置諸花木禪房，不效徐陵涼德，沈魏收之書於江
中；不作世翼詭行，投信明之詩於水底，則幸甚！[49]

從文中可知洪月樵，儒佛學造詣甚佳，表明一遊神州之志，並欲謁普
陀山，與太虛談論禪機。

洪月樵，彰化鹿港人，名一枝，又名攀桂，字月樵。日本殖民後，改
名繻，字棄生。14 歲為縣學生。著作有《寄鶴齋詩集》、《寄鶴齋古文集》、
《寄鶴齋駢文集》、《寄鶴齋詩話》、《八州遊記》，以及史記《瀛海偕亡記》、
《中西戰記》、《中東戰記》等。其清代詩作對於官吏貪贓枉法等惡行，嚴
加抨擊。日本殖民統治後，反對日本統治，曾經參與武裝抗日活動，因其
批評日本殖民統治而遭逮捕，繫獄經年。[50]

太虛回贈〈真常之人生〉、〈佛教與吾人之關係〉二文，及《昧盦詩錄》。
幾天後數，洪氏又贈書一函至，書云：

太虛法師梵座慧鑒：昨日蒙惠示佛書、禪語二卷，昧盦詩一卷，鍼
芥相投，僕深幸託詩之得人。僕早歲慕楞嚴、法華二經，因多方求
得一覽，覺其茫無涯涘，不免望洋興阻。乃昨偶味上人說法，頓見
彼岸有筏，不必讓達摩一葦渡江也。昧盦之詩，戛戛生新，無蔬筍
氣。又視上人志在遠公、支公一流，而詩已兼釋惠休、釋齊己，釋
皎然一流矣！[51]

洪月樵稱他早年讀《楞嚴經》、《法華經》之心得，並大力稱讚太虛有
廬山慧遠（344-416）、支道林（314-366）之高志，而其才氣已如釋惠休、
釋齊己，釋皎然等高僧。

太虛與洪月樵雖未及謀面，但卻頗惺惺相惜，在回臺北途中，太虛方
讀洪月樵詩文，謂：「覺其故國之思，流露行間，殆謝皋羽、張蒼水之流亞

[49]《太虛大師全集・東瀛采真錄》，頁 346。

[50]《國立臺灣文學館文學知識平台・彰化鹿港洪月樵》
（http://www.nmtl.gov.tw/ikm/index.php?option=com_klg&task=ddetail&id=171&Itemid=238，
2015.7.28 流覽）。

[51]《太虛大師全集・東瀛采真錄》，頁 346。

歟！」因作書遙寄云：「珠碎南崖，槎浮東海。變入滄桑，注破冬青之引；迸來哀憤，幻成春豔之歌。聞夏聲而如在，知漢澤之猶存，爰和鶴唳，用達鶯鳴」。[52]

五、結語

　　1917 年 10 月 19 日至 12 月 2 日四十餘天，民國佛教改革派領袖人物太虛，來臺參加基隆月眉山靈泉寺法會後，南下中彰地區，與當地宗教人士及儒生往還酬對。對於日本殖民時期，兩岸華人對於社會、人心、民風的改革，或以用佛理，或以用儒道，或以取徑政治，其情況及內容，或是載於《臺灣日日新報》，或是錄於《東瀛采真錄》中，其憂國、憂民、憂教之念，躍然紙上。

　　太虛本身來臺之前，其佛教改革事業尚未正式展開，赴日歸國後，鼓吹佛教革新，創辦《覺社書》雜誌，後改名《海潮音》月刊以為倡導，其影響力漸及臺灣。

　　日本殖民時代的臺灣佛教，許多知識僧侶漸染日式佛教肉食妻帶之風，彰化崇文社表面上雖以林德林個人「桃色疑雲」為契機，展開對「破戒僧」的聲討，其實或許有來自以黃臥松等儒生為首，希冀「儒佛同倡」的深層關懷。向來主張「僧事僧決」的佛教界，雖不致對僧侶操守置若罔聞，但又何勞儒教置喙。因此，崇文社員或許在尋求「儒佛同倡」中，深感佛教知識僧之「墮落」，而發起清理戰場之役，其真正的目的應是反對臺僧日本佛教化吧！除了崇文社外，從與太虛接觸的其他士紳文人身上，似乎亦可以嗅到濃濃的反殖民思想。

附錄：1917 年太虛臺灣紀行簡表

時間	地點	活動內容	備註
10 月 11 日	上海出發	前往九州門司港	與岐昌、靈意同行。

---

[52] 《太虛大師全集・東瀛采真錄》，頁 346-348。

10月13日	抵九州門司港	下褟寓茶庄館	—
10月14日	九州福岡	參訪甲宗八幡宮（門司之武神廟）小倉市福岡縣立高等女學校、日蓮宗之直淨寺。	—
10月15日	九州福岡	訪八幡宮、贈書《寶嚴風韻》及《真常之人生》各一冊予宮崎政吉，宮崎政吉請其贈稅關官及福岡日日新聞、門司新聞等五新聞社各一分。	—
10月15日	九州福岡	上午，各新聞社社員集議來訪。下午一時登船往基隆。	—
10月19~27日	曉抵基隆港	19日，靈泉寺德專與久寶寺住職兼基隆布教師水野雷幢偕某師來迎，同往慶安宮稍停，隨往月眉山。	—
10月29日~11月1日	月眉山	靈泉三塔落成法會。	29及30日夜間，太虛於山上說法。
11月6-7日	基隆遊	6日晚住慶安宮，次日遊基隆公園及水族館。	德專師導遊。
11月7-8日	臺北遊	7日晚宿佛教中學林，次日遊新北投、士林啟明堂、臺北神社、公園、動物園。	善慧師導遊。
11月9日	彰化遊	9日於曇華佛堂說法。	結識當許林、白沙教育會會長李振鵬，彰化區長楊吉臣及甘得中、施爾錫、施至善、黃臥松、林天爵。
11月10日	臺中遊	遊臺中慎齋堂，住曇華佛堂。	岐昌、靈意師由德林師陪同先返臺北。
11月11日	彰化遊	柑子井善德佛堂，當晚回曇華佛堂參加法會、擊鉢會。	當晚搭火車北返。
11月12-18日	回臺北	住臺北佛教中學林，連六晚演講〈吾之哲學觀〉。	與善慧弟子「德」字輩僧人德融、德林、德專、德茂等接觸。

| 11月 18-30日 | 臺中遊 | 善慧陪往臺中參加展覽會。住慎齋堂，20-21日兩晚於臺中展覽會講演，由善慧師通譯。 | 滯留臺中期間，與中部士紳名人見交者有霧峰（阿罩霧）林家林紀堂、林獻堂、區長林幼春、林燕卿、林梅堂、洪月樵、臺中廳參事林烈堂、臺中博愛醫院張蟲生、張焱生、張清火、張焱生、張吉臣、王敏川、林天爵、林峻山。 |
| 11月31日 -12月2日 | 回臺北 | 11月31日回臺北，宿中學林；12月1日回基隆，住慶安宮；2日，善慧和尚來基隆，許梓桑、顏雲年、黃淡梅等設宴餞別。 | 12月2日下午搭乘亞米利加丸赴日本，結束在臺45天行程。 |

資料來源：綜合前述整理

殖民時期兩岸佛教交流舉隅

一、前言

　　日本殖民時期，特別是民國肇建後，兩岸佛教的交流十分頻繁，一部分臺僧赴大陸留學，進而直接或間接結識當時顯赫一時的名僧、高僧，最為人而熟能詳的當屬太虛（1890-1947）、圓瑛（1878-1953）二師與基隆月眉山靈泉寺善慧法師（1881-1945）；會泉法師（1874-1943）與高雄大崗山僧眾；慧雲（林子青，1910-2002）、巨贊法師（1908-1984）與開元寺證光法師（1896-1955）等之往來。

　　但是，還有一部分的民國高僧大德與臺灣其他緇素的交往卻鮮為人知，如諦閑法師（1858-1932）與新竹五指山觀音寺、仁山法師（1887-1951）與臺中毗盧寺、太虛大師與妙吉法師（1903-1930）等。

　　兩岸僧侶緇素的交往，一方面揭開部分鮮為人知的臺灣佛教史，另一方面則對臺灣佛教改革產生具體影響，這是當代兩岸佛教值得書寫的一頁。

二、諦閑法師與新竹五指山觀音寺

　　諦閑法師為民國天台宗大師，名古虛，字諦閑，號卓三，浙東黃氏子，咸豐戊午年（1858）生，自幼失怙，從舅氏讀書，19 歲母喪，決志離俗，禮本邑嵩巖山常寂寺成道法師出家，二十歲披緇，乃走天台山禮祖塔於高明寺，受具足戒於國清寺；二十四歲依敏曦法師聽講《法華經》，頓明一心三觀；光緒 10（1884）年冬，始講《法華經》於杭州西湖六通寺；光緒 17 年，掩關於慈谿盧山勝果寺；光緒 19 年起，宏講《法華經》、《楞嚴經》於各地；光緒 29（1903），住持頭陀寺，翌年入京奉請《龍藏》；光緒 32 年春，傳戒後退席，旋赴天台山華頂、四明寶慶寺、上海龍華寺、南京毘盧寺、甬江報恩諸寺，分期宣講；宣統改元，任江

蘇僧教育會創辦之師範學校校長；宣統 3 年赴鄧尉聖壽寺講《楞嚴經》，校務付月霞法師；民國元年，居滬上，講《百法》於留雲寺，鄞縣知事沈君，請歸主觀宗寺，因就寺設弘法社、研究社。[1]

　　光緒 12（ 1886 ）年，諦閑法師受定融法師授記付法，傳持天台教觀第四十三世。[2]而諦閑法師與臺灣新竹竹東五指山觀音寺創建人有何關係，竟於民國 17 年夏曆 12 月，為竹東五指山創建梵剎寫序：

> 臺灣新竹州竹東郡五指山者，最著名之佳趣也。繪巒繡谷，湧七寶於蓮臺，伸手摩天，象雙林於桂苑。追憶時賢，定澄三心泯寂。……惟臺灣名山，在凌霄實為稱首，而凌霄梵剎，在法雨實以當先。半嶺白雲，孰覩如來之寶像？滿山明月，誰開妙法之瑤函？緬維龍像冠簪之場，翻作狐兔荊榛之地，佛緣無礙，屬氣運之將開，妙法方隆，覺山川之先秀。爰有大心開士，欲令佛日重輝，鷲嶺拈華，獨悟破顏之的旨，臺崖得法，雙弘止觀之玄宗……。[3]

　　竹東五指山之梵剎觀音禪寺，序文中稱「爰有大心開士，欲令佛日重輝」，而大心開士為何人？據 1941 年《紀元二千六百年臺灣佛教名蹟寶鑑》載，其創立時間為「始自地方開闢」，而創建者為「達聖大和尚」，達聖於昭和 14（1939）年 2 月寂後，達通法師被聘為第二任住持。[4]

　　然光復後（1957）的資料指出，五指山觀音寺建於民前 6（1906）年，開山為妙禪和尚（1886-1965），原名開山寺，第四代為寶月和尚，第五代為達通法師。[5]然據 1989 年的調查，觀音禪寺建於昭和 2（1927）年。[6]

　　綜合上述，諦閑撰〈臺灣五指山創興梵剎序〉約為 1928 年，這與

[1] 不著撰人，〈傳記‧諦閑法師略傳〉《弘法特刊》第 1 期（1932 年 2 月），頁 1。

[2] 不著撰人，〈天台宗四十三世諦閑大師〉（http://www.budaedu.org/doctrin/t15.php，2016.10.22 瀏覽）。

[3] 諦閑，〈文苑‧臺灣五指山創興梵剎序〉《宏法社刊》第 5 期（1928 年 12 月），頁 32-33。

[4] 施德昌，〈觀音禪寺〉《紀元二千六百年臺灣佛教名蹟寶鑑》（臺中：民德寫真館，1941），頁 36。

[5] 張文進，〈觀音寺〉《臺灣佛教大觀》（臺中：正覺出版社，1957），頁 112。

[6] 楊國連，〈觀音禪院〉《臺灣佛寺導遊（三）》（臺北：菩提長青，1992），頁 124。

1989 年調查觀音禪寺建於 1927 年吻合，而當時住持為「達聖大和尚」，而達聖極可能就是第四代寶月和尚。果爾，則諦閑與寶月的關係為何？

從日本總督府發行的《南瀛佛教》來看，寶月和尚時常在刊上發表詩稿，在 1934 年 6 月，釋無上的〈贈觀音禪寺寶月大師〉漢詩有一句「師居五指度蒼生」；[7]1936 年 10 月 1 日，寶月和尚曾為中部地震亡者舉行超薦法會。[8]

1925 年 9 月創刊的《臺灣佛教新報》載：「萬華龍山寺覺力、寶月兩上人，因慨本島道德宣傳力之缺乏，乃邀集同事，創刊臺灣佛教新報，每月三回，欲宏示各宗派學說，以為道德的運動，援助布教普及，使島民精神咸歸於慈善……。」[9]寶月俗名陳煥琳，為《臺灣佛教新報》發行人，[10]可見寶月和尚為一學問僧，只可惜《臺灣佛教新報》只維持到 1925 年底。寶月和尚與天台諦閑究竟關係如何，尚不得而知，但從寶月所負責之《臺灣佛教新報》歷年作者有唐大圓、轉逢、圓瑛等大陸著名緇素來看，或許寶月可能因此與諦閑法師結識。

三、仁山法師與臺中后里毗盧禪寺

民國仁山法師（1887-1951）以「大鬧金山寺」而名赫一時。仁山法師，生於清光緒 13（1887）年，字今藏，鎮江金壇縣人，俗姓顧，母焦式。幼讀書，聰明不凡，17 歲應科考，名列前茅，19 歲遁俗出家，於金山法海洞禮西來和尚披剃，是年冬受戒於寶華山。後遊學於揚州普通僧學校、南京祇桓精舍、南京佛教師範學校。民國元、二年，有志振興佛教，然因所謀輒左，事遂未成，全國僧俗皆知仁山。民國 3~5 年，卓錫金山觀音閣；6 年住揚州仙鎮大聖寺；7 年，弘揚華嚴俞邵伯來鶴寺，繼為諦閑所邀，同赴北京講《圓覺經》。護法居士葉譽虎資助辦學，

---

[7] 釋無上，〈贈觀音禪寺寶月大師〉《南瀛佛教》第 12 卷第 6 期（1934 年 6 月），頁 50。

[8] 〈五指山の祭典〉《南瀛佛教》第 14 卷第 12 期（1936 年 12 月），頁 48。

[9] 不著撰人，〈龍山寺佛教新報〉《臺灣日日新報（漢文版夕刊）》（1925 年 10 月 6 日），4 版。

[10] 《臺灣佛教新報》第 1 卷第 3 號（1925 年 10 月），版權頁。

諦閑為正，師輔之，僅年餘，諦閑臥病，舉法華玄義、摩訶止觀皆師獨立演講，觀宗寺宏法社之圓成，實師之力。民國 11 年夏受高郵普霞老和尚之請，主席放生禪寺，獨辦天台宗學院。數年中於寒暑，受聘各地演講，民國 17 年前後，於金山創辦《法海波瀾》雜誌。[11]

民國 21 年許，他曾為臺中后里毗盧禪寺題碑銘，名曰〈臺灣毗盧寺碑銘〉，從行文中僅知他對當時主事之妙塵優婆夷行事頗為讚嘆，雖然他並不認識妙塵（？-1954），而輾轉從其法徒又山接受臺僧真常（1900-1945）的請託：

> （臺）中州豐原郡，有太平山，築寺於其上，額曰毘盧寺焉。南顧大甲河，北繞大安溪，七星山輔於左，火焰山弼於右，幽篁蔽日，古木參天……此太平靈嶽，必待善女妙塵，賞之鑑之，經之營之，芟之植之，築佛寺於其上，聚修真逾其內，經聲佛號，六時常聞，暮鼓晨鐘，四季不斷……而斯山斯寺，猶必待善女妙塵而始著也。人傑地靈，其以此歟。善女妙塵者，中學畢業，才智兼優，乃呂林氏覺滿之姪女也。覺滿女士，性善好施，中年失所天，遂皈佛茹素，教育子女，不遜孟母，對於佛化事業，社會慈善，最喜熱心贊助。晚年，觀臺灣佛教之興，惟僧伽居士，殷殷提倡，而有志女子，欲修真辦道，助揚佛化，無一清淨所焉。遂發宏願，捐私產，建精藍，以為自利利他之所，數數覓地，未得其當，遂抱恨已沒。妙塵女士，賢孝人也，念先姑母之菩提大願，未克成就，乃繼續其志，托堪興家，各處擇地，閱時二載，果得靈境太平山焉。……寺既成，聞進行事業，其要有四：一收容有志修道女子，二設立佛畫學校，培養人材，三組織慈善救濟會，四實行佛化女子。宣傳真理，嗚呼，覺滿之宏願，必待妙塵始圓也。……吾觀覺滿、妙塵二女子，發心之大，利人之切，不久當得阿耨多羅三藐三菩提。[12]

本碑銘不僅是仁山法師與臺灣教界往來之見證，同時亦透露鮮為人

---

[11] 仁厚，〈仁山法師小傳〉，《法海波瀾》第 1 期（1929 年 2 月），頁 10。

[12] 仁山，〈臺灣毗盧寺碑銘〉《香海佛化刊》第 1 期（1932 年 3 月），頁 22-24。

知的臺灣佛教史，尤其是毗盧寺的歷史。

后里毗盧禪寺創建於民國 17 年 12 月，豐原望族呂厚菴（1869-1907）為晚清秀才，其夫人林氏乃霧峰名門閨秀，婚後育有四女霓裳、淑媛、淑棋、淑姜，1907 年呂厚菴病逝，年僅 38 歲。頓悟人生無常的夫人林氏，適逢覺力和尚（1881-1933）弘法於中部，乃率四女及兩姪女仙籌、操越至苗栗大湖法雲寺皈依。林氏法名覺滿，四女分別為妙塵、妙觀、妙識、妙湛，姪女為妙本、妙遍，眾議建寺，林氏卻腦溢血過世，六女秉遺志，尋覓經年，終覓得現址。民國 19 年 10 月 20 日，大殿落成，恭請覺力和尚為開山祖師，民國 22 年 4 月，覺力圓寂，住持由妙塵繼任。[13] 上文與仁山法師所記稍有出入者，乃妙塵究竟是林氏姪女還是女兒，而仁山法師所記毗盧寺進行四項佛教事業，乃首見之說，值得注意。

仁山法師為民國改革派僧侶，其對具有新思維女性不吝讚嘆，亦符合其性格，故而言曰：「較之本具六根之男子，昏迷倒惑，無惡不作，成佛之期，無有希望者，不可以道里計矣。」[14] 寺院竣工後，妙塵請比丘真常，代為祈乂勒石垂遠。仁山法師表示：「真常與予，從未一面，轉託予之法徒又山為之介紹」，[15] 二十餘年未出國的仁山法師，其毗盧寺資料恐係真常法師所提供，故而欣然為文「為將來遊臺之動機」，其銘題曰：

> 娑婆穢土，折服剛強；極樂境界，攝受善良。諸佛悲願，各有其長；利樂群生，等無二相。或現男身，或示女裝；形形色色，此界他方。粵有臺灣，太平之岡；奇峰突出，天然道場。女士妙塵，克紹先方；築毗盧寺，微妙堂皇。用金孔多，大解其囊；不一載久，萬嚴頓張。佛殿巍然，廊舍翱翔；聚集女眾，演戒定香。諸緣屏絕，妙契寂光；人人達本，個個還鄉。方便誘度，聖賢心腸；無涯辭海，現大慈航。勒功貞石，名垂無疆。[16]

[13] 闞正宗，〈毗盧禪寺〉《臺灣佛寺導遊（五）》（臺北：菩提長青，1996），頁 127-131。
[14] 仁山，〈臺灣毗盧寺碑銘〉《香海佛化刊》第 1 期，頁 23。
[15] 仁山，〈臺灣毗盧寺碑銘〉《香海佛化刊》第 1 期，頁 23。
[16] 仁山，〈臺灣毗盧寺碑銘〉《香海佛化刊》第 1 期，頁 24。

　　本碑銘乃首次出現,過去田調時從未得見,乃讚嘆妙塵之佳文。真常法師,俗名曾易書,新竹關西人,1900 年生,1915 年依達聖法師出家;1919 年赴安徽九華山受戒,旋入安慶佛學院,親近常惺法師(1896-1939),三年期滿轉赴南京內學院攻讀法相,三年有成回臺。[17]1935 年 2 月,慧雲(林子清)來臺時,曾拜會后里毗盧寺,寫下〈登后里毗盧寺〉一詩:

趁閒來訪故人居　　山阿有寺號毗盧
莊嚴蘭若連雲起　　萬山環拱入畫圖
煙樹披離同梵網　　知是同來之所都
洪荒未闢少人到　　紺宇成時客載途
呂家姐妹後先覺　　能於末俗振聾愚
講座談經有開土　　伊蒲常滿首積廚
琳宮獨供一尊佛　　此是南瀛向所無
三千煩惱頓時斷　　八萬法門何所殊
悟得同來真妙道　　凡聖人天同一鑪[18]

　　同時寫下〈毗盧寺訪真常法師〉,[19]可見當時真常法師應該常駐於毗盧寺。臺灣光復後,首先負起臺灣(省)佛教會之成立者乃真常法師,惜英年早逝。

　　值得注意的是,真常的師父達聖,即是前述竹東五指山的觀音寺住持,而天台宗諦閑為五指山寫序,另天台宗行者仁山又與諦閑關係密切,真常法師 1919-1925 期間在大陸安慶、南京求學,特別是南京的地緣關係有可能是與仁山結識的機緣。

---

[17] 闞正宗,《臺灣佛教一百年》(臺北:東大圖書,2015),頁 74。

[18] 慧雲,〈登后里毗盧寺〉《南瀛佛教》第 13 卷第 2 期(1935 年 2 月),頁 38。

[19] 《南瀛佛教》第 13 卷第 2 期(1935 年 2 月),頁 38。詩曰「為訪故人得得來　青山重複畫圖開　看雲覓路心無著　策杖閒吟客與陪　信步漫登蘭若路　振衣直上梵玉臺　冬花滿眼依人媚　塔樹成行繞屋栽」。

四、太虛大師與羅妙吉

（一）大陸留學之路

羅妙吉（1903-1930）為苗栗法雲寺派新竹客籍僧人，1903 年生，俗名瑞祥，字健豪，[20]1917（大正 6）年禮覺力法師出家，1921（大正 10）年於鼓山湧泉寺依振光和尚受具足戒。[21]1925（大正 14）年從太虛法師所創辦之武昌佛學院畢業，回臺後與同是留學大陸安徽佛教學校（安慶佛學院）的徒弟輩達玄法師，於同年 10 月籌建佛學院。[22]同年 11 月，即參加在日本東京增上寺所舉辦的「東亞佛教大會」。「東亞佛教大會」結束後，在覺力、妙吉師徒的邀請下，促成大陸代表道階法師（1870-1934）及佛化新青年代表張宗載（1896-？）、甯達蘊（1901-？）來臺訪問。[23]翌年 4 月初起，隨即展開全臺巡迴演講，並積極地籌辦佛教事業，包括成立「臺灣阿彌陀佛會」、佛教唯心大學與《亞光新報》等等。

1930 年 4 月 20 日，病逝於臺北馬偕醫院，於三板橋葬儀堂火化後，歸葬苗栗法雲寺，[24]年僅 28 歲。

1921 年，妙吉受戒於鼓山，這一年應該也是他進入武昌佛學院之時，最晚應不會超過 1922 年。1925 年回臺的同年底赴日本參加大會，翌年開始巡迴演講，前後兩個月，接著於法雲寺成立「臺灣阿彌陀佛會」、創辦《亞光新報》、任艋舺龍山寺副寺（住持為覺力和尚，1922 年 9 月出任）等等，[25]都說明羅妙吉極受覺力和尚的器重，應該是有意

---

[20] 施德昌，《紀元二十六百年記念・臺灣佛教名蹟寶鑑・新北投曹洞宗布教所（法藏寺）》（臺中：民德寫真館，1941），無頁碼。

[21] 法雲寺，《觀音山法雲禪寺菩薩同戒錄》（苗栗：法雲寺，1928），頁 1。

[22] 〈法雲寺設佛學院〉《臺灣日日新報（夕刊）》（1925 年 10 月 15 日），4 版。

[23] 〈來臺中華僧一行〉《臺灣日日新報》（1925 年 11 月 27 日），4 版。

[24] 〈臺灣宗教革新會長羅妙吉師〉《臺灣日日新報（漢文版夕刊）》（1930 年 4 月 23 日），4 版。

[25] 艋舺龍山寺前住持福智法師圓寂有年，覺力和尚 1922 年 9 月出任艋舺龍山寺住持，參見〈覺力師之駐錫〉《臺灣日日新報》（1922 年 3 月 30 日），4 版。

培養其為法雲寺派第二代接班人選。

（二）佛教大學與「臺灣阿彌陀佛會」

深受太虛大師影響的羅妙吉，回臺翌年於 1926 年 7 月初，發表〈籌建佛教唯心大學序〉：

> 妙吉童年遊學中華，去年大學畢業歸臺，旋復赴東亞佛教大會，耳濡目染，總以統一世界，和平眾國，人生幸福為宗旨。然世界之統一，眾國之平和，人生之幸福，非佛教之模範教育，必不能也。佛教雖有如斯威德，而不從學校方面發展，收天下學士名人，亦無以達其目的。妙吉于欲于中華之北京、上海，日本之東京、臺灣，各建佛教唯心大學校一所，廣施教化，使人人知佛化，而普及全世界……。[26]

羅妙吉籌建世界性佛教大學的構想，很明顯有受到太虛大師的啟發及影響。只是籌設佛教大學談何容易？財源就是一大問題。妙吉法師於是在 1927 年元月發起籌設「臺灣阿彌陀佛會」，[27]一方面籌措財源，另一方面宣傳各種理念。很快獲得回響，新竹吳妙圓與信徒，喜捐巨資，並聘請大陸名師雕塑阿彌陀佛像。[28]

「臺灣阿彌陀佛會」以每年舉行兩次法會，為現世會員消災祈福延壽，為亡者超薦往生西方淨土為宣傳，會員分名譽會員、特別會員、正會員、普通會員四種，獲得高度認同，同時籌辦佛教事業，內容分為：教育部、宣講部、慈善部、編輯部、實修部，並設立佛學研究社、禪堂、念佛堂、圖書館、放生會、布教團等。[29]

雖然「臺灣阿彌陀佛會」成立才短短四個月，但是由於運作成功，同時吸引所多士紳加入，於是妙吉法師便以該會為後盾，發起籌辦《亞光月報》，以廣為宣傳其教育、慈善等理念。

---

[26] 羅妙吉，〈籌建佛教唯心大學序〉《臺灣日日新報》（1926 年 7 月 10 日），4 版。
[27] 〈大湖法雲寺設彌陀會〉《臺灣日日新報》（1927 年 1 月 4 日），8 版。
[28] 〈會員獻金佛　為彌陀會本尊〉《臺灣日日新報》（1927 年 1 月 19 日），4 版。
[29] 〈阿彌陀佛會籌辦事業內容〉《臺灣日日新報》（1927 年 1 月 31 日），4 版。

（三）宗教革新會

1927 年 7 月，發起的「宗教革新會」是羅妙吉的另一宗教事業，其改革理念亦有太虛大師改革佛教的影子，宗旨為「主宗於革除舊習迷信及惡僧侶，宣傳釋迦慈悲道德為救世主」，「一、打破不合時勢的迷信　二、宣傳真正的大乘法理　三、肅清敗類的教徒　四、養成科哲的人才　五、進行有益民生的主義　六、喚醒島民的癡愚大夢　七、實踐大同平等的幸福」。[30]

「宗教革新會」與前述「臺灣阿彌陀佛會」都附屬在《亞光新報》下一起運作。

（四）《亞光新報》的創辦

1927 年 6 月，開始籌辦《亞光月報》，內定連雅堂（1876-1936）為編輯主任，預計同年 7 月中發行。[31]同月他發出〈阿彌陀佛會亞光月刊募集基金啟〉，創報目的在「專以弘揚佛法，啟導人心，對島內巡迴講演，藉以公開議論，互助思想，上承絕學，下挽狂瀾，並擬建學社，培養人材。」[32]

《亞光月報》的創辦具有改革社會風氣、佛教弊習之目的，而其背後所運作者為「阿彌陀佛會」。《亞光月報》組織完備，社址設於大湖法雲寺，發行事務所則設於龍山寺，擬訂農曆 7 月正式發行，臨發行前夕，為了讓人廣為周知，羅妙吉偕門人、大德曾真常（1900-1945）、呂大椿（1890-？）、劉達玄等人巡迴全島演講。[33]首期的《亞光月報》於 1927 年 10 月底正式發行，[34]後更名以《亞光新報》面市。

---

[30] 〈組織宗教革新會〉《臺灣文藝叢誌》（彰化：崇文社，1928）
http://catalog.digitalarchives.tw/item/00/59/41/81.html（數位典藏與學習聯合目錄，2012.6.13 瀏覽）。

[31] 〈大湖法雲寺　籌刊亞光月報〉《臺灣日日新報（夕刊）》（1927 年 6 月 9 日），4 版。

[32] 羅妙吉，〈阿彌陀佛會亞光月刊募集基金啟〉《臺灣日日新報（夕刊）》（1927 年 6 月 16 日），4 版。

[33] 〈亞光報組織就緒〉《臺灣日日新報》（1927 年 7 月 21 日），4 版。

[34] 〈亞光特刊發行〉《臺灣日日新報（夕刊）》（1927 年 10 月 25 日），4 版。

　　1928 年 7 月 12 日，《亞光新報》召開第二次總會，羅妙吉以主任的身份報告將來社務四大方向：（1）聯合全島詩社，振興漢學；（2）組織演講團，巡迴宣傳道德真理；（3）設立孤兒院；（4）聘各地慈善家為委員。[35]

　　然從所掌握的《亞光新報》的內容看來，其在宣傳大乘佛教、破除迷信、倡宗教改革、興倫理道德等方針上，和「宗教革新會」大致重疊。

（五）《亞光新報》的內容

　　《亞光新報》並沒有留下完整全貌，就以所掌握的第 2 年第 2 號至第 6 號（1928 年 3-7 月）的內容，來探討該報的理念與思想。

　　從《亞光新報》的發行認可是在 1928 年 1 月來看，前述，該報是 1927 年 6 月籌辦，同年 10 月發行首期，看來在獲發行認可之前，至少發行過「試刊號」1-3 期，而正式發行則是在 1928 年元月或 2 月（第 2 年第 1 期）。

　　無論如何，從僅有的 5 期月刊的內容來看，羅妙吉以其留學中國大陸的背景，可以看出他深受太虛法師為首的中國佛教改革派緇素的影響，茲將這 5 期大陸緇素在《亞光新報》所撰的文章表列如下：

表 1　《亞光新報》1928 年 3-7 月大陸緇素撰文一覽

期數	作者	篇名
1928.3（2-2）	大勇法師	二大迷信
1928.3（2-2）	太虛法師	救世的佛教
1928.3（2-2）	楊棣棠	非佛化大宣傳無以維持世界之和平
1928.3（2-2）	一庵	對於佛教徒與國人及世界之請願
1928.3（2-2）	秋濤	我的美化觀
1928.3（2-2）	裕初	佛法之人生革命
1928.3（2-2）	呂澂	佛學史稿

---

[35] 〈亞光報次回總會〉《臺灣日日新報（夕刊）》（1928 年 7 月 14 日），4 版。

1928.3（2-2）	徐慶瀾	臺灣阿彌陀佛會序
1928.4（2-3）	祖定上人	答娑婆生
1928.4（2-3）	楊棣棠	論世人崇拜英雄之結果以致造成世界之大亂
1928.4（2-3）	太虛法師	人人自治與世界和平
1928.4（2-3）	唯心上人	談人生
1928.4（2-3）	梁啟超	趣味教育與教育趣味
1928.4（2-3）	恬盧	十三經略論序
1928.4（2-3）	悟愚	論孔子學說之概觀
1928.4（2-3）	謝蒙	佛教心理學
1928.4（2-3）	祖定上人	答娑婆生
1928.4（2-3）	悲華山人	墨子
1928.5（2-4）	黃保蒼	歐戰後世界人心與佛教
1928.5（2-4）	岳美中	十三經略論
1928.5（2-4）	聶雲台	母教的感化力
1928.5（2-4）	含愁	五言詩發原一瞥
1928.5（2-4）	許學源	饋貧糧
1928.5（2-4）	太虛法師	唯識三十論
1928.5（2-4）	黃石	愛與欲的均衡
1928.5（2-4）	陳直夫	兒童期的研究
1928.5（2-4）	祖定上人	答娑婆生
1928.5（2-4）	敦煌先生	害人終害己
1928.5（2-4）	胡適/呂大椿譯	菩提達摩
1928.5（2-5）	太虛法師	佛教人乘正性論
1928.5（2-5）	梁啟超	學問之趣味
1928.5（2-5）	岳美中	十三經略論（續）
1928.5（2-5）	聶雲台	業命說
1928.5（2-5）	含愁	五言詩發原一瞥（續）
1928.5（2-5）	太虛法師	唯識三十論（續）

1928.7（2-6）	太虛法師	對於中華佛教革命僧的訓詞
1928.7（2-6）	梁啟超	敬業與樂業
1928.7（2-6）	聶雲台	業命說（續）
1928.7（2-6）	祖定上人	答娑婆生（續）
1928.7（2-6）	胡適/呂大椿譯	菩提達摩（續）
1928.7（2-6）	靜修山人	笑與哭

資料來源：《亞光新報》1928 年 3-7 月

從表 1 看來，《亞光新報》的撰稿者，大陸的佛教緇素佔頗重比例，而綜觀羅妙吉受太虛法師影響及啟發者主有兩項，一是籌建佛教唯心大學，一是宗教改革。

首先，羅妙吉的佛教唯心大學，其重點有二：（1）以佛教模範教育統一世界為和平眾國；（2）於北京、上海、臺灣及日本東京，各建佛教唯心大學校一所。這種理念與太虛法師的世界佛學苑「完全以研究世界的佛學，建立世界的佛教為目的」的類似，世界佛學苑欲與印度摩訶菩提會所發起的佛教國際大學合併後在世界各地遍設學院，他說：「總辦事處可設在印度，歐、美、亞洲諸國，都可以遍設學院。」[36]太虛法師的想法是在歐、美、亞洲設國際佛教大學的分院，而羅妙吉則希望在兩岸及日本設佛教大學，最終目的在以佛教教育實現世界和平統一，而太虛法師主張：「佛法應謂之曰五乘之共通教義，為學佛之最低限度也。……若能以之普及於今世之人類，則雖不倡世界和平而世界必趨於和平矣。」[37]兩者頗有異曲同工之妙。

其次，在於宗教改革方面，羅妙吉有 7 點主張：1.打破不合時勢的迷信；2.宣傳真正的大乘法理；3.肅清敗類的教徒；4.養成科哲的人才；5.進行有益民生的主義；6.喚醒島民的癡愚大夢；7.實踐大同平等的幸福。

而太虛法師的佛教改革主張：1.革除：甲、君相利用神道設教的迷信；乙、家族化剃派、法派的私傳產制。2.革改：甲、遯隱改精進修習，化導社會；乙、度死奉事鬼神，改資生服務人群。3.建設：甲、依三民主義文化建

---

[36] 太虛，《太虛大師全書》第 19 編《文叢・史傳・我的佛教運動改進略史》（印順教基金會 2005 年光牒版），頁 114-115。

[37] 太虛，《太虛大師全書》第 1 編《佛法總學・判攝・佛法悟入漸次》，頁 351。

立由人而菩薩、而佛的人生佛教；乙、以人生佛教建立中國僧寺制；丙、收新化舊成中國大乘人生的信眾制；丁、以人生佛教成十善風化的國俗及人世。[38]

兩者都強調「破除迷信」、「宣傳大乘思想」、「有益民生之主義」（三民主義），從各方面跡證可知羅妙吉留學武昌佛學受太虛法師佛教改革派的影響十分深遠。

五、結語

日本殖民時期，有為數不少的臺僧留學大陸，過去太虛、圓瑛與臺灣佛教四大法派中的主事基隆月眉山善慧、臺北五股觀音山本圓、苗栗大湖法雲寺覺力等，以及會泉與高雄大崗山超峰寺永定、慧雲與臺南開元寺得圓等人的往來較為人所熟知。

但是，如同本文所述，其他大陸法師與留陸臺僧的交往較少為人所探討。如諦閑與竹東五指山的觀音寺住持達聖（寶月）、仁山與后里毗盧寺真常，妙吉與太虛等之關係。其他少為人探討，卻又是知名法師，如慧雲和尚（林子青）與臺南開元寺、高雄大崗山，會泉法師與大崗山等之間的互動及影響，都非常值得關注。

本文以兩塊碑銘題序，以及留陸學僧妙吉法師的臺灣佛教改革運動，來探討一段鮮為人知的兩岸佛教交流史，對臺灣佛教在日本殖民時期的發展十分重要，特別是留學大陸的臺僧回臺後的影響，或許是下一個研究的課題。

---

38 太虛，《太虛大師全書》第 19 編《文叢・史傳・我的佛教運動改進略史》，頁 92-93。

新竹靈隱寺與無上法師

一、前言

　　新竹靈隱寺（前身為感化堂，俗稱孔明廟）建於 1924 年夏間，起初是主祀諸葛武侯，配祀釋迦牟尼佛，1930 年再於感化堂後建靈隱寺。靈隱寺因位於青草湖畔，地靈人傑，而成為騷人墨客吟詠之地，而其所舉辦之法會以佛教為主，苗栗大湖法雲寺覺力和尚，日僧佐久間尚孝（1895-1977）等皆曾來寺講經說法。感化堂、靈隱寺的道場性質，具有齋堂與佛寺的雙重特性，並過度及轉化。[1]

　　日本殖民時期至光復初期，靈隱寺共歷二任住持，即鄭保真（1899-1975）及無上法師（1907-1966）。1949 年 6 月，無上法師原欲接續中壢圓光寺臺灣佛學院辦學，留錫慈航法師師生一行，但因「白色恐怖事件」而停辦。素對佛教教育有心的無上法師，復於 1951 年邀請太虛大師高足大醒法師（1900-1952）前來主持「臺灣佛學講習會」，後續辦靈隱佛學院，對於光復初期臺灣佛教教育頗有貢獻。

二、從感化堂到靈隱寺

　　感化堂建於 1924 年夏 5 月，根據竹塹文人鄭雪汀（1866-1928）的說法是：「甲子夏五，邑人何李氏鎰、蔡神扶、鄭榮樹、林培祥、楊澄波、湯江水等，因神示兆，建感化堂於山麓，中祀漢武鄉侯，而以西方聖人附之。」[2]日本殖民時期 1932 年的《臺灣全臺寺院齋堂名蹟寶鑑》則記為「甲子四月」，楊澄波記為「楊定波」。[3]1935 年 6 月《南瀛佛教》〈竹州著名特具八景　青草湖靈隱寺〉一文載：

---

[1] 黃運喜，〈日據時期新竹青草湖感化堂的屬性初探〉，《竹塹文獻》38 期（2007 年 4 月）。

[2] 鄭雪汀，〈乙丑八月二十三日遊青草湖感化堂〉《臺灣日日新報（夕刊）》（1925 年 10 月 23 日），4 版。

[3] 徐壽，《臺灣全臺寺院齋堂名蹟寶鑑・感化堂、靈隱寺》（臺南：國清寫真館，1932），頁 32。

> 先是現主指鄭保真師，立志于佛法之自覺々他，誓願建寺為宏法
> 利生，尋地至同所之清泉寺，見其係一小庵而非興辦欉林之所
> 可，乃置之原狀（此則王進發師所創立者）。後得漢武鄉侯之神
> 示，始擇定現在地。與蔡神扶、鄭榮樹、林培祥、楊定波、湯江
> 水等發起。于大正甲子年五月興建前殿，祀釋尊並孔明像，額書
> 感化堂。[4]

　　1924 年鄭雪汀所記感化堂之創建鄭保（寶）真並不在創建者之列，
而 1932 年的《臺灣全臺寺院齋堂名蹟寶鑑》則提到男眾住持鄭保真，
女眾住持翁妙全，[5]也未提及鄭保真為創建者之一。不過，前二文皆提
到「鄭榮樹」其人，鄭榮樹也稱「鄭樹」，他正是鄭保真之父；而翁妙
全（1866-1935）則為靈隱寺第二任住持無上法師之五舅婆，俗名翁
研。[6]

　　據光復後五十年代《臺灣佛教大觀》一書所記，其創建時間記為「民
國十三年五月」，與前述一致，但沒有載明由何人所創建。[7]但是到了七
十年代，創建人復記為「開山住持明禪老和尚集資建寺」，[8]而明禪老和
尚即是鄭保真。

　　感化堂創建於 1924 年，翌年農曆 8 月 7 日落成；[9]1926 年 9 月，當
時已任住持的鄭保真藉建塔首倡擊鉢大會，報導說：

> 新竹郡青草湖感化堂，係崇祀諸葛武鄉侯，因靈驗素著，由新竹
> 州下參詣者四季不絕。且該地山巒連環，隙溪流繞，風光絕佳，
> 故騷人常往游焉。此次由該堂鄭保直（真），倡首邀集竹街諸文
> 士，定來古曆八月十九日，舉行武鄉聖誕祭典並浮圖興基式，至
> 過午在堂內，開青草湖擊鉢吟大會。[10]

---

[4] 《南瀛佛教》第 13 卷第 6 號（1935 年 6 月），頁 5 2。

[5] 徐壽，《臺灣全臺寺院齋堂名蹟寶鑑‧感化堂、靈隱寺》，頁 32。

[6] 周貴蘭，《新竹市青草湖靈隱寺之探究》（玄奘大學碩士論文，2008），頁 26、33。

[7] 張文進，《臺灣佛教大觀》（臺中：正覺出版社，1957），頁 96-97。

[8] 朱蔣元，《臺灣佛教名剎第三集》（臺北：華宇出版社，1974），頁 29。

[9] 鄭雪汀，〈乙丑八月二十三日遊青草湖感化堂〉《臺灣日日新報（夕刊）》（1925 年 10 月
23 日），4 版。

[10] 〈青草湖感化堂定舉兩式〉《臺灣日日新報》（1926 年 9 月 21 日），4 版。

　　鄭保真邀請新竹文人至感化堂擊鉢吟詩，顯示相當成功，日後吟詠感化堂靈隱寺者日多，如 1927 年秋七級浮屠靈壽塔落成後，地方詩人林篁堂寫下〈新竹青草湖感化堂八景・寶塔凌霄〉即有詠靈壽塔之作。[11]

　　就在靈壽塔落成前夕，竹塹文人鄭家珍（雪汀）特撰〈新竹青草湖感化堂募捐增築序〉，以明塔建之緣起及為增建後殿募化：

> 甲子夏五，邑人何李氏鎰、蔡神扶、鄭榮樹、林培祥、楊澄波、湯江水等，於其地建感化堂，奉祀諸葛先生及牟尼古佛，後殿落成時，遠近士女隨喜來遊者……第經營伊始，未能創制之顯庸，有開必先，猶待增華於踵事。邑之樂善家鄭肇基、古雲梯、鄭雅詩、李良弼、曾天運、翁妙全、吳貴英、彭簽等，思有以篤成烈，而迪前光也。爰邀集同志，為斯堂增築之，發起人首捐巨資，為各界倡……凌霄五峰永護靈雲於籌筆，□三乘寶筏，岸渡迷津，澤及枯骨……。[12]

　　靈寶塔耗資四千零二十圓，[13]1927 年農曆 8 月 16 日落，同時舉行擊鉢吟會。[14]共有二十餘人與會，由堂主鄭保真招待，得詩五十餘首。[15]不僅是靈壽寶塔，同時所增築後殿，於 1928 年農曆 4 月 8 日落成，同時舉行浴佛法會。[16]

　　而與感化堂比鄰的「靈隱寺」則大約建於 1930 年前後，根據報導指出：「者番同堂住持鄭保真師等，更於堂後建靈隱寺，寺前數十步之山背，鑿一深洞築成禪室。初由新竹市水田之吳翁氏妙全，寄附一萬餘金，本堂工事，現□完工，兩翼又欲建靜室，無如工費不足，不得已停

---

[11] 林篁堂，〈新竹青草湖感化堂八景〉《臺灣日日新報》（1927 年 11 月 4 日），4 版。詩云：寶塔莊嚴結構工，排雲七級照湖中；崔巍比得雷峰未，獨立超然證大雄。

[12] 鄭家珍，〈新竹青草湖感化堂募捐增築序〉《臺灣日日新報（夕刊）》（1927 年 7 月 10 日），4 版。

[13] 〈建納骨塔〉《臺灣日日新報（夕刊）》（1927 年 7 月 21 日），4 版。

[14] 〈翰墨因緣〉《臺灣日日新報（夕刊）》（1927 年 9 月 8 日），4 版。

[15] 〈翰墨因緣〉《臺灣日日新報（夕刊）》（1927 年 9 月 14 日），4 版。

[16] 〈青草湖浴佛期〉《臺灣日日新報（夕刊）》（1928 年 5 月 21 日），4 版。

工……。」[17]從文可知，翁妙全應是靈隱寺最大出資者，1930 年 2 月，靈隱寺主殿即已完成，但增築之靜室因資金不足而暫停，直到 1932 年才落成。根據《臺灣全臺寺院齋堂名蹟寶鑑》記載：

> 住持鄭保真、翁妙全等以為，香火既盛，題詠又新，而後殿猶付之闕如，似未足以盡人天而點綴山水也。爰再商諸鄭肇基、杜陳氏宜、陳林氏甜倡增築，顏之曰靈隱寺，祀觀世音菩薩，壬申八月既望僅得舉鎮座而已……。[18]

除翁妙全出資一萬元，鄭肇基、杜陳氏宜、陳林氏甜等人亦是贊助者，1930 年 2 月靈隱寺本堂雖落成，但增築靜室之淨資因匱乏而延宕，直至 1932（壬申）年 8 月望日方舉行落成安座。然 1941 年出版的《紀元二千六百年記念臺灣佛教名蹟寶鑑》卻記載本堂（靈隱寺）是建於 1927（丁卯年）9 月，當時已成為感化堂住持的鄭保真與翁妙全等奔走發起增建，在鄭肇基、杜陳氏宣（宜）、陳林氏甜、何李氏鎰、蔡神扶、鄭榮樹、林培祥、楊定波、湯江水等之協助下於 1932 年 8 月落成。[19]

根據報導，靈隱寺中殿告竣舉行觀世音菩薩安座大典，自 1932 年農曆 8 月 16 日至 18 日一連三天。[20]16 日當天上午與會來賓約五百人，貴賓有日僧佐久間尚孝、信徒總代蔡來福、來賓總代鄭得時，並由郭仙舟報告工事，下午由佐久間尚孝、中國大陸良遜法師、獅頭山妙宏法師等作佛教演講。[21]

大約至 1935 年止，感化堂及靈隱寺主要法務掌握在鄭保真之手，直到 1936-1937 年鄭氏發生二次誘拐良家婦女等不名譽事件，無上法師才漸漸於靈隱寺活躍。

---

[17]〈青草湖感化堂靈隱寺工事因缺工資停工〉《臺灣日日新報》（1930 年 2 月 23 日），4 版。

[18] 徐壽，《臺灣全臺寺院齋堂名蹟寶鑑‧感化堂、靈隱寺》，頁 32。

[19] 施德昌，《紀元二千六百年記念臺灣佛教名蹟寶鑑》（臺中：民德寫真館，1941），無頁碼。

[20]〈青草湖感化堂舉鎮座式兼秋季祭典〉《臺灣日日新報》（1932 年 9 月 10 日），8 版。

[21]〈青草湖感化堂舉鎮座式詳報〉《臺灣日日新報》（1932 年 9 月 19 日），8 版。

三、歷任住持

感化堂建成後，如前述有兩位住持，一位是鄭保真，一位是翁妙全，前者為男眾住持，後者為女眾住持。1935 年翁妙全尼師去世，可能缺乏女眾住持，而導致 1936 年初鄭寶真發生誘拐良家婦女、盜款等不名譽事件，然此事雖獲新竹州刑事課調查但並未造成鄭保真傷害，1937 年 5 月雖再度爆發同樣事件，但鄭保真是否被迫去職亦難定論，但曾赴日本避風頭。

（一）鄭保真（1899-1975）

1941 年的《紀元二千六百年記念臺灣佛教名蹟寶鑑》有鄭寶真的略歷載：

> 保真師，新竹北門人，自幼時深具信心，師事維德居士，研究佛教，造詣甚深。大正十三年於青草湖倡建感化堂，復增建靈隱寺及靈壽塔，參詣者眾。該氏學問品性拔群，為世所廣知，教化之功績，多不勝數。五指山靈光禪寺（觀音禪寺）寶月和尚開山堂於開山堂照片所題詩，以讚賞保真師如下：青草湖頭地布金，捨身倡建一叢林；忍無可忍猶能忍，盡佛慈悲是此心。[22]

上述僅知鄭保真為新竹北門人氏，本名、出生年月日均付之闕如，但光復後七十年代的《臺灣佛教名剎第三集》有較詳細的記載：

> 明禪大法師，號一法，俗名鄭寶真，本省新竹市人，生於民前十三年……幼時即酷愛學佛，禮蘇維德居士為師……嗣後皈依妙宏和尚習禪，民十七年於金剛岩勤修禪定二年……又於民廿六年赴日本各道場參訪……民十三年蒲（五）月……擇地於青草湖，興建殿宇。[23]

根據戶籍資料載，鄭保真生於明治 32（1899）年 9 月 3 日，他為

---

[22] 施德昌，《紀元二千六百年記念臺灣佛教名蹟寶鑑》，無頁碼。

[23] 朱蔣元，《臺灣佛教名剎第三集》，頁 28。

鄭樹的二男，據殖民時期戶籍資料顯示，大正 8（1919）年元月 8 日，鄭保真與楊氏循（1903-？）結婚，昭和 5（1931）年 12 月 2 日，將俗名「鄭大憨」改為「鄭保真」，同時在昭和 6（1931）年 9 月 22 日分家，翌年遷入靈隱寺舊址，[24] 故在日本殖民時期，明禪都以「鄭保真」行世。至於「明禪」及「一法」，均屬其於光復後正式出家之內、外號。

　　鄭保真俗名鄭大憨（态），最晚在 1926 年即成為感化堂住持，並在 1932 年 2 月遷入靈隱寺。感化堂、靈隱寺主要活動是春秋二祭舉行進塔等祭典，曾禮聘日僧佐久間、苗栗法雲寺覺力、獅頭山妙宏、蘇維德等人前來講經而漸次發展，在 1935 年之前，靈隱寺亦成為騷人墨客吟詠之所，發展一片看好。然隨著 1935 年女眾住持妙全之圓寂，翌年男眾住持鄭保真傳出誘拐良家婦女之事，寺院發展遂蒙上陰影。據 1936 年元月《臺灣日日新報》的報導：

> 新竹州刑事課刑事，去二十日到新竹郡香山庄青草湖菜堂感化堂，搜索該堂，並拘堂主鄭大态，年三十九，一面赴同人本居地瑞芳九份字金山子，陳來富之家，搜索家宅，押收帳簿、書類等，現由新竹署嚴重究查中。據聞大态生成頗不惡，與無智良家婦女往來，於六、七年前建築該齋堂，向各方面募集寄附金，且以堂後設秘密室，常誘拐良家妻女，在其內行樂，並詐取金錢。現置田數十甲，年收五、六萬圓，因其收入過多，受刑事課十分嫌疑內偵中，始發覺前記事實。[25]

　　堂主鄭大态（憨）39 歲，換算回去，是生於 1899 年，而文中之「於六、七年前建築該齋堂」，即與前述 1930 年 2 月靈隱寺本堂落成後吻合，因此，足證鄭大态即是鄭保真。又由於報導出現「菜堂」、「齋堂」字樣，亦表示感化堂（靈隱寺）當時為齋教屬性。[26] 另一則日文報導則指出鄭

[24] 周貴蘭，《新竹市青草湖靈隱寺之探究》（玄奘大學碩士論文，2008），頁 33。

[25] 〈青草湖感化堂主 誘污人家婦女騙錢 受新竹州刑事課嚴究〉《臺灣日日新報（夕刊）》（1936 年 1 月 23 日），4 版。

[26] 參見黃運喜，〈日據時期新竹青草湖感化堂的屬性初探〉，《竹塹文獻》38 期（2007 年 4 月），文中指出感化堂、靈隱寺的道場性質，具有齋堂與佛寺的雙重特性，並有過度及轉化。

大恣之友人陳來富（富來）供詞，鄭不只誘拐婦女，還涉嫌盜用新竹市某尼之私印，詐騙某老太婆之土地等多起罪狀。[27]但此不名譽事件似乎未動搖鄭保真堂主的地位，翌年又再度發生類似事件，報導指出：

> （1937年5月）29日上午十時左右，新竹郡二名警察課刑事，對該郡香山庄月草湖之尼寺感化堂進行大搜索，同時強制帶走堂主鄭保真（四十歲），目前正調查中。七、八年前建築該尼寺以來，專誘拐美貌的女子、婦女，盜走許多金錢，去年春左右州刑事課一度舉發，最近又以同樣的手段，此次因盜走堂內尼僧曾氏金菊等數人一千多圓而被發覺。[28]

從以上二則新聞報導得知，鄭大恣（憨）即鄭保真，故可確定，鄭大恣為鄭保真俗名。1937年再度發生此不名譽之事後，鄭保真只好暫時離開感化堂。光復後的記載說他「民廿六年赴日本各道場參訪」，果此事為真，則應是鄭到日本「避風頭」，或是入獄，但以參訪日本含糊帶過。

鄭保真若為避風頭而遠赴日本，則與當時曹洞宗新竹寺住持佐久間尚孝（1895-1977）有關，佐久間在1933年至1945年期間曾掛名任包括靈隱寺在內的幾座寺廟住持，[29]而殖民時期加盟日本佛教宗派，或名義上是日僧住持臺屬寺廟，一旦臺籍人士出事，獲得某個程度的「庇護」頗不乏其例。無論如何，鄭保真在1937年5月出事後，曾一度離開感化堂堂主一職是可確定的。

大約在1939年，無上法師以「釋無上」的名諱開始出現在《臺灣日日新報》上，來往靈隱寺與無上酬對的文人甚多（詳後），「鄭保真」名字不再見諸報刊。不過，1941年出版的《紀元二千六百年記念臺灣佛教名蹟寶鑑》，仍稱鄭保真為「住持」。[30]

---

27 〈續續發覺する　感化堂主の惡事　新竹州刑事課が活動〉《臺灣日日新報》（1936年1月23日），7版。

28 〈尼寺感化堂の堂主引致さる　尼僧籠絡の惡事發覺〉《臺灣日日新報》（1937年5月31日），9版。

29 闞正宗，《臺灣佛寺的信仰與文化》（臺北：博揚文化，2004），頁51。

30 施德昌，《紀元二千六百年記念臺灣佛教名蹟寶鑑》，無頁碼。

　　臺灣光復後，負責靈隱寺寺務的是無上法師。1966 年 3 月 26 日，無上圓寂後，鄭保真、陳添、智進三人共同管理靈隱寺，但翌年取消三人的管理權，由聖法法師出任第三代住持。[31]

　　1971 年，鄭保真出家，「明禪」的法號，即是從白聖法師受三壇大戒。[32]也就是說，鄭保真在日本殖民時期並非佛教僧侶，而是有婚姻關係者，靈隱寺現任住持明宗法師就認為「保真是龍華的齋友，他自認為師公無上和尚是他的徒弟，而無上和尚也尊重保真，視他為師父。」[33]1975 年，鄭保真去世前，靈隱寺某個程度還在他的掌握中，雖然他當時並非住持。

（二）翁妙全（1866-1935）

　　據日本殖民時代戶籍資料得知，翁妙全俗名翁氏研，新竹州人，應是生於慶應 2（1866）年，翁妙全的生年月日欄，可以依稀可見「慶應」字樣，於茲考據如下：翁妙全之夫吳星部，明治 16（1883）年元月生，明治 35（1902）年 12 月兩人結婚，吳於明治 38（1905）年 9 月亡故，[34]當時翁妙全 39 歲，[35]故推算回去翁氏當生於 1866 年，正是慶應 2 年。可知翁妙全年齡比其夫大 18 歲，寂於昭和 10（1935）年 5 月，享年 70 歲。

　　翁妙全雖為無上法師之五舅婆，但其生平略歷並不十分清楚，1935 年 7 月一篇未署名的〈弔詞〉有其梗概：

　　　　維昭和乙亥（1935）年，五月初二日，感化堂諸同人等，謹以片
　　　　紙致讀于，妙全菩薩之靈曰：……德配吳門兮相夫有光，及為人
　　　　母兮，教子有方。……三十有九兮、不幸夫亡。……四旬又二兮，
　　　　詢淨業堂。投禮永利兮，歸依梵王。為求妙法兮，復度華方。師

[31] 周貴蘭，《新竹市青草湖靈隱寺之探究》（玄奘大學碩士論文，2008），頁 45。

[32] 釋見豪、釋自行，《魚趁鮮人趁早—明宗上人走過臺灣佛教六十年》（嘉義：香光書鄉，2007），頁 54。

[33] 釋見豪、釋自行，《魚趁鮮人趁早—明宗上人走過臺灣佛教六十年》，頁 54。

[34] 周貴蘭，《新竹市青草湖靈隱寺之探究》（玄奘大學碩士論文，2008），頁 33。

[35] 《南瀛佛教》第 13 卷第 7 號（1935 年 7 月），第 50 頁。

遇古月兮，法印金剛。又逢覺力兮、細究真常。……丙寅（1926）
之歲兮，德望日昌。我等相請兮，到感化堂。共建後殿兮，樓閣
堂皇。助築靈兮，七級巍昂。十年深感兮，常護慈光。功行累累、
妙德昭彰。宜膺天眷兮，壽算無疆。詎意解脫兮，果證西方。[36]

　　從〈弔詞〉得知，翁妙全寂於 1935 年 5 月，她下嫁吳門，不幸在
39 歲（1905 年）那年夫婿亡故，42 歲（1908 年）時開始尋求佛法，分
別接觸永利、古月、覺力等師，1926 年（60 歲）被請到感化堂任女眾
住持，前後十年，於 1935 年示寂。〈弔詞〉提及「及為人母兮，教子有
方」，若以 1902 年結婚，隔年生育，則至 1926 年出任感化堂住持時，
其子女已是超過二十歲的成年人，她自然可以全心於感化堂及靈隱寺法
務。

　　鄭保真與翁妙全在 1926 年之後分任感化堂男、女眾住持，而翁氏
至少長於鄭三十歲以上，某個程度應該擁有寺院管理權力，特別是曾出
資萬元建後來的靈隱寺。附帶要提的是，「妙全」二字應該是皈依覺力
和尚的外號，與覺力首座弟妙果法師（1884-1963）同輩。

（三）無上法師（1907-1966）

　　無上法師，在光復初期的臺灣佛教史上十分重要，尤其是他在住持
的靈隱寺創辦講習會及佛學院。無上法師，新竹城南人，1907 年生，
俗名陳文騰，根據其生平自述如下：

余俗姓陳，名文騰，字雲石，號無上，居竹塹之城南，父諱國賢，
大母郭氏，貳母黃氏，皆持齋茹素，世奉觀音菩薩虔誠。余少最
忌油膩，每食腥臊即嘔吐而生疾，故喜隨父母食蔬菜，而厭同諸
啖臊油。不幸七歲父親見背，都賴貳母教養成人，每逢月之朔望，
屢隨母到寺堂……十三歲同友秋遊，至青草湖清泉寺，觀其地四
山拱向而一水環流，清紹俗塵紛擾，靜無車馬聲喧，別開洞天景
色，特成福地風光，叩禪關頂禮大士，入精舍拜訪高僧，進發禪

師笑禮相迎，休憩禪房談論因經，世外光風一領，逐起出塵之思。歸家請命于母不允且憶父傷悲，一時不敢強逆母意以乖孝道之行……十五歲貳母黃氏一病不起，遂與世永別。到二十歲大母郭氏一息不繼，又駕鶴長遊，爾時家兄營青果得利守業住在臺中，而余則業石炭於新竹專事經商，到此出家二字雖未忘之，而修行一路卻被事業所羈。一天出門收賬途逢妖鬼興害纏身，頃刻精神喪失魂不安寧，行到我宗兄雲飽之處，即就床而臥人事不醒。夢昧中見一群如花似玉之美女，到我面前舞弄妖嬌之態……忽來一士相貌仁慈，言明觀音菩薩已伏妖精，以後此地人民可得安平，手執拂塵引我而行……即命一僧引我還陽……那知戊辰（1928）仲春得夢，至季秋下旬，忽接家兄來信、言明家有田，因商羊之舞而遭馮夷之害，思欲重奮起籌謀商業，喚余到臺中助理經營。回思昔日夢中大士指示之語，溯至今日無事不應暗自稱靈，遂將新竹職務決退，豈知臺中謀業不成，因在家中閒遊數月，思不可無事而過光陰，故往商店就雇。但每懷林泉之路，一夜店中安靜，夢見五位梵僧、菩薩座前諷經，居中一人謂余曰爾昔年有出家之願今可一心切斷……方記少時在清泉寺向佛出家之誓，又憶去年夢觀世音授經之語，於是出家訪道之懷到此再發而不可過。庚午（1930）仲冬遂辭職歸竹塹，重造清泉寺，時前僧已不在……乃轉訪進發師於翠壁岩（俗名仙公宮）而談先天教之理，無如性昏難得了悟其旨，故辛未（1931）孟春又詣青草湖靈隱寺，聽保真大師講說般若金經，至我人眾壽而覺四相須空，於夢幻泡影遂悟萬事虛妄，就此起大決心出家而持淨戒……深感神佛之恩，無由報答之路，故顯捨身出家……。[37]

從此篇自述得知，無上 13 歲（1920）遊清泉寺而有出塵之志，但未獲母允，20 歲時大母、二娘俱亡故，1927 年及 1928 年二次因怪夢蒙大士指示，而重燃出塵之願，先訪清泉寺僧不遇，後於翠碧岩論先天道，1931 年於青草湖靈隱寺聽鄭保真講《金剛經》後，決心出家持淨戒。但是否拜鄭保真為師，尚無定論。不過，傳鄭保真曾助無上赴關西潮音

---

37 釋無上，〈我出家之原由及蒙佛救度記〉《南瀛佛教》12 卷第 6 期（1934 年 6 月），頁 40-41。

寺，從理明和尚學經懺；再助其赴基隆月眉山佛學禪林，從善慧法師（1881-1945）參研佛理。1941 年，無上法師回到靈隱寺後，閉關於寺中之金剛岩。[38]

1933 年 3 月，靈壽塔春祭時，鄭保真誦經，而無上法師以「陳文騰」俗名捧讀祭文，這是無上第一次出現在靈隱寺的法會上。[39]前述「釋無上」的名字第一次出現在殖民時期《臺灣日日新報》是在 1939 年，當時已是鄭保真發生不名譽事件後的第二年。當時遊感化堂、靈隱寺的文人所唱酬的對象皆是無上法師，已不見鄭保真的名字。

1939 年 3-4 月間，以陳梓芳為首的詩人來感化堂靈隱寺，寫下不少詩作，無上法師以「釋無上」一一酬對。陳梓芳寫下〈遊青草湖感化堂〉，無上以〈次韻〉回應；[40]蔡汝禎亦寫下〈遊青草湖感化堂〉，贊無上法師是「真個高僧棲隱處，深幽不亞武陵源」，並詩後附「山門訪勝，與詩僧唱酬，即此塵心已淨，可證菩提，是俗是僧二句，是大乘說法」，無上則回以「謬許高僧愧不如，談心相對品茶餘」；[41]希顏生寫下〈晚過青草湖感化堂〉；[42]陳厚山、洪曉峰、陳雨亭的〈感化堂呈無上大師〉，[43]無上法師都以〈次韻〉一一回應。

從上述看來，無上法師當時可能已獨當一面，新竹文化局關於無上法師的記載是「雅好詩文，或與詩社社員吟詠唱和，或與居士文人酬唱，或自己對社會現象與佛教義理有所心得，寫成古詩，留下諸多詩作。不僅為竹塹詩壇開創新的詩文盛事，帶來詩作題材的新意境。」[44]與 1939

---

[38] 新竹市文化局（http://www.hcccb.gov.tw/chinese/05tour/tour_f02.asp?titleId=437 ，2015.8.17 流覽）。

[39] 〈青草湖感化堂進塔及諸行事〉《臺灣日日新報》（1933 年 3 月 15 日），8 版。

[40] 陳梓芳，〈詩壇：遊青草湖感化堂〉《臺灣日日新報（夕刊）》（1939 年 3 月 17 日），4 版。

[41] 蔡汝禎，〈詩壇：遊青草湖感化堂〉《臺灣日日新報（夕刊）》（1939 年 3 月 19 日），4 版。

[42] 希顏生，〈詩壇：晚過青草湖感化堂〉《臺灣日日新報（夕刊）》（1939 年 4 月 22 日），4 版。

[43] 陳厚山、洪曉峰、陳雨亭，〈詩壇：感化堂呈無上大師〉《臺灣日日新報（夕刊）》（1939 年 4 月 23 日），4 版。

[44] 新竹市文化局（http://www.hcccb.gov.tw/chinese/05tour/tour_f02.asp?titleId=437，2015.8.17 流

年之後《臺灣日日新報》的記載吻合。而前述無上出外參學於關西潮音寺、基隆月眉山一事，則應該發生在 1939-1941 年之間。才有 1941 年，無上法師回到靈隱寺後，閉關於寺中之金剛岩之事。

從前述或許可以推測，無上法師最晚在 1939 年時已正式負責靈隱寺寺務，當時不僅不見鄭保真之名，亦無佐久間尚孝。但日本戰敗後離臺至 1949 年 6 月迎慈航法師來靈隱寺辦學之間，是否由無上任住持的情況並不明朗。

（四）聖法法師（？-2007）與悟本法師

1966 年無上法師寂後，靈隱寺改由鄭保真、陳添、智進三人共同管理，但是於隔年三人的管理權被取消，經常住僧眾選舉聖法法師為第三任住持。聖法法師應是無上法師的弟子，從歷年同戒錄來看，無上法師的弟子一般以「聖」字行世。

據《臺灣佛教名剎第三集》則說：「第三任住持之職，開山住持（按鄭保真）再聘聖法法師繼任，然因經常宏化在外，今已職退住持之職，故寺務全由其傳人（現任代住持）悟本法師進行，悟本法師號心源……。」[45]聖法法師「職退住持之職」其實是一場管理人與住持權位之爭，發生在 1968 年 6 月。其產生過程為如下：

1966 年 3 月 26 日，無上法師寂後，僧俗一直分別擔任住持與管理人，故而糾紛不斷，靈隱寺常住不堪鄭某騷擾，於 1967 年元月 5 召開座談會日斥責鄭某不當行為，鄭某於 2 月 15 日向常住請辭住持，經票選聖法法師為住持，另聘智進、鄭某、陳添為管理人。3 月 12 日新住持晉山後，到了 7 月 3 日，鄭某忽向地方法院提起自訴，稱智進、陳添冒稱管理員佔據寺院，並非法招聘聖法法師為住持。但此事經法院審理，判決智進、陳添無罪。縣府於 9 月 15 日召開調解會，決議以新竹縣黨部、縣政府、縣議會、警察局、縣佛教支會、鄭某及常住代表一人

覽）。
45 朱蔣元，《臺灣佛教名剎第三集》，頁 29。

共七人組成「靈隱寺清理委員會」，中佛會以雙方各執一辭，乃推派常務理事董正之、監事丁俊生、王天鳴、秘書長馮永禎等於 11 月 28 日前往調查，得知鄭某挪用公款自請辭退，經眾公選聖法住持屬實。清理委員會因黨部書記辭退而形同虛設，加以鄭某勾引無干人等入寺，形同霸佔，乃決議變更管理人制，建立會計制度，選任住持以息紛爭。[46]這才有翌年 6 月淨良法師出任靈隱寺住持之事。

　　綜合 1968 年 6 月 7 日前後《中華日報》報導與寺方、中佛會的說法如下，先是《中華日報》報導指出，寺方整理委員會接受中佛會建議，指派淨良法師出任該寺住持，但寺方指摘中佛會推薦不當，反對淨良法師出任，而中佛會又否認曾指派人員，《中華日報》於是登出原函，立法委員董正之於院會提出質詢，以新竹靈隱寺遭受現行犯鄭保真勾結歹徒，強佔該寺，且地方黨政社團縱容橫暴，致常住僧眾饑困待斃，而要求行政當局迅予處理，以維護宗教。[47]

　　雖然中佛會否任指派，但事實上是立法院與黨部透過中佛會禮請淨良法師前去接任住持，同年 6 月 9 日到職，立法院院長黃國書、中央黨部秘書長谷鳳翔等十餘位黨政要人特頒匾誌慶，有近萬善信到場觀禮。[48]顯見立法院及黨部介入此事，而真正的問題是信徒組織的問題，據明宗法師的回憶：

> 無上和尚住持時，整個新竹地區佛寺都沒有設立信徒大會組織，靈隱寺也沒有，信徒的組織是發生在淨良法師與聖法法師爭奪住持那時，也因此使得靈隱寺至今深受信徒大會組織之害。[49]

　　1968 年 6 月 9 日，淨良法師暫代靈隱寺住持，任期至 1970 年。1970 年至 1973 年聖法法師再出任靈隱寺住持。

　　而繼聖法法師之後出任住持為悟本法師，悟本（心源）為鄭保真之子，他於 1973 年至 1975 年間任靈隱寺住持。1975 年鄭保真去世後，

---

[46] 祝賀恩師八秩嵩壽禮贊會，《白公上人光壽錄》（臺北：十普寺，1983），頁 555-556。

[47] 祝賀恩師八秩嵩壽禮贊會，《白公上人光壽錄》，頁 591-592。

[48] 釋妙然，《民國佛教大事年紀》（臺北：海潮音雜誌社，1995），頁 413。

[49] 釋見豪、釋自行，《魚趁鮮人趁早—明宗上人走過臺灣佛教六十年》，頁 154。

悟本法師也離開靈隱寺，之後經歷范天送、卓遵銘兩任管理人而無僧眾住持，直到 1990 年明宗法師接任住持兼管理人，[50]靈隱寺方才風波平息。

四、無上法師與學院教育

（一）臺灣省佛教講習會

1949 年 6 月，妙果法師以經費的問題停辦了「臺灣佛學院」之後，靈隱寺無上法師與慈航法師商討之後取得了辦學的意願，[51]規劃教務由無上法師負責，教師則有慧三（1901-1987）、道源（1900-1988）等法師，居士有曾秋圃，任卓吾等人。[52]後來因「白色恐怖」事件，慈航法師被捕入獄，師生亦無倖免。後來雖然無事釋放，但也將靈隱寺開辦的僧教育推遲了下來，直到 1950 年大醒法師（1899-1952）因病移錫新竹香山，辦學才又有了眉目。

大醒是《海潮音》月刊的主編，1949 年 4 月 1 日轉來臺發行，編務所就設在臺北市善導寺內，[53]並受李子寬居士之請，出任該寺導師。歷年的憂勞使得大醒法師的血壓甚高，是故在同年的四月底移住到新竹香山養病，仍續編《海潮音》。[54]無上法師於是利用大醒法師在靈隱寺養病的機會，商得其同意，於寺中創辦「佛教講習會」，[55]時序 1951 年的秋季。然同年冬，大醒法師即因腦溢血臥床不起，纏綿及載，1952 年 12 月 13 日病逝於臺北善導寺。[56]當時的「佛教講習會」是掛省佛會的

---

[50] 釋見豪、釋自行，《魚趁鮮人趁早—明宗上人走過臺灣佛教六十年》，頁 155-156。

[51] 財團法人慈航社會福利基金會，《慈航大師紀念專輯》（臺北：海潮音雜誌社，1984），頁 287。另在同書慈航法師的弟子律航法師（1887-1960）在〈我與慈老恩師的關係〉一文說則說：「慈老辦妥（臺灣）佛學院畢業，遂由中壢到了新竹靈隱寺結夏安居」，頁 364；而普觀法師記述的〈活菩薩慈航大師與吾的一段因緣〉則說：「他（慈航法師）帶一群學僧車行烈烈的前往新竹靈隱寺說服無上法師發大心辦學，一時轟動新竹市」，頁 423。

[52] 釋妙然主編，《民國佛教大事年紀》，頁 271。

[53] 大醒，〈編後雜話〉，《海潮音》第 30 卷第 5 期（1949 年 4 月 20 日），頁 20。

[54] 釋妙然，《民國佛教大事年紀》，頁 277。

[55] 釋妙然，《民國佛教大事年紀》，頁 281。

[56] 釋妙然，《民國佛教大事年紀》，頁 286。

名義，故又稱「臺灣省佛教講習會」。眼看講習會就要隨著大醒法師的臥病而告終，無上法師於是商請李子寬居士邀請演培法師（1917-1996）來臺接辦，演培法師於 1952 年農曆 2 月 19 日抵臺。[57]

演培主持講習會後改為男女分班制，[58]男眾部仍留靈隱寺，女眾部則遷到中壢圓光寺。[59]來靈隱寺任講習會教務主任的演培法師，任教半年後，臺灣省佛教分會突然宣佈對講習會僅作側面協助，不再全權負責，而男女二眾部之一的女眾部因經費無著，只開辦一期就停辦了。[60]還好在李子寬居士的護持下，於講習會第一學期結束放寒假時，將男眾部遷移至臺北善導寺繼續上課，一切費用由善導寺負責。1953 年春，乃從新竹遷臺北。又過一學期，因善導寺環境吵雜，復於暑假時再遷回新竹靈隱寺。關於「臺灣佛教講習會」的僧教育問題，根據「中國佛教會臺灣省分會第四屆第六次理監事聯席會議記錄」，當時任常務理事的李子寬居士在「臺灣佛教教育應共同維持並擴充案」就有所說明：

> 臺灣佛教青年應加強培育，使為興教弘法之人材。前所辦之臺灣佛教講習會，初為男女合班，嗣後男女分班，男子部在新竹靈隱寺，辦一年移善導寺，辦一學期後又移回靈隱寺。女眾部在圓光寺，辦一年後停止，現另由靜修院組成學院，兩處男女不過四十餘人，而向隅者尚多。以臺省四百餘寺廟、齋堂，應可辦一較大之學校，目前僅立基礎，尚望能共同維持，仍由省分會辦理（該班經費現由善導寺、靈隱寺負擔）。[61]

從省佛會的會議記錄來看，「臺灣佛教講習會」在靈隱寺的僧教育僅是掛名，並不負擔經費，連師資也由靈隱寺自行聘任，當時僧教育的艱難可見一斑。另外，值得注意的是此會議記錄還提到「臺灣佛教講習會」女眾部停辦後，移（合）辦到汐止靜修禪院。事實上是在 1953 年

---

[57] 財團法人慈航社會福利基金會，《慈航大師紀念專輯》，頁 175-176。

[58] 釋妙然，《民國佛教大事年紀》，頁 287。

[59] 演培，〈離別師友隻身赴臺〉，《菩提樹》第 433 期（1988 年 12 月 8 日），頁 20。

[60] 晴虛，〈短暫的人生・永恆的光輝〉，《海潮音》第 47 卷第 7 期（1966 年 7 月 1 日），頁 42。

[61] 《覺生》第 43 期（1954 年 1 月），頁 24（原文標點由筆者所加）。

春季,道安法師(1907-1977)接受慈航法師的邀請,由香港來臺,並與學生靈根法師到靜修禪院女眾佛學院,道安法師任班主任,靈根法師任講師。[62]

1956 年 12 月 19 日,講習會第一屆畢業,學僧共 12 人,爾後活躍寶島佛教講壇,而為一方化主的有聖印、修嚴、通妙(後還俗的吳老擇居士)等法師。[63]「臺灣佛教講習會」三年的課程,算是相對圓滿的僧教育,也是戰後臺灣佛教界的一個里程碑,對爾後陸續創辦的僧教育機構,有著重要的示範作用。

(二)靈隱佛學院

由於「臺灣省佛教講習會」主要是在靈隱寺舉辦,住持無上法師與李子寬居士出力甚鉅,雖然前述的「省分會第四屆第六次理監事聯席會」上李子寬居士力陳僧教育應該要共同維持並擴充,討論辦法也說「臺灣佛學(教)講習會仍應由臺省分會主辦,各支會共同協助籌集經費,並選送優秀佛徒青年入學」,[64]但以省佛會掛名的講習會第一屆結束後,就沒有再辦第二屆,就連居領導的中國佛教會在戰後至今,也不見有以其名義創辦的僧教育機構,省佛講習會倒反而促成了僧人及寺院興學的風氣。

無上法師由於省佛教講習會三年下來,實際取得了辦學經驗,終於有了 1957 年正式在靈隱寺創辦「靈隱佛學院」之舉。

講習會結束之後就有僧侶前來詢問是否續辦,無上法師雖有意續辦,但靈隱寺本身也出現了問題,[65]這就是為什麼靈隱佛學院會遲至講習會結束的一年餘(1957 年 12 月)才正式發佈招生的消息。招生廣告是以印順法師(1906-2005)為導師,無上法師任院長,主要是以初級佛學養成教育為主,招收人數 20 名,16 歲至 26 歲之間,國校畢業即

[62] 唯慈,〈解釋一首詩的寓意〉,《菩提樹》第 345 期(1981 年 8 月),頁 37。

[63] 演培,〈離別師友隻身赴臺〉,《菩提樹》第 443 期,頁 23。

[64] 《覺生》第 43 期,頁 24。

[65] 演培,〈從內教轉向外化〉,《菩提樹》第 434 期(1989 年 1 月),頁 23。

可報考。[66]

　　靈隱佛學院導師是印順法師，印順法師是在 1952 年 7 月 15 日前後，在李子寬居士邀請代表臺灣參加在日本召開的世界友誼會第二屆大會後來臺。[67]1953 年 4 月中，印順法師將原本欲在香港建寺的善款移來臺灣，在新竹市青草湖一同寺的後面建寺，取名「福嚴精舍」，同年 9 月 11 日落成。[68]由於地緣的關係，無上法師的靈隱佛學院就近獲得印順法師及其學僧的協助，而實際主持院務的是續明法師（1919-1966），時序 1958 年初春。[69]起初靈隱佛學院招收男眾人數只有 6、7 人，延至同年 3 月中旬才勉強超過 10 人，三年間不過 20 人，[70]主要原因是當時（現在亦然）出家比丘人數遠遠落後於比丘尼之故。

　　又續明法師在接掌靈隱佛學院的第二年（1959），出任福嚴學精舍的住持，是故在靈隱佛學院第一屆學僧在 1960 年冬三年期滿，印順、演培法師等都力促續明法師回精舍，經大家商討後，擬以靈隱佛學院畢業學僧為對象，成立一個中型的僧教育機構，定名為「福嚴學舍」，[71]這就是後來「福嚴佛學院」的前身。

　　靈隱佛學院三年期滿，由於病痛纏身，續明法師已有放下僧教育稍事休息的打算。[72]而無上法師續辦的第二屆靈隱佛學院，所招收的十幾位小和尚正等待開學，由於請不到教師，無上法師還是聘請續明擔任佛學院教務之職，但由於福嚴學舍第一屆學僧入學正在籌劃，續明法師無法分身，通妙法師（吳老擇）知道此事後，趕到福嚴學舍請續明法師任副院長兼教師，仁俊法師為教授，通妙自己負責教務，達航法師任訓導，

---

[66] 《菩提樹》，第 61 期（1957 年 12 月），頁 34。

[67] 印順，《平凡的一生（增定本）》，（臺北：正聞出版社，1994），頁 56-57。

[68] 印順，《平凡的一生（增定本）》，頁 60-64。

[69] 仁俊，〈敬悼一個最難得的法師〉，《海潮音》第 47 卷第 7 期，頁 24。

[70] 修宗，〈音容宛在‧道範長存〉，《海潮音》第 47 卷第 7 期，頁 54。

[71] 正定，〈我親近續公法師的因緣〉，《海潮音》第 47 卷第 7 期，頁 49。

[72] 在他寫給真華法師的信上說：「三年期滿，早感神疲力竭，擬趁此少事休息，因緣成熟，亦想到處走走，一以休息腦筋，一以增廣見聞也。」收在《海潮音》第 47 卷第 7 期，真華法師，〈悽風苦雨悼法將〉，頁 41。

才使得靈隱佛學院順利開學。[73]好不容易聘請的師資，結果僅僅半個學期就告終了。原因是鄰近香山一所廢彈場有一顆廢彈爆炸，轟動整個新竹市，據說還有一顆較大的還沒爆炸，若爆炸威力更甚前者，佛學院同學惶恐不安，加之通妙法師去日本求學心切，請不到負責教務的法師，無上法師只好停辦。[74]

靈隱佛學院前後僅辦了三年半，若在加上「臺灣省佛教講習會」前後共六年半，但隨著對僧教育抱持極大熱心的無上法師於 1966 年圓寂，靈隱寺僧教育的階段工作就完全結束了。

無上法師主持靈隱寺的辦學，其實可以說是臺灣僧教育的真正辦學之始，但是自從佛教講習會時，靈隱寺就有一些問題，如主持講習會的演培法師就表示：「靈隱寺主無上，最熱心僧教育，當然希望續辦（佛教講習會）。但時靈隱寺內，似有一些問題，就是原建靈隱寺而已罷道的寶真居士，經常回寺向無上索取，使他感高度不安⋯。」[75]在一個經費拮据、師資不足之下，要主持一個佛學院已經很不容易，若還有一些外來的因素干擾就更難維持了，而無上法師竟然支撐了六年多，可說是將臺灣的僧教育順利過渡的一個關鍵人物。

另外值得一提的是，無上法師寂後，靈隱寺在聖法法師擔任住持期間，也曾經兩次續辦佛學院，但因不可預期的因素而停辦：

> 民國 58 年秋，新竹名勝青草湖靈隱寺住持聖法法師與其徒（當家師）智宗師（出家未久沙彌戒未受。）發心復辦靈隱佛學院招生（女眾）邀請修慧擔任副院長。靈隱寺環境幽美，是辦學理想之處。但人事複雜，是非叢生；上屆請廣化法師協辦學院，中途停頓，後遷臺中。修慧有前車之鑑，原不願前往擔任斯職，奈聖法師師徒於每日清晨駕駛摩達車前來寺中敦請再四，情意懇切，修慧為他辦學精誠所感，而予應允。但以二條件要求：「一、男女界限需清徹，即為異性老師者，除上課外，未經院方主持人許

---

[73] 慈藏，〈悼恩師上人〉，《海潮音》第 47 期第 7 期，頁 55。

[74] 慈藏，〈悼恩師上人〉，《海潮音》第 47 卷第 7 期，頁 55。

[75] 演培，〈從內教轉外化〉，《菩提樹》第 434 期，頁 23。

可，不得擅入學院。二、寺中人眾不得干涉學院教學等情。」此二點渠師徒，皆欣然採納。遂於農曆八月二十六日開學，學生約十數名，開課未及旬日，突然發生血案，諸生目睹現場慘狀，況係年青女眾，皆驚惶不知所措，紛紛要求副院長遷移蓮華寺，否則各返寺院。經住持兼院長聖法師，召集有關教職員生等舉行師生會議。決定挽留無望，最後議決尊重諸生意見，請求「副院長將學生暫帶移住蓮華寺繼續授課，待靈隱寺整個問題解決後，再為遷回。」[76]

1969 年 9 月，靈隱寺以女眾為主復辦佛學院招生，但因「血案」而遷至竹北菩提蘭若續辦，雖然經濟狀況不允許，但「修慧經再審慮有頃，為同情心與責任感之所驅，終於不忍拂卻彼等之企求，且為培育下一代著想，亦祇有義不容辭而允諾。」此乃 1970 年修慧法師於菩提蘭若開辦「菩提佛學院」之因緣。[77]

五、結語

靈隱寺與感化堂密不可分，感化堂創建於 1924 年，大約 1926 年前後，鄭保真與翁妙全才入堂分任男女眾住持，靈隱寺則建於 1930 年前後。

鄭保真俗名鄭大憨（悫），在日本殖民時代與竹塹文人相交，並藉春秋二季之法會活動，逐漸讓感化堂步入正軌，而當 1930 年靈隱寺創建時，翁妙全無疑是經濟上最大的支持者，可惜就在靈隱寺所有建設完成不久，1935 年，翁妙全圓寂。少了女眾住持，感化堂及靈隱寺主要法務掌握在鄭保真之手，這可能也是導致 1936-1937 年鄭氏發生二次詐財騙色等不名譽事件，1936 年讓鄭保真全身而退，但 1937 年恐怕就沒那麼簡單。或說 1937 年鄭保真赴日本參訪，據推測，他可能離臺「避

---

[76] 修慧法師（竹北菩提蘭若），〈菩提佛學院簡史〉（未刊稿，時間未明），感謝匿名審查人提供。

[77] 朱其昌，《臺灣佛教寺院庵堂總錄》（高雄：佛光出版社，1977），頁 288。

風頭」，但何時回臺仍不清楚。大約在 1939 年之後，無上法師才逐漸掌
握靈隱寺的寺務。不過，在 1941 年時，鄭保真仍掛名靈隱寺住持，或
許鄭保真若干年從日本回臺後，還有一段時間任住持。

　　光復後從 1949 年 6 月起，無上法師主導接續中壢圓光寺「臺灣佛
學院」辦學，並迎請慈航法師師生一行至靈隱寺，至晚在 1949 年無上
法師已經完全掌握了靈隱寺寺務，直到他 1966 年圓寂止。

　　1951 年 11 月，「臺灣佛教講習會」在無上法師的運作下開辦，至
1956 年 12 月送出唯一屆畢業生，翌年改辦靈隱佛學院，至 1960 年 12
月送出首屆畢業生，好不容易又續辦第二屆佛學院，但僅半年而告終。
雖然妙果法師首開光復後臺灣佛教教育辦學之風，但持續並行之有年步
上正軌的，則是無上法師，前後六年半的時間。

曹洞宗臺北別院與東和禪寺

一、前言

東和禪寺的前身為曹洞宗兩大本山臺北別院之觀音禪堂，為日本殖民時期拉攏臺灣人所建之寺院。臺北別院在殖民時期歷經七任住持，而觀音禪堂則始終為臺僧心源和尚（1881-1970）所住持。

臺北別院在戰後成為大陸來臺軍眷所集中之地，而觀音禪院則改名為東和禪寺，雖然戰後曾作為臺北市佛教會的所在地，心源和尚亦任臺北市佛教會理事長二十餘年，但東和禪寺仍每況愈下，被淹沒於塵囂之中。

源靈法師（1928-2013）為東和禪寺中興祖師，於日本殖民時期出家、求學，1987 年在最艱難時刻接掌東和禪寺。致力恢復曹洞宗臺北別院暨觀音禪堂昔日風光，不僅成功追回部分被侵占之土地，同時努力於宗風的重建，使得東和禪寺成為臺北市重要名剎之一。

二、曹洞宗兩大本山臺北（灣）別院與觀音禪堂

（一）曹洞宗兩大本山臺北（灣）別院的建立

甲午戰敗，臺灣割讓給日本，明治 29（1896）年 2 月，日本曹洞宗兩大本山派遣木田韜光、足立普明、佐佐木珍龍、若生國榮、櫻井大典、鈴木雄芳 6 位布教師來臺，同年 7 月，特派長田觀禪、陸鉞嚴、芳川雄悟取代木田與櫻井，接著於臺北設立曹洞宗務支局（設於臺北艋舺龍山寺內），由陸鉞嚴任教務監督，佐佐木珍龍任宗務監督。同年 11 月，宗務局提出「臺灣島布教案」，隨後制定〈臺灣布教規程〉。[1]隨著信徒

---

1 日・曹洞宗海外開教傳道史編纂委員會，《曹洞宗海外開教傳道史》（東京：曹洞宗宗務廳，1980），頁 66。

的增加與法務之拓展，明治 40（1907）7 月，擬定建寺計劃，[2]在臺北北門街曹洞宗布教所布教師山田祖學（1862-1907）的發起下，發起募捐，於臺北東門外購地四千五百坪土地建寺，[3]可惜山田祖學於 1908 年8 月圓寂，由大石堅童（1868-1934）[4]繼續未竟之事業，同時計劃建立一座臺灣式的觀音堂，以便作為臺灣各菜（齋）堂的本山，[5]此觀音堂即戰後改稱的東和禪寺前身。明治 41（1908）年 11 月，於今東和禪寺現址舉行「曹洞宗別院」動土，當時曹洞宗管長石川素童（1842-1920）[6]親自來臺與會。[7]

明治 43（1910）年 5 月 28 日，「曹洞宗臺北別院」大殿及祖師堂落成，管長代理山腰天鏡（1848-1914）[8]奉持本尊釋迦牟尼佛來臺安座並主持典禮。[9]大正元（1912）年 9 月 17 日，木構的曹洞宗臺北別院因颱風而倒塌，門脇探玄代院主受輕傷。[10]為此門脇代院主親自回日本，於曹洞宗宗議會上力陳曹洞宗臺北別院重建之必要，確定由宗務院補助一萬元，新竹布教所、打狗布教所各補助一千元，預計隔（1913）年重建。[11]而此時觀音堂尚僅在規劃中尚未建設。

---

[2] 〈臺北の寺院（五）曹洞宗臺北別院〉《臺灣日日新報》（1910 年 2 月 24 日），5 版。

[3] 〈曹洞宗寺院建立〉《臺灣日日新報》（1909 年 3 月 18 日），2 版。

[4] 大石堅童，號回天，1868 年生，日本宮城縣人。駒澤大學畢業。1907 年 4 月來臺赴任，1908 年 8 月繼山田祖學師之後，為曹洞宗臺北布教師，1910 年 5 月曹洞宗臺北別院落成後，大石師成為該別院的首任院主。1911 年 4 月辭院主職回日本，但因 1912 年 9 月 17 日的颱風侵襲，別院大殿倒塌。大石師 1913 年再度來臺任別院院主職，1920 年辭職東歸，任仙臺市昌傳庵住持，1934 年圓寂（《臺灣歷史辭典·大石堅童》http://nrch.cca.gov.tw，2012.5.16）。

[5] 〈臺北の寺院（五）曹洞宗臺北別院〉《臺灣日日新報》（1910 年 2 月 24 日），5 版。

[6] 石川素童，曹洞宗僧侶，生於尾張愛知縣，本姓道家，號牧牛，1942 年 12 月 1 日生，曾任東京豪德寺、神奈川最乘寺等寺住持，1905 年任石川縣能登總持寺貫首，翌年任曹洞宗管長。1920 年 11 月 16 日圓寂，諡號「大圓玄致禪師」（デジタル版《日本人名大辭典》，http://kotobank.jp/word，2012.5.16）。

[7] 〈曹洞宗別院地鎮祭〉《臺灣日日新報》（1908 年 11 月 6 日），5 版。

[8] 山腰天鏡，1948 年生於越前福井縣，號淨圓。師事諸岳奕堂、森田悟由，曹洞宗專門本校就學，歷任金澤市松山寺住持、宗會議長、曹洞宗大學校長，1914 年 6 月 28 日圓寂（デジタル版《日本人名大辭典》，http://kotobank.jp/word，2012.5.16）。

[9] 〈曹洞宗別院開堂〉《臺灣日日新報》（1910 年 5 月 29 日），7 版。

[10] 〈暴風水害彙報　曹洞宗別院倒壞〉《臺灣日日新報》（1912 年 9 月 18 日），2 版。

[11] 〈曹洞宗別院再建近し〉《臺灣日日新報》（1912 年 12 月 18 日），7 版。

1910 年 5 月，木構曹洞宗別院舉行佛像安座（資料來源：《臺灣日日新報》）

　　到了 1913 年 8 月，因為門脇探玄院主生病請辭，由臺北布教主任接任第二任院主，[12]如此看門脇應為曹洞宗臺北別院首任院主，大石堅童則為第二任，任期至大正 9（1920）年 2 月。[13]

　　接受本山及地方布教所的重建補助，曹洞宗臺北別院應該僅是先建築臨時建築與山門，直到大正 10（1921）年 11 月，才正式鋼筋水泥仿木構的和風式大殿（本堂）的動土儀式，1922 年 8 月 27 日舉行上樑式。[14]大正 12（1923）年 2 月 6 日落成啟用，大本山管長北野玄峰（敕賜圓澄明修禪師）來臺主持。[15]1913 年 10 月，大石堅童再任布教總監，1920 年 3 月，伊藤俊道（？-1939）出任布教總監，1923 年 2 月，重建鋼筋水泥建築，同年 10 月，水上興基布教總監到任，[16]昭和 4（1929）年 8 月 20 日，鐘樓門舉行動土，翌（1930）年元月 20 日舉行上樑儀式，建坪 26 坪，高 4 丈八尺，耗資 20 萬元，[17]4 月 19 日舉行鋼筋混凝土大鐘樓門落成式，由管長代理桑原至道師主持。[18]

---

[12] 〈別院院主後任〉《臺灣日日新報》（1913 年 8 月 13 日），7 版。

[13] 〈曹洞宗別院主更迭　後任者伊藤俊道師〉《臺灣日日新報》（1920 年 2 月 9 日），1 版。

[14] 〈本堂上棟式　曹洞宗別院〉《臺灣日日新報》（1922 年 8 月 28 日），5 版。

[15] 〈曹洞宗別院の本堂落成と萬靈供養〉《臺灣日日新報》（1923 年 1 月 17 日），7 版。

[16] 徐壽，《臺灣全臺寺院齋堂名蹟寶鑑・曹洞宗大本山臺灣別院》，無頁碼。

[17] 〈臺灣趣味のモダン化　完成した鐘樓門（曹洞宗別院）〉《臺灣日日新報（夕刊）》（1930 年 4 月 16 日），2 版。

[18] 〈鐘樓門の落成式　曹洞宗別院で〉《臺灣日日新報》（1930 年 4 月 20 日），7 版。

1930 年 4 月落成之鐘樓門報導（資料來源：《臺灣日日新報》）

（二）臺北別院歷任住持

　　曹洞宗兩大本山臺北（灣）別院的建設歷史可分三期：第一期（1895-1910）從最早佐佐木珍龍擬建臺灣寺開始，後在臺北設臨時布教所，暫稱「臺北（灣）別院」；第二期（1910-1923），1910 年春東門外木構別院落成，同年 5 月 22 日經臺灣總督府認可，定名為「曹洞宗大本山臺北別院」，以日本福井縣永平寺為大本山，受其監督與管理。[19] 惜 1912 年 9 月別院在颱風中倒塌，翌年大石堅童回臺兼負別院重建工程，於廢墟中先建起居所，作為臨時別院。第三期（1923-1945），1923 年元月，本堂（大殿）落成，原名「曹洞宗大本山臺北（灣）別院」此時復經核可改稱「曹洞宗兩大本山臺北（灣）別院」，從原來以永平寺為大本山之外，復加入總持寺為第二本山，故稱「兩大本山」。

　　自 1910 年別院落成起，共經歷七任院主，根據東和禪寺所藏昭和 18（1943）年《現地寺院布教所調查要項答申書》（以下簡稱《答申書》）記載，曹洞宗兩大本山別院的歷任院主為：大石堅童、霖玉仙、伊藤俊道、水上興基、大野鳳洲、島田弘舟、高田良三共七任，茲表列如下：

---

[19] 陳木子，《曹洞宗東和禪寺》（臺北：東和禪寺，2004），頁 5。

表 1　《答申書》所載曹洞宗兩大本山別院歷任院主

住持	姓名	僧籍所在寺院	任免日期	異動原因
第一世	大石堅童	宮城縣當行寺	1907.11-1913.10 1911.4-1920.3	依願任免
第二世	霖玉仙	長崎縣皓臺寺	1911.4-1913.9	依願任免
第三世	伊藤俊道	三重縣廣禪寺	1920.3-1923.10	依願任免
第四世	水上興基	島根縣永明寺	1923.10-1930.8	依願任免
第五世	大野鳳洲	臺灣臺中寺	1930.8-1933.7	遷化
第六世	島田弘舟	島根縣永明寺	1933.10-1937.8	依願任免
第七世	高田良三	兵庫長慶寺	1937.8-	—

資料來源：《現地寺院布教所調查要項答申書》，1943

　　惟從歷年《臺灣日日新報》的資料研究分析，和《答申書》略有出入，特別是第二世霖玉仙任期問題。

　　霖玉仙為長崎皓臺寺住持，明治 44（1911）年 5 月 22 日以曹洞宗臺灣布教總監的身份來臺，[20]同年 6 月 23 日，他除了集合信眾開示法要外，還以皓臺寺收藏鄭成功手稿，特別到臺南開山神社參訪，同時賦詩揮毫紀念，[21]翌（1912）年元月 23 日結束在臺巡教回日本。[22]來臺前後 7 個月。由於按照慣例，曹洞宗臺灣布教總監通常身兼臺北別院院主，但是，霖玉仙 1911 年 5 月來臺時，臺北別院「院主」為門脇探玄，加上來臺時間過短，《臺灣日日新報》也未有其任臺北別院院主的紀錄。然《答申書》在介紹第二世霖玉仙的項下卻載「大正元年九月大風暴の為，本堂倒壞，院代門脇探玄常在中……。」[23]如此看來，門脇探玄為「院代」處理一切事務，而霖玉仙可能為實際院主。

　　按照史料分析，臺北別院歷任院主之任期及在臺經歷與《答申書》略有差異。首任院主可能是大石堅童，畢竟他是明治 40（1907）年 4

20　〈霖玉仙師（長崎皓臺寺任職）〉《臺灣日日新報》（1911 年 5 月 21 日），2 版。
21　〈臺南雜信（二十三日）　霖玉仙師來南〉《臺灣日日新報》（1911 年 6 月 26 日），1 版。
22　〈霖玉仙氏〉《臺灣日日新報》（1912 年 1 月 26 日），2 版。
23　曹洞宗兩大本山別院，《現地寺院布教所調查要項答申書》，（臺北：曹洞宗兩大本山別院，1943），無頁碼。

月來臺布教，同時於東門外購地建寺，最終在他的努力下於明治 43
（1910）年春臺北別院落成，1911 年 4 月辭任離臺。按常理，別院落
成不可能沒有院主，故可推知，臺北別院落成後大石堅童為首任院主。
臺灣布教總監霖玉仙 1911 年 12 月來臺時，門脇探玄已早 8 個月來臺，
接任臺北別院第二任代院主。以下是曹洞宗（兩大本山）臺北（灣）別
院自 1910 年春落成後至 1945 年日本戰敗時歷任院主經歷。

　　第一、三任大石堅童(1868-1934，任期 1907.4-1911.4，1913.8-1920.3）

　　臺北別院第一、三任院主大石堅童，明治 40（1907）年 4 月奉大
本山來臺於臺北北門街布教，翌年春在大本山及信徒的努力下，於臺北
東門外購地創建曹洞宗臺北別院，明治 43（1910）年春落成。翌（1911）
年 4 月，大石辭任回日本。1912 年 9 月，大石一手起建的木構別院於
颱風中倒塌，於是在大本山與信徒的期盼下，大正 2（1913）年 8 月再
回任臺北別院院主。1914 年春建築住僧起居室，同年秋落成，接著與
臺灣加盟曹洞宗派下諸寺院齋堂創辦佛教中學林，並建觀音禪堂，開辦
佛教青年會，大正 9（1920）年 3 月 18 日卸任後，榮任仙臺荒町昌傳
庵住持。昌傳庵為舊仙臺藩六寺之一，原屬伊達家族所有，是寺格相當
高的寺院，該庵先師大友禪師為大石之養父，因年邁退居，由大石接任
住持。[24]

　　第二任霖玉仙、門脇探玄（ ？-1945，任期 1911.4-1913.8）

　　霖玉仙出身長崎縣皓臺寺，門脇探玄出身日本島根縣六番善福寺，
明治 44（1911）年 4 月奉派來臺，[25]霖玉仙則是同年 5 月以曹洞宗臺灣
布教總監身份來臺，同年 6 月 4 日，霖玉仙在基隆久寶寺舉行法會後即
乘信濃丸回日本，[26]6 月下旬再度來臺，[27]翌（1912）年元月 23 日回日
本，[28]之後未再有來臺紀錄。從《答申書》所載來看，門脇探玄是臺北
別院代院主，明治 45 年 4 月 6 日於艋舺廈新街曹洞宗別院布教所保安

---

[24] 〈大石堅童師　在任十餘年〉《臺灣日日新報》（1920 年 3 月 18 日），7 版。

[25] 日・曹洞宗海外開教傳道史編纂委員會，《曹洞宗海外開教傳道史》，頁 288。

[26] 〈臨時大法會〉《臺灣日日新報》（1911 年 6 月 5 日），第 3 版。

[27] 〈教使消息〉《漢文臺灣日日新報》（1911 年 6 月 27 日），第 3 版。

[28] 〈霖玉仙氏〉《臺灣日日新報》（1912 年 1 月 26 日），第 2 版。

堂收臺灣人門徒 3 人，即臺中黃旺成（66 歲）、臺中林松（42 歲）、臺
北孫金聘，舉行落髮皈依儀式。[29]這是日本曹洞宗最早在臺收徒紀錄。
1912 年 9 月，木構的曹洞宗臺北別院於颱風中倒塌，10 月門脇探玄以
臺北別院代表回到日本東京參加 11 月將召開之曹洞宗會，說明曹洞宗
臺北別院重建的必要。[30]翌（1913）年元月 24 日回臺。[31]

　　大正 2（1913）8 月，門脇探玄因病辭歸日本，由大石堅童回任第
三代別院院主。[32]

　　第四任伊藤俊道（？-1939，任期 1920.3-1923.4）

　　臺北別院院主大石堅童卸任後，由伊藤俊道繼任第四任院主。伊藤
俊道原為三重縣上野町廣禪寺住持，歷任曹洞宗宗務院人事課長、大本
山特選議員，曾在北海道、樺太（南庫頁島）布教。[33]伊藤任內主要完
成臺北別院的大殿（本堂）建設，1923 年元月落成。大正 12（1923）
年 4 月，伊藤辭職，直到同年 10 月才由島根縣津和野町永明寺水上興
基接任第五任住持。伊藤卸任後，出任三重縣伊賀上野町廣禪寺住持。[34]

　　第五任水上興基（1867-1946，任期 1923.10-1930.8）

　　水上興基出身島根縣永明寺，任內完成鐘樓門之建設，昭和 5（1930）
年 8 月卸任後，回任三重縣伊賀上野町廣禪寺住持，[35]由大野鳳洲接任
臺北別院第六任院主。

　　第六任大野鳳洲（？-1933，任期 1930.8-1933.8）

　　大野鳳洲原為臺中寺住持，來臺 17 年後，直接轉任臺北別院第五
任院主。[36]昭和 8（1933）年 8 月 26 日寂於任內，[37]管長代理水上興基
來臺，除主持大野鳳洲的本葬外，還曾為圓寂於 1934 年的大石堅童舉

[29]　〈佛式にて斷髮〉《臺灣日日新報》（1912 年 4 月 7 日），7 版。
[30]　〈曹洞宗會と本島〉《臺灣日日新報》（1912 年 4 月 7 日），7 版。
[31]　〈門脇探玄師〉《臺灣日日新報》（1913 年 1 月 23 日），2 版。
[32]　〈別院院主後任〉《臺灣日日新報》（1913 年 8 月 13 日），7 版。
[33]　〈曹洞宗別院主更迭　後任者伊藤俊道師〉《臺灣日日新報》（1920 年 2 月 9 日），1 版。
[34]　〈曹洞宗別院主交代〉《臺灣日日新報》（1923 年 10 月 7 日），7 版。
[35]　〈水上興基老師離臺〉《臺灣日日新報》（1930 年 8 月 13 日），2 版。
[36]　〈大野住職榮轉〉《臺灣日日新報》（1930 年 9 月 6 日），5 版。
[37]　〈大野鳳洲師逝く〉《臺灣日日新報（夕刊）》（1933 年 7 月 28 日），2 版。

行追悼會。[38]之後接任大野鳳洲的第七任院主為島田弘舟。

第七任島田弘舟（？-1948，任期 1933.8-1937.9）

島田弘舟出身島根縣永明寺，昭和 9（1934）年 10 月，將原本「曹洞宗大本山別院」改為「曹洞宗兩大本山別院」，與此同時還完成將中學林改名「臺北中學」，並新建校舍一棟。[39]昭和 12（1937）年 9 月卸任，[40]後回任鳥取縣鹿足永明寺住持。[41]

第八任高田良三（1885-1946，任期 1937.9-1946.3）

院主高田良三，出身兵庫長慶寺，昭和 11（1936）年 3 月以特派布教師的身份（時任宗會議長）與管長代理的教學部長奧村洞麟一起來臺，[42]此行主要目的是視察前一年改名為「臺北中學」後的經營情況。[43]此行之後高田良三回日本，1937 年 9 月 15 日，再度來臺是以「新任臺北曹洞宗別院主」同時也是布教總監的身份。[44]由於高田良三任內遭逢中日戰爭之非常時期，許多心力必須配合「皇民化運動」，雖然物力維艱，但還是完成「臺北中學」改名「臺北中學校」，同時遷移至士林。[45]從東和禪寺所藏的〈囑托狀〉所見，高田良三以「曹洞宗兩大本山院主・曹洞宗臺灣布教總監」的身份，於 1946 年 3 月 1 日，將「曹洞宗兩大本山別院」委託給心源和尚管理（見〈囑托狀〉），故可推知，高田良三在臺最後任期應是 1946 年 3 月。

---

[38] 〈大野鳳洲師本葬〉《臺灣日日新報》（1934 年 3 月 6 日），2 版。

[39] 曹洞宗兩大本山別院，《現地寺院布教所調查要項答申書》，無頁碼。

[40] 〈島田弘舟師はけふ離臺越任　後任は高田師〉《臺灣日日新報》（1937 年 9 月 15 日），7 版。

[41] 〈維摩會〉《臺灣日日新報（夕刊）》（1937 年 9 月 5 日），4 版。

[42] 〈禪學講話會と說教〉《臺灣日日新報（夕刊）》（1936 年 3 月 6 日），2 版。

[43] 〈私立臺北中學　得文部省認可　著著準備〉《臺灣日日新報》（1936 年 3 月 8 日），8 版。

[44] 〈追加豫算で　戰時體制に適應　蓬萊丸歸臺した　嶺田財務局長談〉《臺灣日日新報》（1937 年 9 月 16 日），7 版。

[45] 曹洞宗兩大本山別院，《現地寺院布教所調查要項答申書》，無頁碼。

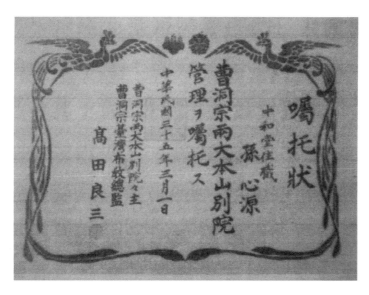

1946 年 3 月高田良三給心源和尚之〈囑托狀〉（資料來源：東和寺提供）

表 2　重訂曹洞宗兩大本山別院歷任院主

住持	姓名	僧籍所在寺院	任免日期	異動原因
第一世	大石堅童	宮城縣當行寺	1907.4-1911.4	依願任免
第二世	霖玉仙、門脇探玄（代理院主）	長崎縣皓臺寺、島根縣善福寺	1911.4-1913.8	依願任免
第三世	大石堅童	宮城縣當行寺	1913.8-1920.3	依願任免
第四世	伊藤俊道	三重縣廣禪寺	1920.3-1923.4	依願任免
第五世	水上興基	島根縣永明寺	1923.10-1930.8	依願任免
第六世	大野鳳洲	臺灣臺中寺	1930.8-1933.8	遷化
第七世	島田弘舟	島根縣永明寺	1933.8-1937.9	依願任免
第八世	高田良三	兵庫長慶寺	1937.9-1946.3	戰敗

資料來源：綜合前述

二、觀音禪堂與東和禪寺

（一）觀音禪堂的創建

　　東和禪寺前身為曹洞宗兩大本山臺北（灣）別院觀音禪堂，戰後心源和尚（1881-1970）將觀音禪堂改稱今名。觀音禪堂當初建立的構想是，臺人不分宗派共同的信仰是觀音，為加速曹洞宗在臺布教據點的擴大而創立觀音禪堂。因為曹洞宗深知布教若不能以臺民為重心，其布教之弘傳並不能成功，這是建立閩南式觀音禪堂之緣由，同時也希望觀音堂，可以作為臺灣各菜（齋）堂的本山。[46]

　　心源和尚（1881-1970），臺北永和人氏，俗名孫保成，25 歲前，幫人耕作，結婚生育，26 歲時突患大病瀕死，經歷月餘徘徊生死邊緣之深刻體驗，而生出離心，北從宜蘭、羅東，南至鹿港、嘉義，形同乞丐般地流浪一年多，一心訪道。1908 年回到臺北艋舺投靠姑母，被引薦到保安堂（曹洞宗布教所），專心研讀佛學及漢文三年，[47]明治 43（1910）年 4 月 8 日，皈依日僧大石堅童；1911 年到大陸天童寺、普陀山參學。[48]心源和尚雖皈依日僧，但是，並未隨之來到剛建好的臺北別院，主要還是卓錫於艋舺廈新街的保安堂，直到曹洞宗臺灣中學林成立後。不過，最晚在 1916 年 9 月 17 日，心源和尚已配合宗門，開始從事布教工作，他與沈德融、林學周、黃玉階在大稻埕媽祖宮演講，他演講主題為「報恩之德」。[49]

　　1917 年 4 月，被任命為曹洞宗臺灣中學林寮監；1924 年 4 月，赴日於曹洞宗兩大本山參禪；1925 年 9 月 10 日，任曹洞宗布教師補；[50]最

---

[46]　〈臺北の寺院（五）曹洞宗臺北別院〉，《臺灣日日新報》（1910 年 2 月 24 日），5 版。施德昌，《臺灣佛教名蹟寶鑑》（臺中：民德寫真館，1941 年）則記為，明治 28 年 6 月 12 日，佐佐木於艋舺龍山寺設立布教所。

[47]　陳木子，《曹洞宗東和禪寺》，頁 15。

[48]　徐壽，《臺灣全臺寺院齋堂名蹟寶鑑・曹洞宗大本山臺灣別院》，無頁碼。

[49]　〈媽祖宮之布教〉《臺灣日日新報》（1916 年 9 月 17 日），6 版。

[50]　徐壽，《臺灣全臺寺院齋堂名蹟寶鑑・曹洞宗大本山臺灣別院》，無頁碼。

晚在大正 15（1926）年 8 月，心源和尚已被任命為觀音禪堂的主事；[51]
昭和 5（1930）年與同志數名發起創建北投中和禪堂及靈光塔；[52]昭和 7
（1932）年 11 月 13 日，心源和尚之弟孫萬枝與日新町潘月意小姐在臺
北別院舉行婚禮，當時孫萬枝仍為臺北帝大文政科三年級生；[53]昭和 8
（1933 年）年 8 月，被指名為總督府南瀛佛教會理事；昭和 12（1937）
年 4 月，任臺北州佛教會幹事；昭和 15（1940）年 4 月，再度赴日本
朝聖參拜。[54]

　　觀音禪堂的建立與心源和尚的關係密切，前述心源和尚 1908 年在
艋舺保安堂學道。艋舺保安堂大約在明治 34（1901）年由蘇澤養
（1873-1933）所建，其早年皈依臺中龍華派黃普丁為引進師，法號普
勝，明治 36（1903）年皈依曹洞宗布教師山田祖學。[55]蘇澤養自稱蘇養，
自創「新約龍華佛教」，因仰慕鄭成功，故以「鄭」字為傳法號，法號
鄭德，有別於傳統龍華派以「普」字為傳法號。

　　保安堂全稱「臺灣新約龍華佛教聖國山保安堂」，直到大正 6（1917）
年 2 月 28 日才獲總督設立許可。[56]心源和尚在保安堂時與蘇澤養結為義
兄弟，[57]由於心源和尚之學道與齋教龍華派有關，法號普才，後來皈依
大石堅童出家後協助曹洞宗創建大本山別院觀音禪堂，目的是希望成為
臺灣菜堂的總本山，可看出心源和尚受齋教的影響。而與保安堂關係較
密切的齋堂有大橋頭龍雲堂（寺）、艋舺慈雲堂（寺）。[58]

　　1912 年 9 月 17 日，在大石堅童手中建立的木構臺北別院毀於颱風，
當時他為日本曹洞宗第一中學林學監，認為自己有責任重建，再因臺北

---

[51] 〈新竹／舉行蘭盆勝會〉《臺灣日日新報（夕刊）》（1926 年 8 月 23 日），4 版。

[52] 徐壽，《臺灣全臺寺院齋堂名蹟寶鑑・曹洞宗大本山臺灣別院》，無頁碼。

[53] 〈東門町曹洞宗中學寮學監孫心源氏之弟萬枝君〉《臺灣日日新報（夕刊）》（1932 年 11 月 11 日），4 版。

[54] 徐壽，《臺灣全臺寺院齋堂名蹟寶鑑・曹洞宗大本山臺灣別院》，無頁碼。

[55] 蘇養，《奉載天皇實踐人道（明治三十四年四月傳道話修正中部）》（臺北：保安堂，1916），頁 5-6。

[56] 蘇養，《新著集宗教小論》（臺北：保安堂，1924），頁 102。

[57] 聖融，〈心源老和尚出家的一段奇緣故事〉，收在正心無礙編，《禪學論從續集》（臺北：中和禪寺，1970），頁 5。

[58] 源靈和尚口述（2012 年 5 月 21 於東和禪寺）。

別院代院主門脇探玄（？-1945）罹病轉任（時布教總監為霖玉仙），由大石繼任別院院主及臺灣開教總監，並致力別院再建，他在宗議會向宗務委員（久保田實宗）說明有關別院建築補助款時說：「一旦建立觀音堂，必大獲土著人民之信仰，這樣一來，自然別院基本收入有望，此是中國人之慣例。」[59]大正 3（1914）年，大石堅童發起建設觀音禪堂，心源和尚負責建設，於大正 6（1917）年全部完工，[60]即今日東和禪寺大殿。[61]而傳觀音禪堂就委由心源和尚管理。不過，早在 1915 年 3 月 25 日（農曆 2 月 10 日），觀音禪堂後殿粗具，舉行臨時佛像安座的同時，睽違兩年餘的「本島人觀音講會」也同時舉行。[62]觀音禪堂的總建築費用為三千元，曹洞宗本山補助一千元，其餘皆由臺灣信徒所義捐，[63]如今鐫刻在東和禪寺寺牆上功德芳名錄，記錄了這段歷史：「明治四十一年，曹洞宗大本山臺別院開始，大石堅童師曾計及獻地，連結本島人佛教，於大正三年創設，建築觀音禪堂，計可寄付募集者辜顯榮、黃玉階、陳三評、李石，開山堂主釋孫心源⋯⋯。」[64]也就是說，心源和尚是觀音禪堂的開山堂主。

觀音禪堂的創建是專供臺灣信徒及僧侶聯絡，同時作為曹洞宗佛教中學林學生住宿之所，募款工作由心源和尚擔任，禪堂及寮房完成後，心源和尚被任命為副寺。[65]雖然在觀音禪堂的觀音講會的例年演講中，「導師」是別院的住持，臺籍緇素主要還是以黃玉階為主，而從史料所見心源和尚在「觀音講會」扮演了一定的角色，實際參與「觀音講會」運作，至晚在大正 7（1918）年，心源和尚亦列席於該宗法會演說士之中，時年 37 歲。[66]

---

[59] 日·曹洞宗海外開教傳道史編纂委員會，《曹洞宗海外開教傳道史》（東京：曹洞宗宗務庁，1980），頁 71。

[60] 徐壽，《臺灣全臺寺院齋堂名蹟寶鑑·觀音禪堂》（臺南：國清寫真館，1932），無頁碼。

[61] 陳木子，《曹洞宗東和禪寺》，頁 6。

[62] 〈曹洞宗觀音講〉，《臺灣日日新報》（1915 年 3 月 26 日），6 版。

[63] 〈曹洞宗觀音講〉，《臺灣日日新報》（1915 年 3 月 26 日），6 版。

[64] 東和禪寺藏，〈觀音禪堂石碑其壹〉。

[65] 陳木子，《曹洞宗東和禪寺》，頁 15。

[66] 〈壽星會〉，《臺灣日日新報》（1918 年 11 月 17 日），6 版。

　　觀音禪堂與觀音講會的創設與運作，成功吸納包括齋教在內的大多數佛教徒之認同，而藉由「本島人觀音講會」這樣的組織，之後才有曹洞宗學林、本島人佛教青年會的誕生：

> 曹洞宗教理，與本島人崇奉佛教，最為接近。初聯絡基隆靈泉寺、觀音山凌雲寺、圓山劍潭寺、艋舺龍山寺等本島僧侶，暨島內十餘處之齋堂，努力布教，年行觀音講，其後組織青年會……由本島人努力，開設定期有教，茲者一般之機運已熟，大石堅童師，特聯絡本島人宗教家若大稻埕區長黃玉階、僧善慧、僧本圓諸氏，胥謀建設佛教中學林，經已諜（牒）知全島各廳本島人寺院、齋堂，得其贊襄，具案向（總）督府稟請……。[67]

　　曹洞宗一方面藉由「本島人觀音講會」來吸收臺灣人信徒，最後時機成熟，創建曹洞宗佛教中學林，及組織佛教青年會。1916 年，臺灣佛教青年會草創完成後，心源和尚開始透過「臺灣佛教青年會」的安排在臺北各地布教，至少有 1918 年 8 月 22-23 日，與沈德融、齋藤道痴、富田禪宏、趙鴻蟠等人往士林布教；[68]1918 年 11 月 19-21 日，與大石堅童、齋藤道痴、富田禪宏、趙鴻蟠、熊谷泰御、沈德融、新美俊逸到和尚洲（蘆洲）布教；[69]1920 年 7 月 31 日至 8 月 1 日，與伊藤俊道、沈德融赴板橋演講；[70]1926 年 4 月 9 日，獲海山「溪州同風會」之請在板橋保福宮演講；[71]1938 年 4 月 8 日，臺北佛教浴佛節，心源和尚與林學周、李添春、曾景來、沈德融在蓬萊町稻江會館舉行演講，其講題為〈釋尊の御降誕に就て〉。[72]

　　也就是說，心源自 26 歲起即在「臺灣佛教青年會」中與臺日緇素擔任布教角色，同時也在曹洞宗佛教中學林以寮監（舍監）的角色輔助中學林的運作。

---

[67] 〈曹洞宗中學林〉，《臺灣日日新報》（1916 年 11 月 12 日），6 版。

[68] 〈士林傳道概況〉《臺灣日日新報》（1918 年 8 月 26 日），4 版。

[69] 〈佛教青年會傳道〉《臺灣日日新報》（1918 年 11 月 20 日），7 版。

[70] 〈佛教青年會〉《臺灣日日新報》（1920 年 8 月 5 日），7 版。

[71] 〈海山特訊／溪洲同風會況〉《臺灣日日新報》（1926 年 2 月 20 日），4 版。

[72] 〈佛教（花まつり）講演會〉《臺灣日日新報（夕刊）》（1938 年 4 月 9 日），2 版。

（二）曹洞宗佛教中學林

日本曹洞宗與基隆靈泉寺、觀音山凌雲寺、圓山劍潭寺、艋舺龍山寺等僧侶以及十數座齋堂聯合布教，年行觀音講會，其後復組織青年會，利用共進會大開演講。根據心源和尚的回憶，大正5（1916）年觀音禪堂中殿完成之際，同年4月，總督府慶成，舉辦為期四十天的共進大會，分別在總督府周邊設立三個會場，特許各宗教在第二會場於法院及電信局一帶設臨時布教所，從事宗教活動，引發佛教與基督宗的論戰，在同仇敵愾之下，全臺佛教人士集宿於觀音禪堂（今東和禪寺），輪流參加演講，主要人士包括善慧、本圓、覺力、心源、黃玉階、陳火、林學周、許林等人。[73]事實上，早在1913年，總督府就有意舉辦展現其統治成果的共進會，而當時日本佛教即有意藉此機會設館展示，報導說：

> 明年臺北將開共進會，全臺中流以上本島人，俱欲來北觀覽，某佛教家擬趁此機，紹介日本佛教，以破本島人從來之迷信及陋習，使舉精神同化之實，決定共進會內一部，設立佛教館，陳列內地各宗本山模型、佛像、經卷等，詳為說明。目下已向登局建議，若蒙允准，則佛教館內將劃一部，開設賣店，發售佛像、佛具、經卷各物，使本島人漸知佛教趣味。且刻下本島人青年中，頗歡迎日本佛教，佛教館未開設之先，擬翈佛教青年會……。[74]

只可惜總督府的共進會延宕到1916年4月的「始政二十週年」，臺日佛教僧侶在共進會場設壇論法，最後並成立佛教青年會，眼看時機成熟的曹洞宗臺北別院院主大石堅童，特別聯絡先天派黃玉階、善慧、本圓諸師，商以創辦佛教中學林，並得到全臺部分寺院、齋堂的贊助，大正5（1916）年9月18日，曹洞宗大本山別院大石堅童（1868-1934）向當局提出設立申請，同年11月4日獲准。[75]

[73] 一峰，〈心源老和尚與臺灣佛教中學林〉，收在正心無礙編，《禪學論叢續集》（臺北：中和禪寺，1970），頁8-11。

[74] 〈籌設佛教館之先聲〉，《臺灣日日新報》（1912年8月23日），6版。

[75] 〈臺灣佛教中學林〉，《臺灣日日新報》（1917年2月28日），6版。

　　以「西來庵事件」契機，1895 年即來臺開教的曹洞宗已成功地聯絡全臺大小十數座寺院、19 座齋堂，但「本來本島人間之信仰混沌、不統一，因此，對風俗教化有不少壞影響，認為有必要設立具布教原動力的僧侶養成機關。」[76]主要教育對象為「本島人僧侶、齋友之子弟，及具備僧侶、堂主資格者」，[77]預定大正 6（1917）年 4 月 1 日正式招生開學，其目的是「主教育本島人僧侶及齋堂齋友，使之明心見性，涵養尊皇信佛之精神，俾完成務教使及一寺住持之人格」，同時「帝國民族膨脹，南方發展之聲，積日以高，同學林更欲擴張南支南洋教線，廣大其抱負」。[78]

　　當初本本山允許每年補助二千圓，其他由捐獻所得，不足之處再由臺北別院支辦，大正 9（1920）年冬，江善慧接任中學林林長，與本山交涉，獲補助一千圓，合計三千圓，每月尚不足二百二十餘圓，全由江善慧支出，經費十分拮据。[79]日本本山的補助，在宗費歲出方面分「歲出經常部」與「歲出臨時部」，對臺灣佛教中學林的補助，從大正 6 年至大正 9 年（1917-1920），每年從臨時部補助一千圓，而經常部自大正 8 年以降，每年補助二千圓至四千五百圓。[80]由於經費的不足，江善慧在接任林長後，於翌年 6 月 29 日，於大稻埕媽祖宮佛教青年會教場，舉辦第一屆「中學林父兄會」，並就學林維持費及建築費商之，將學生束脩加增 2 圓，每人合徵 3 圓，不足處由江善慧另籌。[81]

　　中學林成立後，在學制方面，原本設立之初，即向總督府申請日本曹洞宗所設中學林辦法，為五年制，總督府以「本島人尚無官設完全中學教授，不許」，於是只好改為三年制。[82]中學林課程分本科與研究科，本科年齡 14 歲以上，學科有修身、宗乘（禪宗教理）、餘乘（藏教大要）、

---

[76]　〈佛教中學林　曹洞宗の新設〉，《臺灣日日新報》（1916 年 11 月 11 日），7 版。

[77]　〈求道者の為　臺灣佛教中學林開設〉，《臺灣日日新報》（191 年 2 月 28 日），7 版。

[78]　〈曹洞宗中學林〉，《臺灣日日新報》（1916 年 11 月 12 日），6 版。

[79]　〈中學林父兄會〉，《臺灣日日新報》（1921 年 7 月 1 日），6 版。

[80]　日・松金公正，〈植民地時期台湾における曹洞宗の教育事業　その限界－宗立學校移轉普通教育化の示すもの－〉（中央大學社會科學研究所，2003 年 3 月）。

[81]　〈中學林父兄會〉，《臺灣日日新報》（1921 年 7 月 1 日），6 版。

[82]　〈中學林父兄會〉，《臺灣日日新報》（1921 年 7 月 1 日），6 版。

國語、地理、漢文、歷史、傳道講習，畢業年限 3 年，另設研究科，[83]學習 1 年，須公學校第四學年課程修畢，或具同等學歷者。入學後提供伙食費，並給就學資金，每月 2 圓左右，並給予若干被服費、書籍及必要品。[84]

在獲准成立招生後，預計招收 25 名，至 1917 年 2 月底，還缺額 10 名，於是將招生截止日延至 3 月 30 日，凡申請入學者排定 4 月 5 日舉行入學考試，4 月 10 日舉行開林式，[85]共招生 33 名，4 月 11 日舉行始業式。[86]

大正 11（1922）年 3 月，當第 3 屆畢業典禮舉行時，中學林也蘊釀在經濟情況許可的情況下，將原本的 3 年修業年限改為 4 年，與其他中學一樣。[87]

由於中學林招生的學生數量並不多，大正 8（1919）年 1 月 25-26 日於曹洞宗臺北別院舉行全島布教師會議，並審查中學林招生計劃，核定一學年招收 25 名，並放寬之前僅招收僧侶、齋友的規定，並自下學年起，准許一般子弟入學，而在臺北有監督者可以通學。[88]這是一重大改變，顯示純粹以僧侶、齋友為主體的宗教教育方針面臨了部分問題，應該說不可能有源源不斷的宗教人士及其子弟入學。

大正 7（1918）年 3 月，佛教中學林舉行第一屆研究科畢業典禮，以及本科生第一學年修業式，其中研究科有 3 人畢業，本科修業者 16 人。[89]從人數來看，前述招生 33 名，但第一年修業式連同研究科不過 19 人，可見至少超過 10 人以上未完成第一年的修業式，這是一個警訊。大正 8（1919）年 4 月 8 日，舉行新生入學式及始業式。[90]另外，佛教中學林的腹地狹小，教室不足，也是其發展的一大隱憂，同年 8 月 10

83　〈曹洞宗中學林〉，《臺灣日日新報》（1916 年 11 月 12 日），6 版。

84　〈求道者の為　臺灣佛教中學林開設〉，《臺灣日日新報》（1917 年 2 月 28 日），7 版。

85　〈求道者の為　臺灣佛教中學林開設〉，《臺灣日日新報》（1917 年 2 月 28 日），7 版。

86　〈苦□の嫩葉　中學林の開林式〉，《臺灣日日新報》（1917 年 4 月 11 日），7 版。

87　〈中學林卒業式〉，《臺灣日日新報》（1922 年 3 月 22 日），4 版。

88　〈佛教中學林近狀〉，《臺灣日日新報》（1918 年 2 月 5 日），6 版。

89　〈佛教中學林修業〉，《臺灣日日新報》（1918 年 3 月 21 日），5 版。

90　〈佛教中學林始業式〉，《臺灣日日新報》（1918 年 4 月 8 日），5 版。

日，曹洞宗別院大石堅童、學監善慧、富田、德融等人籌劃增築教室，得基隆顏雲年（1874-1923）、霧峰林家支持，在佛教中學林舉行動土儀式。[91]

為了擴大畢業生升學管道，佛教中學在招生的同時，還宣傳與日本山口縣三田尻佛教中學林合作，可免試入學。[92]到了大正9（1920）年2月，在招收新生入學時，同時宣佈五點利多，在「健全信仰為基礎」下，前三項為：其一，對本島人施行完全中學教育；其二，得與內地中等學校免試轉學之聯絡；其三，尤甚者可有進入大學之便宜。[93]這些升學管道的合作與調整，正是為提高或穩定佛教中學林的招生人數。

1920年3月17日，佛教中學林本科第一屆畢業典禮，共有陳湖流等10位（一位補考）畢業生，其中有4人到日本遊學，中學林尚有30位學生，預計再招收30位，同時計劃開放日本人子弟入學。[94]而這10位畢業生就職趨勢，除遊學者外，任職臺北地方法院1名、臺北州1名、商工銀行1名、公學教師1名、實業2名，[95]這種結果恐怕和當初欲培養僧侶、齋友養成機構的宗旨頗有落差，這也注定其未來勢必調整教學方針與招生方向。到大正10（1921）年3月，又送出7名畢業生時，更明確表示，「卒業後，有連絡內地山口縣防府町第四中學林之利便，無試驗編入第四學級，其他可進入高等學校、專門學校、東京曹洞大學等」。[96]

1921年7月，經過宣傳與調整招生方向，報導指出：「時世人以學校名稱係佛教中學林，誤解其教育主旨，專欲研究佛理，養成和尚資格，來學者殊少。近年學林旨趣，頗為世人了解，來學者眾，已不能盡為收容，乃行選拔試驗。」[97]過去由於佛教中學林被稱為「和尚學校」，以致

---

[91] 〈佛教中學林地鎮式〉，《臺灣日日新報》（1918年8月12日），4版。

[92] 〈曹洞宗中學林生徒募集〉，《臺灣日日新報》（1919年2月19日），7版。

[93] 〈中學林生徒募集〉，《臺灣日日新報》（1920年2月2日），1版。

[94] 〈佛教中學林 昨日卒業式舉行〉，《臺灣日日新報》（1920年3月18日），7版。

[95] 〈佛教中學募生〉，《臺灣日日新報》（1921年2月18日），6版。

[96] 〈佛教中學募生〉，《臺灣日日新報》（1921年2月18日），6版。

[97] 〈中學林父兄會〉，《臺灣日日新報》（1921年7月1日），6版。

入學者卻步，在大力宣傳，並擴大升學管道後已頗有進展。大正 11（1922）年 8 月，臨濟宗鎮南學林卻因為經費的關係而停辦，這一年，私立學校令發布，鎮南學林被改稱後的「曹洞宗臺灣中學林」合併。

第一屆「臺灣佛教中學林」學生攝於觀音禪堂，前排右三李添春、右四曾景來（資料來源：李世偉提供）。

1922 年 11 月，「臺灣佛教中學林」改名「曹洞宗臺灣中學林」，以普通教育機構再出發。[98]而這時的臺灣中學林也顯現了危機，那就是已經有廢校的最壞打算。也可看出朝普通中等教育，而非僧侶養成機構的趨勢不可逆轉，林長江善慧在大正 12（1923）年 3 月送出 20 名畢業生後不久，[99]即同年 4、5 月間（農曆 3 月 19 日），於基隆靈泉寺設立「佛教專門學院」，並自任院長，鑑於「本島僧侶多是魯愚莫辨，焉能了解佛理，而宣布於眾生乎」，「欲養成純然布教人材」，分甲科（一年畢業），乙科（三年畢業），佛學部教師由臺灣中學林柿沼文明及臺中佛教會館

---

[98] 日・松金公正，〈植民地時期台湾における曹洞宗の教育事業　その限界－宗立學校移轉普通教育化の示すもの－〉。

[99] 〈卒業式日取〉，《臺灣日日新報》（1923 年 3 月 17 日），4 版。

林德林等兼任，[100]一切似乎又回到原點，這種學制和原佛教中學林無異，可見改名後的「曹洞宗臺灣中學林」，其僧侶養成宗旨已名存實亡。

　　大正 13（1924）年 2 月，中學林朝五年制擴充準備，[101]同年 3 月，送出第五屆畢業生。[102]經過多年擴充學制的準備，就在大正 14（1925）年 12 月底，東京芝區曹洞宗宗務院召開宗議會，決議將中學林改制為五年制，並自大正 16（1927）年（按：大正天皇年號僅至 15 年）起實施。[103]雖然中學林已非僧侶養成機構，但是在 1925 年年末，中學林 81 位學生中有 77 位臺灣人，日本人僅 4 位，[104]作為純然臺灣人教育機構而無愧。1926 年 3 月 20 日，第七屆畢業典禮，共有 17 名畢業生，東京曹洞宗務院特派高橋師來臺視察業務外，並宣佈將追加補助金一千五百圓，合計共補助四千五百圓，[105]這追加補助是為五年制擴建作準備，故而在同年 4 月的招生中不僅招收到學林開辦以來最多「志願者」，同時招收宣傳說：「本年之新入生，均能受該校五年制之薰育云」。[106]這一年入學合格者共計 63 名。[107]

　　雖然，曹洞宗宗務院及中學林主觀改制意願甚強，但是，客觀條件始終未成熟，如校舍即不符改制要求，有感於臺灣人子弟就學困難，改制即可擴大招生的利基，臺北汐止蘇清淇兄弟，贊助二千圓助建校舍。[108]原本曹洞宗宗務院預計「大正 16 年」（昭和 2 年，1927）實施五年制，卻未能如預期。曹洞宗本山只好特別擴充中學林的升學管道，至昭和 4（1929）年，臺灣中學林學生畢業後可免試進入山口縣多多奈（良）中學，及東京、仙臺、名古屋等之私立中學四年級，並入專門學校，為

---

[100] 〈設佛教專門學院〉，《臺灣日日新報》（1923 年 5 月 19 日），6 版。

[101] 〈中學林募集新生〉，《臺灣日日新報》（1924 年 2 月 21 日），6 版。

[102] 〈中學林卒業式〉，《臺灣日日新報》（1924 年 3 月 18 日），2 版。

[103] 〈五年制度になる曹洞宗中學林〉，《臺灣日日新報》（1926 年 3 月 2 日），5 版。

[104] 〈五年制度になる曹洞宗中學林〉，《臺灣日日新報》（1926 年 3 月 2 日），5 版。

[105] 〈中學林卒業式〉，《臺灣日日新報》（夕刊）（1926 年 3 月 28 日），4 版。

[106] 〈中學林募集新生〉，《臺灣日日新報》（1926 年 4 月 13 日），4 版。

[107] 〈中學林合格者〉，《臺灣日日新報》（夕刊）（1926 年 4 月 29 日），4 版。

[108] 〈蘇氏美舉〉，《臺灣日日新報》（1927 年 1 月 12 日），4 版。

無法進入公立學校臺生開一扇門。[109]而就此同時，距原定升格為 5 年制中學時間已過了兩年，引發當時設立者江善慧及及其門人、部分畢業生的不滿。時為中學林林長的江善慧，以中學林之死活問題，即「臺灣曹洞宗之興廢盡此一舉」，欲展開與門人林德林、曾景來等之晤談，林德林看出中學林問題所在，他說：「一則監督者太不關心；一則對於島內各寺院教會冷淡太甚，否則全然無視，此與當初創設之方針（中略）全然違背！」若臺灣布教管理者不解臺灣民情風俗及生活心理「臺灣中學林，雖僅屬宗門教化上一種之附帶事業而已！」[110]

　　林德林批評曹洞宗臺北別院主事者袖手旁觀升格之事謂：「監督者或執事者袖手安閒而視，至許可期滿了，政府認為昇格無能，一旦取消，其奚如哉？此不但一宗布教上受多大影響，全島佛教受其大擊，亦自不少矣。」[111]

　　林德林徒弟曾景來（普信），畢業於中學林，後入駒澤大學投書《南瀛佛教》談到升格說「而今還沒有見當事者們，著實的經營和運動」、「因為不公平的厲害的競爭，所以我們為父兄的，大都（多）數受了子弟的入學難」、「一方面可以養成宗教的人材，一方面可以教育一般子弟，所以學林之昇格實在緊要的」。[112]

　　到了昭和 6（1931）年 4 月招收年度新生時，原本每年要招收 60名，但該年報名者僅 40 餘名，最後合格者入學者僅 33 名，不得以只好再第二次招生以補不足，林長江善慧有鑑「此入學難之苦狀」，請本山每年補助三千圓「以資緩和」。[113]

　　由於遲遲升格改制無望，昭和 7（1932）年 12 月，與臺灣中學林後來改稱「臺北中學」有密切關係的富樫清玄，訪問了臺灣布教總監大野鳳洲（1864-1933），記下當時對談的情況：

---

[109]〈曹洞宗中學林新入生募集〉，《臺灣日日新報》（1929 年 3 月 27 日），7 版。

[110] 林德林，〈林德林氏復善慧林長書〉，《南瀛佛教》第 7 卷第 2 號（1929 年 3 月），頁 88。

[111] 林德林，〈林德林氏復善慧林長書〉，《南瀛佛教》第 7 卷第 2 號，頁 88。

[112] 曾普信，〈就臺灣中學林而言〉，《南瀛佛教》第 7 卷第 2 號，頁 89-90。

[113]〈佛教中學林將再募二次生〉，《臺灣日日新報》（漢文版·夕刊）（1931 年 4 月 23 日），4 版。

設立者宗務廳的方針，是讓各個學校以獨立採算制（收支相抵）自營，若自營不可能，就不得不廢校。大野老師以年邁無自營之自信，雖然江善慧林長為了自營資金一萬五千圓的募款運動多方努力，但是失敗告終，也無法得到教育財團設立認可。即為了中學林自營，取消現發展三年制，有必升格為五年制甲種中學。……大野總監也好、江善慧林長也好都曾考慮廢校。[114]

昭和 8（1933）年 7 月，大野鳳洲去世，新任布教總監島田弘舟肯定中學林的存續發展，並讓富樫解決中學林存續問題。[115]

到了昭和 9（1934），臺灣人難入高等中學的情況似乎到了臨界點，有識之士認為，要不多設學校，要不讓一些以臺灣人為主的學校升格為州立學校，曹洞宗佛教中學林，除了與日本當地的中學或商學校聯絡之外，也準備申請升格為五年制私立中學，同時擬更名為「南瀛中學」。[116]

臺灣人入學難的情況，不僅日本人關注，臺灣人也輿論沸騰，此時臺灣中學朝五年制升格的客觀環境似已成熟，運作改名為「南瀛中學」也在這波有利的大環境中提出。這一年曹洞宗本山又補助二千五百圓。[117]

昭和 10 年（1935）年元月底，臺灣中學林在校舍改建完成的同時，以「臺北中學」的名稱，申請改三年制為五年制。[118]這對曹洞宗本山達成旗下中學必須「自負盈虧」的多年願望又往前邁向一步。但是，就原本養成臺灣僧侶、齋友的初衷而言，至此以完全失去，因為，在 1922年 11 月，從「臺灣佛教中學林」改名「曹洞宗臺灣中學林」，以普通教育機構再出發後，已取消了大部分的佛學課程，僅保留每週兩堂佛學課

---

[114] 日・植木晴美（舊姓富樫）編，《年輪－振り返って己を見つめる》，轉譯自日・松金公正，〈植民地時期台湾における曹洞宗の教育事業　その限界－宗立學校移轉　普通教育化の示すもの－〉，頁 280。

[115] 日・松金公正，〈植民地時期台湾における曹洞宗の教育事業　その限界－宗立學校移轉普通教育化の示すもの－〉，頁 280-281。

[116] 〈臺灣人入學難〉，《臺灣日日新報》（1934 年 4 月 17 日），8 版。

[117] 〈臺北中學改稱後 學課以二中為標準 內地人志願者亦進入〉，《臺灣日日新報》（1935年 3 月 13 日），8 版。

[118] 〈曹洞宗中學林の改稱認可申請〉，《臺灣日日新報》（1935 年 1 月 31 日），11 版。

程，而臺北中學改制成功後，這兩堂佛學課程也隨之取消。[119]亦即，過去與僧教育藕斷絲連的情況，至此完全消失，而或許也可以說，不僅是曹洞宗僧侶教育的告終，同時也是整個臺灣禪宗系統僧教育的告終。故在同年 11 月，舉行新校舍落成啟用及五年制學制披露前夕，報導說：「從來似有養成宗教家之觀，自改革後，即與臺北國民中學並肩，內地人子弟亦漸進入云。」[120]

改制後的臺北中學，申請入學生漸增，1935 年有 200 人，其中 30 人為日本人；昭和 11（1936）年，申請者 300 人，日本人 50 人。[121]由於改制後學生人數的增加，原校地、校舍已不敷使用，更重要的是為爭取文部省的文憑認可，遷移校地勢在必行。1936 年 5 月 20 日，曹洞宗內務部長命臺北中學提出將來受認定之計劃案，而遷移地點有兩處捐贈土地，一在海山郡（今板橋），一在七星郡（今外雙溪），預計募 5 萬圓。[122]後來外雙溪地點雀屏中選。

新校地選在外雙溪近芝山岩，佔地一萬坪，工程費 25 萬圓，其中本山補助 5 萬圓，該校後援會捐贈 5 萬圓，保護者會捐贈 10 萬，建設分三期，昭和 12（1937）年第一期 10 萬元，1938 年第二期 10 圓，1939 年第三期 5 萬圓。[123]

1938 年 4 月 1 日，遷移至外雙溪新校舍上課，[124]同年 9 月 21 日，獲設立認可。[125]到了昭和 18（1943）年元月 30 日，所有的校舍才全部竣工。[126]

---

[119] 〈臺北中學改稱後　學課以二中為標準　內地人志願者亦進入〉，《臺灣日日新報》（1935年 3 月 13 日），8 版。

[120] 〈臺北中學舉落成式　並披露改革五年制　授業課程與二中同等〉，《臺灣日日新報》（1935年 10 月 19 日），8 版。

[121] 〈臺北中學改革後擴張　學則取範二中〉，《臺灣日日新報》（1936 年 3 月 8 日），8 版。

[122] 〈臺北中學準備認定　欲鳩資五萬圓　校舍籌備移轉新建〉，《臺灣日日新報》（夕刊）（1936年 9 月 19 日），4 版。

[123] 〈臺北中學新建校舍　工費廿五萬圓　十三年度申請文部省認可〉，《臺灣日日新報》（夕刊）（1937 年 2 月 17 日），4 版。

[124] 〈臺北中學校の入學試驗〉，《臺灣日日新報》（1938 年 3 月 25 日），11 版。

[125] 〈私立臺北中學で編入試驗〉，《臺灣日日新報》（1939 年 2 月 11 日），7 版。

[126] 〈臺北中學校新築校舍落成式〉，《臺灣日日新報》（1943 年 2 月 1 日），3 版。

　　松金公正指出:「曹洞宗以設立作為僧侶養成中心出發的教育機關,最後離開曹洞宗臺北別院無法存續,即象徵日本殖民地時期的臺灣,透過佛教勢力的佛教教育之局限性。」[127]

(三)心源和尚與臺北市佛教會

　　1946 年底,接獲南京「中國佛教會」訓令,謂將在翌年 3、4 月間召開全國佛教徒代表大會。1947 年 1 月 11、12 日,於臺北善導寺舉行第四次理監事聯席會,35 人出席,會中提出多項討論事宜,其中有一項是:呈報省民政處准予自將 35 年 2 月 25 日成立的「臺灣省佛教會」按南京「中國佛教會整理委員會」訓令,正式改組為「中國佛教會臺灣省分會」,並從事各縣市分會成立工作。[128]

(1)臺北市佛教支會的成立

　　1947 年 1 月 11、12 兩日會議,「臺灣省佛教會」在臺北市善導寺改組為「中國佛教會臺灣省分會」後,本圓法師理事長職位不變,雖有促請各縣市支會的成立,但要等到證光法師赴南京參與全國佛教大會回臺後,佛教縣市支會才陸續成立。臺北市是在 1947 年由市府指導員洪名堯先生指導,於同年 9 月 28 日舉行發起人會議開始籌備。[129]同年 11 月 30 日在東和禪寺召開最後籌備會議,由曾景來(普信)報告登記團體會員 24 個,個人會員 280 位,其中男眾 98 人,女眾 182 人,又僧眾 18 人,信眾 172 人。12 月 7 日下午在東和禪寺舉行成立典禮,並選出理監事,選舉結果,理事孫心源(心源和尚)、吳秀三(1881-?)、林妙清、曾普信、宋修振、黃玄妙、洪達超、沈萬教、林賢頓;監事林學周、盧覺淨、潘登基;候補監事莊達聖;候補理事劉悟虛、陳宗坦、趙

[127] 日・松金公正,〈植民地時期台湾における曹洞宗の教育事業　その限界―宗立學校移轉普通教育化の示すもの―〉,頁 282。

[128] 〈本會改組的回顧【二】〉,《臺灣佛教》第 2 號(1947 年 8 月),頁 26-27。

[129] 〈臺北市支會會員代表大會〉,《臺灣佛教》第 3 卷第 1 號(1949 年 8 年),頁 17。

鴻寶;常務理監事選舉結果,心源和尚當選理事長;常務理事曾普信、吳秀三;常務監事林學周。[130]同年 12 月 22 日,臺北市佛教會址設於東和禪寺內。[131]

(2)主持例行法會

心源和尚為臺北市佛教會的靈魂人物,他自 1947 年 12 月當選臺北市佛教支會的理事長後,至臺北市佛教支會隨著臺北市升格為直轄市,成為臺北市佛教分會前的 1967 年 6 月,共蟬聯 10 屆理事長,而自 1967 年 7 月起為臺北市佛教分會第 1 屆,心源和尚也連任兩屆,直到 1970 年 2 月止。分會第 3 屆理事長為賢頓法師當選一屆,任期自 1970 年 3 月至 1972 年 9 月止。[132]

心源和尚為臺北市東和禪寺住持,活躍於日據時代末期及光復初期,對臺北市佛教具重大影響力,他早在臺北市佛教支會尚未成立時就對戰後臺灣省的佛教走向提出六點建議:(1)堅固團體機關,充實省佛分會組織,協助支會成立。(2)維護宣傳機關,即《臺灣佛教》月刊的發行。(3)設立教育機關,特別是僧教育。(4)組織布教團。(5)興辦慈善事業。(6)養成公民常識。[133]而這 6 點也成為他領導臺北市佛教支會,乃至分會時的方向。臺北市佛教支會成立後推動的首次活動是 1948 年 4 月 8 日的浴佛法會,以及主辦紀念演講連續 3 年,[134]這兩項法會就成為往後臺北市佛教會每年必定舉行的活動。

(3)發行《臺灣佛教》

主持臺北市佛教支會的心源和尚,為了教務及弘法所需,於 1947 年的 7 月 1 日創辦《臺灣佛教》雜誌。《臺灣佛教》原是配合 1946 年

---

[130] 〈臺北市佛教支會成立大會〉,《臺灣佛教》第 7 號(1948 年 1 月),頁 5-7。
[131] 〈本會會址改於東和寺內〉,《臺灣佛教》第 7 號,頁 11-12。
[132] 臺北市佛教會,〈臺北市佛教會簡介〉,未刊稿。
[133] 心源,〈本省佛教當前的急務〉,《臺灣佛教》(創刊號,1947 年 7 月),頁 4-7。
[134] 〈省分會會員代表大會〉,《臺灣佛教》第 3 卷第 1 號(1949 年 1 月),頁 17。

10 月 7 日，「臺灣省佛教會」改為「中國佛教會臺灣省分會」，省內需要一份報導佛教動態的刊物，在〈發刊辭〉很清楚提到《臺灣佛教》的使命有「發表本省佛教會工作計劃進展的狀況」、「指導本省佛教徒辦理一切有關教會之事務」、「刊載本省佛教會一切工作概況及公開書類」，發行者是「中國佛教會臺灣省分會」。[135]原來省佛分會改組後，在 1947 年 1 月 11 日至 12 日在善導寺舉行的第四次理監事聯席會議中，第八項議題〈發行佛教雜誌事項〉是：「為會員之進修，與教化信佛民眾起見，應創辦雜誌，按月出版，宣揚教義，溝通省內外之佛教文化，並頒布於本會會員，以資會務之發展」，經決議為「由本會弘法組負責主辦，作為本會機關雜誌，定名《臺灣佛教》。」[136]很清楚，這是一份省佛會的機關報。當然，《臺灣佛教》的發行費用由省佛分會負責，而其主要經費來源為來自各界的善款，而創辦之初還曾接受訂戶、託人代銷、勸募。[137]雖說接受捐贈及訂閱，但在 1947 年底之前，其實費用的張羅全賴主編曾普信負責，但是因個人獨力難支，1948 年 1 月 7 日，《臺灣佛教》發出「啟事」云：「本誌自創刊以來，由編輯者曾普信個人承辦，因物價激昂，恐難維持，茲定自第八號起，歸由分會辦理……。」會址並遷往東和禪寺辦公（之前位於善導寺）。[138]

　　稿源、經費都是辦理雜誌的主要問題之一，1948 年的 2 月的《臺灣佛教》〈紀念號〉，發行人改為林學周，編輯還是曾普信，當時就有許多朋友為慶賀林學周主掌《臺灣佛教》雜誌的發行而題詩祝賀。[139]

　　隨著林錦東（法號宗心）在 1949 年間創辦《覺群》雜誌，隨即在 1950 年 7 月改創辦《覺生》雜誌以來，一份報導省內佛教，乃至中國佛教會務的刊物已不欠缺，若再加上東初法師在 1949 年 5 月創辦《人生》雜誌，可謂百家爭鳴。因此，《臺灣佛教》轉型的問題只是遲早而已。大約是在 1950 年 6、7 月間，《臺灣佛教》單獨成為臺北市佛教支

---

[135] 霽青，〈發刊辭〉，《臺灣佛教》（創刊號），頁 3、封底版權頁。

[136] 本刊記者，〈本會改組的回顧（二）〉，《臺灣佛教》第 2 號（1947 年 8 月），頁 27。

[137] 〈誌費領收報告（全年份）〉，《臺灣佛教》第 2 號，頁 29-30。

[138] 〈啟事〉，《臺灣佛教》第 7 號（1948 年 1 月），頁 12。

[139] 《臺灣佛教》第 2 卷第 2 號（1948 年 2 月），頁 17、21。

會之下的一份專屬刊物,在 1950 年的 7 月,《臺灣佛教》發出「緊要啟事」,將原本訂閱的雜誌,改為免費贈閱,每期的發行數量為一千本。[140]
最晚在 1950 年的 7 月之前,《臺灣佛教》的發行權,已由省佛分會轉給了臺北市佛教支會,並隨著發行人林學周在 1951 年 3 月的過世,[141]即第 5 卷第 1 期之後發行人改由吳秀三接手,社長為白聖法師,主編為李添春,即從此之後《臺灣佛教》正式成為臺北市佛教支會的機構誌。[142]
不過,由於經費及人事的問題,《臺灣佛教》的發行時間不定,有時一個月一期,有時兩個月合刊,也有三個月的季刊,最後終於在 1953 年 4 月(7 卷 1 期)起恢復為月刊,發行人為心源和尚,社長為白聖法師,主編李添春居士,並每月選擇一專題發行,如 4 月號的「慶祝佛誕特刊」、5 月號的「佛教與家庭」等等,這樣的編輯改革,獲得各界的歡迎,請求閱讀者逐月增加。[143]

《臺灣佛教》自 20 卷起,即 1966 年,又出現多次兩期合刊的不穩定狀態,並自 22 卷起(1968 年)改為季刊,這時候的《臺灣佛教》影響力漸衰。大約在心源和尚圓寂後不久,即 1970 年左右停刊。

三、源靈法師與東和禪寺

(一)日本小沙彌

源靈法師,昭和 3(1928)年生,臺北縣永和(今新北市永和區)溪州人,俗名陳進財,父親陳金海,母親陳孫蜂。陳孫蜂即東和禪寺心源和尚之女兒,源靈法師為心源和尚之外孫。

1941 年,心源和尚為栽培孫兒孫正修與孫元得,將之送往日本島根縣永明寺所附屬的「覺皇學園」求學。一心想到日本念書的源靈法師,

---

[140] 〈本刊緊要啟事〉,《臺灣佛教》第 4 卷第 2 期(1950 年 7 月),頁 19。

[141] 〈一月佛教〉,《覺生》第 10 期(1951 年 4 月),頁 2。

[142] 〈臺北市佛教支會舉行四十年度會員大會盛況〉,《臺灣佛教》第 5 卷第 3 期(1951 年 12 月),頁 19。

[143] 〈社告〉,《臺灣佛教》第 7 卷第 9 期(1953 年 12 月),頁 19。

14 歲（1942）拜心源和尚為師，取得入學資格，但仍不知此行是以小沙彌身份就讀與受訓，他甚至沒有出家為僧的打算。

曹洞宗永明寺位於日本島根縣鹿足郡津和野町，山號覺皇山，「覺皇學園」即取自山號。1420 年由當時的津和野城主吉見賴弘所建，由月因禪師開山，到了江戶時代歸入曹洞宗派下，成為津和野藩世世代代的歸葬之所，現今為津和野町指定文化財。[144]

津和野藩是指江戶時代治理石見國野和津周邊的藩主，當時藩廳設於津和也城。15 世紀末至 16 世紀末的日本戰國時代，津和野為奉仕大內氏、毛利氏的豪族吉見氏所支配，1600 年 10 月 15 日的關原之戰後，津和野成為毛利家所領有，坂崎直盛（1563-1616）因戰功而立藩於此。1616 年 9 月，因「千姬事件」，坂崎直盛被家臣所殺（或說切腹自殺），歸葬於永明寺，坂崎氏脈斷絕。1618 年 7 月，龜井政矩透過因幡鹿野藩入封津和野，龜井一族共歷 11 代，1871 年明治維新廢藩置縣，之後經濱田縣，最後編入島根縣。[145]

1942 年正是太平洋戰爭爆發的第二年，日本在太平洋海戰中敗象漸露，靈源法師透過心源和尚的關係來到島根縣「覺皇學園」就讀，而當時的園長為水上興基，住持為島田弘舟。水上興基為曹洞宗兩大本山臺北別院第 5 任（或說第 4 任）院主，島田弘舟為第 7 任（或說第 6 任）院主，兩人都是出身島根縣永明寺。而當時臺北別院的院主為末代總監高田良三。

在永明寺的日子，靈源和尚接受沙彌養成教育，每週僅一、二小時佛學課，其餘時間，早上撞鐘、禪坐、課誦，晚上擊鼓、學習儀軌，平常白天還要出坡，其中水上興基教授《俱舍論》。這樣沙彌養成教育，規定時間為六年，但靈源和尚與孫正修、孫元得三人只待到 1944 年 8 月暑假即回臺。當時美國已控制太平洋，臺灣及日本全境均在空襲範圍。由於戰爭末期戰況激烈，家人擔心安危，遂中輟學業，前後僅三年。

回臺後先在北投中和禪寺安單，中和禪寺為善福和尚所建，善福和

---

144 〈永明寺〉，http://ja.wikipedia.org/wiki（2012.5.29 瀏覽）。
145 〈津和野藩〉，http://ja.wikipedia.org/wiki（2012.5.29 瀏覽）。

尚為心源和尚之皈依弟子。大正 13（1924）年善福和尚（1876-1971）初設曹洞宗布教所於臺北市延平北路二段，之後朝禮南海普陀山回來後，昭和 5 年（1930）年在心源和尚、王士梓、葉榮田、葉榮申等人之協助下於北投創建清泉寺，翌年落成，旋改為中和禪寺。昭和 6 年（1931）年心源和尚增建靈光塔。[146]另一個說法是，1930 年 9 月，陳笑等人發起創建「曹洞宗北投布教所」，翌年 2 月竣工，3 月 1 日舉行佛像安座，以釋迦牟尼佛為主供，住持為心源和尚，同時由王頭（善福）、葉榮田、葉榮申及心源和尚任管理人。[147]

　　源靈和尚的回臺正好趕上帝國日本在臺「志願兵」的擴大。原來昭和 16（1941）年 12 月 7 日，日本偷襲珍珠港，引發美國參戰，到了昭和 17（1942）年 8 月，日本南進攻勢遭受挫敗，海軍戰力逐漸被美國摧毀，只能採取守勢，到了昭和 19（1944）年年中，日本已完全失去太平洋的控制權。與此同時，在戰況逐漸吃緊的情況下，1942 年 4 月「陸軍特別志願兵令」發佈，實施臺灣特別志願（報名、申請）制度，4 月 1 日募集錄取一千多人，前後分兩期入伍，前期為現役士兵，後期為補充兵。[148]1943 年 7 月 1 日，再實施海軍特別志願兵制度，在 1944 年 9 月，臺灣也實施徵兵制，日本殖民當局勉為其難地將臺灣人納入徵兵體系。

　　大約在 1945 年 4 月間，源靈法師被徵調到高雄楠梓海軍陸戰隊受訓，前後不到四個月的時間，隨著臺灣光復，帝國日本撤出，源靈法師也從部隊解散。

（二）關渡宮、先嗇宮趕經懺

　　源靈法師從部隊退下來後就回到觀音禪堂幫忙，為因應光復後可能的寺產變局，此時心源和尚已將觀音禪堂更名為東和禪寺。

---

[146] 朱其昌，《臺灣佛教寺院庵堂總錄・中和禪寺》（高雄：佛光出版社，1977），頁 194。

[147] 徐壽，《臺灣全臺寺院齋堂名蹟寶鑑・中和禪堂》（臺南：國清寫真館，1932），無頁碼。

[148] 林繼文，《日本據臺末期（1930-1945）戰爭動員體系之研究》（臺北：稻鄉出版社，1996），頁 224。

　　1948 年 21 歲時，源靈法師結婚後仍住東和禪寺，並以趕經懺維生，由於時常賭博打牌，在 39 歲那年（1968 年）被心源和尚俗家弟弟孫萬枝以「不遵守寺規」遷單。離開東和禪寺後，源靈法師來到關渡宮擔任法務顧問，負責管理一切誦經事宜，前後凡十年。

　　關渡宮之歷史，根據《諸羅縣志》之記載：「天妃廟：一在淡水干豆門。五十一年，通事賴科鳩眾建；五十四年重建，易茅以瓦，知縣周鍾瑄顏其廟曰『靈山』。」[149]《淡水廳志》復載：「天后宮：一在關渡門，原建山頂，康熙五十八年，移建山麓（府志作康熙五十六年諸羅知縣周鍾瑄建）。乾隆四十七年修。道光三年重修。」[150]關渡古稱「干豆門」，關渡宮（天妃廟）建於康熙 51（1712）年。關渡自古即是臺灣重要交通要塞，《諸羅縣志》復載：「康熙五十四年，干豆門重建天妃宮，取材鷺島；值西風，一晝夜而達。福州至淡水水程八更，較臺灣為近。若半線置縣設營而分兵五百於淡水，因為立市廛，通商賈於福州、廈門，不數年淡水一大都會矣。」[151]清代關渡因與今淡水近在咫尺，與淡水屬同一轄區，因為舟楫之便，成為往來福州、廈門的重要港岸。

　　關渡地理位置重要，《臺灣輿地彙鈔・臺灣地略》就說：「淡水，在臺北北。南連南嵌，北接雞籠。外為淡水港；港南八里分山，港北圭柔山。兩山對峙，中有南、北二河。南河源出武勝灣，北河源出楓仔嶼；至大浪泵合流，出干豆門，入淡港。淡水出大屯山北外北投礦山下，西南流經淡水城出港入海。」[152]

　　關渡宮作為臺北首座媽祖廟，清代最後一次整修似乎是在道光 3（1823）年，日本殖民時期，明治 30（1897）年，關渡富商林大春收購廟地，改建為自宅，同時捐銀 280 兩，將媽祖廟遷到今關渡宮現址，大正 11（1922）年，再次重修，更名為「關渡宮」。[153]

---

[149]　清・周鍾瑄、陳夢林，《諸羅縣志》卷 12，頁 281。

[150]　清・陳培桂，《淡水廳志》卷 6，頁 150。

[151]　清・周鍾瑄、陳夢林，《諸羅縣志》卷 12，頁 288。

[152]　清・馬冠群，《臺灣輿地彙鈔・臺灣地略》，頁 107。

[153]　〈關渡宮〉（http://zh.wikipedia.org/wiki/%E9%97%9C%E6%B8%A1%E5%AE%AE，2012.8.28 流覽）。

關渡宮為一民間信仰寺廟,雖以媽祖為主尊,但同時亦奉佛教神祇,是一佛道混合道場。日本殖民第二年(1896)1月,關渡宮被土匪劫掠,住持僧慘遭斬首,全廟化為烏有,其後加入日本曹洞宗為其末寺,董事廟祝商議重建,1897年概略整頓,同年農曆8月6日,楊府元帥之誕辰,舉行祭典,日僧佐佐木珍龍前來主持法會。[154]如此看來,關渡宮極可能先是遭受盜匪破壞後,其廢墟之地方由富商林大春購下,關渡宮因此順勢遷移至現址。另則,關渡宮在日本殖民時代加入曹洞宗,並開始有僧人往來,1968年源靈法師來此主持誦經法務,最後重新出家受戒,為曹洞宗傳人,其因緣頗為不可思議。

關渡宮在當年既加入佛教會也加入道教會,故有道士為人誦經、禮斗消災,源靈法師每逢初一、十五主法,跟著廟裡的誦經團一起誦經,內容及方式和佛教大同小異。就在源靈法師來到關渡宮的第二年,1970年3月,他的師父也是外公心源和尚圓寂,享年90歲。當時由心源和尚的兩位徒弟財生師與參本師負責料理喪事,母親的一通電話,要求源靈法師回去幫忙。源靈法師於是帶領著關渡宮十多位比丘尼一同前去,雖然之前與孫萬枝有嫌隙而被趕出東和禪寺,但此時大家的內心想的只有如何辦好心源和尚的身後事。

1970年3月15日(農曆2月8日),心源和尚告別式,由中國佛教會理事長白聖法師主祭,其他陪祭者有臺北市佛教會、泰北中學董事會,弔唁者有《臺灣佛教月刊》同仁、法子參本、北投中和寺弟子善福、正觀,以及各界代表、俗家弟子等,其中以《臺灣佛教月刊》代表李添春的弔辭最能概括心源和尚的一生:

> 和尚出生在農家,可比六祖是擔柴;
> 一旦菩提心花發,割愛辭親去出家。
> 廿七遺下妻兒去,飛錫隨處踏雲霞;
> 三十三參猶未足,杯渡名山踏落花。
> 尋師訪道扶桑去,眼看紅塵似殘渣;

---

154 〈關渡宮の再興〉《臺灣日日新報》(1897年9月4日),2版。

　　　大石禪師傳燈定，九年面壁最為佳。
　　　開堂創設觀音殿，建學稱林教小哇；
　　　北投創建中和寺，靈光塔立未偏差。
　　　臺北佛會理事長，貢獻佛教坐無假；
　　　臺佛月刊宣佛道，慈悲為懷最可佳。
　　　色空空色諸如夢，涅槃生死一如華；
　　　眾多弟子都儒慕，撒手西歸白雲霞。
　　　菩薩再來不是假，龍華會上起飲茶；
　　　九十年來為何事，迦葉尊者看拈花。
　　　月刊同仁來憑吊，我是你來你是他。[155]

　　師父的喪事辦完後，源靈法師再度離開東和寺，一年後，孫萬枝也去世了。賢頓和尚（1903-1986）繼任東和禪寺住持。

　　由於關渡宮離臺北市區較遠，大約在 1978 年左右，源靈法師在先嗇宮董事長的邀請下，來到俗稱的三重「五谷王廟」負責法務祭祀事宜。

　　根據新北市文化部（文化資產局）的資料記載：先嗇宮，清乾隆 20（1755）年建於新莊頭前庄，後遷至於三崁店，初期為一茅草屋頂的單座小廟，因為地處大漢溪旁，屢遭水患，因而遷建於二重埔五穀王村現址，為三重區最古老之廟宇。道光 30（1850）年由鄉紳林茂盛倡議重建，始有前後殿之規模。今日所見之建築，乃日本殖民時期大正 14（1925）年由林清敦邀集十四堡仕紳李種玉、李聲元、黃論語、蔡雍、鄭根木等再度集資重建之作。先嗇宮原名「五穀先帝廟」，又名「五谷王廟」，殖民時期更名為「先嗇宮」，為三重區唯一的三級古蹟。「先嗇」之名取自古代天子祭天之「八蜡」禮之首，「八蜡」者，先嗇、司嗇、農、郵表畷、貓虎、坊、水庸、昆蟲等八農業神是也，而其中以「先嗇」為首，為眾農業神之首，即神農之神，由於所供奉之主神即為神農氏，是故以先嗇為廟名。廟內除主祀五穀神農大帝外，同時配祀有文昌帝君、註生娘娘、伏羲聖帝、延平郡王、九天玄女、保生大帝等。[156]

---

[155] 正心無礙編，《禪學論叢續集》，頁3。
[156] 新北市文化部（文化資產局），〈三重先嗇宮〉

　　源靈法師在先嗇宮主要負責誦經教授、例行法會，以及設計禮斗壇場，有法會活動或需教授誦經時才去。主法時穿著袈裟、黑色海青，而廟裡負責消災解厄，一般是由道士執行「祭解」。如此在先嗇宮主持法務又過了十年。

　　心源和尚、孫萬枝接連過世，東和寺雖歷由孫氏子孫管理，但由於是俗家人負責，寺院無論在硬體建設，或是法務活動，皆呈現頹勢。

　　1987 年 4 月 20 日，《菩提長青雜誌》刊載一篇有關東和寺身處危機中的報導：〈時也？命也？運也？──東和禪寺寫真〉，東和禪寺的信徒大會時，有人拿出這篇報導，寺院與源靈法師皆深受刺激，源靈法師心想，如果回東和禪寺，一定要恢復其師父時代寺院的名聲。這樣的發願不久即應驗了。

　　報導發表不到三個月，1987 年 7 月 5 日，寺方即聘請源靈法師回來主持寺務，因為是肉食妻帶的「香花僧」，源靈法師決定做一位戒行清淨的真正出家人。同年農曆 10 月 1 日，參加由中國佛教會在臨濟寺傳授三壇大戒，名列第 47 壇，時年 60 歲，源靈法師的師兄孫正修（法號源持），名列第 30 壇，時年 63 歲。[157]

　　受戒之後，圓滿了源靈法師「成為真正出家人」的心願，而重興東和禪寺的重擔才真正要開始。1988 年 5 月 10 日，源靈法師晉任東和禪寺第三任住持。

（三）重興東和禪寺

　　東和禪寺所在地原本是「曹洞宗兩大本山臺北別院」的觀音禪堂，整個臺北別院總面積約四甲，但大部分土地在光復後即逐漸被政府徵收，其中東和禪寺（含幼稚園）約 7 百坪，泰北中學 3 百坪，原臺北別院大殿所在地即今日臺北市青少年育樂中心，即是在 1993 年元月臺北

　　（http://www.boch.gov.tw/boch/frontsite/cultureassets/caseBasicInfoAction.do?method=doView
　　CaseBasicInfo&caseId=FA09602000132&version=1&assetsClassifyId=1.1&siteId=101&menuId
　　=302，2012.8.30 流覽）。

[157] 參見 1987 年中國佛教會同戒錄。

市政府徵收後所建成的。

　　由於臺北別院在戰後被大陸來臺軍眷所佔用，約有一百多戶，在政府拆遷之後，除東和禪寺與泰北中學外，所有的寺產全部收歸國有，這一部分東和禪寺在源靈法師主持寺務時木已成舟，雖多方爭取，但終究無功而返。

　　1987 年受戒後的源靈法師，在孫萬枝夫人的聘請下回到東和禪寺，由於東和禪寺長期由孫萬枝管理，當孫去世後成立財團法人，則由其子孫睿哲任董事長。1988 年 5 月接任住持後，越二年（1990）重修後殿落成。

　　源靈法師住持東和禪寺後發現寺院並沒有所權狀，大約在 1995 年左右拜託立法委員丁守中向國有財產局爭取，但是，在爭取的過程中，國產局以東和禪寺所辦幼稚園屬營利性質，必須撤銷營業登記，才能發回土地權狀。1999 年左右，源靈法師商之董事長孫睿哲，希望他可以撤銷幼稚園登記，東和禪寺願意補償他 2 千 5 百萬獲允。當召開信徒大會時，孫睿哲將價錢提高到 4 千萬，引起董事會不滿，於是被取消董事長職位。經過多年官司纏訟，並在源靈法師高足修慧法師的奔走下，終於在 2003 年 12 月底從國產局拿回土地與建物所有權狀，總登記面積 1 千 8 百 41 坪方公尺（不含幼稚園），並完成所有權登記。

　　源靈法師住持東和禪寺後以十五年的時間重興，將即將頹圮的寺殿整修一新。2012 年 4 月，緊臨東和禪寺的泰北中學城區部（1943 年改為修德女學校）校舍因佔用國產局土地，被國產局強制拆除後，留下大片土地，東和禪寺在源靈法師首肯下，修慧法師積極奔走，希望將泰北中學校地爭取規劃為公園，與東和禪寺連成一片，成為具有特色的宗教文化園區，而東和禪寺亦希望被列入三級古蹟保存。

　　殖民時期的曹洞宗兩大本山臺北別院，在 1949 年之後幾乎淹沒於違建住戶中，並在 1993 年由政府徵收收歸國有，連結臺日的曹洞宗歷史建築，緊縮至原觀音禪堂的東和禪寺，讓曹洞宗派下的臺日門人同感遺憾。

　　1998 年，偶然的機會，修慧法師從佛學院同學手中購入位於臺北

縣石門鄉（今新北市石門區）的一處正在興建的道場，在源靈法師的規劃下改建成「曹洞宗臺北別院」，一方面紀念這段歷史，一方面成為連接宗脈的紐帶。1999 年 10 月 9 日，臺北別院舉行落成開光安座，除傳授在家五戒菩薩戒外，還啟建水陸吉祥法會，場面盛況空前。2001 年 11 月，臺北別院完成寺廟登記，所有財產歸屬「財團法人臺北市東和禪寺」。

（四）曹洞宗法脈傳承

源靈法師禮心源和尚出家，心源和尚則是禮曹洞宗臺北別院院主大石堅童出家，譜名心源，剃號圓融。而大石禪師則是在大正 2（1913）年 9 月左右接替前院主門脇探玄為新院主。[158]故可推斷，心源和尚大約是在 1913 年出家，時年 33 歲，而非原先所說的 28 歲。

大石堅童出身日本宮城縣當行寺，明治 40（1907）年被委以布教師身份來臺，大約在明治 44（1911）年 4 月之前即被任命為布教所主任。[159]由於大石堅童收徒後自演字偈，從「石」字演起凡 16 字偈如下：

石心正修善智道慧
真空妙理參禪圓明

而源靈法師禮心源和尚出家，依輩份排序為「正」字輩，譜名「正通」，剃號「源靈」。依照日本曹洞宗派的傳統，徒弟的剃號是接師父譜名的下一字而來，故接「心源」的「源」字，取名「源靈」。現今東和禪寺已傳至「善」字輩。

源靈法師接任東和禪寺住持後，有意接續日本曹洞宗兩大本山永平寺、總持寺法脈，但不得其門而入，最後在馬來西亞極樂寺、臺北市通法寺住持達能法師的介紹下，於 1991 年 9 月 29 日禮大陸浙江天童寺住持明暘和尚為師，接中國曹洞宗法脈，為曹洞宗第 48 代，譜名（法號）

---

[158] 〈別院院主後任〉《臺灣日日新報》（1913 年 8 月 13 日），7 版。

[159] 〈大石堅童師（曹洞宗前主任）〉《臺灣日日新報》（1911 年 4 月 15 日），2 版；日・曹洞宗海外開教傳道史編纂委員會，《曹洞宗海外開教傳道史》，頁 287。

「復靈」，[160]此乃根據曹洞宗壽昌法派演字而來，即「慧元道大興，法界一鼎新。通天兼徹地，耀古復騰今」。

　　2013 年 10 月 11 日，源靈法師於弟子念佛聲中安詳捨報，世壽 85，戒臘 26 夏。

四、結語

　　東和禪寺的前身「曹洞宗兩大本山臺北別院觀音禪堂」，在日本戰敗離臺後，大部分的建築物成為大批大陸各省籍軍眷家屬所佔用的違建，心源和尚所能實質管轄者僅觀音禪堂，之後更更名為「東和禪寺」。

　　東和禪寺在光復後成為臺北市佛教會的會所所在地，自臺北市佛教支會在 1947 年 12 月成立後，會址一直設於東和禪寺內，在 1967 年 6 月臺北市即將升格前夕，政府核撥臺北市紹興北街東橋段三十地（緊鄰善導寺）國有土地 180 坪，作為「國際佛教中心」建築基地，提供中國佛教會、臺灣省、臺北市、臺北縣等佛教會聯合辦公使用，於是中佛會乃與臺灣省、臺北市組成籌建委員會，於 1971 年 3 月動土興建，翌年7 月竣工，臺北市佛教會隨即由東和禪寺遷至紹興北街 6 號新址，與中佛會合署辦公。[161]

　　1970 年 3 月，心源和尚圓寂後，由賢頓和尚繼任東和禪寺住持，1986 年賢頓和尚圓寂後，數年間因住持懸宕，致使寺宇因年久失修漸頹，1988 年源靈和尚重理寺務，翌年晉任住持，隨即展開重建工作。從 1988 年迄今，整整 25 年的時間，源靈法師在修慧法師等眾徒弟協助下，重興東和禪寺。

　　東和禪寺作為前曹洞宗兩大本山臺北別院觀音禪堂，起建於 1914 年，走過近百年的歷史風霜，隨著 2012 年 4 月，原曹洞宗中學林（戰後泰北中學城區部）拆除，東和禪寺前成為一片國產空地，在源靈法師與徒弟修慧法師的規劃下，希望爭取東和禪寺成為三級古蹟，將空地保

---

160 陳木子，《曹洞宗東和禪寺》，頁 17。
161 臺北市佛教會，〈臺北市佛教會簡介〉，未刊稿（2006 年）。

留成公園，與寺院成為觀光、休閒、共修的一座歷史人文道場。惟最後泰北中學城區部仍無法回歸東和禪寺所有，源靈法師也於 2013 年 10 月 11 日圓寂。

真言宗弘法寺與臺北天后宮
——《閱讀臺北天后宮》內容的商榷

一、前言

　　位於臺北市成都路的臺北天后宮，2005 年相傳是建廟 260 年，周邊的一些商家還以紀念的名義舉辦打折促銷活動。而由臺北大學地政學系碩士生王美文所寫的《閱讀臺北天后宮》一書也同時在翌年出版，為這座具有悠久歷史的寺廟留下見證。但是，就臺北天后宮與真言宗弘法寺的彼此關係，特別是真言宗弘法寺創建的歷史，以及戰後臺北天后宮（原名新興宮）如何進駐弘法寺，書中諸多語焉不詳，甚至有部分歷史及背景值得商榷之處。本文主要根據佛教史料及《臺灣日日新報》的記載，試圖還原這段失落的歷史，一方面作為紀念臺北天后宮建寺 260 年慶，一方面希望提供將來臺北天后宮在編纂宮史時參考。

二、日本真言宗來臺與弘法寺的創建

　　甲午戰役開啟了日本從軍僧（或稱從軍布教師）的歷史，戰後臺灣割讓，原前往中國大陸的從軍僧有一部分人隨即又投入接收臺灣的戰役。真言宗很快地在明治 28 年（1895）6 月 1 日就（一）新領地布教方法；（二）布教師選舉及進退方法；（三）清韓語學生選舉及教育方法等召開協議會，訂下大計劃。[1]並且在翌（1896）年派遣真言宗的小林榮運、椋本龍海二人隨鎮南軍從軍來臺，[2]這是真言宗最早來臺的從軍僧，同時也是臺灣開教使，當然其他佛教各宗也差不多在同一時間派遣從軍僧來臺。包括真言宗在內的這批從軍僧就成為了臺灣開教先鋒，之後當局勢穩定後，各宗才又從本山派遣布教師來臺，那已經算是第二批

---

[1]〈內外彙報・臺灣傳道〉，《佛教》103 號（明治 28 年 6 月），頁 30。
[2]〈內外彙報・鎮南軍と佛者〉，《佛教》107 號（明治 28 年 10 月），頁 34。

了。最初來臺開教僧侶只是先頭部隊,必須要等到全島大致平定後,也就是明治 29 年(1896)4 月 1 日,臺灣總督宣佈從軍政轉入民政後,日本佛教各宗獨立布教才算開始。[3]

真言宗來臺的從軍僧至少有小林榮運、椋本龍海二人,但是其在臺動向不明,而其正式來臺開教是在 1896 年 4 月,真言宗八個本山聯合組成的「各派聯合法務所」總裁委令小山祐全來臺做開教視察,同時試行布教,[4]當時布教場是在臺北艋舺的黃氏家廟,並與真宗西本願寺派、淨土宗三宗合設「明倫學校」教導日語,後來因為自宗發展的考量,明治 31 年(1898)暫設布教場於臺北北門外的瞿公廟。[5]明治 32 年(1899)7 月,於新起(橫)街新建布教場,到了明治 38 年(1905)2 月,小山祐全成為臺北布教場主任,原主任高橋圓隆返日;[6]同年 11 月增建佛殿工程完竣,舉行遷佛式法會。[7]到了明治 41 年(1908)6 月復又遷移,並建立真言宗弘法寺,屬於紀州高野山的本末寺下院,名曰「新高野山」。[8]明治 43 年(1910)6 月 21 日落成啟用,主供日本弘法大師。[9]

《閱讀臺北天后宮》一書中說:「『高野山真言宗』傳入臺灣之初,於西元 1899 年在艋舺新起街設布教所,組織護國十善會……。」[10]正如前述,真言宗來臺之初是 1896 年而非 1899 年。另一個錯誤是「護國十善會」的成立也不是在 1899 年,而是在大正 2 年(1913)。[11]

真言宗弘法寺在 1910 年中完成在臺最高布教中心,《閱讀臺北天后宮》說:「根據日治時期統計報告書中亦可看出,真言宗為日治時期在

---

[3] 日・佐佐木珍龍,《從軍實歷夢遊談》,(東京:鴻盟社,1900 年),頁 59。

[4] 《臺北廳誌》,(臺北:成文出版社,1985 年臺一版),頁 201。

[5] 〈真言宗布教場の被害者救護〉,《臺灣日日新報》,(1898 年 8 月 13 日)2 版。

[6] 〈布教師交替〉,《臺灣日日新報》,(1905 年 2 月 16 日)2 版。

[7] 〈真言宗布教の遷佛式〉,《臺灣日日新報》,(1905 年 11 月 21 日)5 版。

[8] 〈臺北の寺院――真言宗弘法寺(一)〉,《臺灣日日新報》,(1910 年 2 月 19 日),5 版。弘法寺主要的例行法會有四個,除了十一面觀音法會外,還有每月 8 月 17-21 日的護國十善會、3 月 21 日的正御影供、6 月 15 日的弘法大師誕生會。

[9] 〈弘法寺入佛式〉,《臺灣日日新報》,(1910 年 6 月 21 日),5 版。

[10] 王美文,《閱讀臺北天后宮》,(臺北市天后宮管理委員會,2005 年),頁 24。

[11] 江木生,〈內地佛教の臺灣傳來と其現勢〉,《南瀛佛教》第 15 卷第 2 號(1937 年 2 月 1 日),頁 16。

臺宗派中日人信徒人數較多之宗派之一，表現出真言宗對於在臺日人傳教的重視。」[12]其實不管真言宗或其他佛教宗派，初期都是以臺民為傳教對象，後因成果不彰才又轉回日人身上，正如前述，真言宗初來臺時與真宗西本願寺派、淨土宗三宗合設「明倫學校」教導臺灣人日語，後來才轉向的。因為各宗派政策或布教師本身的問題，使得弘法工作似乎停滯不前，就以臺北地區來說，如明治 35 年（1902）8 月，《臺灣日日新報》報導臺北廳針對廳下的各宗布教情況發出檢討表示：

> 各宗教派布教之目的，主要求本島人之歸信也是困難之事，或是方法不得宜，或是熱心不足，總之，今日各宗布教進步有餘，熱心不足，（比之）二、三年前宗教家渡臺之盛況，到地方去巡教者不少，今日都回到內地，新設布教所者幾乎沒有。[13]

　　從上述可知，日本佛教各宗在臺布教真是遇到了什麼問題。到了明治 41 年（1908）5 月，《臺灣日日新報》發布臺北各宗教的信徒人數，其中佛教在吸收本島信徒上，真宗本願寺派有 27 人，大谷派是 16 人，臨濟宗僅 2 人，其餘各宗都掛零，而在吸收日本信徒的成績方面，真言宗以 99 人，高於曹洞宗的 67 人，名列日本佛教 6 宗 7 派的第 6 位，並沒有突出的表現。[14]

　　明治 43 年（1910）4 月，臺北廳下再度發布廳下各宗教的布教師與信徒人數，比起明治 41 年的情況，佛教各宗在爭取信徒人數上都有

---

[12] 王美文，《閱讀臺北天后宮》，頁 25。

[13] 〈廳下各宗布教の現狀〉，《臺灣日日新報》，（1902 年 8 月 27 日）2 版。

[14] 〈臺北の宗教と信徒〉，《臺灣日日新報》，（1908 年 5 月 16 日）7 版。其表列如下：

宗派	內地人	本島人	外國人
真宗本願寺派	327	27	—
真宗大谷派	269	16	—
臨濟宗	108	2	—
曹洞宗	67	—	—
真言宗	99	—	—
日蓮宗	191	—	—
淨土宗	202	—	—

進展，真言宗以吸收日本信徒 743 人，略超過真宗大谷派的 538 人，以及臨濟宗的 680 人，但在對臺灣本地的信徒上始終掛零，由於真言宗在臺北僅一座教務所 2 名布教師，[15]所以無法有效地兼顧對臺灣人的布教工作。

日本佛教各宗在明治 45 年（1912）6 月，也就是即將改元為大正元年的同一年，各宗在臺北廳所完成的臺灣開教工作情況又發生了重大變化，真言宗的日本人信徒僅剩 130 位了，變成了各宗之末，以下是《臺北廳誌》所發出來的資料：

表1　1912年日本佛教各宗信徒人數一覽

宗派	寺院	住持	說教所	布教師		信徒		信徒合計
				內地人	本島人	內地人	本島人	
真宗本派	3	3	1	1	—	425	—	425
真宗大派	—	—	1	2	—	1180	—	1180
臨濟宗妙心寺派	1	1	4	4	2	500	1020	1520
曹洞宗	3	3	5	5	2	746	580	1326
日蓮宗	1	1	1	1	—	138	—	138
淨土宗	1	1	2	2	—	2150	—	2150
真言宗	1	1	1	1	—	130	—	130
天台宗	—	—	3	3	—	416	—	416
合計	10	10	18	19	4	5685	1600	7285

資料來源：《臺北廳誌》

---

[15] 〈廳下の宗教情況〉，《臺灣日日新報》，（1910 年 4 月 7 日）2 版。各宗布教情況表列如下：

宗派	教務所	說教所	布教師	內地人	本島人
曹洞宗	1	4	8	4041	2021
真言宗	—	1	2	743	—
真宗本派	—	1	5	4117	531
真宗大谷派	—	1	3	538	—
日蓮宗	—	2	3	822	—
淨土宗	1	3	7	1376	596
臨濟宗	—	2	5	680	337
合計	2	14	33	12317	3485

　　當然這些數據可能僅是個趨勢，未必是佛教各宗的真實信徒數，例如真言宗弘法寺落成時所發出來的信徒人數就有 7 百餘人，[16]這個數字可能是全島性的，應該也包括臺灣人信徒，但是這裡要說明的是，真言宗無論在日本人或臺灣人信徒上，與其他各宗相比都不具傳教的優勢，這一點應該是無疑義。

三、臺北天后宮的創建歷史諸說

　　原名新興宮的今臺北天后宮，在清代稱天后宮、天后廟或媽祖廟，日據時代又有媽祖宮之稱，但無論如何，應該所指的都是同一座。在《閱讀臺北天后宮》一書中所載其建於乾隆 11 年（1746）的文獻，主要是根據陳培桂書於同治 10 年（1871）的《淡水廳志》，這也就是臺北天后宮在慶祝建廟 260 年的年代依據。《淡水廳志》說：「（天后宮）一在艋舺街，舊屬渡頭，乾隆十一年建。嘉慶十八年，火災，道光九年修。」[17]不過，艋舺的天后宮（媽祖廟）在日本殖民時期，其建廟的年代有五種不同說法。首先，明治 41 年（1908）7 月 21 日的《臺灣日日新報》說：「艋舺媽祖宮，建于康熙末年，為開臺紀念之廟。」[18]果爾，則艋舺媽祖宮比建於乾隆 3 年（1738）的龍山寺還早 2、30 年，如果就艋舺地區的發展史來說，清康熙 47 年（1708）起，福建泉州移民向官府申請開墾，[19]那麼媽祖宮並非不可能建於康熙末年。

　　另外，日據時代的第二種說法，根據大正 7 年（1918）2 月 5 日的《臺灣日日新報》說：「該廟是二百三十年前從中國晉水（江）的南安、惠安、安溪、同安、永定、永春、南靖八縣招請建立。」[20]如果以大正

---

[16]　〈臺北の寺院－－真言宗弘法寺（一）〉，《臺灣日日新報》，（1910 年 2 月 19 日），5版。

[17]　清‧陳培桂，《淡水廳志》，（南投：臺灣省文獻會，1993 年），頁 150。

[18]　〈里巷瑣聞‧錦議建宮〉，《臺灣日日新報》，（1908 年 7 月 21 日）5 版。

[19]　劉佑良（編審），〈萬華地區發展簡史〉，《臺灣寺廟古蹟大觀》，（臺北：崇德工業研究發展基金會，1980 年），頁 16。

[20]　〈艋舺の媽祖廟〉，《臺灣日日新報》，（1918 年 2 月 5 日）7 版。

7 年的時間推算回去，那麼艋舺媽祖廟則是建於康熙 27 年（1688），但是這種機率應該不高，正如前述，康熙 47 年泉州移民才正式向官府申請開發艋舺地區。

第三種說法，根據大正 9 年（1920）5 月 9 日的《臺灣日日新報》載：「艋舺新興宮天上聖母建自清乾隆六年」，[21]乾隆 6 年為西元 1741 年；第四種說法，根據大正 10 年（1921）4 月 30 日的《臺灣日日新報》載：「艋舺新興宮，建自乾隆壬子，於道光二年重修。」[22]乾隆壬子年為乾隆 57 年（1792），道光 2 年為西元 1822 年，這種說法和今臺北天后宮所留下來的清乾隆古鐘上所題的「艋舺新興宮。乾隆壬子年閏四月吉旦無錫良治許四房元和造」，在年代上是吻合的。[23]第五種說法是昭和 10 年（1935）7 月，《臺灣日日新報》報導新興宮正準備作建廟 203 年慶，[24]如果推算回去，則新興宮是建於雍正壬子（10）年，也就是西元 1732 年。

也就是說，如果再加上《淡水廳志》所載，臺北天后宮的創建年代共有 6 種不同的說法，何者為真？是頗值得探究的。不過，就廟裡的清乾隆古鐘來看，臺北天后宮（新興宮）建於乾隆年間是大致不錯的。但是不是早到乾隆 11 年就已建廟，恐怕還是必須更多資料佐證。

四、日本統治時期的新興宮

（一）三教九流聚集之地

日本統治臺灣後，艋舺媽祖宮的名稱第一次出現在《臺灣日日新報》是明治 38 年（1905），當時艋舺地區組織壯丁團作為夜間警備之用，其中壯丁團事務所就設在媽祖宮裡。[25]艋舺媽祖宮的所在附近，自清代以

---

21 〈艋舺媽祖繞境〉，《臺灣日日新報》，（1920 年 5 月 9 日）6 版。

22 〈新興宮拈香會〉，《臺灣日日新報》，（1921 年 4 月 30 日）6 版。

23 王美文，《閱讀臺北天后宮》，頁 62。

24 〈萬華新興宮媽祖祭典續報〉，《臺灣日日新報》，（1935 年 7 月 25 日）16 版。

25 〈艋舺壯丁團の事務開始〉，《臺灣日日新報》，（1905 年 10 月 7 日）2 版。

降並不是治安良好的地方，壯丁團的設立就是跟治安有關，《臺灣日日新報》說：

> 艋舺媽祖宮，清時代固為賭博之淵藪，樗蒲么六，寶斗牙牌，人百人十，朝暮墻立，傷風敗俗，文武官吏，不時圍捕，散而復聚，罔有忌憚，積習難挽。自改隸後，警察官吏，日夜巡邏，嚴重搜查，呼盧喝雉輩，漸漸各鳥獸散。然根不除而芽復發，迫明治三十六年間，該地方中間警部奉上峰命施行強制無賴手段，一網打盡，捕放花蓮港，以為囚農。越年葛城警部續設壯丁團，該宮賭首賭夥，消歸無有。……自客歲（？）復有一種賭漢十餘名，結黨成群，自朝至暮，蹲諸該宮，門闥內外，假閒坐談，掩官耳目，俟富紳豪商子弟，素喜孤注者，拐引而入宮右人家，及人力車室，決其勝負，屢被保甲及警官捕而鞭撻，而囚禁，而罰金，俱不改悔……。[26]

艋舺媽祖宮前附近的治安不佳，從清代到日據時代一直都沒有改變，甚至廟裡的住持還兩度被騙，一次是明治 40 年（1907）1 月，媽祖宮裡的和尚淨溪，有一位來自三角湧（今三峽）的陳清元來廟欲請僧作佛事，相談甚歡，陳某趁僧不注意盜物而走，失手就擒。[27]另一事件是發生在 1908 年的 4 月，艋舺僧人源淨投禮媽祖宮的住持淨溪為師，但卻偷盜其師法物典當被逐：

> 艋舺野僧源淨，釋行不端，濫廁沙門，寄食於媽祖宮內拜僧淨溪為師。淨溪禪性莊嚴，經疏飽讀，冀老來衣缽得傳，日為教誨不倦，約二三年之久，終無一得其祕，且俗心不死，癡迷花柳，癖若煙霞，至此山窮水盡，乘師不覺，將其僧衣壹領，銅鈸壹付，手鐘兩個，竊而桃之，向舊街及草店尾街典舖質金貳圓十錢。…其師怒之，立刻逐去。[28]

從以上的資料可以得知，艋舺媽祖宮附近是三教九流人士聚集之

26　〈以身試法〉，《臺灣日日新報》（漢文版），（1907 年 4 月 18 日）5 版。

27　〈僧為俗騙〉，《臺灣日日新報》（漢文版），（1907 年 1 月 10 日）5 版。

28　〈僧徒見逐〉，《臺灣日日新報》（漢文版），（1908 年 4 月 23 日）5 版。

處，治安狀況不佳，不僅有人利用廟埕從事睹博、拐騙之事，甚至連廟裡的住持都不免受騙。這樣的一座廟宇可能被當地人視為畏途，加上龍山寺就在附近，其香火不盛是可以想見的，像明治 42 年（1909）的中元節，原本每年媽祖廟都會從香油錢中撥出 5、60 圓放水燈，但住持淨溪見宮裡缺乏經費只好草草了事。[29]又如大正 7 年（1918）9 月，艋舺區長吳昌才有修復龍山寺與媽祖宮之志，估計費用，龍山寺為一萬九百圓，而媽祖宮為一萬六千三百圓，龍山寺因有不動產，加上捐贈者眾多，所以不成問題，唯媽祖宮無基本財產，且被質疑無法像龍山寺一樣募到相同的款項。[30]可見與龍山寺對峙的媽祖宮，雖崇拜信仰不同，但在信徒相互流動上頗為不利，加上龍山寺雖主祀觀音，但旁祀媽祖也是眾所周知之事，這些因素都是造成對媽祖宮的衝擊。

（二）分香與媽祖繞境

艋舺媽祖宮的媽祖是來自何處的分香，在《閱讀臺北天后宮》一書中提供兩種說法，一是從新莊天后宮分靈，一是河流漂來，但這何者為真？書中表示「因記載闕如無以考證」。[31]但在《臺灣日日新報》就曾記載說：「艋舺新興宮天上聖母建自清乾隆六年，其源起於湄州支分北港，威靈顯著，香火不絕，夙為漳泉七邑善信，及遐邇人士所咸信仰焉。」[32]這裡很清楚地載明新興宮（媽祖宮）是從北港（朝天宮）分香而來的。

艋舺新興宮一般以媽祖廟或媽祖宮相稱，日本大正時期，「新興宮」一詞才漸漸取代「媽祖宮（廟）」，成為報章媒體的正式稱呼，但正如臺北天后宮所保存的乾隆 57 年古鐘所示，「新興宮」早就是定稱，只是一般以艋舺媽祖宮（廟）相稱而已。艋舺新興宮雖是供奉媽祖的重要寺廟，但是至少在日本殖民中期（1920 年）之前，許多要朝拜媽祖的首選都是北港媽祖，甚至艋舺祖師廟也請媽祖繞境。如 1920 年 4 月《臺灣日

---

[29] 〈禮廢羊存〉，《臺灣日日新報》（漢文版），（1909 年 8 月 18 日）5 版。

[30] 〈媽祖宮及龍山寺捐款重修〉，《臺灣日日新報》，（1918 年 9 月 27 日）6 版。

[31] 王美文，《閱讀臺北天后宮》，頁 20。

[32] 〈艋舺媽祖繞境〉，《臺灣日日新報》，（1920 年 5 月 9 日）6 版。

日新報》報導艋舺地區人士迎請媽祖說：「例年春日載陽，北部各處信徒，赴北港媽祖參香酬願者，不可勝數，沿途各驛站，往往為之擁擠不開⋯⋯臺北艋舺一部⋯⋯附搭南下⋯⋯嘉義新港及北港晉香，迎請三媽，於二十六日回艋，停駐祖師廟約一個月⋯⋯並迎請繞境。」[33]除此之外，還有艋舺到北港進香的 2 百人組織，[34]這都可以說明艋舺當地的媽祖宮（新興宮）似乎在媽祖信仰上沒有特別的優勢。

艋舺新興宮的媽祖繞境雖起於大正 3 年（1914），[35]但在整個大正年間似乎還面臨著來自像祖師廟迎北港、新港媽祖的挑戰，而艋舺地區的信徒也以朝禮北港媽祖為首選。可能是受到艋舺地區人士南下北港進香、迎請媽祖北上的刺激，雖然報導是說為了節省開支，就在大正 9 年（1920）的 4 月，新興宮與艋舺同奉媽祖的啟天宮商議，自大正 10 年（1921）開始，一起在艋舺地區繞境，原本新興宮是每年農曆 3 月 21 日迎媽祖繞境，而啟天宮是在 3 月 23 日，經過整合之後，決定在 3 月 22 日合併繞境。[36]

為了樹立新興宮在艋舺地區供奉媽祖的「正統」，除了上述與啟天宮合迎媽祖繞境之外，主導以北港朝天宮為首的媽祖北上，則是另一個提升地位的方法。就在 1921 年 3 月，新興宮與啟天宮的主事者發起募集人員 60 餘名，每年各捐資 10 圓，共可得 6 百餘圓，作為迎請北港、

33　〈艋人迎請媽祖〉，《臺灣日日新報》，（1920 年 4 月 22 日）5 版。

34　〈媽祖參拜團〉，《臺灣日日新報》，（1920 年 4 月 27 日）7 版。

35　〈萬華媽祖繞境盛況〉，《臺灣日日新報》，（1930 年 4 月 22 日）4 版。

36　〈恭迎媽祖預聞〉，《臺灣日日新報》，（1920 年 4 月 26 日）3 版。艋舺啟天宮又稱「料館媽祖廟」，因為宮內主祀天上聖母媽祖，且坐落於「料館口街」，即今梧州街以西的廣州街與環河南路交界一帶。所謂的「料館」就是將大樹幹鋸成木材的木材行。傳說大約在 1851 年至 1861 年（咸豐年間）期間，有大陸船隻載木材到艋舺交易，回程時不料船隻卻無法前進，乃掉頭返回艋舺港口。經過擲筊之後，得知原來船內供奉的媽祖想要登陸，留在艋舺供人祀拜。此時在艋舺開設「料館」的木材商黃祿即發願迎媽祖神像下船，供於自宅正廳「私祀」，此後黃祿事業飛黃騰達，成為鉅富，乃舉家遷居至新落成的「大厝」，原黃宅故居後來就改為「公祀」，艋舺人稱為「料館媽祖廟」，即「啟天宮」。1930 年、1966 年均有改建重修之工事。以上歷史請參考戴文鋒之〈萬華寺廟導覽〉網路版，或請上網 http://blog.yam.com/longshan_temple/archives/1882525.html〈萬華古蹟追尋：啟天宮料館媽祖〉。

新港、彰化三宮的媽祖來北費用。[37]結果到了同年 4 月底，艋舺祖師廟卻恭迎五宮媽祖來北，搶在新興宮與啟天宮之前。[38]雖然新興宮與啟天宮將媽祖繞境日調整在同一天，從《臺灣日日新報》的報導顯示，至少兩宮的合作一直進行到中日戰爭（1937）爆發的前後，但是，新興宮漸取得有利地位則是在日本總督府慶祝「始政三十年」之後。

大正 4 年（1915）日本「始政二十年」時，艋舺人士曾經迎請北港三媽來北，當大正 14 年（1925）6 月「始政三十年」時，艋舺人士決定照舊迎請北港三媽，想不到三媽已被麻豆人士請走，在多方交涉之下，北港媽祖廟決定以湄州和尚初次來臺時之大媽應請。由於北港大媽從未被迎請，所以此次北港大媽來艋舺就成為當地一大盛事，大媽被安奉在龍山寺二週，供人禮拜。[39]不甘示弱的大稻埕方面，為了對抗艋舺人士從北港迎請大媽，特地從北港迎請二媽，以及新港、關渡、稻江慈聖宮等諸媽祖，組成盛大行列繞境遊行。[40]在 6 月 23 日的遊行當天，艋舺地區除了迎請來的北港大媽之外，還請出龍山寺的觀音佛祖、清水岩清水祖師、青山宮美安尊王、新興宮的媽祖，總繞境人數達 1 萬 2 千人。[41]這次艋舺與大稻埕迎媽祖的對抗盛況，是日本殖民時期唯一的一次，主要是配合所謂的「始政三十年」紀念，「始政四十年」時就未見同樣的盛況。當「始政三十年」媽祖遊行對抗過去，一切似乎又回到了常態，新興宮與啟天宮這兩座以供奉媽祖起家的艋舺當地寺廟就嶄露頭角，每年農曆 3 月 22 日兩宮合迎媽祖繞境已成為艋舺地區的傳統，到了昭和 9 年（1934），艋舺地區寺廟各自舉辦的春季迎神會，完全與新興宮、啟天宮的農曆 3 月 22 日媽祖繞境活動結合為一，加入此一春季迎神會的艋舺寺廟神祇有龍山寺觀音佛祖、青山王、保儀大夫、集應宮

---

[37] 〈艋舺合迎媽祖〉，《臺灣日日新報》，（1921 年 3 月 22 日）4 版。

[38] 〈媽祖與活動寫真〉，《臺灣日日新報》，（1921 年 4 月 29 日）6 版。至於是迎請哪五宮的媽祖來北，報導並沒有說明。

[39] 〈北港大媽到艋舺〉，《臺灣日日新報》，（1925 年 6 月 17 日）5 版。

[40] 〈空前絕後と云はる媽祖の大行列大稻埕方面の通過順路〉，《臺灣日日新報》，（1925 年 6 月 20 日）2 版。

[41] 〈卅年紀念を祝する萬華の媽祖行列〉，《臺灣日日新報》，（1925 年 6 月 23 日）7 版。

王爺等，不過由於這是殖民政府強迫主導，因此「陽奉陰違」者不少。[42]

　　艋舺新興宮有關媽祖的報導最後一次出現在《臺灣日日新報》是昭和 10 年（1935）7 月，那時候新興宮正準備慶祝建廟 203 年，並作繞境遊行。[43]昭和 11 年的 7 月 25 日，總督府主辦「民風作興協議會」，在宗教上揭露三重點，一是打破迷信；二是改善陋習；三是改善生活，調整原本對臺舊有宗教採取的放任政策。[44]眾所周知，「民風作興協議會」後來進一步演變成「寺廟整理運動」，因此，1936 之後，特別是 1937 年中日戰爭爆發，「皇民化運動」如火如荼地展開，包括艋舺新興宮在內的寺廟活動不再出現在《臺灣日日新報》，是完全可以理解的。

五、戰後新興宮入主真言宗弘法寺

　　自昭和 11 年（1936）起，《臺灣日日新報》就不再有艋舺新興宮的活動消息報導，因此，可以說日本統治臺灣最後 10 年的新興宮是動向不明的。根據《閱讀臺北天后宮》所載，昭和 18 年（1943）日本政府以開闢防空道路為由，強制拆除新興宮，當時宮裡的神像及神器暫放於龍山寺。[45]其實早在日本殖民初期，也就是明治 41（1908）年新興宮附近就已有市區重劃之議，當時相關人士就齊聚龍山寺商討新興宮被拆除後之對策，及如何利用補償金重建。[46]只是新興宮始終未被列入重劃拆除，直到太平洋戰爭爆發的第二年才以防空的理由拆除。

　　光復後新興宮如何以真言宗弘法寺作為復宮的第一步，在《閱讀臺北天后宮》一書中提到兩種說法，一是 1950 年弘法寺的日僧回國，由臺北市教育局接管，在新興宮信徒的極力爭取下入主。第二種說法是，

[42] 〈萬華春季賽神初回聯合未臻盛況對參與團體贈感謝狀〉，《臺灣日日新報》，（1934 年 5 月 6 日）8 版。

[43] 〈萬華新興宮媽祖祭典續報〉，《臺灣日日新報》，（1935 年 7 月 25 日）16 版。

[44] 蔡錦堂，《日本帝國主義下臺灣の宗教政策》，（東京：同成社，1994 年），頁 230-231。

[45] 王美文，《閱讀臺北天后宮》，頁 22。

[46] 〈里巷瑣聞・錦議建宮〉，《臺灣日日新報》，（1908 年 7 月 21 日）5 版。

1948 年，臺北市政府教育局長黃啟瑞為使信徒虔信之媽祖有奉祀之處，提供位於西寧南路的法華寺與成都路的弘法寺供新興宮信徒選擇，最後選出弘法寺為廟址，並在同年的農曆 6 月 1 日遷入。但原住在弘法寺的人員向南京政府提告，指黃啟瑞違法，經行政訴訟，判決黃啟瑞勝訴。[47]

　　以上兩種說法以後者較接近真實，然這其中還有若干不為人知的秘辛，其實隨著日本在 1945 年 8 月戰敗離臺，1946 年 2 月日僧吉川法城將真言宗弘法寺暨寺產就交給其臺籍子弟陳宗坦（俗名陳火炎）管理，後獲臺北市政府教育局林傳炘的認可，並改名「慈光禪寺」，但是後來教育局長黃啟瑞上任後，因故撤銷陳宗坦的管理人資格，改轉租給新興宮。1948 年底，中國佛教會臺灣省分會向監察院閩臺監察委員行署主任委員、臺灣省政府主席、臺灣高等法院院長、臺灣省黨部主委、臺灣省參議會議長、臺北市政府市長、臺灣臺北地方法院院長、臺北市黨部書記長、臺北市參議會議長等政府、黨部及報社對弘法寺（時已改名為「慈光禪寺」）寺產被分割轉移至非佛教單位發出陳情信函謂：

> 民國三十五年本省光復後日僧將被遣返歸去，本寺住持日僧吉川法城，為共保佛宗乃於二月間，將本寺一切委任徒弟宗坦（俗名陳火炎）繼續主持，同年三月間奉臺北市教育局通知書並由該局林傳炘前來接收，宗坦依法點交全寺財產，旋即依法申請登記，荷蒙臺北市政府發給登記在案，本寺亦照常宣揚佛理，詎料該局長黃啟瑞接管後，不惜顛倒事實，將果為因，迫本年（按：民國三十七年）六月廿一日將原主持陳火炎（即宗坦）管理名義撤銷，令將全部財產移交給新管理員林味接管，並令知本寺已准借蘇穀保為奉祀新興宮天上聖母之用，迫令遷出，又將西寧南路店屋第一六七號租賃蔡煌章經營益昌號，第一六九號租賃余省經營樂仙酒家，演變至此，已非宗坦主持管理與否之私人利害，事關中國佛教前途至深且鉅……依法本會得有維護及管理權，該教育局長黃啟瑞不顧法令，不特不命令發還，又將該寺借與蘇穀保改作新

興宮，此乃意圖毀滅該寺所信仰之正統佛教，藉達共侵害佔有之
目的……而寺廟財產為僧團所有，絕不能視為日僧私有之
物……。[48]

　　真言宗弘法寺的寺產分為兩部分，一是寺院本體，被租賃給新興
宮，一是西寧南路第一六七、一六九號兩房舍原為真言宗為提供失業者
住宿之用，名叫「十善會」，為寺院附屬社會事業，被租給商家使用。
而省佛教會所訴求的重點是寺院為本省同胞所捐資，不是日僧私產。這
樣的說法雖言之有理，但是，處理日產歸屬的關鍵在地方政府的手上，
當國家利益高於佛教利益時，寺產只能以「敵產」被處理。根據當時臺
北市教育局長黃啟瑞的說法，1946 年接收日產弘法寺是根據內政部頒
諭禮字第 6483 號「地方政府接收日人寺廟祠宇注意事項之二及四之一」
行事，並派陳火炎（宗坦）管理，後因他「管理不善」，乃於 1948 年 6
月撤換。由於相傳陳火炎連絡省佛教分會，理事長德融法師向外散發「快
郵電」傳單，被黃啟瑞以「破壞名譽」提起告訴，但後來判決無罪。[49]

　　日產弘法寺光復後改名「慈光禪寺」，由臺北市政府指派真言宗臺
籍子弟陳火炎，但後來被以「管理不善」的名義撤銷管理之職，隨之轉
給林味、蘇穀保改作新興宮，供奉媽祖。1952 年新興宮以擲筊的方式，
將新興宮改名為「臺灣省天后宮」，1954 年新興宮遭廟後國際大舞廳大
火波及焚毀，1959 年重建，1967 年配合臺北市政府改制院轄市，再度
更名為「臺北天后宮」，[50]重建後的新興宮已不見任何昔日弘法寺的舊
貌。這也就是為什麼這座臺北天后宮裡奉有弘法大師像等日本真言宗的
法像器物的由來。

　　不過，真言宗弘法寺是佛教寺院，就常理來說，應該撥給佛教使用，
「轉租」給民間信仰的新興宮的理由並不正當，無疑的當時的臺北市教

---

[48] 〈本分會對臺北市政府糾紛寺廟公產啟事〉，《臺灣佛教》第 3 卷第 1 號（1949 年 1 月 20
　　日），封面裡。

[49] 普易，〈理事長沈德融和教育局長黃啟瑞之論戰〉，《臺灣佛教》第 3 卷第 3、4 號（1949
　　年 4 月 1 日），頁 10-12。

[50] 王美文，《閱讀臺北天后宮》，頁 28-30。

育局長黃啟瑞用行政手段將弘法寺撥給新興宮是其中的關鍵。

六、結語

　　艋舺的媽祖廟新興宮的建廟歷史至少有 6 種不同的說法，根據官修的《淡水廳志》所載是建於乾隆 11 年。新興宮附近自清代以降至日本殖民初期始終是三教九流往來之處，其治安狀況並不好，雖說可能是艋舺地區歷史最久的媽祖廟，但是在 1920 年之前，艋舺人士禮拜媽祖大多組團南下北港等地或甚至迎請北港媽祖來北，因此，新興宮的媽祖信仰在當地並不具備優勢。1921 年起，新興宮與艋舺同奉媽祖的啟天宮結合繞境，雖說是為節省經費，但是將各自舉辦的媽祖祭合而為一，大大地提升了兩宮的能見度，1925 年日本「始政三十年」時，在艋舺與大稻埕的媽祖繞境對抗中，艋舺新興宮媽祖信仰的正統地位似乎被建立起來。

　　日本真言宗（高野山派）初傳來臺，並非《閱讀臺北天后宮》一書所說的 1899 年，而是 1896 年。而真言宗在針對日本人的布教上的用心，其主要的原因是因為吸收臺灣人不易之故，這是日本佛教各宗共同的現象，但真言宗在日本信徒的吸收上與其他各宗相較，其實也沒有什麼突出的表現。

　　1943 年，新興宮因防空的理由被拆除，1948 年在臺北市教育局長黃啟瑞的協助下，借真言宗弘法寺（當時已改名為慈光禪寺）復宮，並與臺灣省佛教分會理事長德融法師打了一場官司，這段秘辛卻始終不為人知。

百年前廣西籍茂峰法師臺港弘法記
——日本佛教殖民史上一段塵掩的歷史

一、前言

　　距今約百年前，廣西籍的茂峰法師（1888-1964）在臺籍榮宗法師（1900-1981）的介紹下來臺弘法，足跡主要集中在竹苗以北，初期在基隆月眉山靈泉寺講經說法，後期則在獅頭山卓錫，任勸化堂住持。由於當時在新竹布教的日本曹洞宗僧人佐久間尚孝（1895-1977）常往來於獅頭山，加以歸屬曹洞宗的基隆月眉山派、苗栗法雲寺派下門人亦在獅頭山活動，致使殖民後期獅頭山全山加盟日本曹洞宗派下，茂峰法師也在卓錫獅山期間入籍曹洞宗，並因此獲黃緞「金燦五衣」一件，並任該宗布教師。1932 年離臺後，在香港建東普陀寺，最後終老於此。

　　相傳此黃緞「金燦五衣」為日皇所頒贈，二次世界大戰日本佔領香港時，茂峰法師憑藉此袈裟，日軍不敢造次，拯救了許多村民，一時傳為佳話。1949 年時，大批大陸難僧滯港，東普陀寺成為收留所，又為眾目所矚。

　　茂峰法師何許人也？其為何因緣入臺？入臺後活動地區為何？其滯臺時期多久？「金燦五衣」果為日皇所贈？東普陀寺創建之後的歷史發展為何？

　　本文 2012 年 3 月發表於《護僧》第 66 期，2014 年 6 月收入拙著《臺灣佛教的殖民與後殖民》一書，2017 年 8 月，承香港羅永強居士提供茂峰法師出入境臺灣簽證，及相關資料，得以重理並修正部分內容，謹此致上謝忱。

二、茂峰與榮宗法師之因緣

（一）生平與赴臺因緣

　　根據茂峰法師略傳得知，法師是廣西省博白人氏。[1]法師生於 1888
（清光緒 14）年，1915 年於廣東肇慶鼎湖山慶雲寺出家；1916 年 29
歲，於南京寶華山慧居寺受三壇大戒，另根據〈千佛山東普陀講寺碑〉
記載，茂峰法師師承妙柔和尚，傳千華派 19 世法嗣，法名戒山。[2]了如
法師說「（茂峰）留山習律，兼讀藏經，時粵僧留居經樓，專讀三藏者，
唯師一人而已」，「窮五年之歲月，足未下山一步，遂畢讀三藏」。[3]五年
後至寧波觀宗寺。[4]

> 特赴四明觀宗講寺親炙諦閑老法師，深得諦公器重，賜號顯妙，
> 從此專修天台大乘教觀，精進不已，五年學成，得諦公之印可，
> 即應臺灣靈泉寺往持善慧和尚恭聘，前往任佛學院主講。[5]

　　1924（民國 13）年，應榮宗法師之介紹前往臺灣靈泉寺開講，於
同年冬抵臺。[6]茂峰法師來臺因緣，根據了中法師之〈紹隆佛種的茂峰
老法師——賀東普陀建寺六十週年〉一文說：

> 當茂峰老法師在寧波觀宗寺追隨諦閑老法師潛修講習時，深受諦
> 老器重，還有一位來自臺灣的榮宗法師，也在觀宗寺修習，對茂
> 師倍加景慕，而在返臺後由於榮宗法師與基隆靈泉寺住持善慧老

---

[1] 〈千佛山東普陀講寺碑〉
　（http://bekemp.mysinablog.com/index.php?op=ViewArticle&articleId=3069635，2011.10.20 流
　覽）。

[2] 〈千佛山東普陀講寺碑〉
　（http://bekemp.mysinablog.com/index.php?op=ViewArticle&articleId=3069635，2011.10.20 流
　覽）。

[3] 了如，〈茂峰老法師傳略〉，《佛教時人彙誌》（1937 年 3 月，香港羅永強居士提供），頁
　46-49。

[4] 〈茂峰法師略傳〉（http://wisdom.buddhistdoor.com/terrywong/page/2/，2009.10.25 流覽）。

[5] 了如，茂峰老法師傳略〉，《佛教時人彙誌》，頁 46-49。

[6] 了中，〈紹隆佛種的茂峰老法師——賀東普陀建寺六十週年〉，《海潮音》第 74 卷 11 期（1993
　年 11 月）。

　　和尚交好，善慧老和尚表示有意禮請法師前來講經，榮宗法師立即推薦茂師。經接信後，茂師於民國十三年冬抵臺。[7]

　　榮宗法師是茂峰來臺的關鍵人物之一，他們二人同在諦閑法師座下修習天台教法，因而結識，榮宗從而推舉茂峰法師來臺協助基隆月眉山靈泉寺善慧法師辦學。

　　茂峰法師來臺是從寧波觀宗寺離開後之事，故〈千佛山東普陀講寺碑〉說「初上人由寧波觀宗寺而弘法於臺開善寺，於臺南之新竺者三年矣。」[8]開善寺是位於新竹（苗栗）之獅頭山，新竺（竹）也不是在臺南，乃撰文不諳臺灣地理所誤植也。依前述，若 1924 年茂峰應邀來臺，前後凡三年，故其離臺當在 1927 年。

　　傳茂峰離臺後，1928（昭和 3）年，應信眾梁廣照等之請赴港弘法，在四眾堅留，選址於荃灣之千石山開山創建東普陀講寺，[9]因其風景跟浙江普陀山相若，故命名為東普陀，茂峰法師更把千石山改名為千佛山，又把大水坑改名為三疊潭；[10]1932（昭和 7）年 2 月，茂峰法師「由退居老和尚德寬老人書寶華傳卷稿，以寶華一脈為法乳信物」奉持南返；[11]1933 年，東普陀講寺落成，與香港定慧寺、竹林禪院、鹿野苑等同為 1930 年代的著名道場。

　　1941（昭和 16）年 12 月，太平洋戰爭爆發後，日軍隨即佔領香港島，茂峰法師身披日本曹洞宗布教師之「金燦五衣」救助難民；1949年國共內戰大批難僧滯港，一食無著，茂峰開海單接眾，一時傳為佳話。

[7] 了中，〈紹隆佛種的茂峰老法師──賀東普陀建寺六十週年〉，《海潮音》第 74 卷 11 期。

[8] 〈千佛山東普陀講寺碑〉
（http://bekemp.mysinablog.com/index.php?op=ViewArticle&articleId=3069635，2011.10.20 流覽）。

[9] 〈千佛山東普陀講寺碑〉
（http://bekemp.mysinablog.com/index.php?op=ViewArticle&articleId=3069635，2011.10.20 流覽）。

[10] 〈東普陀講寺〉（http://www.fushantang.com/1005c/e3027.html，2011.10.20 上網）。

[11] 〈千佛山東普陀講寺碑〉
（http://bekemp.mysinablog.com/index.php?op=ViewArticle&articleId=3069635，2011.10.20 流覽）。

1964 年農曆 3 月 1 日示寂。

（二）榮宗法師

前述，1924 年，茂峰法師在榮宗法師的介紹下來臺至基隆靈泉寺開講，而榮宗法師為日本殖民時期長期旅居大陸江浙一帶的臺籍僧侶，與另一臺籍法師斌宗（1911-1958）為同門。根據《中天寺志》所載：[12]

榮宗法師為竹東橫山人，生於民前 12（1900）年，年少時常到獅頭山元光寺參拜，13 歲小學畢業後即在獅頭山禮妙禪法師（1886-1965）出家，妙禪法師於獅頭山增建金剛寺時，即派榮宗前往襄助。17 歲那年，妙禪法師欲前往福建雪峰閉關時，任命榮宗法師任金剛寺當家，並在妙禪法師俗家親弟弟的協助下，負起一寺之責，直到多年後妙禪親弟去世，榮宗才赴雪峰迎請師尊妙禪回臺。而此時榮宗法師亦升起赴大陸參學的念頭，但為妙禪法師所反對。榮宗於是先到基隆月眉山靈泉寺拜會善慧和尚（1881-1945）請求協助，獲允。榮宗法師先將戶口遷往靈泉寺，再辦理赴大陸之通行證。

18 歲那年榮宗法師到大陸的首站為福州，但感非修行之所，輾轉到了浙江寧波觀宗講寺弘法研究社親近諦閑法師（1858-1932），時講寺學僧達千餘人，同時與後來亦來臺的顯明法師（1917-2007）同學 6 年，期間榮宗法師任監學，顯明任糾察。

修畢之後，榮宗法師轉往南海普陀山安住有年，直到中日戰爭爆發，日軍轟炸普陀山，不得已方轉往上海，當時上海亦有不少臺灣人皈依法師座下。由於善慧法師抗戰時期曾任「杭州日華佛教會」會長，榮宗則任翻譯一職。後杭州寺院因戰局動盪，交通中斷而缺糧，榮宗法師透過善慧法師取得日軍司令部所發通行證一紙，每週運糧到杭州，更傳為佳話。

臺灣光復第二年（1946），榮宗法師從上海返臺探親，因逢「二二八事件」無法出境，時年 50 歲。先是在觀音山凌雲寺任當家數年，四

12　中天寺誌編輯委員會，《中天寺誌》（臺中：中天寺，2000），頁 36-37。

處講經弘法，58 歲時接任桃園觀音鄉寶蓮寺住持，之後南下臺中市定居。1961 年於北屯區苧園購地，翌年創建中天寺。1981 年農曆元月 6 日圓寂。

從榮宗法師生平可以推知，其大概在 1917 年前後來到寧波觀宗講寺，至少學習到 1923 年，而茂峰法師則是在 1919 年至觀宗講寺，兩人結識的時間基本吻合。而榮宗法師出家於獅頭山，加上與基隆靈泉寺善慧法師關係匪淺，因此，介紹茂峰法師來臺，並卓錫於靈泉寺，之後再住持獅頭山，這其中的因緣也就一目了然了。

三、茂峰法師來臺後的動向

（一）在月眉山靈泉寺的弘法

前述，1916 年，茂峰法師在寶華山受具足戒後，留山閱藏五年（或說三年），之後赴四明觀宗講寺親炙諦閑法師，了如法師說：「五年學成，得諦公之印可，即應臺灣靈泉寺住持善慧和尚恭聘，前往任佛學院主講，宏宗演教，歷經三年，復受臺北獅山諸大居士延請，住持新創之開善寺，兼曹洞宗之布教師」。[13]

正如前述，茂峰法師來臺是與臺籍法師榮宗同學於寧波觀宗寺諦閑法師座下之因緣。

關於茂峰法師獲得中華民國政府赴臺許可時間是「民國十三年十一月二十一日」（參見圖 1），簽發地點在上海（滬），先行地是「臺北州基隆月眉山靈泉寺佛學社」（圖 2），有效時間為一年。[14] 可見茂峰是應善慧老和尚主持的靈泉寺佛學社講學而來。三天後（11 月 24 日）茂峰獲日本入臺簽證，當時上海總領事為矢田七太郎（1879-1957）。 11 月 29 日入境臺灣。

13　了如，茂峰老法師傳略〉，《佛教時人彙誌》，頁 46-49。
14　感謝香港羅永強師兄提供資料。

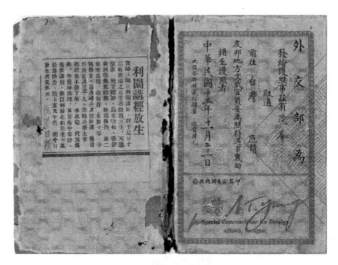

圖 1　茂峰法師來臺簽證之一
（資料來源：羅永強提供，以下同）

圖 2　茂峰法師來臺簽證之二

　　前述，茂峰法師來臺確切時間，根據入臺資料是 1924（大正 13）年 11 月 29 日在基隆入境（參見圖 3）。[15]

15　感謝香港羅永強師兄提供資料。

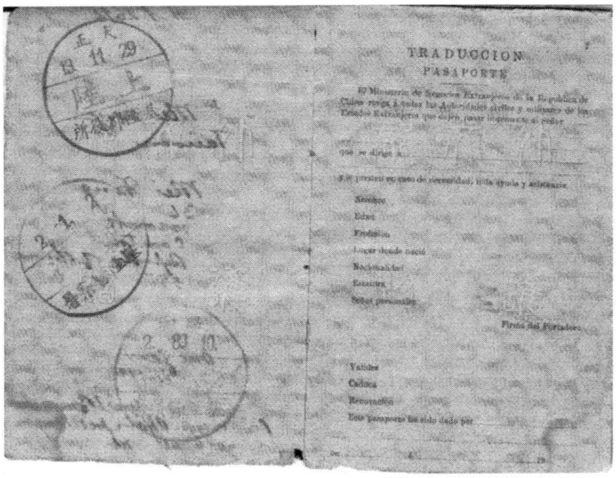

圖3　茂峰基隆入境印戳

　　1924 年 9 月至 1925 年 11 月，月眉山之重要法務如下：1924 年 3 月，善慧法師在福建鼓山傳戒後，在福州西公園成立佛化社，同時在白塔寺組織功德林，並創立佛教青年覺社，滯閩半年，於同年 9 月回臺。[16] 1925 年 1 月 1-3 日，善慧法師帶領道友及門人慧性、普祿、普欣 4 人赴蘭陽弘法。[17] 1925 年 1 月中旬，善慧和尚對於創辦於 1923 年 4 月間的「佛教專門學院」運作有加大力度的趨勢，在主持學院休業式之後，舉行打七禪修，同時禮拜三千佛懺。[18] 1925 年 2 月，月眉山靈泉寺舉行佛教演講。[19] 1925 年 4 月 24 日，善慧法師赴福建怡山長慶寺傳戒，[20]戒期約一個月，最快回臺也必須在同年 5 月底。

　　茂峰法師抵基隆後應該隨即投入「靈泉佛學社（院）」的運作，雖然直到 1925 年 12 月才見到茂峰法師活動資料。但由於上海簽證有效期限是一年（至 1925 年 11 月 20 日到期），照理說當時已超過期限，有可能茂峰法師出境後再入境，但未有資料佐證。

　　茂峰法師最早出現的資料是出現在 1925 年 12 月 15 日《臺灣日日

---

[16] 〈善慧和尚歸臺〉，《臺灣日日新報》（1924 年 9 月 13 日），4 版。

[17] 〈蘭陽佛教講演〉，《臺灣日日新報》（1924 年 12 月 6 日），4 版。

[18] 〈佛教振興之氣象〉，《臺灣日日新報》（1925 年 1 月 13 日），4 版。

[19] 〈佛教講習會〉，《臺灣日日新報》（1925 年 3 月 13 日），4 版。

[20] 〈善慧上人來札（一）〉，《臺灣日日新報》（1925 年 5 月 18 日），4 版。

新報・詩壇》的〈感懷三首〉與〈頌靈泉佛學院〉，這應是茂峰法師初來乍到有感而發之作。其詩作如下：[21]

> 〈感懷三首〉
> 其一
> 水遠山高處處同，千山萬水總歸宗。
> 諸般事業由心造，一時通時萬法通。
> 其二
> 三界無安似轉車，昇沈往復步成跛。
> 莫謂超塵塵不合，身倚雲外被雲遮。
> 其三
> 卸卻紅塵十餘載，空王佛賜鉢羅衣。
> 無上福田由此獲，賴種三生石上機。
> 〈頌靈泉佛學院〉
> 靈泉原不異靈山，法水東流到此間。
> 透徹金山無上道，廣長舌相覆三千。

從〈頌靈泉佛學院〉的詩作可以看出，茂峰法師應任教其中。值得注意的是，與茂峰同來自寧波觀宗寺的還有一位名為「恒漸」的法師，根據 1926 年元月的報導：

> 基隆月眉山靈泉寺住持善慧和尚，平日專修禪宗，去十四日特於本寺禪堂中，建參禪會一星日（期），每日上午五時起，至下午九時，有中華寧波觀宗講寺茂峰、恒漸二法師、前中學林教授岡部快道先生暨鄭逸林居士，輪流宣講禪宗，修證旨要……。[22]

也就是說，茂峰法師初期來臺主要的目的至少有二，一是任教靈泉佛學院，一是指導參禪事宜。

「靈泉佛學院」創於 1923（大正 12）年農曆 3 月 19 日，有比丘、居士二十餘人，由善慧法師任院長，漢學部主任林凌霜，佛學部為任教

---

[21] 茂峰，《臺灣日日新報》（1925 年 12 月 15 日），4 版。
[22] 〈靈泉寺參禪會〉，《臺灣日日新報》（1926 年 1 月 17 日），4 版。

於曹洞宗中學林的日人柿沼文明及林德林兼任，並「內定支那道學高僧主任佛學，其他又請二三臨時講師，來週定加設日曜學校于該寺大講堂」，[23]來自中國大陸的茂峰法師等人正是佛學院所延聘的師資之一。而就在與恒漸法師在參與靈泉寺禪修活動後，善慧法師召集諸同志吟詩慶祝，其之〈詠坐禪會詩並序〉說：

> 禪宗之衰，於今尤甚。夫禪之由來，當吾佛靈山會上，拈花微笑，已露端倪。而後達摩西來，修者日眾，詎至今日，無人顧問，余嘗痛焉，爰集同志，創設一會，名曰坐禪，至本月（八日）釋尊成道之期，功行圓滿，略具果茗，與諸同志，相酌一堂，喜而有作，並索諸同志和賦，以誌其盛云。[24]

　　茂峰為應請前來參禪之指導者，在唱和中亦更吟誦〈詠坐禪會〉詩作一首。[25]由於坐禪會圓滿盛況，除入會禪修的 43 人之外，又有百餘人參加，因圓滿日恰逢釋迦成道日，善慧法師隨即宣佈以後每逢釋迦成道日要依例舉行。[26]卓錫於靈泉寺的茂峰法師在農曆春節過後正月 13 日立春時，寫下〈立春絕〉、〈禪寂絕〉山居感懷二首。[27]

　　除了佛學院、禪修活動之外，善慧法師在 1925 年 4 月赴福建怡山傳戒，赴閩前稍早，更在基隆重興已組織十餘年的觀音講會，1926 年 2 月即召開觀音講會磋商會，[28]接著決定在同年 4 月創辦《靈泉月刊》，由大陸佛學家恒漸、梅夫二人主編。[29]從這些跡象看來，善慧法師所領導的月眉山法務實有擴大之勢，因此需要同參道友的協助是可以理解的，

23　〈設佛教專門學院〉，《臺灣日日新報》（1923 年月 19 日），6 版。
24　善慧，〈詠坐禪會詩並序〉，《臺灣日日新報》（1926 年 2 月 16 日），4 版。善慧法師自詠：「黃面瞿曇笑口開，十分春色此中來。拈花消息何人會，枉費陳思八斗才。」
25　茂峰，〈詩壇‧詠坐禪會〉，《臺灣日日新報》（1926 年 2 月 19 日），4 版。〈詠坐禪會〉：「寒風吹綻梅花白，獨坐禪房爐火紅。最好夜深人靜後，暗香時與鼻根通。」
26　〈坐禪會圓滿盛況〉，《臺灣日日新報》（1926 年 2 月 23 日），4 版。
27　茂峰，〈詩壇〉，《臺灣日日新報》（1926 年 2 月 8 日），4 版。〈立春絕〉：「一枕黃粱睡未休，不知春去幾多秋，數聲啼鳥鳴窗外，驚覺山僧世味丟。」〈禪寂絕〉：「靜聽梵剎六和音，山水清華古竹林，寂寞柴門生瑞草，刈來敷坐吉祥身。」
28　〈觀音講會磋商會〉，《臺灣日日新報》（1926 年 2 月 6 日），4 版。
29　〈靈泉寺刊月報〉，《臺灣日日新報》（1926 年 3 月 2 日），4 版。

茂峰法師來臺因緣當與此有關。

然而，1927（昭和2）年時，茂峰法師已轉任獅頭山勸化堂住持，此時距他來臺（1924年冬）卓錫月眉山僅二年餘。

（二）多次來往臺港

根據《獅頭山百年誌》之記載，1927年時，茂峰法師已轉任獅頭山勸化堂之住持。[30]至於茂峰法師為何離開基隆月眉山，不得而知，但是可以肯定的是，茂峰法師於1928年獲贈之「黃緞金燦五衣」是在住持勸化堂時期。

了中法師在〈紹隆佛種的茂峰老法師——賀東普陀建寺六十週年〉一文說：

> 茂峰老法師在臺灣講經弘法前後三年有餘，足跡自基隆至新竹，皈依四眾數萬人，開臺灣法會前所未有之盛。尤其難得的是，當時日本臺灣總督老石塚，以及各高級文武官員，均前往基隆靈泉寺聽講，一時更為轟動。臺灣總督並將此事呈報日本天皇，天皇敕令頒贈茂峰老法師金燦五衣一件，是一種蓋有御璽的黃緞布袋，上面書有寺院及法師的名號。[31]

前述，茂峰入臺證標誌「上陸」時間是1924（大正13）年11月29日，而此證還有兩個印戳，分別由基隆警察署所蓋，時間分別是1927（昭和2）年1月2日及8月10日（參見圖3），而在1927年時，茂峰轉往獅頭山勸化堂，故其時間點，當在1927年8月10日之後。

1927年1月2日及8月10日之間，有兩次基隆警察署檢查的印戳，之間倒底發生什麼事？根據了如法師的說法：

> 民十六年春，返國赴寧波觀宗寺祝諦公七十壽，而香港善信，仰師功高德厚，由國民黨元老潘達微、港商朱恨、書畫文學社社長

---

30 黃鼎松，《獅頭山百年誌》（苗栗：勸化堂，2000），頁58。

31 了中，〈紹隆佛種的茂峰老法師——賀東普陀建寺六十週年〉，《海潮音》第74卷11期（1993年11月）。

杜其章、羅海空、李縣長思轅、梁廣照各大居士暨賴際熙太史等三十餘人發起，迎師至港講經，師允其請，遂假利園演般若波羅密多心經，每晚聽眾，數逾三千人。……于是眾皈依弟子，堅留師在港弘法，師乃繼續宣講法華金剛地藏維摩詰等經，獲領法益者益眾。師留港日久，開善寺函促師返臺，而港地善信，又挽留懇切，不獲已，乃常往來於臺港之間，隨緣宏化。[32]

　　原來茂峰法師 1927 年元月曾出境赴浙江為諦閑法師（1858-1932）祝壽，後暫留香港前後超過半年。從茂峰法師的出入境資料得知，他 1927 年春離臺後，同年 7 月 29 日在香港有簽證資料，顯示他在 1927 年 7 月底之後再度來臺，入境時間是 8 月 10 日。

　　之後，茂峰法師在隔年又出境，根據了如法師的說法，1928 年 7 月 19 日起 廣東弘法佛學社請茂峰於廣州講彌陀經全文；11 月 19 日，賴際熙等人用香港講經會名義發起請師於利園講心經；1929 年 1 月 3 日，在利園講經法會。[33]可見茂峰法師至少在 1928 年 7 月至 1929 年元月間是滯留香港。

（三）獅山勸化堂與「金燦五衣」

　　茂峰法師在臺期間，曾獲殖民地臺灣總督頒賜「金燦五衣」，時為在 1928 年。[34]但這種說法有待釐清。

　　茂峰法師 1927 年春自臺灣回到廣東，8 月再入境臺灣，在 1928 年獲贈「金燦五衣」。了中法師說是透過臺灣總督「老石塚」獲贈「金燦五衣」，此「老石塚」當指第 13 任臺灣總督石塚英藏（1966-1942，任期 1929.7~1931.1），畢竟日本殖民時代臺灣總督姓石塚的僅一人。可是石塚是在 1929（昭和 4）年 7 月底才上任，如何能在 1928 年就贈「金燦五衣」給茂峰？

　　茂峰法師住持勸化堂時期，曾以「本山住持中華茂峰」在獅頭山石

---

[32] 了如，〈茂峰老法師傳略〉，《佛教時人彙誌》，頁 46-49。。

[33] 了如，〈茂峰老法師傳略〉，頁 46-49。

[34] 〈茂峰法師略傳〉（http://wisdom.buddhistdoor.com/terrywong/page/2/，2009.10.25 流覽）。

壁上題刻「同登佛境」四字，[35]由於未註明時間，無法得知是題於何時。雖然茂峰曾任勸化堂住持已是確定之事，但是任期卻說自 1927 年至 1937 年，[36]這顯然也不正確。

前述〈千佛山東普陀講寺碑〉說茂峰法師是 1932 年 2 月從江蘇寶華山奉持法卷南下香港時創建東普陀寺，故茂峰不可能在 1932 年至 1937 年時還住持勸化堂。由於茂峰在題字落款時使用「中華茂峰」，顯示他應還是屬中華民國籍，未入籍臺灣，這就讓他無法住持任何寺廟，任住持只能「有實無名」。因此，翻閱日本殖民時期獅頭山勸化堂歷任住持資料皆未見茂峰法師任期記載，但從獅頭山題刻又確實有茂峰法師住持之事實，以下是勸化堂歷任住持一覽：[37]

表 1　日本殖民時代勸化堂歷任住持一覽

任別	住持	任期
第一代	黃爐章	1901（明治 34）年 5 月~1911（明治 44）年 10 月
第二代	曾春秀	1911 年 10 月~1922（大正 11）年 11 月
第三代	張河開	1922 年 11 月~1924 年 10 月
第四代	曾春秀	1924 年 10 月~1926（大正 15）年 9 月
第五代	甘承宗	1926 年 9 月~1929（昭和 4）年 10 月
第六代	黃開郎	1929 年 10 月~1933（昭和 8）年 10 月
第七代	黃凍石	1933 年 10 月~1937（昭和 12）年 10 月
第八代	林清文	1937 年 10 月~1939（昭和 14）年
第九代	陳榮盛	1939 年~1941（昭和 16）年
第十代	佐久間尚孝	1941 年~1945 年

資料來源：《曹洞宗海外開教傳道史》，1980

茂峰法師是在 1927 年從基隆轉往獅頭山住持勸化堂，當時該堂住

---

[35] 黃鼎松，《獅頭山百年誌》，頁 307。

[36] 黃鼎松，《獅頭山百年誌》，頁 307。

[37] 日·曹洞宗海外開教傳道史編纂委員會，《曹洞宗海外開教傳道史》（東京：曹洞宗宗務廳，1980），頁 241。

持為甘承宗（1883-1939），而甘承宗更在 1926~1931 年間被推為勸化堂總代，總管獅頭山開發事務，[38]所以，茂峰法師受聘為勸化堂「住持」必定與甘承宗有關。

由於獅頭山在日本殖民時期幾乎整山加入日本曹洞宗派下，加上月眉山靈泉寺派與苗栗大湖法雲寺派也都入曹洞宗，兩寺僧人活躍於獅頭山，是故卓錫於勸化堂的茂峰法師在 1928 年所獲之曹洞宗「金燦五衣」，應與靈泉寺、獅頭山之歸隸日本曹洞宗派下有關。

由於茂峰獲贈曹洞宗「金燦五衣」，所以他在臺弘化皆未脫離與臺灣本土曹洞宗的法緣，除前述與月眉山的關係外，與同屬曹洞宗派下的大湖法雲寺亦有互動。前述，1928 年 7 月至 1929 年元月間，茂峰法師滯留香港，之後復又來臺，1929 年 10 月中旬，法雲寺所舉行秋季祭典及演講，茂峰與覺力、今振、曼陀諸師，同為演講成員。[39]

1929 年元月來臺之後，茂峰法師留在苗栗獅頭山，直到 1931 年 3 月再離臺，此行目的可能是處理香港東普陀寺創建事宜，因為 1931 年農曆 9 月 10 日東普陀講寺動土。[40]雖然同年 12 月 2 日再度來臺，但隔（1932）年 2 月 21 日又復離境，自此未再入臺而長居香港。

1927 年茂峰法師為勸化堂總代甘承宗延聘為住持，由於甘氏總管獅頭山開發事務，整個獅頭山也進入積極開發階段，同年 8 月 18 日，竹東師善堂，聘請真常及茂峰法師前去演講，茂峰講題為〈法界唯心觀〉。[41]以下為 1926-1931 年間甘承宗任勸化堂總代，總管獅頭山開發事務時建設一覽：[42]

38 黃榮洛，《獅頭山百年誌‧甘承宗》，頁 350。
39 〈大湖法雲禪寺秋季祭典及講演〉，《臺灣日日新報》（1929 年 10 月 12 日），4 版。
40 了如，茂峰老法師傳略〉，《佛教時人彙誌》，頁 46-49。
41 〈竹東郡獅善堂　佛教講演〉，《臺灣日日新報》（1927 年 8 月 23 日），4 版。
42 黃鼎松，《獅頭山百年誌》，頁 13-14。

表2　1926-1931 甘承宗總管獅頭山開發事務時建設一覽

時間	建設
1927（昭和2）年	萬佛庵創建
1928（昭和3）年	開善寺、海會庵創建
1929（昭和4）年	勸化堂前右側建地下三層寮房
1930（昭和5）年	建道安橋
1931（昭和6）年	開善寺落成，南瀛佛教會新竹州支會於開善寺舉辦講習會

資料來源：黃鼎松，《獅頭山百年誌》，2000

　　1929 年春，茂峰法師還在獅頭山講《阿彌陀經》，[43] 這是茂峰在臺期間唯一的講經紀錄。從〈表二〉可以得知，甘承宗積極建設獅頭山，其目的是欲建設名山聖地，而茂峰法師即為其助力之一。

　　其實在 1910 年之前，本土佛教五大法派月眉山靈泉寺、五股觀音山凌雲寺、苗栗大湖法雲寺、臺南開元寺、高雄大崗山超峰寺已然成形，而獅頭山則努力積極爭取成為另一山派。1930（昭和5）年 12 月，甘承宗與茂峰法師代表獅頭山出席了臺灣佛教的統一計劃，根據報導：

> 臺灣佛教，近來屢受外道刺激，以致薄弱不振，臺南開元寺住職魏得圓及基隆靈泉寺江善慧兩氏，有鑑及者，邀林永空（定）、邱善昌、邱德馨、林德林、張妙禪、甘盛（承）宗、釋茂峰、林覺力、沈本圓諸氏，出為發起，籌設佛教統一機構，就中南北三處，設六大本山三事務所……。[44]

　　從以上出席人員所屬山寺分析，大概可以知道此六大本山為臺南開元寺（魏得圓）、基隆靈泉寺（江善慧）、高雄超峰寺（林永定）、獅頭山（甘承宗、釋茂峰）、苗栗大湖法雲寺（林覺力）、新竹金剛寺（張妙禪）。

　　雖然獅頭山全山皆道場，但是勸化堂為一儒教鸞堂，民間宗教信仰

---

[43] 黃鼎松，《獅頭山百年誌》，頁 14。

[44] 〈臺灣佛教計劃統一　設六大本山三事務所　來十四日開發起磋商會〉，《臺灣日日新報》（1930 年 12 月 15 日），4 版。

氣氛濃厚，如果能朝傳統佛教方向改變，也許有機會成為另一山派，於是就在茂峰法師住持獅頭山的第二年（1928）秋創建一座純佛教寺院——開善寺，主供三寶佛。[45]當時除了茂峰法師住持勸化堂外，妙禪法師（1886-1965）亦在 1910 年於獅山創建金剛寺，直到 1925 年中部發生大地震，寺院倒塌之後才回北埔另建金剛寺，[46]加上之後陸續建立的佛教道場海會庵、饒益院等等，獅頭山確有全山皆寺的建設準備，最後在1940（昭和 15）年，在今舊登山道入口立下「曹洞宗獅頭山」，[47]標誌著全山納入日本曹洞宗之歷史事實。

　　只是 1930 年底的臺灣佛教統一計劃，最後不了了之，而獅頭山最終也未如同本土四大法派一樣，開創出另一山派。茂峰法師最後出現在臺灣殖民佛教史上，是參與了介於第 11 屆（1930.9.24~10.7）與第 12屆（1932.2.14~27）南瀛佛教講習會中間的第 1 屆新竹佛教講習會，時間為 1931 年 2 月 21 日至 3 月 6 日，地點在獅頭山勸化堂，接受講習的學生共 40 名，茂峰法師主講「禪宗法要」，其他人員所講課內容為：中島「佛教家之始命」、高橋「宗教與教育」、佐久間尚孝「佛教概說」、劉金標「佛教與人生」、林覺力「維摩結經」、葉妙果「吾人何故信佛教學佛乎」、廣澤義秀「國語、美化作業、國民體操」。[48]

　　此次新竹佛教講習會之後，茂峰法師自此未在日本殖民佛教史上出現，故判斷，茂峰應於 1931 年 3 月之後離開臺灣。茂峰法師離臺後，同年 12 月 2 日再度來臺，隔（1932）年 2 月 21 日又離境，此簽證在香港簽發，原籍卻寫著「浙江省寧波縣城內鄉」，先行地是「新竹州竹南郡南庄獅山勸化堂」，旅行目的是「開善寺□住持」（參見圖 4）。[49]此行目的或許與開善寺落成有關，茂峰法師也是名義上的住持。

45 徐壽，《臺灣全臺寺院齋堂名蹟寶鑑・善開寺》（臺南：國清寫真館，1932），無頁碼。
46 張文進，《臺灣佛教大觀》（臺中：正覺出版社，1957），頁 109-110。
47 黃鼎松，《獅頭山百年誌》，頁 300。
48 關正宗，《日本殖民時期臺灣「皇國佛教」之研究——「同化、教化、皇民化」下的佛教（1895-1945）》（國立成功大學博士論文，2010 年 7 月），頁 226-227。
49 感謝香港羅永強師兄提供資料。

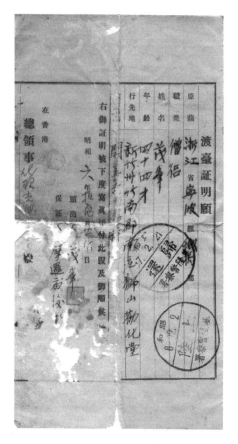

圖 4　1931 年 12 月 2 日，茂峰法師再度來臺

　　1929 年元月來臺之後茂峰法師留在苗栗獅頭山，直到 1931 年 3 月再離臺，此行目的可能是處理香港東普陀寺創建事宜，因為 1931 年 9 月 10 日東普陀講寺動土。[50]雖然了如法師說「迨民國二十年，中日事起，師感於環境，實不宜居留臺灣，乃毅然回國，不復返臺。」[51]所謂「中日事起」，當指 1931 年的「九一八事變」。事實上，1931 年 11 月，茂峰法師應香港信徒之請講《維摩詰經》，[52]同年 12 月 2 日再度來臺，但隔（1932）年 2 月 21 日復又離境（參見圖 4），自此未再入臺而長居香港。

---

[50] 了如，〈茂峰老法師傳略〉，《佛教時人彙誌》，頁 46-49。

[51] 了如，〈茂峰老法師傳略〉，《佛教時人彙誌》，頁 46-49。

[52] 了如，〈香港佛教史略〉《海潮音》18 卷 6 號（1937 年 6 月），頁 45。

四、東普陀講寺與「紫衣」傳奇

（一）弘法東普陀講寺

1931 年 3 月，茂峰法師離臺，12 月再來臺，1932 年 2 月離臺後，他奉持寶華山法卷信物南返香港時為信眾所請，「香港佛學會發起，請師演維摩經，復敦聘為該會名譽會長」。[53] 了如法師回憶道：

> 民二十二年春，廣州竹林精舍謝英伯、陳寶尊、鄺贊泉、傅星垣、李思轅、唐允恭等大居士，延師往演金剛經，已而江孔殷太史等又發起請師在海幢寺宣講彌陀經，聽中每日千餘人，而皈依者，有香軍長翰屏之老太等千六百餘人，自是法音遠播，粵中各地，景仰師者益甚。是年冬，陽光縣居士林開金剛法會，由何史華、佘士清等禮請師到縣主演金剛經，宣講匝月，會場五百餘座位，常為之滿，因感悟而請願受三皈五戒者，先後共七百餘人，當圓經返港之際，各弟子多依慕挽師長住，俾法雨普樹南隅！[54]

1932 年 2 月，茂峰法師離臺奉持寶華山法卷信物南返香港時，應廣州善信之邀講經說法，一個月後返港，眾弟子挽留長住香江。「師因承諦公之印可，證與南方有緣，故集廣州香港各地善信，創建東普陀寺於香港新界荃灣千佛山，於民國二十二年冬，始告落成。」[55] 從此茂峰法師安住於荃灣千佛山東普陀寺，或有應廣州善信之請隨緣講經而已。

1933 年 9 月，東普陀寺落成開光，茂峰法師「每年常住規定必開講經法會多次，普利各界，共聞其法要也。並附設佛學研究班，峕為利便皈依弟子研究天台淨土兩宗者。」[56]

53　了如，〈茂峰老法師傳略〉，《佛教時人彙誌》，頁 46-49。

54　了如，〈茂峰老法師傳略〉，《佛教時人彙誌》，頁 46-49。

55　了如，〈茂峰老法師傳略〉，《佛教時人彙誌》，頁 46-49。

56　了如，〈香港佛教史略〉《海潮音》18 卷 6 號，頁 45。

（二）「紫衣」傳奇

1941 年 12 月 25 日，日軍佔領香港，至投降止，共計三年又八個月，東普陀講寺附近村民亦遭受影響，了中法師說：

> 迨太平洋戰爭爆發，日軍攻佔香港，姦淫掠奪，無所不至，一時秩序大亂，人心惶惶。惟茂老在東普陀寺中，將日皇所頒贈的金燦五衣，懸掛胸前，日軍長官見之，皆與茂老行禮，並不敢犯，至此東普陀寺變成了保護難民的堡壘。[57]

日式「金燦五衣」是懸掛於胸前一方型袋，外表看似「僧袋」，但它在日文的名稱是「絡子」（rakusu），是真正袈裟的替代品，有各種顏色及材質。也因為如此，所以才會名為「金燦五衣」，但此紫衣果為日皇所贈？恐怕亦值得商榷。此「金燦五衣」上所書文字內容，由於字體有部分脫落，未能見其全貌（見圖 5）：

大本山□□（永平）寺
□□（昭和）□年四月二十日
□（贈）與
釋茂峰
□□寺住職
曹洞宗布教師[58]

---

[57] 了中，〈紹隆佛種的茂峰老法師——賀東普陀建寺六十週年〉，《海潮音》第 74 卷 11 期。
[58] 取自 http://inmediahk.net/node/197204（2009.10.25 流覽）。內文括弧中之字為筆者所加。

圖 5　東普陀講寺所藏茂峰法師之「金燦五衣」
（資料來源：**http://inmediahk.net/node/197204**）

首先，雖然古代日本皇室與中國皇帝一樣，對於國師級僧人有下賜紫衣之傳統，但茂峰之「金燦五衣」未有日皇名諱，難謂與日皇有關，何況日本殖民時代亦未聞有任何臺、日籍僧侶獲日皇頒賜，加上明治維新將神道國家化的日本皇室，神道信仰列為最高崇敬，日皇似無下賜紫衣給佛教僧侶之必要。其次，所贈註明來源為「大本山永平寺」，目的是證明茂峰法師為「曹洞宗布教師」之資格，而茂峰法師曾任一山之住職（持），前已證實是 1927 年至 1931 年住持獅頭山勸化堂時期，看似與東普陀寺所發布時間為「民國十七年」吻合，但是與透過臺灣總督石塚而獲賜不合，前已說明，石塚總督是 1929 年 7 月之後才上任，不可能 1928（民國 17）年就以總督的名義頒袈裟。由於，「金燦五衣」昭和年號脫落，僅留下「四月二十日」字樣，因此，據此推斷茂峰法師最快獲得「金燦五衣」的時間當在 1930 年 4 月 20 日，最晚 1931 年 4 月 20 日，然由於 1931 年 1 月石塚總督已卸任，因此，茂峰法師的「金燦五衣」取得時間應該是在 1930（昭和 5）年 4 月 20 日。不過退一步說，如果茂峰法師是在 1928（民國 17）年，那就表示獲賜「金燦五衣」與石塚總督無關。最後，日本殖民時期，日僧不論，臺籍僧侶取得類似「金燦五衣」之布教師資格者不乏其人，凡胸前有燦衣者皆具布教師資格者，但從未聽聞是由日皇所賜。

因此，茂峰法師所獲贈之「金燦五衣」，是其滯臺期間卓錫於加盟曹洞宗派下之獅頭山時，由日本曹洞宗大本山永平寺給予布教師資格之榮譽與認定，與日皇無關，無需過份解讀。然此「金燦五衣」雖與日皇無關，但是，在日軍佔領香港期間發揮極大作用確是事實，〈茂峰法師傳略〉說：

> 日軍官長見到（金燦五衣），皆以禮恭敬以至寺內地方不至過於騷擾。後來鄉村婦女到寺避難有百多人，法師慈悲皆將他們藏於女客堂之後座。雖然生活艱難，但是法師堅持修行功課，寺內大眾，雖一日僅得一粥，仍依法師不去。[59]

日軍尊敬布教師並不足為奇，畢竟自甲午戰爭以來，日僧投身軍旅為「從軍布教師」為一常態，軍人對布教師並不陌生，終使此一布教師資格代表的「金燦五衣」發揮了作用。由於茂峰具日本曹洞宗布教師資格，以東普陀講寺收容難民，同時在日軍佔領香港期間，與筏可等法師，為維護佛教道場之安全，乃聯合緇素大德，及日僧宇津木等，共同組織香港佛教會，以為香港佛教的代言機構。後來繼海仁、倓虛二位老法師之後，茂峰擔任香港佛教聯合會會長。[60]

（三）戰後東普陀寺的救濟事蹟

1945 年 8 月 15 日，日本戰敗後，如〈千佛山東普陀講寺碑〉所載：「徙期月，而投止者二百餘哉？多鵠面憔容，或呻吟扶病。」[61]因戰爭所產生的難民有二百人投止東普陀寺。1949 年國共內戰後，大陸大批難僧南下，流離失所，欲投止者更不計其數，有弟子因問茂峰法師：「寺中實情，香積幾無隔日之糧，庫中不及百元之積蓄，目下數十清眾，已難維持，倘若一語收單，如潮湧至，計將安出？」法師答：「一莖草葉

---

59 〈茂峰法師略傳〉（http://wisdom.buddhistdoor.com/terrywong/page/2/，2009.10.25 流覽）。
60 〈茂峰法師略傳〉（http://wisdom.buddhistdoor.com/terrywong/page/2/，2009.10.25 流覽）。
61 〈千佛山東普陀講寺碑〉
（http://bekemp.mysinablog.com/index.php?op=ViewArticle&articleId=3069635，2011.10.20 流覽）。

一滴露，一個和尚一缽齋。」聞風所及，一日之內，二千餘指。[62]

茂峰法師決定開海單接納二眾，「乃立即增建雲水堂，以安男眾；又於吉祥院東搭蓋葵棚，以居女眾。其時香港的善男信女，聞訊大力捐助米糧，不久，反而有積米一百餘包，茂峰老法師指著米對寺僧說：這都是羅漢帶來的，我們出家人，只患戒行之不堅，不患衣食之無著。」[63]

由於茂峰法師救僧助難民的行為，使得他被譽為「慈悲王」，又如〈千佛山東普陀講寺碑〉所稱：「說者謂東華響於國際，與上人有慈悲王之號者，胥基於此。不知其啟迪僧才，次其揚教於歐美及東南亞，或門戶使之分化於新界港九者為之日耳。」[64]後來這些難僧，或來臺或往東南亞、歐美者，將漢傳佛教宣傳於全球。

1964 年 2 月 27 日，香港佛教聯合會籌建佛教醫院，啟萬善緣於鑽石山之志蓮淨苑，請茂峰法師僉議請主壇事，眾行法會未完，農曆 3 月 1 日子時示寂，[65]距生於清光緒 14（1888）年，世壽 77，戒臘 58 夏。

五、結語

從茂峰法師出入境資料，及報章雜誌的報導，確定茂峰法師首次來臺時間是 1924 年 11 月 29 日。最後離臺時間為 1932 年 2 月 21 日。前後進出臺灣四次。

1927 年春茂峰法師首次離臺半年餘，為諦閑和尚七十壽誕祝壽，後在利園講經。同年 4 月 14 日在臺信徒寫信催促其返臺，茂峰法師於 8 月 10 日再入臺。

---

[62] 〈茂峰法師略傳〉（http://wisdom.buddhistdoor.com/terrywong/page/2/，2009.10.25 流覽）。

[63] 了中，〈紹隆佛種的茂峰老法師——賀東普陀建寺六十週年〉，《海潮音》第 74 卷 11 期。

[64] 〈千佛山東普陀講寺碑〉（http://bekemp.mysinablog.com/index.php?op=ViewArticle&articleId=3069635，2011.10.20 流覽）。

[65] 〈千佛山東普陀講寺碑〉（http://bekemp.mysinablog.com/index.php?op=ViewArticle&articleId=3069635，2011.10.20 流覽）。該法會實由 1964 年農曆 2 月 23 日至 29 日，茂峰法師於其間病倒，農曆 3 月 1 日病逝。

　　1928 年 7 月之前，茂峰法師又離臺赴港，1928 年 7 月至 1929 年元月間滯留香港。1929 年元月之後復又來臺，滯留苗栗獅頭山；1929 年 10 月中旬，參與苗栗法雲寺所舉行秋季祭典及演講，與覺力、今振、曼陀諸師，同為演講成員。

　　1931 年 3 月離臺，並在同年 12 月 2 日再度來臺，但隔（1932）年 2 月 21 日又復離境，自此未再入臺而長居香港。

　　根據上述新出爐的史料分析所得，茂峰法師來臺前後不滿八年，在基隆卓錫二年餘，主要目的是在協助月眉山靈泉寺從事僧教育及禪修活動，之後來到獅頭山，前後五年餘。茂峰法師在臺灣佛教殖民史上驚鴻一瞥，幾乎無人知曉，反倒是在香港的事蹟廣為傳頌。

　　茂峰法師為少數廣西籍在日本殖民時期來臺弘法的華僧，有說其祖籍廣西博白縣，或說為粵籍。茂峰法師在獅頭山題刻留下「中華茂峰」的落款，顯示他未入籍臺灣。然而，廣西籍法師在日本殖民時期來臺弘法，並不多見。茂峰來臺及離臺的時間，從出入境資料及文獻，本文研究得出以下幾點看法：

　　（1）茂峰法師的入臺得之於榮宗法師與基隆靈泉寺善慧法師之助，已然可以確定，而善慧法師在日本殖民時期所扮演的角色，特別是 1937 年中日戰爭爆發後，他以「杭州日華佛教會」會長身份，可以透過日軍司令部取得佔領區通行證，善慧和尚在殖民時期兩岸佛教的影響力值得注意，特別是臺灣籍民在中國大陸特殊的身份。

　　（2）茂峰法師來臺時所獲贈之「金燦五衣」，應該稱「金襴五衣」，通稱為「絡子」，為小型袈裟之意，應非相傳的為日皇所賜，實為加入日本曹洞宗派下布教師之證明。如今在日本仍有許多製作法衣、袈裟的專門店家，由於是掛在胸前，也稱「掛絡」，各種材質均有，包括「金襴」，如曹洞宗有小牡丹金襴、蜀甲金襴等等，價格從一萬日幣至二萬四仟日幣之間。[66]也就是說，代表袈裟的「掛絡」任何人可以在任何製作袈裟的專賣店買到，唯一不同的是，若由日本佛教宗派本山所頒，則

66　〈絡子環（らくすかん）、絡子（らくす）＞袈裟＞楽蔵屋法衣店〉
　　（www.kinranya.com/user/index.php？，2012.1.13 流覽）。

必然在「絡子」上繡有所屬宗派及布教師證明之類的文字，茂峰法師的「金燦五衣」即屬此類。

（3）日本殖民時期，大陸籍法師來臺弘，如會泉、圓瑛、太虛、慧雲等皆是赫赫有名之士，而邀請他們來臺的臺僧的角色與地位顯然不同於一般，是殖民佛教重點合作的對象，茂峰法師來臺亦是如此。

（4）茂峰法師與天台諦閑頗有交情，得同是天台門人的臺籍榮宗法師之助來臺，但因 1931 年「九一八事變」之後，緣在香港而不復返臺。

（原載《護僧》第 66 期，2012 年 3 月，原名〈百年前廣西籍法師在臺弘法記〉，2017 年 9 月 18 日修正改題）

戰後政局巨變下的佛教文化跨海
——1950 年代臺灣佛教的改革運動

一、前言

以 1911 辛亥革命為中心的前後各十年，可說是近代中國佛教的重大變革期。近代中國反佛運動是以 1898 年湖廣總督張之洞（1837-1909）所提出的《勸學篇》為導火線。張之洞在強調振興教育之必要性時說：「其勢不能久存，佛教已際末法中半之運。」[1]

德宗皇帝同意後，地方教育官僚從命，廢佛行動擴展到全國。1898（光緒 24）年「戊戌政變」，回應知識份子的要求，振興教育成為政治革新的一環，而犧牲佛教的「廟產興學」方案，以推動張之洞的議案，巨大波瀾席捲佛教界。在進入 20 世紀後，廟產興學逐漸轉成對佛教寺產的侵奪。雖然也有少數是和平轉移寺產興學，但絕大部分，都是透過專制權力強取豪奪。

民國佛教與國家命運在列強的侵略下，已際危急存亡之秋，佛教從救教出發，演發成救教與救國並行，在太虛、圓瑛、弘一、歐陽漸、楊文會等緇素力倡大乘佛法積極救世精神後，全國佛教寺院辦學如雨後春筍，僧侶的知識水平不斷提升。

然隨著中日戰爭爆發，抗戰勝利後旋又進入國共內戰，民國知識緇素避難來臺者，將民國佛教改革的理念帶來臺灣，隨即展開了佛教的改革運動，並以「人間佛教」為核心目標。

二、民國「廟產興學」與驅僧毀寺

民國佛教承自清末以降衰微的態勢，甲午戰爭敗於東瀛小國日本，

---

[1] 張之洞，《勸學篇・外篇設學第三》，收入《張文襄公全集》二○三，（臺北：文海出版社，1971），頁 819。

馬關條約後，有鑑於日本明治維新後教育的成功，1898 年 6 月，先是
張之洞（1837-1909）向德宗皇帝（1875-1908）呈上《勸學篇》，建議書
院、善堂、祠堂或是佛道寺觀改為學堂，特別是寺廟，他說：

> 大率每一縣之寺觀取什之七以改學堂，留什之三以處僧道，其改
> 為學堂之田產，學堂用其七，僧道仍食其三。計其田產所值，奏
> 明朝廷旌獎，僧道不願獎者，移獎其親族以官職。如此則萬學可
> 一朝而起也。[2]

同年 7 月，康有為繼 1895 年 5 月聯名《公車上書》後，他以〈請
飭各省改書院淫祠為學堂摺〉再度上書光緒皇帝謂：「鄉必有數廟，廟
必有公產，以公產為公費。」[3]再度提出「廟產興學」之議。德宗終於
在同年的 7 月 10 日諭令各省書院改為新式學堂，第一次「廟產興學」
風潮沛然莫之能禦。及至民國元年，各地因廟產興學侵害寺院仍層出不
窮。佛教為保護寺產並進行改革，寺院組織僧教育機構之餘，也蘊釀籌
組全國性佛教會。中國佛教會最終在民國 18 年成立，實導源於第二次
廟產興學（寺廟監督管理條例的頒行）。[4]

原來蔣中正成立南京國民政府（1927 年 4 月）成立的隔年 4 月，「廟
產興學」運動伴隨著大規模的破壞，在全國各地擴散。民國 17 年 4 月，
掃蕩軍閥完成北伐已勝券在握，蔣中正將首都設於南京，是國家中央集
權體制開始之時期，國家力量促使學校教育的活躍化，對於宗教的要求
也增強。時國民政府內政部長薛篤弼（1892-1973），在全國教育會議中
起草寺廟轉為學校案，[5]此即第二次廟產興學。

毀寺驅僧在國民革命軍北伐（1926-1928）前後十分嚴重，軍閥加

---

[2] 張之洞，《勸學篇・外篇設學第三》，收入《張文襄公全集》二〇三，頁 819。

[3] 黃彰健編，康有為奏摺，光緒二十四年五月條，（臺北，中央研究會史語所），引自黃運喜，
〈清末民初廟產興學運動對近代佛教的影響〉，《國際佛學研究創刊號》（1991 年 12 月），
頁 294。

[4] 關正宗，《中華民國發展史・教育與文化（上）・復古與變革——近代佛教史》（臺北：聯
經出版公司，2011）。

[5] 日・太平浩史〈南京国民政府成立期における仏教界と廟產興学運動—新旧両派による「真
仏教徒」を論中心として—〉，《佛教史學研究》第 54 卷第 1 號（2011 年 11 月），頁 63。

上土豪劣紳肆虐，例如民國 16 年 3、4 月間，四川省佛教會會長聖欽呈
請轉投國民革命軍任第 24 軍軍長的劉文輝（字自乾，1895-1976）：「國
民革命軍第二十八軍（按：為二十四軍之誤）批示……為呈請通令縣各
嚴禁糾眾搗毀廟宇佛神等像一案由，呈□查各縣暴徒輒糾眾搗毀廟宇及
佛神偶像，不惟妨礙信教自由，且關係公眾安寧秩序。仰候通令所屬各
縣知事出示嚴禁可也。」[6]

　　但與此同時重慶涪陵地區的學生、農民協會「竟有打毀佛像，佔提
廟產等情。」[7]涪陵、彭縣、資陽等縣仍有暴徒搗毀廟宇神像等情事，
致使四川省二十一軍軍長劉湘（字甫澄，1890-1938）通令直轄各縣知
事保護廟宇。[8]北伐即將成功的民國 17 年前後，驅僧毀寺可謂觸目驚心：

> 湖南衡州、湖北陽新，不但毀佛像戮僧徒，無所不用其極，即為
> 佛請命的人亦槍斃無數，此則三湘七澤、白鶴樓頭、百花洲畔，
> 數月來發生的慘事。最近敵人的攻擊，已及於五祖黃梅道場，紺
> 宇琳宮，盡付一炬，寶物法器，被掠一空，昔日清淨之儔，今作
> 喪家之犬，三武之劫，非又再見一次麼？[9]

　　許多地方有心之士，趁戰亂加緊毀寺奪產。而教界受迫於內外交相
煎，與其藉口廟產興學而被提取，不如自行撥出部分寺產從事佛教教育
事業，已成為教界普遍共識之一。

　　職之故，佛教界「革新派」，一方面為對抗地方鄉紳覬覦廟產，一
方面復又需驅逐佛教界「保守派」，欲以實踐教育救教、救國的理念，
故而在中國佛教會成立之前的十八年間，佛教緇素二界所成立的佛學教
育組織運動十分可觀（參見表 1）。

6　〈禁止搗毀廟宇令〉，《佛化旬刊》第 3 年第 74 期（1927 年 5 月）（本文所引之佛教雜誌，
　主要根據黃夏年氏所編之《民國佛教期刊文獻集成》，頁碼亦據新編，以下不另註明），
　頁 233。

7　〈禁止搗毀廟宇令〉，《佛化旬刊》第 3 年第 74 期，頁 233。

8　〈禁止搗毀廟宇令〉，《佛化旬刊》第 3 年第 74 期，頁 233。

9　〈安徽省佛化總會第一次宣言〉，《佛光社社刊》第 3 期（1928 年 6 月），頁 468。

表 1　民國佛學教育組織運動一覽（1912-1929）

時間	名稱	地點	發起人
1912	金陵僧立師範	南京	不明
1913	華嚴大學	上海哈同花園	月霞、宗仰、哈停夫婦
1914	法華學堂（觀宗學社）	寧波觀宗寺	諦閑
1916	北京佛學講會	北京	王與楫、孫毓筠、梅光羲
1917	法界學院	江蘇常熟與福寺	冶開、月霞、滿月
1917	僧、民學校	寧波	圓瑛
1918	中國佛學會	上海錫金公所	王與楫
1918	弘法學院	寧波觀宗寺	不詳
1919	天臺學院	江蘇高郵放生寺	仁山
1921.4.20	開福寺佛學講習所	湖南長沙	寶生
1921.8	中華佛教華嚴大學預科	漢口九蓮寺	了塵
1921	萬壽寺佛學院	沈陽萬壽寺	倓虛
1921	開福寺佛學講習所	長沙開福寺	寶生
1921	漢口華嚴學校	漢口	了塵
1922.7	支那內學院	南京	歐陽竟無、呂澂
1922.7	武昌佛學院	武昌	梁啟超、太虛、梁讓集
1922.8	天台宗學院	高郵放生寺	不明
1922.8	安徽僧學校	安慶迎江寺	常惺
1922.8	衡陽佛學講習所	湖南衡陽	不詳
1922	大興善寺佛學院	西安大興善寺	倓虛
1923.1	華嚴大學院	揚州江都長生寺	可端
1923	佛教養成校	信陽	慕西
1923	四宏學院（後改名天台宗學院）	高郵放生寺	仁山
1923	明教學院	杭州靈隱寺	慈舟
1924	閩南佛學院	廈門南普陀寺	會泉
1924	藏文佛學院	北京慈恩寺	大勇
1924	極樂寺佛學院	哈爾濱極樂寺	倓虛

1924	速成楞嚴學院	貴陽大成寺	不詳
1924	普通僧學校	西安薦福寺	高戒忍
1924.春	四川佛學院	成都文殊院	佛源、聖欽、昌圓等
1925	法相大學	南京	歐陽竟無
1925	玉山佛學院	鎮江超岸寺	守培
1925	清涼學院	業州清涼寺	清波
1925.4	法界學院	常熟福興寺	月霞
1925	彌勒院佛教學校	北京彌勒院	佽虛
1925	極樂佛學院	河南觀音閣	能靜
1926.秋	清涼學院	常州清涼寺	不詳
1926	賢首宗學院	江蘇鹽城	不詳
1926	山家講舍	浙江溫州	能明、芝峰
1926	乳獅佛學院	松江	克全
1926	中華佛學院	北京法源寺	空也
1926	覺海學院	泰州光孝寺	不詳
1926	南山學校	漳州南山寺	不詳
1927	佛教第一初等佛學院	安徽合肥	海林、濟林、耀崑
1927	東臺佛學院	江蘇東臺寺	不詳
1927？	覺海學院	泰州光孝寺	不詳
1927？	藏文學院	上海群治大學	不詳
1928	竹林佛學院	鎮江	靄亭
1928	江浙佛教聯合會	上海	江浙長老緇素
1928	龍池佛學院	宜興	恒海
1928	報恩佛學院	寧波七塔寺	溥常
1928	僧師範學院	杭州昭慶寺	常惺
1928	中國佛學訓練班	南京毘盧寺	太虛
1928	武昌華嚴學校	武昌蓮溪寺	體空
1929.4	中國佛教會	上海	太虛、圓瑛、王震、仁山、謝健開等
1929	浙江僧學院	杭州昭慶寺	常惺、蕙庭
1929	鼓山戒律院	福州鼓山湧泉寺	虛雲

| 1929 | 江南九華佛學院 | 九華山化城寺 | 容虛、寄塵 |
| 1929 | 貴州佛學院 | 黔靈弘福寺 | 果瑤 |

資料來源：綜合李明，《民國時期僧教育研究》（山東大學歷史學碩士論文，2009）、妙然編，《民國佛教大事年紀》（臺北：海潮音雜誌社，1995）、黃夏年主編《民國佛教期刊文獻集成》第 1~18 卷

　　雖然民國肇建至北伐成功之前，全國佛教界在「廟產興學」、「驅僧毀寺」的被動驅使下，辦學如雨後春筍，但破佛情況並未因此而停止，到底佛教發生了怎樣的問題？

三、僧侶與佛教教育問題

　　民國 16 年的四川什邡縣「自滿清之季，民國光復，兵禍頻仍，常遇坎坷，寺中僧侶良莠不齊，甚者以叢林為逆旅，視戒法如具文宗風不振，於斯極矣！」[10]看來清末民國提升僧侶素質、丕振宗風，實為辦學當務之急。

　　佛教在僧伽教育上，或自創設佛學院，或自創設中小學，前者是針對具相當程度者，後者則是以不識字，或識字不多之僧眾為主，如民國元年，江蘇省泰縣「僧立儒釋初高級小學校」成立，當時年僅 13 歲的南亭和尚（1900-1982），即入該校念書；[11]又如民國 9 年，四川省西北之鹽亭縣昌興寺，聯合縣下各寺設立初等小學一所，以寺僧為招生對象，除佛經外，教授普通小學學科。[12]

　　為了提升僧侶的素質，清末的「廟產興學」催生出地方性的「僧教育會」，此一辦學教育風潮至民國時期仍蔚為大觀。太虛法師（1890-1947）說：

> 中國在三十年前（1908），因感外侮有變政興學之舉，所辦新學新政往往佔用寺宇，撥取寺產，激起僧眾反抗，由聯日僧以保護引起外交；乃有使僧界自動興學，自護寺產，另立僧教育會之明

---

[10] 〈什邡縣羅漢寺振頓宗風啟〉，《佛化旬刊》第 3 年第 81 期（1927 年 8 月），頁 282。

[11] 陳慧劍，《南亭和尚年譜》（臺北：華嚴蓮社，2002），頁 14。

[12] 〈鹽亭興昌寺設立小學〉，《佛學旬刊》第 26 期（1923 年 1 月 4 日），頁 149。

令。[13]

及至民國，因「廟產興學」之風仍不止，民國 16 年許，有二百餘座寺廟、僧人數千的江蘇淮安的情況是：

> 忽而聞某叢林住持，被縣政府驅逐，忽而聞某庵堂，被教育界佔據，改作學校，及某寺佛像搗毀，種種摧殘破壞的事，時有所聞。僧徒受此打擊後，始漸漸有所覺悟。於是舉辦佛教會，創設佛學院於湖心寺……。[14]

驅僧佔寺、毀寺滅佛的情況層出不窮，其緣由來自佛教內外兩大因素，內部即佛教僧眾墨守成規、無知無識，外部則為打破迷信、覬覦寺產，民國 16 年 2 月間，「安徽省佛化總會」的成立就反應這種現象，其所發表第一次宣言謂：

> 一班泥守經卷，不講行持的僧眾，遂儼然為佛法之代表，為世俗所詬病，即稍有向上的人，亦僅知自利，而不知利他。至將我佛教犧牲一切，救濟群眾的精神，完全喪失……近來反對宗教，打破迷信的聲浪，接續而起，尤是對佛教徒的攻擊。如僧眾為社會之蠹呀，毀廟宇取廟產充公呀，鬧得震天價響。而我們安徽的佛教徒，竟像沒有耳朵一樣，仍舊不聞不問……我們僧眾的大本營——庵堂寺廟——已被人佔領，我們僧眾被人壓迫還俗，失去身體和信仰自由……。[15]

在〈安徽省佛化總會章程大綱〉第九條「事業」中明列九項工作，其中第四項即為「興辦學校研究教典」。可見，藉辦教育提高僧侶素質可謂民國佛教當務之急。可是到了民國 21 年，江都的佛教情況並沒有比數年前的淮安佛教更好：

> 江都縣寺廟叢林有二十四家之多，小廟不計其數，廟產之數為江

---

[13] 太虛，〈三十年來之中國佛教〉《中國佛教史論集（七）－民國佛教篇》（臺北：大乘文化出版社，1978），頁 320。

[14] 曙清，〈江蘇淮安教況〉，《世界佛教居士林刊》第 32 期（1932 年 8 月），頁 352。

[15] 〈安徽省佛化總會第一次宣言〉，《佛光社社刊》第 3 期（1928 年 6 月），頁 468-472。

> 北各縣冠,僧伽人數不下萬餘。廟產多為少數無聊僧徒所把持,
> 不能用於正當佛教事業,殊堪浩嘆!對於僧徒教育,毫未顧及。
> 及其上焉者,但知傳戒念佛,以作謀利之餌,下焉者則應付經懺
> 而已。[16]

　　佛學院的創辦,通常先由地方僧教育取得共識後,將設立主旨送往省級教育廳,再由省教育廳責令縣教育局輔導之,如民國 12 年正月,由「揚州僧教育會」共舉之華嚴大學院於江都長生寺開學,其辦學宗旨等先呈報江蘇教育廳,教育廳〈訓令〉曰:「維以時逢末法,學尠真修,僧等為慎重起見,院中一切設施及辦法,悉遵古規,不參新見。」〈訓令〉轉飭縣官曰:「連同院章呈請鈞長鑑核,准予立案,並懇轉令江都縣長,出示保護,俾利進行。……並候令行該知事隨時保護,外合行令,仰該知事遵照,此令。」[17]辦學需要有公部門下令保護,否則不免受土豪劣紳之干擾。而佛教本身亦是虛與委蛇,有文指出:

> 各處寺廟多受外界侵侮,而僧侶不能捍禦者,皆由「少讀書籍無
> 有學識」,即遇幾位真實高僧,及虔心信仰佛法之大居士,出而
> 大聲疾呼,示以辦法,令其「求學」,彼乃藉故推委,拒而不
> 納……。[18]

　　民國 16 年四川成都新津縣就發生「劣紳視僧愚弱,曚提廟產之風相沿成習,若非當局及縣知事之明察果斷,則鄉隅僧人主權喪失不知凡幾矣!」[19]看來寺院辦學,青年僧「拒而不納」,造成思想貧乏,以致端賴寺產寅吃卯糧,或是以經懺自活,形成一惡性循環。若再加上外力無端侵奪,尤其是具武裝力量的軍人就更難自保。

　　雖然,民國佛教界創辦的佛學院如雨後春筍,但能持之以恆者甚少,更遑論有系統的教學,直到民國 19 年仍無法與在華的西方宗教相比,當時的輿論就指出:

---

[16] 敏政,〈江蘇江都縣教況〉,《世界佛教居士林刊》第 32 期(1932 年 8 月),頁 350。

[17] 〈江蘇教育廳訓令〉,《佛光月報》第 2 期(1923 年 5 月),頁 185-186。

[18] 支禪,〈今日僧侶之病源〉,《佛化旬刊》第 3 年第 85 期(1927 年 9 月),頁 310。

[19] 〈新津知事維護佛廟產業〉,《佛化旬刊》第 3 年第 86 期(1927 年 9 月),頁 320-321。

> 基督教是宗教，佛教也是宗教，基督教徒辦事件件都能夠成功，
> 佛教徒辦事一件都不能夠成功，這是不可解的事情！
> 調查中國各種宗教人數，惟佛教居多數，又調查中國各種宗教學
> 校，基督教所辦的學校頂多，佛教所辦的學校，連一個也沒有，
> 這是不可解的事情！
> 中國佛教徒，多數貪圖個人私囊，講到世事，如耳聾眼瞎，愚昧
> 無知，這是不可解的事情！[20]

太虛法師就曾說：「中國既無整個系統的僧教育機關，故過去未能
有顯明卓著的成績。」[21]民國以降，佛教辦學失敗的多，成功的少，諦
閑法師的觀察：

> 民國以來的僧教育辦的無慮數十處。結果却都曇花一現，旋起旋
> 滅的居多，察其癥結之所在，一因經濟的不充足，想辦而不能辦，
> 勉強停辦的也有。一因學院多半附設在叢林內，往往學僧與常住
> 職事，意見衝突，不得已而停辦的也有。一因學風不良，學僧時
> 常鬧事，提不起辦學的精神，處處令人痛心，氣憤而停辦的也有，
> 因此國內的僧教育就這樣的衰微下來了。[22]

佛學教育是培育當代知識僧伽的重要管道，然經濟因素、人事糾
葛、學風不良導致民國僧教育的失敗。

但是抗戰勝利後，佛教似乎逐漸步上正軌，佛教界除創辦中小學教
育外，僧教育亦是大有進展，當時的情況是：

> 上海有靜安寺佛學院，天竺寺有佛學研究部，玉佛寺有上海佛學
> 院，法藏寺有法藏佛學院，圓瑛法師辦有圓明講堂，在南京有棲
> 霞山寺的律學院，毘盧寺有毘盧佛學院，古林寺有古林佛學院，
> 普德寺有普德佛學院，金陵寺有金陵佛學院，龍潭寶華山有學戒
> 堂，鎮江還有竹林寺的竹林佛學院，常州有天寧寺佛學院，無錫

---

[20] 竹林，〈這是不可解的事情！〉，《新佛教》第 2 號（1930 年 3 月），版 12。
[21] 《太虛大師全書（電子版）‧第十三真現實論宗用論‧從中國的一般教育說到僧教育》，頁 348。
[22] 諦閑，〈閩院學潮後之感想〉，載《諦閑影塵集》（寧波：1937），頁 29。

開元寺有漢藏佛學院，蘇州靈巖山有研究院，泰州光孝寺佛學
院，北山寺有北山佛學院；尼眾界在上海有上海尼眾佛學院，江
陰有江陰尼眾佛學院，泰州有準提庵波闍尼眾佛學院，這些都是
有名有實的佛學院，決不是只有招牌而無內容。[23]

清末民初深受「廟產興學」打擊的影響，歷經動盪的抗日戰爭，佛
教在世俗教育與僧教育上，似乎在戰後開花結果。

勝利後的江蘇和京滬的佛教，適從自利的佛教走上人利的佛教，
從保守的佛教已經走上進取的佛教，從一盤散沙的佛教走上精誠
團結的佛教，從山林的佛教走上社會的佛教，從經懺的佛教走上
進入工廠的佛教，從黑暗和衰敗的佛教步上光明和興盛的佛
教。[24]

但是，隨著國共內戰爆發，一時展現榮景的佛教改革，終究曇花一
現。1949 年大批的緇素來臺，逐漸撐起了中國佛教改革的大旗。

四、戰後臺灣佛教的改革運動—辦學與傳戒

以大陸來臺緇素為核心的佛教改革運動，呈現在幾個面向，一僧教
育為主的辦學運動，提升僧俗素質；二定期傳戒，打破日本佛教「肉食
妻帶」的遺風；三文化提昇運動，包括佛經印刷、大藏經推廣、刊物創
辦；四推動大專學佛運動。由於文化提昇及大專學佛運動要晚至 60~70
年代，故本文僅討論 50 年代的辦學與傳戒運動。

（一）辦學運動

日本殖民時期臺灣佛教的最高管理機構總督府內務局社寺課（後改
為文教局），在統治進入穩定期後，當時任社寺課長的丸井圭治郎

---

[23] 星子，〈回憶比現實美麗—略談勝利後京滬一帶的佛教〉，《覺生》第 7、8 期合刊（1950
年 1 月），頁 12。
[24] 星子，〈回憶比現實美麗—略談勝利後京滬一帶的佛教〉，《覺生》第 7、8 期合刊，頁 12。

（1870-1934）有感於臺灣佛教界的萎靡不振，為振興臺灣佛教，於 1921
年 4 月 4 日，乃糾合全臺僧侶齋友六十餘人，假臺北艋舺俱樂部（原位
於龍山寺對面市場址），成立「南瀛佛教會」。[25]後在 1923 年 7 月創辦《南
瀛佛教》會訊（1929 年元月改名為《南瀛佛教》月刊，敗戰前 1939 年
6 月復改名為《臺灣佛教》，1941 年底停刊）。在臺前後發行 18 年期間，
運用《南瀛佛教》來宣傳日本官方的宗教政令，並推動僧侶、齋友或佛
教徒的講習會，興辦佛教教育，當然這是具有官方色彩的。

　　至於日本殖民時期臺籍緇素所舉辦類似講習會的佛教教育也不曾
斷過，例如苗栗大湖法雲寺的覺力法師、臺南開元寺的得圓法師就是其
中比較突出的。

　　戰後臺灣的僧侶辦學運動可用「前仆後繼」來形容，在解嚴之前，
全臺各地所創辦的佛學院及類似教育機構，總數超過五十座以上，這在
整個中國佛教歷史上是罕見的，當然也就成為當代臺灣佛教發展的一個
重要支柱。

（1）慈航法師與「臺灣佛學院」

　　妙果法師（1884-1963）創辦、慈航法師（1895-1954）主持的中壢
圓光寺「臺灣佛學院」，一直以來算是比較為人所熟知，在初期臺灣佛
教引起的漣漪也相對的多。

　　一生服膺太虛「以佛心為己心，以師志為己志」的慈航法師，在南
洋首創「人間佛教」。1940 年，46 歲的慈航法師隨太虛法師所組織的「中
國佛教國際訪問團」，至緬甸、印度、錫蘭等國，宣傳抗戰國策，所到
之處中緬、中印、中錫等文化協會次第成立。1941 年因南洋四眾的挽
留，乃卓錫馬來西亞，巡迴新加坡、馬六甲、吉隆坡、怡保各地講經，
七年之間，分別創立星洲菩提學院、檳城菩提學院、星洲菩提學校、檳
城菩提學校、星洲菩佛學會、雪州佛學會、怡保佛學會、檳城佛學會、

25　林學周，《臺灣宗教沿革誌》，（臺北：至善堂，1950），頁 10。

佛教人間月刊社、中國佛學會等佛學社團。[26]

　　1947 年 2 月 15 日，星洲菩提學校創辦之際，他應新加坡佛教居士林第六屆林友會之邀前去演講，他重申「佛化」的理念：

> 推行佛化，可以使社會人心向善，世界安寧；因為世界所以擾亂不堪者，就是因為人心太壞！我們如果能將佛化推行，把這許多不好的人心，轉為良善，世界自然會太平！然而佛化究竟要怎麼去推行呢？所以我平常有三個口號就是：「文化，教育，慈善」。因為有文化，可以宣傳佛教的教義，有教育，可以栽培弘法的人材，有慈善，可以得到社會的同情，所以「文化，教育，慈善」是今後佛教三個救命圈。[27]

　　也就是說，教育與文化、慈善，都是「佛化」運用的方式。當時居士林導師為轉解、宏船、廣洽三位法師，當天除慈航演講外，席上另有圓瑛、法舫、宏船、廣洽等人開示。[28]2 月 29 日，星洲中國佛學會成立，導師為慈航及法舫法師二人。[29]3 月 16 日，慈航法師離開新加坡前往馬來西亞檳城，並於檳城受圓瑛法師付法。[30]

　　慈航受法於圓瑛，是他調整追隨太虛在中國佛教改革方向的轉捩點，慈航接法，據當時的報導指出：

> 慈航法師自幼曾一度與圓瑛法師結法緣，後隨太虛大師習法相宗，太虛大師為中國佛教革命領袖，提倡：「佛教教理革命，教制革命，教產革命」，慈航法師在太虛大師領導下，認為中國佛教制度，有改革之必要，但認為革命工作，首重人才，非可一蹴妄護。與其談革命，濫唱高調，無補於實際，毋寧立定志願，埋頭苦幹，從教育方面著手，始為有得，所以慈航法師近年以來，

---

[26] 蘇村圃，《慈航法師全集⑧‧第六編‧菩提心影‧雜俎篇‧編後瑣記》（臺北：彌勒內院，2014），頁 346。

[27] 護法記錄，〈怎樣做一個真正的佛教徒──慈航法師在新嘉坡佛教居士林講──〉《佛教人間》第 4 期（1948 年 2 月），頁 50。

[28] 〈佛教消息〉《佛教人間》第 4 期（1948 年 2 月），頁 60。

[29] 〈佛教消息〉《佛教人間》第 5 期（1948 年 3 月），頁 75。

[30] 〈佛教消息〉《佛教人間》第 5 期（1948 年 3 月），頁 75。

　　自西徂東來、口征筆伐，無非想喚起僧眾，以文化教育為前提（提）。倘使教育能上軌道，佛教不革而革，不興而興矣。[31]

　　慈航法師雖曾自題「以佛心為己心，以師志為己志」，但從上文來看，1940 年隨太虛領導的「中國佛教國際訪問團」，赴南洋宣傳抗日的慈航，在留星馬弘法後，體認到太虛的佛教革命必須改弦易轍，而發出「與其談革命，濫唱高調，無補於實際，毋寧立定志願，埋頭苦幹，從教育方面著手，始為有得」之語。或許可以說，慈航雖同意太虛，佛教必須改革的理念，但改革的手法不同，慈航以培育人才作為佛教改革的首要任務。

　　慈航除了改革理念轉向教育外，他可能清楚中國佛教改革遲遲未有進展，另一個原因是派系的傾軋，故有「今圓瑛法師與慈航法師，深明大義以整個佛教命脈為前提，破除宗派互相歧視之惡觀念，秉承如來一家親之旨，以衣法一傳一受，共同發展家業」之語。[32]

　　承接圓瑛付法之後，慈航暫留檳城弘法，同年 3 月 27 日，慈航法師被舉為吉隆坡鶴鳴寺首屆十方選賢住持晉山。[33]而在從檳城極樂寺遷往寶譽堂卓錫的慈航法師，大約於同年 4、5 間，接到臺灣中壢圓光寺住持妙果、副住持弘宗於 3 月 19 日的手書及聘書，邀請他前往臺灣主持「臺灣佛學院」。關於前往臺灣的時間，他在回覆護法童子的書信上表示：「大約七月間可赴臺灣，南洋各地工作，可由各自負責。」[34]最晚在 1948 年 6 月間，慈航已經下定決心要赴臺主持佛學院院務了，在星馬一帶的佛教事業只能讓他的弟子們「各自負責」。

　　在給慈航的聘書上，具名為「圓光寺主持釋妙果」、「圓光寺副主持兼臺灣佛學院創辦人釋弘宗」，內容如下：

---

[31] 王嘉祿，〈檳城極樂寺圓瑛法師傳法之面面觀〉《佛教人間》第 5 期（1948 年 3 月），頁 67。

[32] 王嘉祿，〈檳城極樂寺圓瑛法師傳法之面面觀〉《佛教人間》第 5 期（1948 年 3 月），頁 67。

[33] 〈吉隆坡鶴鳴寺首屆十方選賢住持　慈航老法師晉院誌慶〉《佛教人間》第 5 期（1948 年 3 月），頁 60。

[34] 〈教友通訊錄〉《佛教人間》第 1 卷 7、8 期合刊（1948 年 7 月），頁 105。

> 慈航大法師，茲為本省佛門同志，多年要創辦臺灣佛學院，以開
> 導全省各寺院出家僧侶學識，培養佛門弟子及有志之士為主旨，
> 惟欲選師實難得乎其人，因久仰大法師道高德厚，才學兼優，足
> 為叢林模範、後學津梁，於是特修聘書，用表尊敬。敦請大法師
> 為本學院院長，望為不棄，是荷。民國三十七年三月。[35]

　　接獲聘書的慈航原本計劃同年七月赴臺就任，由於檳城法務繁忙，
1948 年 8 月 8 日，檳榔嶼佛學會成立，為滿足星、雪、檳佛學會會員
人手一冊佛典，方便攜帶及閱讀，於是自編《佛教聖經》一冊，於同年
8 月 11 日完成。[36] 8 月 13 日方返新加坡，擬 9 月 24 日乘輪船去廈門轉
往臺灣，由弘宗法使陪同，9 月 19 日，星洲佛學會、福海禪院、菩提
學校、靈峰菩提學院四團體舉行歡送會。[37]事實上，慈航法師直到同年
11 月初才抵臺灣，主持中壢臺灣佛學院的教務，之後所引發的辦學問
題，最後並圓寂於臺灣，是為後話。

　　1948 年 10 月 13 日，慈航法師抵達高雄。[38]從抵臺開始到佛學院開
學期間，慈航法師馬不停蹄，北上出席臺灣佛教界的歡迎會並演講，同
年 11 月 2 日「臺灣佛學院」正式開學，有各方的代表共 150 餘人參加，
而錄取的學生共有 60 名，男 20 人，女 40 人。[39]

　　資料顯示，當初妙果法師創辦臺灣佛學院，主要是以培養臺籍僧眾
為主，國府在大陸戰事的逆轉，非妙果及慈航法師所能預料，加上慈航
法師在接到來臺主持佛學院聘書之後，已經通知親近的門下弟子，[40]而
大陸的學僧一波波地湧進臺灣，使得臺灣佛學院成為大陸僧青年的避難
所，而主要的時間就是在 1949 年的春季伊始。[41]

　　大陸情勢急轉直下，妙果法師見幾天內來了十幾個內地僧青年而著

---

[35] 〈臺灣佛學院致慈航社長書·聘書〉《佛教人間》第 1 卷 10 期（1948 年 9 月），頁 138。
[36] 慈航，《佛教聖經·序》（臺北：釋廣元，2013），頁 7-9。
[37] 〈佛教消息〉《佛教人間》第 1 卷 10 期，頁 140。
[38] 《臺灣佛教》，第 2 卷第 11 期（1948 年 11 月），頁 16。
[39] 《臺灣佛教》，第 2 卷第 11 號，頁 16。另《海潮音》第 30 卷第 3 期（1949 年 3 月）的〈佛
　　教要聞〉載，臺灣佛學院是在「1949 年的農曆 2 月 1 日開學」，頁 14。
[40] 《慈航大師紀念專輯》，頁 277。
[41] 《慈航大師紀念專輯》，頁 268。

了慌，以為將會有很多人來，於是直接向慈航法師聲明，今後凡有新生不再收留，並要慈航法師寫信推辭其他欲來而未來的學僧，慈航法師只好將院務交給圓明法師，並以出外弘法的名義，另外為其他來臺的僧侶尋覓居處。[42]

　　1949 年的 6 月 1 日，臺灣佛學院與靈泉佛學院聯合舉行畢業典禮，[43]妙果法師以經費的理由不願續辦。在一番折衝後留下十位學僧，其他的跟隨慈航法師到無上法師的新竹靈隱寺，不日就發生了慈航法師及跟隨的學僧被以政治理由逮捕入獄的「白色恐怖」事件。

　　後來隨著臺灣政治日漸穩定，慈航法師來到汐止妙峰山，在玄光（1903-1997）、達心（1898-1956）兩位尼師的協助下，建成了彌勒內院，1950 年 9 月 27 日落成啟用後，十之八、九的學僧又回到慈航法師的身邊研究佛法，[44]雖然沒有學院之名卻有學院之實。

　　慈航法師為大陸來臺僧侶辦學第一人，他的僧教育開啟日後臺灣佛教辦學運動的序幕。接續慈航的辦學的有 1951 年的「臺灣省佛教講習會」，以及 1957 年的「靈隱佛學院」（參見本書〈新竹靈隱寺與無上法師〉）。

（2）一同寺女眾佛學院

　　福嚴精舍附近的女眾道場甚多，在 1952 年因經費不足而解散的「臺灣佛教講習會」女眾部，有不少是出身新竹地區。她們的師長看到福嚴精舍法師這麼多，總希望能辦個女眾學院，而一再要求印順法師。印順法師於是答應在福嚴精舍試辦一學期，但精舍是純男眾道場，住女眾並不方便，故部分遠道而來的女眾則暫寄住在與精舍毗鄰的一同寺內，其餘住新竹地區的則每天通學，雖然沒有對外招生，但學生仍有 1、20 名。[45]

---

[42] 《慈航法師紀念專輯》，頁 281。

[43] 《慈航法師紀念專輯》，頁 286。

[44] 闞正宗，《臺灣高僧》，頁 79-80。

[45] 妙峰，〈三年來的院務概況〉，《新竹女眾佛學院畢業特刊》（新竹：一同寺，1960），頁

由於試辦成績不錯，女眾程度也整齊，為讓女眾成為優秀的弘法人才，印順法師及精舍內的僧眾都認為有成立一所女眾佛學院的必要，而臨近的一同寺則是最佳場所。在印順、演培法師的慫恿及鼓勵下，一同寺住持玄深尼師（1913-1990）終於答應辦學。定案後立刻籌備並發招生通告，報考人數超過 60 人，最後錄取 27 名，旁聽生 9 名，1957 年 9 月 6 日正式上課，同年 12 月 8 日補行正式開學。[46]當時的師資是：院長印順法師、副院長演培法師、教務主任妙峰法師、訓導主任玄深尼師、監學慧瑩尼師，其他的教師有續明、常覺、印海、幻生、通妙、厚德等法師及周繼武居士。[47]新竹女眾佛學院最後只辦了一屆三年，於 1960 年 7 月學僧畢業後就停辦了。到 2002 年，新竹一同女眾佛學院又再度開辦了，並分為專修部及高中部。[48]

戰後 1950 年代臺灣佛教的辦學運動，從慈航、大醒、演陪、印順、等諸法師，都是民國佛教改革派僧侶太虛的學生，或是私淑的大德，他們的影響力至今仍不輟。

同一時期非太虛一系的大陸來臺僧侶辦學，較著名的有湖南籍道安法師（1907-1977）的靜修佛研班（1953）、湖北籍白聖法師（1904-1989）的佛教三藏學院（1957）（參見表 2）也深具影響力。

表 2　1950 年代臺灣戰後僧侶辦學運動一覽

省籍	佛學院名稱	招生內容	地點	負責人	開辦日期	結束日期
臺灣	佛教禪林	僧俗兼收	基隆靈泉寺	德融	1941\11	1946
臺灣	延平佛學院	男女兼收	臺南開元寺	證光	1947？	不詳
福建	臺灣佛學院	男眾	中壢圓光寺	慈航	1948\12	1949\6\1
福建	靈泉佛學院	男眾	基隆靈泉寺	慈航	1949\5	1949\6\1
臺灣	南天台佛研院	—	新竹法源寺	斌宗	1949	不詳

102。

[46] 妙峰，〈三年來的院務概況〉，《新竹女眾佛學院畢業特刊》，頁 102-103；另見〈新竹女眾佛學院第一屆畢業生一覽表〉，頁 14-15。

[47] 〈新竹女眾佛學院教職員履歷表〉，《新竹女眾佛學院畢業特刊》，頁 13。

[48] 《菩提長青》第 444 期（2002 年 3 月 25 日），第 1 版〈教界動態〉。

福建	獅山佛學院	男女兼收	獅山勸化堂	慈航	1949\5\10	1949\6
福建	彌勒內院	男眾	汐止彌勒內院	慈航	1950\8\16	1954\5
臺灣	靜修尼眾佛學院	女眾	汐止靜修禪院	慈航	1950\8	1952？
臺灣	臺灣佛教講習會	男女兼收	新竹靈隱寺	大醒/演培	1951\9	1954\12
臺灣	佛學講習會	男女兼收	臺南竹溪寺	眼淨	1953\5	不詳
湖南	靜修佛研班	女眾	汐止靜修禪院	道安	1953\8\30	1954\10
臺灣	臺南佛學書院	—	臺南觀音寺	—	1955\7	不詳
臺灣	臺中佛書院	男女兼收	臺中寶覺寺	智性	1955\9	1961？
湖北	佛教三藏學院	男女兼收	臺北十普寺	白聖	1957\3\2	1963
臺灣	新竹女眾學院	女眾	新竹一同寺	印順	1957\6	1960\9
臺灣	開元佛學書院	女眾	臺南開元寺	印明	1957\10\20	1968
不明	華嚴學院	男女兼收	高雄佛教蓮社	道宣	1957\11\8	1957\12
臺灣	佛學專修班	女眾	臺北圓覺寺	—	1957	不詳
臺灣	靈隱佛學院	男眾	新竹靈隱寺	續明	1958\2	1961\4
臺灣	靈山學苑	女眾	臺中靈山寺	德真	1958\5	1961
臺灣	佛學研究社	女眾	臺中佛教會館	妙然	1958\8\17	1961？
臺灣	大覺學佛院	男眾	基隆大覺寺	靈源	1958\9	1961

據資料來源：闞正宗，《重讀臺灣佛教—戰後臺灣佛教，臺北：大千出版社，2004》加以補充

（二）傳戒運動

　　1949 年臺灣佛教所面臨的問題，主要是大陸僧侶來臺後，對於受日本統治五十年中的日僧遺風難以接受，其中最嚴重的是戒律廢弛的情況。日式僧侶可以娶妻肉食，在某個程度上降低了僧侶的「神聖性」，使得緇素之間的分際蕩然無存。

　　其實日本殖民時期臺灣佛教並非沒有持戒嚴謹的僧侶，傳戒也是多有所在，如臺灣佛教四大法脈中，除了大崗山超峰寺及其派下是戰後才有過傳戒之外，其他如月眉山靈泉寺、觀音山凌雲寺、苗栗大湖法雲寺

都傳過戒，甚至臺南開元寺亦有傳戒活動。可是 1949 年之後大陸來臺
僧侶，為什麼對日式臺僧有那麼強烈的印象？一來是 1937 年侵華戰爭
開始，臺灣佛教被納入皇民化運動的一環，後期受改造（或留日）的僧
侶，最終在戰後成為活躍者，如曾任省佛教會理事長的臺中寶覺寺住持
宋春芳（修振，1910-？）、林錦東（宗心，1923-1977）等都是日式僧侶；
其次是齋姑（帶髮住寺）大量地存在各地的寺院齋堂中，主持眾多事務，
如臺中慎齋堂的齋姑林月珠（1903-1968），曾任臺中市佛教會理事長，
就都是明顯的例子。

　　日本殖民臺灣的五十年間，由於漸染日式佛教風格，而被大多大陸
來臺緇素認為臺灣沒有「僧寶」。[49]最早來到臺灣之一的黨國元老，也是
太虛的俗家弟子李子寬（1881-1973）就表示：

> 四十年來，臺灣佛教，漸趨日本化，雖不斤斤於戒律，僧俗不分，
> 比丘比丘尼雜居；而禪門日誦，仍屬嚴謹。其專修曹洞臨濟各宗
> 者，堅守成規，不稍逾越；修淨土者，尤為專誠，以女眾為多。
> 故臺灣佛教，可以深入社會。惟光復後，無領導中心，勢形散
> 漫。[50]

　　李子寬又說「臺灣佛教與內地不同者，出家人皆冠以俗姓，除上殿
禮佛著僧服外，平時多著俗服。鄉村寺院間有僧俗雜居者，此受日人佛
教之影響。」[51]就連臺籍僧侶亦有對臺灣佛教「僧俗不分」不滿的，例
如通妙法師（還俗的吳老擇）就認為臺灣佛教的日本遺風是受淨土真宗
的影響：

> 從日本佔據臺灣以後，臺灣佛教受日本真宗的影響很深，娶妻食
> 肉，也可以住持寺廟，稱為僧寶，受人禮拜皈依；因此，僧俗混
> 雜，造成僧格的普遍低落。這種現象，自臺灣光復以來才有逐漸
> 改正的傾向，但這種陋習還是很普遍，尚待於真心宏護佛法的臺

---

[49] 方倫，〈遙禮大仙寺戒壇〉，《菩提樹》第 4 期（1953 年 3 月），頁 12。

[50] 李子寬，〈我對臺灣佛教之觀感及展望〉，《海潮音》第 29 卷第 9 期（1948 年 9 月），頁 231。

[51] 李子寬，〈臺灣佛教通訊〉，《海潮音》第 29 卷第 9 期，頁 255。

胞，早日覺省，努力改正。……我是一個臺籍僧青年，我認為本省的僧徒們，現在應該覺醒了，不要再那樣僧俗不分，自甘墮落的混下去，因為這在一個純正的佛教信徒來說，無異否定了自己信仰的純潔，這又怎麼可以呢？[52]

又如出家七、八年後才在大仙寺受戒的本省籍仁光尼師（1926-1988）就說：

沒有善知識講說，一般出家人都未了解受戒的意義。以為落了髮就算出家。受戒與不受戒沒有甚麼差別，甚至以為只要住在寺廟裏就算出家了。落髮與不落髮亦沒有甚麼差別。[53]

戒律鬆弛、僧俗不分、女眾（齋姑）眾多為確是大陸來臺緇素對臺灣佛教的印象，但是受到日本佛教的影響，李子寬卻認為臺灣佛教能「深入社會」的。[54]《人生》月刊曾發表〈社論〉，很能總合大陸來臺僧侶對臺灣佛教的觀感：

日人初來臺灣，尚尊重臺灣民俗習慣，自日本佛教來臺開闢日本式佛教寺廟後，引誘臺灣佛教僧侶赴日讀書。凡受過日本佛教教化後的臺灣僧侶，回到臺灣後，十之八九，再不復穿上僧侶的服裝，個個都日化，革履洋服，公開步上日本佛教僧侶的後塵，取（娶）妻吃肉，於是臺灣佛教寺廟退化了，都變成日化了——成為私人家庭，清淨伽藍變成淫欲之所，佛教能不衰落……。[55]

如何將日式佛教的遺風清除，進而回復到中國佛教，特別是江浙佛教的傳統，就成為至關重要的問題。

在日本殖民的半世紀中，由於日僧不重戒律，故有臺僧普遍赴大陸受戒，或謂：「回想起日據時代，臺灣的佛教，在日人思想的薰陶下，雖然也有進展，但從遵守戒律方面來說，遠不及國內僧伽之認真切實，

---

[52] 通妙，〈太虛大師與臺灣〉，《海潮音》第 38 卷第 3 號（1957 年 3 月），頁 47。

[53] 仁光，〈我等於受了第二次戒〉，《菩提樹》第 25、26 期合刊（1954 年 12 月），頁 31。

[54] 李子寬，〈我對臺灣佛教的觀感〉，頁 231。

[55] 〈臺灣佛教光復了〉，《人生》第 7 卷第 5 期（1955 年 5 月），頁 2。按：本文雖未標明〈社論〉且未註明作者，但觀其所論，且放在首頁，故以「社論」視之。

故現有的臺籍大德，無不參學於國內名剎，或在國內受戒（尤其是福建鼓山）……。」[56]當然，日本殖民時期赴大陸受戒的臺僧，可能並不完全是由於戒律的問題，有些是因為「中國佛教意識」的考量。不過，日式或日化的臺灣佛教，就成為光復後必須要改造的對象，也就是傳戒運動的開展所要肩負的任務之一。這種現象在首次大仙寺的戒會就整個反應出來了，如在戒會中擔任開堂和尚的白聖法師就表示：

> 在開堂的第一天，所見一般受戒者，除了幾位熟識的新戒之外，大都服裝不整，毫無僧眾威儀，所以痛下決心，立出七條規定，限各新戒，在兩日內決定取捨，否則便要依規定，予以淘汰。這兩日來，空氣確實顯得緊張起來了。有守不來規矩，起單離去的，有由比丘戒退受沙彌戒或優婆塞戒的；有由優婆塞戒改受比丘戒的；有優婆夷剃髮出家改受比丘（尼）戒的；有取消在家師父改為出家師父的；有寄戒者，聞訊前來受戒的；有代人取消寄戒登記的，總之在這兩天中已經達到劃分僧俗，判別邪正的最高潮……。[57]

受戒與戒牒是出家人身份的表彰，從前在大陸，出示戒牒甚至是到寺院掛單的最基本要求，臺灣或許是因為地方不大，這方面的需求不明顯，但是早年僧侶托缽，相關單位在取締時，就會要求出示戒牒以辨別真假。當然能否托缽並非是僧侶受戒的重點，而是代表一個真正的出家人，是故藉由傳戒，確是將日式不重戒律的遺風扭轉過來的方法之一。

（三）五十年代的三壇大戒

（1）首傳四眾戒－白河大仙寺（1952）

1952 年臺南白河大仙寺住持開參法師（1893-1975）欲秘密傳戒為大陸籍鍾石磐（1903-？）知悉，「乃馳函報告白聖法師，遂促成臺灣第

---

[56] 白衣，〈大仙寺歸來〉，《覺生》第 32 期（1953 年 2 月），頁 20。

[57] 白聖，《臺南大仙寺開堂記》，（臺北：白聖長老紀念會，2008），頁 39-40。

一次傳戒。」[58]

　　開參法師是因為想「低調」處理戰後的首次傳戒，而派人私底下接觸，原因是「臺灣已經有三十年沒有傳戒了，現在正有此需要。」[59]「低調」處理的開參法師，已經擬好了傳戒、戒期及戒資，傳戒可以錢到人不到，戒期是七天，戒資是臺幣 140 元。但傳戒一事經鍾石磐通報白聖法師（1904-1989）後就曝光了，「中佛會得到這個情報，立刻電令該寺查報，並抄發傳戒規則，嚴飭依章辦理。」[60]

　　1952 年的 12 月 22 日，中佛會特召開臨時常務理事會議，討論大仙寺傳戒事宜，並作成六點決議，除了戒期由七天延長為十四天之外，舉凡戒牒、戒師、受戒資格都有規定，且不准「寄戒」，[61]但後來經過妥協，還是納入 122 位「寄戒」者，雖編入〈同戒錄〉中，但有但書謂：「這一次的寄戒，是方便中的最後一次方便，因為在事先我們沒有得到通知，而事後又因了時間的迫近，所以在沒有辦法中，想了一個變通的辦法，那就是請大德高僧們親自前往授戒。因為戒體是由授而受，方才得戒，本會為了珍重戒法起見，不能草率從事希望各位體念本會的用心

---

[58] 鍾石磐，《聖賢夢影》，（臺北：大乘精舍印經會，1983），頁 36-37。

[59] 慈聖，〈關於大先寺傳戒〉，《菩提樹》第 2 期（1953 年 1 月），頁 13。

[60] 慈聖，〈關於大仙寺傳戒〉，頁 13。

[61] 慈聖，〈關於大仙寺傳戒〉，頁 13。中佛會討論大仙寺傳戒所作的六點決議為：

　　一、該寺尚無申請層轉中國佛教會，但據會友函報該寺原擬傳戒辦法，與本會傳戒規則殊多未合，已電請省分會查報，茲據宋理事長報告情形，應否准予傳戒，抑或照規則予以制止案。決議：商定變通權巧之傳戒辦法，由宋理事長交該寺辦理，並具正式申請書轉呈本會核定，如果違章太甚，應照章制止。

　　二、戒期如何決定案。決議：農曆十二月初一日起至十五日圓滿。

　　三、戒本諸經文件應如何準備案。決議：（一）1 毘尼日用切要，2 沙彌律儀，3 沙彌戒本，4 沙彌尼戒本，5 四分律比丘戒本，6 四分律比丘尼戒本，7 梵網經。以上七種，受戒人每人一本由大仙寺趕印應用。（二）戒牒照規則由中國佛教會印發。（三）同戒錄由大仙寺印發。

　　四、三師七證及引禮師如何指定案。決議：（一）說戒和尚、羯磨教授各一位，尊證七位，引禮六至八位，由中佛會聘請。至該寺已聘請者由本會審查合格後核聘。（二）翻譯員至少二人，由該寺聘請。

　　五、受戒者資格應如何規定案。決議：（一）年滿二十歲六根具足，須自備三衣（如未備者須備七衣），缽具、臥具、五衣、祖衣由該寺備九套輪用。（二）受五戒者須備縵衣。（三）幹事參照三壇正範及本會傳戒規則辦理。

　　六、應令受戒者必親到戒壇案。決議：通過。

為荷。以後若有類似此種情形發生，本會概不予受戒及發給戒牒，只此一次，永不為例」。[62]主導傳戒、統一戒牒、不准寄戒等規定，就成為後來長達四十年戒嚴時期各寺申請傳戒的通用準則。

中佛會所作的決議大仙寺完全接受，除了得戒和尚是開參法師外，所聘的戒師、引禮師大都由中佛會主導，幾乎是大陸來臺僧侶的大動員。根據〈大仙寺戒期巡禮〉的報導：

> 戒和尚是本寺住持開參長老……三師和尚兩位是江南三大叢林的焦山智光老和尚，金山太滄老和尚，教授和尚是行化華化（北）的道源老法師；尊證和尚，有江南三大叢林的天寧寺證蓮老和尚，泰州光孝寺南亭大法師，湛山慧峰法師，普陀山煮雲法師，開堂和尚，是上海靜安寺監院白聖法師，陪堂和尚，是律宗聖地寶華山老修戒德大法師，天寧寺的維那廣慈法師，靈巖山寺的久參淨念法師……。[63]

這些赫赫有名的大陸名剎法師，若非戰亂，恐怕要將其聚在一起並不容易，如今這些名剎明師集中在大仙寺戒會上，的確使戰後臺灣首度的戒會有了一個良好的開始。

中佛會指派白聖法師負責大仙寺戒期開堂的消息傳出後，有緇素就對光復後臺灣的首次傳授大戒寄與厚望，紛紛向白聖提供意見，總歸六點：（1）詳細講釋戒律，務使新戒了知三壇大戒的真實義。（2）教演佛事，務須如法準備，減少無謂的繁文縟節。（3）必須名副其實，不得假借傳戒之名而大做經懺佛事。（4）養成新戒自尊心，力求避免過當呵斥及一切體罰。（5）注意衛生，預為新戒普設拜墊，並注意其日常生活。（6）攝受新戒以重質不重量為原則，須精詳審核免涉濫傳戒法之嫌。以上六點雖然因為時間的因素沒有完全做到，但是至少在改善日式僧侶遺風上有了一定的成績。[64]

---

[62] 廣慈編，《臺南縣大仙寺冬期傳戒同戒錄》，（臺南：火山大仙禪寺，1953 年 5 月），頁 53。

[63] 旅東，〈大仙寺戒期巡禮〉，《菩提樹》第 3 期（1953 年 2 月），頁 16。

[64] 白聖，〈從大陸參加戒期說到十普寺二度傳戒〉，《白公上人光壽錄》，（臺北：祝賀恩師

　　若不是白聖法師嚴格篩選，可能整個出家戒人數不會只有 176 人。其有關篩選後的情況是「據負責登記的新戒會性說：兩日來淘汰離寺者，約百餘人；取消登記寄戒者，約三百餘人。」[65]

　　白聖法師定下嚴格的受戒規定，也為日後清除日式僧人遺風奠定良好的基礎。由於臺灣長期未傳戒（有說二十年，有說三十年），故有祖孫三代同來受戒者，有些年紀較大者從 60 歲到 78 歲編成一「老人班」，這都是首次大仙寺傳戒的特色之一。[66]

　　光復後臺灣的首次的傳戒，引發了大陸來臺緇素的許多感慨與建議，有說要在戒期前應召集戒子教授三個月以上的時間，海青、七衣一律用中國式的，禁止日式的衣袍。[67]

　　大仙寺首傳三壇大戒，雖由初期的七天延長為十四天，但由於是匆匆召開，與在大陸傳戒至少在三十天以上相比，還是有段差距，故第二次傳戒時，戒期上就勢必有所延伸。綜觀大仙寺受戒出家戒子 176 人中，僅有四人是大陸省籍，其餘全都是本省籍，比丘三人分別是：律航（1887-1960，安徽毫縣）、本際（1884-1968，安徽桐城）、今悟（1911-？，遼寧遼陽），其中今悟法師還是皈依本省籍僧人妙果法師（1884-1963）；比丘尼一人是開善（1897-？，福建福州），也是皈依本省籍大仙寺的永白法師，受戒弟子以來自南部嘉義、臺南、高雄、屏東四縣市的受戒僧尼佔絕大都數。[68]

　　八秩嵩慶禮讚會，1983），頁 364。

65 會性，〈憶大仙寺戒壇懷白公老人〉，《白聖長老圓寂三週年紀念論文集》，頁 35-36。白聖所列下的七條規則為：1.必須捨家離俗，具足僧像方可受比丘大戒。2.出家者，不得穿俗服，如無僧服，限三日內做成，否則退受居士戒。3.無論出家在家，須一律投拜僧寶為師，方許受戒；如有拜在家人為師者，須速改之，否則一律不准受戒。4.凡受居士戒者，絕對不准收徒。5.不准寄戒，（寄戒）一律取消。6.異道前來受者，必須宣誓改邪歸正。7.自受戒日起，絕對禁止煙、酒、茹葷。

66 記者，〈大仙寺傳戒雜記〉，《人生》第 5 卷第 2 期（1953 年 2 月），頁 5。

67 心悟，〈從大仙寺傳戒說到戒法的重要〉，《人生》第 5 卷第 2 期，頁 4。

68 參見《臺南縣大仙寺冬期傳戒同戒錄》，頁 7-21。

（2）第二次傳戒－獅頭山元光寺（1954）

繼臺南大仙寺首次傳戒之後，獅頭山元光寺的住持會性法師（1928-2012），有鑑於光復後南臺灣已傳過大戒，而北臺灣尚未有過傳戒，而報准中佛會同意，中佛會在轉給內政部的「43 中佛秘第 186 號」公文謂：

> 我臺省在日據時期，以政治力量，推行日式教規，企圖同化，雖本省佛教徒不忘祖國，在佛教方面勉力保持漢家官儀，然在此五十年間，排除萬難，依大陸儀式傳授戒法者僅得二三次。光復後亦曾在臺南大仙寺傳戒一次。以致佛教情形尚未隨勝利而光復。會性身為釋子，濫竽僧名，所住持之元光寺，是為中佛教會團體會員，愛國護教不敢後人，爰發心恪遵中國佛教會規則，發起舉行本年秋季傳戒。[69]

自 1954 年 9 月 11 日（農曆 8 月 15 日）起前後三十二天。三師是：得戒和尚道源法師、羯磨和尚如淨法師、教授和尚妙果法師；尊證是：慧三、慧峰、玄妙、開照、得全、玠宗、信行。[70]

會性法師，法名宗律，俗名陳華生，苗栗縣人，二十歲在獅頭山元光禮禪開法師出家，大仙寺受戒時年方 26 歲。[71]

或許可以說自大仙寺傳戒以來，十四天戒期的不足以為受戒者提供完善的說戒，畢竟在大陸（至少寶華山）的戒期都是五十三天。將大仙寺戒期從十四天調整到元光寺的三十二天，是主導傳戒甚力的白聖法師所促成，白聖法師表示：

> 我自民國四十年冬（按：此是按農曆的算法）在臺南大仙寺傳戒開堂以來，已參加十幾次傳戒法會，在每次戒期中，總是擔任開堂，有時也當三師兼開堂。我每次都力求改進，糾正以往不切實際的陋習。又臺灣戒期所定的三十二天，也是我在臺南大仙寺開

---

[69] 《中國佛教》第 1 卷第 4 期（1954 年 6 月），頁 14。
[70] 〈佛教新聞版〉，《菩提樹》第 23 期（1954 年 10 月），頁 33。
[71] 廣慈編，《臺南縣大仙寺冬期傳戒同戒錄》，頁 7。

堂以後才定的，因那次戒會只有半個月，我認為時間太短，戒師
教不到什麼規矩，更無足夠的時間講解戒律，戒子當然也學不到
什麼，所以我在佛教會會議時，提議要依大陸傳戒規定為五十三
天，與會諸公都認為時間太長，因為臺灣氣候太熱，恐戒師、戒
子、戒常住，以及護戒人員，都難支持那（麼）長的時間；經討
論結果，採取折衷辦法，定為三十二天，由此慣例，故每次戒期
都是如此。[72]

原來自獅頭山元光寺開始，將傳授三壇大戒的戒期一律為三十二
天，是白聖提議後折衷的結果，不過，還是亟思將戒期恢復為五十三
天的白聖法師，就在 1970 年將所住持的臺北圓山臨濟寺戒會改為五十三
天，並將原尼眾大僧一部中受戒改為二部僧中受戒，總算完成他自己念
茲在茲的心願。

大仙寺傳戒由於是匆促舉行，故一切未上軌道，不盡人意，是必然
的。不過，在大陸上傳戒時的「不人道」體罰，到了臺灣之後就改變了，
特別是從獅頭山元光寺戒會開始，據〈戒壇記要〉所示：

往昔戒壇，相傳有三句話：跪沙彌；打比丘；燒菩薩。就是說新
戒受沙彌戒時須要罰跪；受比丘戒時須要挨打；受菩薩戒時須要
燒戒疤。凡新戒初入戒壇的時候，人人都懷著前三種恐懼心。……
此次傳戒方式，與舊日戒壇略有不同，已在前段演禮時期言之，
所有正式受戒的情形，亦有少異。[73]

上述所說「與舊日戒壇略有不同」，是指已不再罰跪沙彌及棒打比
丘了，至於燒戒疤還是保留。獅頭山傳授出家、在家戒是完全按照寶華
山那一套。[74]並有特別規定六條出家人不可違犯事項，這其中有若干是
特別針對臺籍出家眾的要求，如改除日式大袍等，可見初期傳戒在革除

---

[72] 白聖，〈民國五十九年臺北市圓山臨濟寺傳授千佛大戒同戒錄序〉，《中國佛教》第 15 卷
第 11 期（1971 年 7 月），頁 4。

[73] 書記寮，〈獅頭山元光寺戒壇記要〉（一續），《中國佛教》第 1 卷第 10 期（1955 年 1 月），
頁 14。

[74] 書記寮，〈獅頭山元光寺戒壇記要〉（一續、二續），《中國佛教》第 1 卷第 10 期，頁 14；
第 11 期（1955 年 4 月），頁 7-10。

日式遺風上的努力。[75]

（3）第三次傳戒－臺北十普寺（1955）

戰後臺灣佛教第三次傳戒是 1955 年 4 月 2 日到 5 月 2 日，在白聖法師所住持的臺北十普寺舉行，三師和尚為：白聖（得戒）、太滄（羯磨）、道源（教授）；七證為：妙果、道安、慧三、如淨、開照、玠宗、懺雲。[76]或許因為距離元光寺傳戒僅半年，加上與基隆月眉山靈泉寺戒期重疊，因此受戒人數僅七十八人。不過，值得一提這是戰後首次在都市傳授戒法，白聖法師「為使各界對佛教律儀有所了解起見」，特別束請政府首長各界人士及新聞記者前往觀禮，一些黨政要員孫立人、嚴家淦、孫大鈞等六百餘人蒞臨。[77]

前兩次傳戒白聖法師皆任開堂一職，雖主導傳戒甚力，但有些戒壇陋習還是無法改正，故藉由親任得戒和尚一職而有所調整，白聖法師表示：

> 衲（按：白聖）昔年親作戒子，厥後屢參與各大寺戒壇。身經目睹，覺各寺傳戒，雖形式上猶沿古規，然積久生弊，多不合理，實質上已離創制之原旨遠矣。如飲食粗劣，坡事繁劇，以及戒期內就壇應赴經懺，無故惡打，均有改善之必要。試思戒子在戒期中，動作辛勤，身心困乏，正須豐富之營養，充分之休息，慈祥之鼓舞，專一心志，俾能策勵前進。…然此猶其次焉者，最不合理者，則為授戒不予講戒耳。往昔叢林，戒期長達五十三日，時

---

[75] 書記寮，〈獅頭山元光寺戒壇記要〉（二續）《中國佛教》第 1 卷第 11 期，頁 10。這六條是：
　　一、日本式的大袍，須漸漸改除，另做大陸式海青，以黑色為佳。
　　二、常服須寬大，小衫不可露腰；夏天用灰色，冬天用黑色。
　　三、褲腳須紮起來，襪子用灰布，長至膝上，萬不可穿短襪。
　　四、不可回俗家住宿。縱有要事，只得小住一二日，須照律儀實行，方起人恭敬。
　　五、不可吸香煙。勿以為非戒律所制，若吸煙，即惹人譏笑。
　　六、不可應赴放燄口，尤其二堂，切忌此風；未曾超度鬼魂，自己先墮地獄。

[76] 〈佛教新聞版〉，《菩提樹》第 28 期（1955 年 3 月），頁 37。

[77] 〈佛教新聞版〉，《菩提樹》第 30 期（1955 年 5 月），頁 40。

間充裕，然絕未聞有講戒之舉。⋯竊不自揣，發願他日自建戒壇時誓必盡力改革，十數年來，雖曾向諸方建議，總因積重難返，未能實現，不意來臺後，竟得連主其事，可謂因緣巧合，宜得稍申夙願。各戒期中，除盡力改善飲食，廢除坡事，禁絕趕經懺及打賣外，對講戒一事，尤所注重，舉凡沙彌律儀，毘尼日用，四分律，梵網經，莫不逐條解說，舉例作證，務期各戒子深明戒相，實得戒體，庶不負發心受戒之本意，區區此心，可為知者言，不足與外人道也。[78]

在大陸時期戒壇不講戒的陋習，來臺後從 1954 年的獅頭山元光寺傳戒後就打破了，而倡改者正是白聖法師。值得一提的是前兩次傳戒時雖也有記錄戒壇情事，但都是提要式的，從十普寺傳戒開始，採用日記體裁，「期符漢土左史官記言，右史記事之古制」，名曰「十普寺戒壇日記」。[79]之後臺灣歷年所傳大戒同戒錄體例，皆依此一模式。

（4）第四次傳戒－基隆月眉山靈泉寺（1955）

與臺北十普寺傳戒僅相差二十天的基隆月眉山靈泉寺於 1955 年 4 月開傳，在戒期上頗有重疊，是故出家眾受戒者也僅八十九人。靈泉寺的傳戒日期是為配合開山善慧法師（1881-1945）圓寂十週年，而這也是靈泉寺開山以來的第六次傳戒。戒會公布中佛會理事長章嘉為得戒和尚、智光為說戒和尚，南亭、東初、證蓮等為十師和尚（後有更動），並請寶華山隆泉法師（1902-1973）為開堂，一切律儀完全依寶華山傳統。[80]

月眉山靈泉寺之出家戒雖僅八十九人，但在家戒卻吸引近三百位的戒子，主要原因是作為北臺灣自日據時代以降的重要道場，其派下道場及法脈信徒眾多有關。值得一提的是，靈泉寺的戒期中還修建「眾姓水

---

[78] 白聖，〈十普寺春季傳戒同戒錄序〉，收在廣仁編，《臺北十普寺護國千佛大戒同戒錄》，（臺北：十普寺，1955），頁 5-6。

[79] 十普寺書記寮，〈十普寺戒壇日記緒言〉，收在廣仁編：《臺北十普寺護國千佛大戒同戒錄》，頁 2。

[80] 〈基隆月眉山靈泉寺傳戒啟事〉，《人生》第 7 卷第 3 期（1955 年 3 月），頁 27。

陸道場」十四天，這是戰後臺灣佛首次的水陸法會。[81]這場水陸法會由隆泉法師策劃，得到其同戒、時掛單於靈泉寺中的雲峰法師協助，才得以順利進行。[82]

（5）第五次傳戒－臺北十普寺（1955）

1959 年 3 月 28 日，十普寺傳授千佛三壇大戒，傳戒消息發佈後不久報名受戒人數很快就突破一百位，因為考慮到場地問題，限制只收一百位，並要求報名者填寫資料以備審查。但由於反彈者眾，白聖法師最後作罷。[83]不過，僧俗報名人數高達五百人，場地一時容納不下，白聖法師於是決定分二批受戒，第一批是從 3 月 28 日至 4 月 28 日，第二批從 4 月 29 日至 5 月 28 日。第一批人數約一百五十人。除了分梯授戒之外，此次十普寺的傳戒也打破了收受戒費的習慣，不僅免費還贈送新戒三衣、缽、具、錫杖，[84]這都是戰後臺灣佛教傳戒史上的首次。後來白聖法師多次主持戒會還是延用此習，免收戒費，贈送三衣。

戰後初期的傳戒運動（參見〈表三〉）的開展，最早有意傳戒的是慈航法師，約在 1949 年夏間，慈航法師與臺北觀音山凌雲寺住持玄妙法師（1899-1968），連袂到十普寺找白聖法師商談傳戒事宜，後來因為凌雲寺眾意見不一，加上玄妙法師閉關，傳戒一事也就不了了之。[85]

雖說戰後首次傳戒是由臺南大仙寺「無意」中引發，但是大陸來臺緇素無法「適應」臺灣四處充斥的日式佛教（僧侶）遺風也是事實。雖然戰後首次的傳戒匆促，還是達到部分傳戒的效果，例如搭衣、持具、穿衣、吃飯，以及出家的行、住、坐、臥等規矩，[86]並且成功改換日式

---

[81] 〈佛教要聞〉，《人生》第 7 卷第 4 期（1955 年 4 月），頁 16。

[82] 釋隆泉，《隆泉夢影》，頁 128-129。

[83] 白聖，〈從大陸參加戒期說到十普寺二度傳戒〉，收在《白公上人光壽錄》，頁 367-368。

[84] 《白公上人光壽錄》，頁 358-361。

[85] 白聖，〈從大陸參加戒期說到十普寺二度傳戒〉，原載《中國佛教》第 3 卷第 9、10 期合刊（1959 年 6 月），收在《白公上人光壽錄》，頁 363。

[86] 仁光，〈我等於受了第二次戒〉，《菩提樹》第 25、26 期合刊，頁 31。

僧服為中式，最重要的是自大仙寺傳戒後齋姑落髮受戒已成風氣。[87]

　　而自第二次獅頭山元光寺的傳戒起，除了戒期無法維持五十三天，而縮短為三十二天外，就完全將大陸戒壇的傳戒內容移植過來，特別由於大仙寺戒期過短，而將未能講授出家戒的情況恢復（但道源法師曾對受在家戒者講授菩薩戒），並革除原在大陸戒壇對待新戒的「不人道」方式，如打罵跪罰等。

　　到了戰後第四度傳戒的基隆月眉山靈泉寺時，《人生》月刊就以〈臺灣佛教光復了〉為題，表示「驅逐」日式佛教的成功：

> 大陸撤退後，祖國許多佛教高僧大德，居士來到臺灣，六七年來，由文字宣傳，威儀攝化，使臺灣佛教漸漸走上祖國化了。最顯著的事實，由忽視律儀的臺灣同道們，現在，人人都爭先恐後的去受戒，並且以受戒為光榮，不復再存忽視戒律觀念。[88]

　　同時表示將有三點影響今後臺灣佛教前途，即強化「祖國佛教」的信心、確定律儀為教育根本、日化僧尼勢必淘汰。[89]看來傳戒之為用大矣，特別是在清除日式佛教遺風上。曾多次參與傳戒三師和尚之一的道源法師（1900-1988）就說：

> 經過獅山元光寺，臺北十普寺，臺南碧雲寺，三出戒場；為時不過兩三年，而全臺寺院之道風，已丕然一變！日據時代，留於佛門之污點，亦幾於滌革淨盡！是皆集合訓練之力也。[90]

　　雖然道源法師認為在改變日式佛教遺風上是要「展轉相教」、「道風薰習」，要常常傳戒、講戒，則臺灣佛教可以復興。[91]不過，臺灣戰後傳戒的風氣自大仙寺之後就有日漸興盛之勢，特別是到了 1955 年一年中，就有三座寺院傳大戒，分別是臺北十普寺、基隆靈泉寺、臺中寶覺寺。若以傳戒時一般喜歡用農曆的計算方式，加上臺南白河火山碧雲寺

87　《白公上人光壽錄》，頁 308。
88　〈臺灣佛教光復了〉，《人生》第 7 卷第 5 期，頁 2。
89　〈臺灣佛教光復了〉，《人生》第 7 卷第 5 期，頁 2。
90　道源，〈觀音山凌雲寺同戒錄序〉，《菩提樹》第 49 期（1956 年 12 月），頁 18。
91　道源，〈觀音山凌雲寺同戒錄序〉，《菩提樹》第 49 期，頁 18。

在 1956 年國曆元月的傳戒，一年之中就有四次，這毋庸說是太過密集了。故當有人聽到屏東東山寺欲在同年（1956 年）稍後傳戒，就表示「臺省果有若是眾多之合格出家眾乎」、「現時佛教之衰頹，濫傳戒實為主要之原因」。[92]

二、三十年不曾傳戒的臺灣，自大仙寺之後似有太過之勢，過與不及，對佛教都不是一件好事。但是反省之聲卻是微弱的，主要原因是傳戒在當時能博得好名，並且有諸如提振寺院經濟等的「邊際效應」，故有許多寺院樂此不疲。或許有鑑於 1956 年各寺爭相傳戒，為了導正這種不正常的現象，中佛會於是規定每年僅能有一寺傳戒，[93]這種規定一直到解嚴之後才解除。

表 3 　五十年代傳授出家戒一覽

時間	地點	男	女	總數	三師和尚
1953.1.15-28	臺南白河大仙寺	44	132	176	開參、智光、太滄
1954.9.11-10.11	獅頭山元光寺	33	116	149	道源、如淨、妙果
1955.4.2-5.2	臺北十普寺	19	57	76	白聖、太滄、道源
1955.4.22-5.22	基隆月眉山靈泉寺	14	70	84	智光、證蓮、東初
1955.11.28-12.28	臺中寶覺寺	36	64	100	太滄、慶規、演培
1956.1.3-2.1	臺南白河碧雲寺	31	66	97	道源、慧三、白聖
1956.4.11-5.11	臺北觀音山凌雲寺	14	73	87	道源、玄妙、白聖
1957.12.8- 1.8	屏東東山寺	24	114	138	道源、慧三、白聖
1959.3.28-5.28	臺北十普寺	35	67	103	白聖、慧三、道源
1959.4.19-5.10	臺中寶覺寺	31	68	99	智光、證蓮、南亭

資料來源：闞正宗，《重讀臺灣佛教—戰後臺灣佛教，臺北：大千出版社，2004》，另據歷年《同戒錄》補充

---

[92] 崔玉衡，〈謹致屏東東山寺方丈圓融大師的一封信〉，《菩提樹》第 39 期（1956 年 2 月），頁 25。

[93] 會性，〈敬悼上道下源老法師〉，《道源老法師紀念集》（基隆：海會寺，1989），頁 33。

五、結語

　　1950 年代，大陸佛教文化跨海展現在兩個方面，一是辦學運動，一是傳戒運動。無論是辦學或傳戒，都是由大陸來臺緇素所主導。

　　在辦學方面，1948 年慈航法師從南洋獲聘來臺主持臺灣佛學院，開啟了戰後臺灣佛教大陸僧侶辦學之始。之後，陸續來臺的大陸緇素如白聖、印順、道安等法師紛紛成立或主持佛學教育。當然，大陸僧侶無個人道場，所以背後提供經濟支助的都是臺籍緇素，這也是五十年代臺灣佛教界辦學的趨勢。而無論是課程的設計，或是師資的聘請，主要以漢傳佛教在大陸辦學的經驗為主。

　　在傳戒方面，日本殖民時期臺僧亦有不少傳戒，但是，主要的戒規儀軌是以福建鼓山湧泉寺為主，且在殖民後期就幾乎沒有傳戒，而日式遺風成為主流，導致戰後初期中佛會傳戒時光怪陸離的情況出現。

　　1952 年大仙寺首傳戰後大戒，開堂和尚雖是白聖法師，但負責指導者為出身戒律道場寶華山的戒德法師（1909-2011），雖然，自第二次傳戒起，白聖法師所主導的傳戒乃是融合寶華山及自身的學習觀察，而形成一套他傳戒的通則儀軌，卻也是源自大陸，整整指導臺灣佛教至少三十年。

　　辦學與傳戒是兩岸政局巨變後的佛教文化跨海，無論在思想源頭或是戒行軌則都深深影響了戰後的臺灣佛教，最終並逐步落實以民國改革派僧人太虛的「人間佛教」理念。

七世章嘉呼圖克圖在臺行述（1949-1957）

一、前言

　　臺灣光復後首任中國佛教會理事長七世章嘉呼圖克圖，一般稱章嘉大師或章嘉活佛，為藏傳佛教內蒙古地區最高活佛，與外蒙古的哲布尊丹巴呼圖克圖並稱為蒙古兩大呼圖克圖。其世系有推至釋迦牟尼佛在世，故有十四世之稱，但由於自第十三世在青海轉世後始稱章嘉呼圖克圖，本文採此一歷史觀點，而稱七世章嘉大師。

　　有關七世章嘉呼圖克圖的研究專書有黃英傑《民國密宗年鑑》（臺北：全佛，1995）、姚麗香《西藏佛教在臺灣》（臺北：東大，2007），單篇論文則有陳玉蛟〈臺灣的西藏佛教〉（《西藏研究會訊》第 6 期，1988年 9 月）、〈章嘉與臺灣佛教〉（《蒙藏之友》第 90 期，2005 年 9 月）、楊嘉銘〈章嘉大師與臺灣藏傳佛教〉（《蒙藏季刊》第 19 卷 4 期，2010年 12 月）等。

　　七世章嘉呼圖克圖 1949 年來臺後任中國佛教會理事長，1957 年寂於臺北，雖然在臺僅八年，但穩定了戰後中國佛教會的運作，其歷史不可抹滅，本文旨在探討章嘉大師來臺行止。

二、中佛會從大陸到臺灣

　　中國佛教會的會址在抗戰開始後，於 1938 年夏間由太虛、章嘉籌設「臨時辦事處」於重慶羅漢寺，1939 年因該寺附近屢遭轟炸，故遷於郊區之縉雲山。[1]1945 年 8 月 15 日，日本宣佈無件投降，抗戰勝利後，百廢待舉，中國佛教亦復如是，首先針對佛教的「復員」問題提出建議，內容重點有：對於淪陷區的佛教徒給予慰問、淪陷區被日軍破獲的寺廟提出賠償、發起重建淪陷區佛教工作、建立新的中國佛教制度、迅速組

---

[1] 〈中國佛教會臨時辦事處報告〉，《海潮音》第 27 卷第 2 期（1946 年 2 月），頁 292。

織全國性佛教機構。[2]

　　同年 12 月 17 日，內政、社會兩部訓令依法組織「中國佛教整理委員會」，並指定章嘉、太虛、虛雲、圓瑛、昌圓、全朗、李子寬、屈映光、黃慶瀾為委員，以章嘉、李子寬為常務委員。章嘉大師即於受命次日約同太虛、李子寬於重慶長安寺會晤，研究可行方案。[3]隨即發布〈中國佛教會整理委員會組織規程〉11 條。1946 年 2 月 14 日，「中國佛教整理委員會」從重慶遷到南京毘盧寺辦公，聘大醒法師為秘書長，又信法師為事務組長。[4]

　　中國佛教會抗戰勝利後，經過一年半的整理，1947 年 5 月 27 日，戰後首次的「中國佛教會第一屆全國會員代表大會」在南京毘盧寺召開，而其時整個橫跨戰前戰後中國佛教會的靈魂人物太虛大師卻在同年的 3 月圓寂，這使得他無法親眼看到他所主導的整理委員會的成果驗收。

　　國共內戰失利，國府遷臺，1949 年 9 月 22 日，中國佛教會在臺北市十普寺第一次召開「駐臺辦事處籌備會議」，會中推舉東初法師為主任，白聖法師、李子寬為副主任，南亭法師為秘書長，並議通過兩項決議：一、辦事處成立後，分向中央政府及省政府社會處報備；二、對本省及大陸來臺各大德聘為辦事處顧問。[5]

　　1950 年 2 月 24 日，於章嘉大師的住所泰順街召開中國佛教會遷臺後第一次會議，與會者有白聖、東初等法師，章嘉大師在會中表示：「自京滬淪陷，本人彼時早已因公前往成都，政府由南京而廣州而重慶，以及最後遷來臺灣，時間匆促，交通阻斷，本會因之停止工作，且與秘書長雪嵩失去聯絡，幸而先有準備，派令東初法師於三十八年春來臺，籌備本會駐臺辦事處，繼續推動會務，去年夏間，政府於外省僧侶突現誤會，本人在成都固與總裁面言，但因辦事處就近辦理，以此得迅速解

[2] 平風，〈佛教復員刻不容緩〉，《海潮音》第 26 卷第 8、9 期合刊（1945 年 9 月），頁 134-135。
[3] 釋妙然（編），《民國佛教大事年紀》，（臺北：海潮音雜誌社，1995），頁 242。
[4] 〈中國佛教會整理委員會〉，《海潮音》第 27 卷第 3 期（1946 年 3 月 1 日），頁 37。
[5] 中國佛教會，《中國佛教會年鑑彙編》（未刊稿），〈1949 年〉。

決……。」[6] 8 月 31 日舉行中佛會第二屆第一次理監事聯席會，選出常務理事九人，章嘉大師當選理事長，劉中一居士為秘書長。

　　章嘉大師當選中佛會理事長後，開始推動中佛會在臺會務，第一件大事，即是在 1952 年底首傳光復後三壇大戒；1955 年更成功從日本奉迎玄奘頂骨舍利來臺，除會務推動外，其個人弘法事蹟亦頗為豐富。

三、章嘉大師推動會務與各項弘法

（一）主持中國佛教會

　　章嘉大師於 1949 年底來臺，在 1952 年 8 月當選第二屆中佛會理事長前，屬中佛會籌備期，1952 年至 1955 年為出任理事長時期，1955 年起奉內政部指派組成十七人整理委員會籌備改選，出任籌備會主任。

　　1949 年至 1952 年的 8 月間，中佛會是處於臨時的「辦事處時期」，1952 年 8 月 22 日召開全體會員大會選出章嘉大師為第二任理事長，會務才進入開展時期，故 1953 年度的所推動的會務，就具有指標性意義，日後中佛會在解嚴前所推行的會務，大都不脫離此一範疇。

表 1　中國佛教會四十二年度工作報告

類別	號次	項目	原定計劃	實施情形	備考
會務	一	加強組織	成立重建大陸佛教組織計劃委員會及臺南、苗栗兩縣支會	成立重建大陸佛教組織計劃委員會奉准成立備案後，在本省各地分設大陸會員登記處十三處 輔導苗栗、臺南兩縣支會先後成立，同時輔導澎湖縣籌備成立支會，已據報定於四十三年元月上旬正式成立	—
會務	二	整理會籍	根據會籍工作綱領整理會籍，並督導各支會徵求新會員	1.已登記團體會員四百五十八單位、個人會員壹萬零四百三十一人（大陸籍會員包括在內）	—

---

[6] 中國佛教會，《中國佛教會年鑑彙編》（未刊稿），〈1949 年〉。

會務	三	召開會議	召開常理會十二次、常監會六次、理事會二次、監事會一次，必要時召開理監聯席會議	1.以法師弘法居士辦公諸種關係，僅召開常理會八次、常理監聯席會議二次、理監聯席會二次	－
總務	四	辦理文件	經常辦理	先後收文三百八十九件、附件壹萬零三百七十四件、發文壹千八百九十八件、附件九千九百零五件，分別處理如下 內政部頒發人民團體活動要點及人民團體組織實施綱要，均已通飭分支會遵照辦理 青年僧應召受訓函懇轉請政府准予素食函電請奉准 臺中市明光寺、臺北市寶藏寺廟等為軍人佔駐，已三電國防部飭令遷讓 大陸留港僧伽聯誼會呈請代辦難僧入境證，以無法覓保依囑將申請退回 臺省分會請取消大陸會籍登記，已將重建大陸佛教組織奉內政部批准各節飭知 留日學僧圓明發表違反教義文字，已由監事會處以警告 政府實施耕者有其田條例，臺省府加以限制條件，已分別呈請行政院、立法院、監察院、臺省議會、臺省政府及行政院督導團等機關請願 臺北市府代土地銀行登報公告多數佛廟為國有，已向政府請願，並由理事長等國大代表提請國民大會辦理	－

總務	五	參加社運	一切有關之社運都參加	大陸組織佛教協會聯絡東南亞佛教國家本會曾作嚴正聲明發表 參加組織中華民國各界援助留韓中國反義士會，本會為主席團之一，出席會議十餘次 歡迎六十三位反義士回國 歡送應召受訓之青年僧了中等入伍 發動僧尼及善信男女二百餘人參加國慶大會及慶祝總統華誕大遊行 通知所屬分會普遍宣傳改革中元節大拜拜陋俗	—
總務	六	聯絡世佛會	世佛會遠設錫蘭須設法聯絡以便準備第三次大會出席	1.世佛會第三次大會在錫蘭召開，曾迭函詢問繳納會費匯兌辦法及開會日期，迄未接獲復函，正設法聯絡中	—
業務	七	繼續發行會訊	發行會內公報性之會訊一種按月出版	每月出版一期，每期三千份，每遇重要紀念日，並擴大篇幅發行，特刊均一律贈閱 並準備擴大篇幅改稱中國佛教月刊，登記證已奉領	—
業務	八	普遍弘法	推請大德長老普遍弘法凡有申請者無不允許	1.先後有白聖法師在臺東縣、澎湖縣、臺中市及臺北市十普寺等處，南亭法師在臺北市華嚴蓮社、煮雲法師、廣慈法師在鳳山、澎湖等地，星雲、心然、心悟法師在宜蘭縣等地，心源、悟明法師在臺北市、臺北縣等地，妙廣法師在萬華龍山寺等地分別佈教弘法	—
業務	九	廣播佛學講座	約定三電台聯播宣流法音	1.聘定臺北市民本電台由九月一日起廣播佛學講座，並約彰化國聲電台、高雄鳳鳴電台同時聯播，以期法音普及全省	

| 業務 | 十 | 慈善救濟 | 募集財物濟助貧苦同胞 | 救濟大陳島難民及游擊隊眷屬衛生衣三十六件、西藥九盒、新臺幣壹千五百餘元
救濟本省東北部風災新臺幣數百元另衣物等
濟助臺北市、澎湖、桃園等縣貧苦男、婦、清寒僑生、僧尼及殘廢、老人等計棉絨衫三百貳十九件 | — |
| 業務 | 十一 | 增辦義診 | 義診分兩部
1.自辦 2.代辦 | 自辦義診在臺北市善導寺、龍山寺外，增辦十普寺一所，聘有專任醫師特設瘰癧科，由瘰癧專家擔任
代辦義診有正信居士姚銘道中醫師等
增辦十普寺佛教圖書室一所，業已開放 | — |

資料來源：中國佛教會 1954 年檔案

從上表可知，中國佛教會在章嘉大師的領導下，於 1952-1953 年間會務已有重大推展，這樣的運作模式將隨著會務的複雜與擴大，不斷地調整與推進。

1955 年 8 月 28 日，中國佛教會於善導寺召開第三屆全體會員大會，選出章嘉等卅一位理事；太滄等十一位監事。[7]同年 9 月 12 日，第三屆第一次理監事聯席會在善導寺召開，由道安法師主持，選出常務理監事後投票，章嘉大師以廿五票當選連任。[8]

此屆中佛會選舉問題重重，在 8 月 27 日所舉行的「中國佛教會第三屆會員代表大會預備會」中，發生會員入會不合資格之事，傳出「弊端」，以白聖法師及李子寬首的兩派發生爭執，[9] 9 月 4 日，李子寬在《中央日報》刊登辭去中佛會第三屆當選理事一職。[10]

之後理事長、常務理事、理事、祕書長紛紛請辭，到了 1956 年 3 月，引起國民黨中央黨部及內政部不滿，因此命令改組。[11]3 月 22 日，

---

[7] 〈教訊彙編〉，《海潮音》第 36 卷 9 月號（1955 年 9 月），頁 24。
[8] 中國佛教會，《中國佛教會年鑑彙編》（未刊稿），〈1955 年〉。
[9] 《道安法師遺集》（七），（臺北：道安法師遺集編輯委員會，1980），頁 1429-1430。
[10] 《道安法師遺集》（七），頁 1433-1434。
[11] 《道安法師遺集》（七），頁 1493。

章嘉大師奉令改選常務理事，結果因出席人數不足而告流會，章嘉大師認為是有人故意為難，當場請辭理事長一職。[12]

由於中佛會內部派系沒有妥協的跡象，許多會務無法推展，迫使內政部依法介入整頓，這就是中國佛教會第二屆與第三屆之間，即 1956年「中國佛教會整理委員會」的來由，此即導致第三屆由「理事長制」調整為「常務理事制」之緣由。章嘉大師此時發現身體違和，會務推動困難重重，新的挑戰在他寂後以「常務理事制」過度，最後由白聖法師主導中佛會會務二十餘年。

（二）其他弘法事蹟

章嘉大師作為中佛會第一、二屆理事長，特別是第二屆，將中佛會的運作機制導向正軌，爾後中佛會在戒嚴時期的運作，蕭規曹隨，皆建立在第二屆的模式上。除了會務的推動外，章嘉大師其他的弘法事蹟，主要集中在密壇修法及促使玄奘頂骨來臺安奉兩項。其事蹟如下表：

表 2　章嘉大師在臺弘法事蹟

時間	事蹟	備註
1949	出席中國宗教徒聯誼會會員大會，被選為常務理事	《章嘉大師紀念集》
1950.3.1	邀集各山來臺緇素討論恢復中佛會會務，決定會址設在南昌街十普寺	《覺群》76 期（1950年 3 月）
1950.7	農曆 6 月 19 日觀音成道日，主持善導寺新塑觀音開光	《覺生》3 期（1950年 8 月）
1950.9.20	出席善導寺舉行之中國宗教徒聯誼會第二次理監事談話會	《覺生》3 期（1950年 10 月）
1950.10.31	蔣總統 64 華誕，召集緇素於善導寺舉行簽名誦經法會	《覺生》4 期（1950年 11 月）
1950.12.30	中國宗教徒聯誼會第三次會員大會當選理事	《覺生》7、8 期（1951年 2 月）

12　《道安法師遺集》（七），頁 1496-1497。

1950	啟建護國消災利生薦亡法會七日，主密壇	《章嘉大師紀念集》
1951.3.13-26	善導寺仁王護國法會，章嘉大師修法	《覺生》9 期（1951 年 3 月）
1951.8.17	盂蘭盆會於善導寺修法誦經，主密壇	《覺生》14 期（1951 年 8 月）
1951.10.18	出席善導寺舉行之法舫法師圓寂追悼會	《覺生》16 期（1951 年 10 月）
1951.11.18	於新竹靈隱寺「臺灣佛教講習會」發表訓辭〈「戒律」與「教育」二事〉	《覺生》17 期（1951 年 11 月）
1952.3	農曆 2 月 12-19 日，善導寺啟建觀音佛七，章嘉大師修法	《覺生》22 期（1952 年 3 月）
1952.3	主持內湖金龍禪寺修建動土	楊嘉銘〈章嘉大師與臺灣藏傳佛教〉
1952.4.8	率比丘十三人出席臺北市佛教支會假中山堂舉行浴佛法會並致詞	《覺生》23 期（1952 年 4 月）
1952.8.30	中佛會第二屆會員代表大會於善導寺舉行，當選理事；31 日，召開理監事會，當選理事長	《覺生》28 期（1952 年 9 月）
1952.9.10	以團長身分率團出席日本召開「第二屆世界佛教徒友誼會」	《覺生》28 期（1952 年 9 月）
1952.9.25-10.13	出席東京召開之「第二屆世界佛教徒友誼會」	《覺生》29 期（1952 年 10 月）
1953.1	於《菩提樹》發表〈贊助芻辭〉	《菩提樹》第 2 期（1953 年 1 月）
1953.3	於《菩提樹》發表〈世界佛教徒會議的我觀〉	《菩提樹》第 4 期（1953 年 3 月）
1953.3.12	善導寺「臺灣省佛教講習會」男眾部開學典禮致詞	《菩提樹》第 5 期（1953 年 4 月）
1953.5	善導寺浴佛法會，誦經說法	《菩提樹》第 7 期（1953 年 6 月）
1953.12	於《菩提樹》發表〈漫談宗教和政治的關係〉	《菩提樹》第 13 期（1953 年 12 月）
1954.2.19	當選第二屆國民大會代表	《菩提樹》第 16 期（1954 年 3 月）

1954.4.8	出席臺北市佛教會於新公園舉行之浴佛大典	《菩提樹》第18期（1954年5月）
1954.5.23	主持新莊棲蓮精舍落成並致詞	《菩提樹》第19期（1954年6月）
1954.6	於《菩提樹》發表〈悼念慈航法師文〉	《菩提樹》第19期（1954年6月）
1954.6.20	於松山機場接待過境之日本曹洞宗管長高階瓏仙一行七人	《菩提樹》第20期（1954年7月）
1954.10	善導寺藥師佛誕七天法會，主壇修法	《菩提樹》第24期（1954年11月）
1955.2.20	出席十普寺追悼一江山陣亡將士	《菩提樹》第28期（1955年3月）
1955.3.9	主持五股觀音山凌雲寺千手觀音開光大典	《菩提樹》第28期（1955年3月）
1955.6.7-7.2	以中佛會理事長身分偕秘書長等人視察全省佛教，歷時二十五天	《菩提樹》第32期（1955年7月）
1955.8.21	出席「影印大藏經委員會」於華嚴蓮社之成立大會	《菩提樹》第34期（1955年9月）
1955.12.20	主持桃園佛教蓮社落成典禮	楊嘉銘〈章嘉大師與臺灣藏傳佛教〉
1955.12	於《菩提樹》發表創刊三週年紀念感言〈掘起挺秀　堪稱上乘棹〉	《菩提樹》第37期（1955年12月）
1955.11.25-12.6	接待日本「玄奘三藏靈骨奉持團」一行	《菩提樹》第37期（1955年12月）
1956.1.21	以中佛會理事長身分邀請政府各機關首長討論籌建日月潭玄奘頂骨塔院	《菩提樹》第39期（1956年2月）
1956.2.6	接受美國之音訪問，談玄奘靈骨奉安	《菩提樹》第40期（1956年3月）
1956.3.22	主持臺南湛然精舍佛像開光典禮	楊嘉銘〈章嘉大師與臺灣藏傳佛教〉
1956.3.24	請辭理事長一職	《道安法師遺集》（七）。
1956.4.2	東初法師創建中華佛教文化館落成，蒞臨啟鑰	楊嘉銘〈章嘉大師與臺灣藏傳佛教〉

1956.4.29	星雲法師宜蘭念佛會講堂落成，邀請前往致詞	楊嘉銘〈章嘉大師與臺灣藏傳佛教〉
1956.5	農曆 4 月 8 日，啟建百傘蓋金剛護國息災法會七天	《菩提樹》第 43 期（1956 年 6 月）
1956.9.23	以中佛會理事長身分於善導寺歡迎緬甸民主黨領袖德欽巴盛	《章嘉大師紀念集》
1956.10.31-1957.1.15	因胃疾赴日開刀	《菩提樹》第 51 期（1957 年 2 月）
1957.2.20	胃疾復發入臺大醫院治療	《章嘉大師紀念集》
1957.3.4	捨報	《章嘉大師紀念集》

資料來源：《章嘉大師紀念集》、《覺群》、《覺生》、《菩提樹》

章嘉大師以理事長身分的最大一次弘法，就是 1955 年 6 月下鄉視導全省佛教二十五天，此一活動對日後中佛會推會務甚有助益。當然，章嘉大師留下的文字弘法資料不多，除收到《護國淨覺輔教大師章嘉呼圖克圖史蹟冊》十九篇短文，以及〈密宗的法門〉、〈密宗四大法門方便譚〉外，[13]本文從佛教雜誌中找到其他數篇，是研究其思想的珍貴資料。

四、結語

章嘉大師出任戰後中佛會第一、二屆的理事長，從太虛大師手中接下改革的棒子，但是由於大陸時期政局動盪，建樹不多，第二屆臺灣時期則奠定了初基，而 1955 年促成玄奘頂骨來臺安奉，則是另一項膾炙人口的事蹟。

除此之外，章嘉大師在臺主持密壇修法值得注意，是臺灣光復後少數傳播藏傳佛教的大師級人物，另一位知名大師則為甘珠爾瓦呼圖克圖（1914-1978），其他傳播藏傳佛教者要不是為漢族，就是稍晚才來臺，影響力皆在章嘉大師之後才逐漸發揮影響力。

---

[13] 楊嘉銘，〈章嘉大師與臺灣藏傳佛教〉，《蒙藏季刊》第 19 卷 4 期（2010 年 12 月），頁 63-64。

1949 年來臺陸僧的再移出
——「太虛法系」在菲律賓的弘化

一、前言

中國歷史上的華人移居南洋，主要基於兩大因素，一是經商，一是戰亂。近現代華人移居南洋高峰期是十八世紀末至十九世紀初，這一時期也正是列強侵略及殖民中國時期。

清末民國以來，由於國事蜩螗，戰事不斷，特別是 1949 年之後兩岸隔絕，隨政府來臺的大批緇素，在若干年後，因政治社會逐漸穩定，開始移居或弘化海外，特別是南洋諸國或美洲大陸。

民國 20 年，僑界佛教徒組織「旅菲中華佛學會」；民國 21 年出刊《海國伽音》一期作為週年紀念；民國 25 年 10 月，該會在馬尼拉購地創建大乘信願寺，由戴季陶(1891-1949)主持奠基；民國 26 年，佛學會禮請閩南籍性願法師（1889-1962）南渡，主持信願寺；1948 年，性願法師退位，公推瑞今法師繼任。[1]這是民國漢傳佛教在菲律賓落地生根之始。然有寺乏僧是當時的困境。

1955 年，從大陸到香港，輾轉來臺的印順法師(1906-2005)首次蒞菲弘法，所到之處引發華僑學佛熱潮。兩年後，來臺的江蘇籍自立(1927-2010)與唯慈(1936-)法師，應寺主清和姑(1890-1980)之邀主持馬尼拉隱秀寺，成績斐然。

本文以菲律賓為中心，旨在探討 1949 年以降的臺菲佛教交流，即大陸來臺緇素以臺灣為中轉的漢傳佛教再移出，當代臺灣漢傳佛教如何從在地化到國際化的歷史。

---

[1] 慧庵，〈菲律賓南部的佛教動態〉，《慈航》季刊第 21 期（1968 年 3 月），頁 102。另參見妙欽，〈菲律賓的佛教〉，收在《現代佛教學術叢刊・83 冊・東南亞佛教研究》（臺北：大乘文化出版社，1978），頁 341-342。

二、近代華僑與菲律賓佛教

1571 年西班牙人佔領菲律賓，1898 年，因古巴事件，西班牙戰敗，將菲律賓轉讓美國。在美國數十年的統治期間，華人移民逐漸增加，據 1928 年統計，華僑控制全菲批發與零售商業已達三分之二，全菲商業大部分掌握在華僑手上。菲律賓自治政府時期，限制移民，每年僅開放五百人入境，然中日戰爭爆發後，自治政府首任總統計順（Manuel L. Quezon），基於中菲民族友誼，簽署難民法，讓大批華人來菲避難。1942 年元月，日本發動太平洋戰爭佔領菲律賓三年間，華僑商業受嚴重打擊。日本戰敗後，華商始復舊觀。[2]1946 年，菲律賓在美國的支持下成立獨立政府。

近代漢傳佛教傳入菲律賓的模式，和清代傳入臺灣的佛教相類似，依靠的是閩粵移民的一般在家信眾，故而所傳播的佛教是以祈求平安福壽的「庶民佛教」為主，談不上佛理的宣揚，戰後才逐漸轉型。

據研究，近現代菲律賓漢傳佛教萌芽，最早是 1881 年，一位粵籍華僑來菲計順市，隨身攜帶觀音菩薩，作為個人禮拜，後來成為附近鄰里華人的信仰中心，即今座落於該市龜卵區的觀音寺。[3]

印順法師即表示：「菲律賓的佛教，其傳播情形非常特殊，它不像其他佛教區域，先由僧侶去傳布，而是一般經商的人，從家鄉把佛菩薩帶去，起初只是供私人或少數親朋禮拜的，漸漸崇拜的人多了，即有寺院的創立。」[4]如三寶顏的福泉寺之創建因緣，1886 年由福建籍的華僑陳梭先生，從泉州市安海鄉龍山寺迎請觀音菩薩前來，當時安置於茅舍。[5]因為靈驗的關係，後由華僑募款建寺。日軍佔領菲律賓期間

---

[2] 陳杰，〈菲律賓華僑史話（上）〉，《慈航》季刊第 3 期（1963 年 7 月），頁 13-15。
[3] 釋傳妙，〈菲律賓佛教傳入與發展之略探〉，《第十九屆全國佛學論文聯合發表會論文集》（臺北：法鼓佛教學院，2009）。
[4] 印順，〈菲律賓佛教漫談〉，《妙雲集下編之十一·佛法是救世之光》（新竹：正聞出版社，2000），頁 344。
[5] 釋傳妙，〈菲律賓佛教傳入與發展之略探〉，《第十九屆全國佛學論文聯合發表會論文集》（臺北：法鼓佛教學院，2009）。

（1942-1945），當時旅居三寶顏的教育界前輩黃克恭，手抄佛經結緣，並教導誦持，提倡正信佛教。[6]

　　民國 20 年，僑界佛教徒組織「旅菲中華佛學會」；民國 25 年 10 月，該會在馬尼拉購地創建大乘信願寺，由戴季陶(1891-1949)主持奠基，這是可說是民國漢傳佛教在菲律賓肇建始。1941 年，太平洋戰爭爆發後，菲島陷於日軍，此一時期信佛的人日多，[7]印順法師表示：「迨日軍攻佔菲島，百業停頓，華僑的物質生活固屬困苦，而精神也備受戰爭恐怖的威脅，亟須佛法的慈悲、和平、無畏的慰藉和救濟，因而信佛的人日眾。」[8]

　　據 1963 年左右菲國官方統計，旅居菲律賓華僑，純粹中國血統約十四萬餘人，近半數卜居首都馬尼拉。華僑信仰雖佛教、基督教、天主教、回教皆有，但佛教信仰具有重要地位，代表性佛寺有馬尼拉的隱秀寺、信願寺、普陀寺、華藏寺、寶藏寺；宿務的定慧寺；三寶顏的福泉寺等。[9]截至 2008 年的調查，菲律賓共有漢傳佛教寺院三十九座有住持，但在呂宋島中有二座寺院，目前無人住持管理。[10]

三、1949 年之後來臺陸僧的菲島弘法舉偶

（一）印順法師

（1）妙欽法師因緣首赴菲

1954 年底，印順法師得馬尼拉信願寺性願法師（1889-1962）函邀，

---

[6] 慧庵，〈菲律賓南部的佛教動態〉，《慈航》季刊第 21 期，頁 105。

[7] 思源，〈菲律賓首創的佛教學校—菲律賓普賢中學〉，《慈航》季刊第 3 期（1963 年 7 月），頁 70。

[8] 印順，〈菲律賓佛教漫談〉，《妙雲集下編之十一・佛法事救世之光》，頁 344-345。

[9] 陳杰，〈菲律賓華僑史話（下）〉，《慈航》季刊第 5 期（1964 年 1 月），頁 19-21。

[10] 釋傳妙，〈菲律賓佛教傳入與發展之略探〉，《第十九屆全國佛學論文聯合發表會論文集》（臺北：法鼓佛教學院，2009）。

赴菲律賓弘法。[11]當時信願寺的住持為瑞今法師（1904-2005）。[12]

　　菲律賓自近現代開始，無論是華人移民或是漢傳佛教系統，皆以閩南為大宗，其早期信仰型態與臺灣甚為類似。印順法師與性願法師的因緣，是因為妙欽法師（1921-1976）的關係，印順法師表示：「去菲律賓的因緣，主要是妙欽的關係。（民國）四十一年冬，性願老法師就託施性水等來邀請。到了四十三年（四十九歲）底，我才初次到菲律賓的馬尼拉。那時，妙欽去錫蘭深造，我是住在華藏寺。」[13]雖說首次赴菲是因妙欽關係，但當時妙欽人並不在菲律賓。

　　妙欽法師（1921-1976），福建惠安人，俗名姓黃騰莊，別號白雲，又號慧庵。5歲於廈門白鹿洞禮覺斌和尚披剃，15歲於泉州承天寺受具足戒。先後於南普陀寺養正佛學院、閩南佛學院深造。民國29年，入四川漢藏教理院，親近太虛、法尊、法舫、印順等大德。後受聘為漢藏教理院教師。同年冬，印順法師也來到漢院，太虛寫信給印順，令為妙欽等特別講授佛學課程。印順法師就專為妙欽、演培、文慧三人講授《攝大乘論》，由他三人筆錄下來，即後來收於《妙雲集》的《攝大乘論講記》。[14]

　　1948年抗戰勝利後，妙欽法師回閩禮祖探親。適逢弘化菲律賓的

[11] 鄭壽彭，《印順導師學譜》（臺北：天華，1981），頁42。性願法師，1889年生，號棲蓮，晚年自署乘願。俗名洪水雲，福建南安人。12歲出家於南安石井東庵，禮德山法師披剃，翌年，於廈門南普陀受大戒。1936年，菲律賓佛學會主席吳江流居士派代表至廈門，邀請他到菲律賓弘法。1937年9月，性願法師赴馬尼拉出任信願寺首任住持，為中國佛教南傳菲律賓的第一位法師。1952年，於馬尼拉市郊創建華藏寺，並陸續在宿務、三寶顏建寺。1957年，信願、華藏兩寺聯合禮請印順法任住持，1960年春，印順法師任滿，性願法師繼任，1962年4月11日寂於華藏寺，世壽74，僧臘61。參見于凌波，《中國近代佛門人物誌（第二集）》（臺北：慧炬出版社，1993），頁321-329。

[12] 瑞今法師，俗名蔡德分，號德輪。福建省泉州府晉江縣東石鎮東埕村人氏。十二歲時，依南安縣雪峰寺轉敬老和尚出家，法名寂聲，號瑞今，法脈屬臨濟宗喝雲派。1927年秋從首屆閩南佛學院院畢業。1946年，瑞今法師應菲律賓馬尼拉信願寺住持性願法師邀請，與廈門妙釋寺住持善契法師南渡菲律賓，卓錫信願寺。1948年被聘任信願寺住持。自1949年起至2000年，不斷主持信願寺重修擴建工程。2005年2月27日，安詳示寂，世壽101歲，僧臘89載，戒臘84夏。參見〈閩南育僧才海外傳佛法——瑞今法師生平述評〉，《南普陀在線》（http://www.nanputuo.com/nptxy/html/201103/0415143773499.html，2015.4.3流覽）。

[13] 印順，《平凡的一生（重訂版）》（新竹：正聞出版社，2005），頁130。

[14] 〈妙欽法師〉，《百度百科》（http://baike.baidu.com/view/4419142.htm，2015.4.3流覽）。

性願法師回廈門傳戒，特召妙欽襄助。傳戒圓滿，妙欽建議性願法師，在南普陀寺設立「大覺講社」，請印順法師前來主講。講社成立，印順、演培、續明先後抵廈門。1949 年，國共戰火延及福建，印順法師等三人到了香港。[15]之後三人又陸續轉抵臺灣。妙欽法師則赴菲律賓馬尼拉華藏寺與信願寺弘法，任兩寺法主（專門負責講經說法）。[16]

　　除了妙欽法師的因緣外，印順法師還清楚表示：「我這一趟到菲島弘法的因緣，因我過去曾住過閩南多次，認識了幾位閩南的師友。同時我的師父，我的師兄弟，我的學生，也有是閩南人的，有了這種種關係，便成就我的菲律賓弘法之行。」[17]印順法師首次菲律賓弘法之行，將近五個月，頗有建樹，是戰後來臺陸僧赴菲第一人。關於此行，印順法師的回憶是：

> 我此次從馬尼拉到南部巡迴弘法，是在暑假期間進行的，因為在那一個時期，大家才有空閒。如旅菲僑生服務隊、以及童子軍等，都是學校放暑假後，才有工夫回國服務。劉校長他們，也利用這暑假的機會，邀我到宿務，三寶顏、古島、納卯等地，共計遊化了一個月，講說十六、七次。說法的場所，在宿務、三寶顏，是假中華中學的廣場及禮堂；在古島與納卯，是黨部的禮堂。在馬尼拉，則以信願寺、華藏寺、居士林等處講說為多。[18]

　　印順法師行程滿滿，向菲律賓傳播了民國佛教以來以「人間佛教」為架構的理念。以下是印順法師菲律賓弘法動向一覽表。

[15] 〈妙欽法師〉，《百度百科》（http://baike.baidu.com/view/4419142.htm，2015.4.3 流覽）。

[16] 〈閩南育僧才海外傳佛法——瑞今法師生平述評〉，《南普陀在線》
（http://www.nanputuo.com/nptxy/html/201103/0415143773499.html，2015.4.3 流覽）。

[17] 印順，〈菲律賓佛教漫談〉，《妙雲集下編之十一‧佛法是救世之光》，頁 345。

[18] 印順，〈菲律賓佛教漫談〉，《妙雲集下編之十一‧佛法是救世之光》，頁 343。

表 1　1955 年印順法師在菲律賓弘法動向一覽

時間	活動地點	講題、活動內容	備註
1 月 2 日	馬尼拉信願寺	佛法為救世之光	—
1 月 5 日	馬尼拉東大廣播電台	新年應有的新觀念	—
2 月 3~9 日	馬尼拉信願寺	信教與信仰佛教、佛教對財富的主張、懺悔的真義、從人到成佛之路	吳宗穆語譯，蔡小娟筆錄
2 月 22~24	馬尼拉佛教居士林	為居士說居士法、生死大事、求生天國與往生淨土	—
4 月 9 日	宿務	拜訪定慧寺、臘八精舍及僑團	馬尼拉佛教居士林組南島弘法團，由林長施性統、副林長施性儀，及普賢中學校長劉梅生陪同到宿務
4 月 10 日	宿務中華商會大禮堂	僑界公宴	—
4 月 12~14 日	宿務中國中學露天講台	佛法的因果道理、莫誤解佛法、應怎樣修學佛法	普賢中學代校長何明道譯為閩南語
4 月 14~16 日	宿務三民電台演講	佛教對人生的態度、佛化家庭、學佛離苦的主要意義	普賢中學代校長何明道譯為閩南語
4 月 18 日	從宿務飛三寶顏，住福泉寺	—	—
4 月 20~22 日	中華中學操場	應正確認識佛法、信佛與學佛	鍾靜波及何明道譯為閩南語
4 月 23 日	三寶顏福泉寺	授三皈依	—
4 月 24 日	中華中學禮堂	因與果	何明道譯為閩南語

4 月 26 日	古島	—	由福泉寺董事長楊世唱陪同飛抵古島，住中華中學宿舍
4 月 27~28 日	國民黨古島支部禮堂	我們要信仰什麼宗教、怎樣才能離苦得樂	何明道譯為閩南語
4 月 29 日	飛抵納卯，住民生旅社	—	—
4 月 30 日~5 月 2 日	國民黨納卯支部禮堂	從否定到肯定、信智並重的佛教、信教自由與傳教自由	何明道譯為閩南語
5 月 3 日	返抵宿務		數日後回馬尼拉
5 月 23 日	參加馬尼拉佛教青年會	參加佛教青年會成立大會	—
5 月 27 日	馬尼拉返臺抵善導寺	—	—

資料來源：鄭壽彭，《印順導師學譜》（臺北：天華，1981）；侯坤宏，《印順法師年譜》（臺北：國史館，2008）

　　菲律賓由於受西班牙殖民統治數百年之故，一般民眾普遍信仰天主教或基督教，就以菲律賓第二大城宿務來說，天主教或基督教所辦的學校俯拾皆是，在 1955 年之前，雖然華僑眾多僅次於第一大城馬尼拉，但無一所佛教所辦的學校，直到同年 4 月 9 日至 18 日，印順法師蒞菲弘法，偕同菲律賓普賢學校董事會名譽董事長施性統、教育主任劉梅生、文書主任何文懷、總務主任施性儀南下巡迴弘法。在宿務經過一星期的布道說教，盛況空前：「大家對佛教有了新印象，好多人因而皈依印順老法師。普賢中學創辦人劉梅生居士，本來有發願在菲設立分校的意思，就乘這機會獻議設立一所佛教學校。」說法結束，受聞法感召，在馬尼拉佛教居士林常務董事吳達虛夫人陳慧華與王芳俊、林咸隆的鼓勵下，普賢中學校長（或說教務主任）劉梅生、文書主任何明懷，留在宿務籌辦普賢中學分校。[19]印順法師事後回憶表示：「宿務的說法因緣，

---

[19] 思源，〈南島佛教青年的搖籃—宿務普賢中學〉，《慈航》季刊第 4 期（1963 年 10 月），頁 79。

有一意外收穫，那就是慧華與梅生共同發起了創辦普賢學校。」[20]

　　宿務的普賢中學因印順法師菲島弘法而創立，而主事者劉梅生早在1947 年 2 月，即在馬尼拉發起創辦普賢小學，得信願寺性願法師函邀僑界而創成。[21]宿務的普賢中學是劉梅生與菲律賓華僑佛教界所創辦的第二座學校。

　　1957 年 7 月，菲律賓佛教居士林為了解臺灣政治、佛教進步情形，特由該林理事長性統法師組團回國，並舉印順法師為訪問團團長，同時發起中華民國海內外佛教徒聯誼會，獲內政部之贊助，同月 8 日於善導寺舉行籌備會，會中同意加強聯繫，及佛教文化交流、互派互訪。[22]

（2）性願法師祝壽二赴馬尼拉

　　1958 年 6 月 7 日，印順法師應菲律賓僑團之邀，為馬尼拉信願寺性願法師七十大壽而去，由正宗法師陪同。此次印順法師講《藥師經》，由妙欽法師譯為閩南語。[23]

　　1937 年，性願法師自閩來菲，出任馬尼拉信願寺住持，1948 年退居，改聘瑞今法師任住持。當 1958 年印順法師二度來菲時，瑞今法師已辭退信願寺住持，而性願法師則卓錫於馬尼拉市郊之華藏寺，性願法師於是有二寺合一的構想，趁著印順法師此行來菲，而推舉他為二寺聯合上座（住持），更進一步促成能仁學校的創辦：

> 從四十八年到五十年，我都來菲律賓一趟。弘法是虛名，對寺務
> ──二寺合一的工作，也因人少而僅有形式。如果說做些什麼，那
> 只是促成能仁學校的成立了。瑞金、善契、如滿、妙欽諸師，都
> 熱心的想成立一所學校，由信願寺來支持。對於辦學，性老從不
> 反對的。但閩南的法師們，似乎非常的尊敬前輩，沒有性老肯定

---

[20] 印順，《平凡的一生（重訂本）》，頁 131。

[21] 思源，〈菲律賓首創的佛教學校──菲律賓普賢中學〉，《慈航》季刊第 3 期（1963 年 7 月），頁 70-71。

[22] 鄭壽彭，《印順導師學譜》，頁 55-56。

[23] 印順，《平凡的一生（重訂本）》，頁 131。

的一句話，也就不敢進行而一直延擱下來。我覺得，這是容易的，一切齊全，只缺一滴潤滑油而已。我以「大眾的決定」為理由，向性老報告，性老也沒話說，能仁學校就這樣開始進行。[24]

作為「潤滑油」的印順法師，8 月 24 日，分別於信願、華藏二寺舉行晉山典禮。[25]此行，印順法師共滯留二個月餘，講述《藥師經》全經，與此同時還作三場演講〈祝性願老法師七秩大壽〉、〈須彌山與四洲〉、〈佛化音樂應有的認識〉，[26]於同年 10 月 3 日返臺。

（3）三度蒞菲

1959 年 3 月 4 日，印順法師在廣範法師（1927-2004）及劉梅生隨行下去宿務，[27]此行主要是出席菲華僑界支援「抗暴」運動。

表 2　1959 年印順法師在菲律賓弘法動向一覽

時間	活動地點	講題、活動內容	備註
3 月 4 日	宿務黨支部、普賢中學	說法	—
3 月 27 日	馬尼拉信願寺觀音法會	皆大歡喜、佛法是救世之光	—
4 月 9 日	出席菲華僑界支援抗暴運動大會	代表佛教界演說	—

---

[24] 印順，《平凡的一生（重訂本）》，頁 132。

[25]〈海外佛教通訊：菲島信願、華藏兩寺合併　公請印順法師為聯合上座〉，《菩提樹》第 70 期（1958 年 9 月），頁 23。

[26] 正聞出版社，《印順法師著作總目・序》（新竹，正聞出版社，2000）。

[27] 鄭壽彭，《印順導師學譜》，頁 60。廣範法師，祖籍福建泉州，俗名楊照模，1927 年 12 月 25 日生。17 歲投福建南安小雪峰寺禮瑞今法師為師，20 歲受具足戒於普陀山，旋赴杭州佛學院深造。1949 年夏，隨印順導師，續明、常覺諸師經廈門往香港，掛單於鹿野苑。1958 年，赴馬尼拉信願寺，任監院之職，後出任副住持之職。並於納卯市開山創建龍華寺。2004 年 4 月 23 日示寂於美國洛杉磯。世壽 78 齡，僧臘 61 載，戒臘 58 夏。參見〈雪峰禪寺・廣範法師傳略〉（http://www.xuefengsi.cn/showambition.aspx?id=172，2015.4.6 流覽）。

5月20~22日	應世佛友誼會菲律賓分會之請,於國民黨駐菲總部大禮堂	自由祖國佛教之現況、佛教與國家、佛陀及其教義	何明道語譯記錄
7月15日	由菲律賓赴香港	—	—

資料來源:鄭壽彭,《印順導師學譜》(臺北:天華,1981);侯坤宏,《印順法師年譜》(臺北:國史館,2008)

(4) 弘法四度蒞菲行

1960年6月14日,偕正宗法師再度赴菲。其間,臺北慧日講堂由林提灶(1893-1971)完成購地,新竹女眾佛學院第一屆學僧畢業,由副院長演培法師主持畢業典禮;8月,印順法師由吳陳慧華陪同,三度赴宿務弘法,住定慧寺,後促成馬尼拉能仁學校之成立。[28]

(5) 五訪菲律賓辭上座

1961年7月11日,印順法師五度蒞菲,此行主要目的是信願、華藏兩寺首任上座三年期滿,9月17日,公推性願法師繼任,9月19日回臺。[29]

印順法師來臺後,因妙欽法師的因緣而於戰後初期赴菲弘法,前後凡五次。

1976年2月26日,印順法師為探病重的妙欽法師到菲律賓馬尼拉,由瑞今、廣範等法師迎至信願寺,當晚赴醫院探視,3月12日轉赴新加坡,3月30日,妙欽法師病逝,世壽56。[30]事後印順法師對妙欽法師及菲律賓佛教的感懷頗深:

> 妙欽在馬尼拉信願寺,住了二十多年,雖曾在普賢學校授課;領導精進音樂團;能仁學校成立,主持了校政十五六年,然對傳統

---

[28] 鄭壽彭,《印順導師學譜》,頁62-63。

[29] 侯坤宏,《印順法師年譜》(臺北:國史館,2008),頁202。

[30] 侯坤宏,《印順法師年譜》,頁282-284。

的佛教環境來說，無論是法事，人事，都有點不相契合，所以顯得有點孤獨。我曾在『平凡之一生』中說到他：「大陸變色，他（妙欽）將為佛法的熱忱，寄望於菲律賓的佛教。希望能從性願老法師的倡導下，有一新的更合理的發展。但性老有為法的熱心，觀念卻是傳統的。我雖去（過）菲律賓，也不能有所幫助。為時代與環境所局限，心情不免沉悶。」[31]

　　印順法師因妙欽法師的因緣，五次來到菲律賓弘法，作為延續太虛法師的「人間（生）佛教」的三代師生關係，在印順看來：「在佛法的探求上，妙欽是有思想的，與我的思想傾向相近。」[32]妙欽法師因性願老法師的「傳統觀念」，雖有佛法的熱忱，卻「為時代與環境所局限」，而他「也不能有所幫助」，至少印順在 1976 年是持此看法。

（二）自立與唯慈法師

（1）菲律賓佛教居士林與普賢中學劉梅生

　　前述，1957 年 7 月，菲律賓佛教居士林為了解臺灣政治、佛教進步情形，特由該林理事長性統法師組團回國，並舉印順法師為訪問團團長。此行菲律賓普賢中學創辦人劉梅生（後來出家的覺生法師）任顧問，全團 17 人，自 7 月 10 日起全臺參訪半個月，獲得僑委會及臺灣佛教界的高度重視。[33] 7 月 26 日，拜會中華婦女聯合會，獲蔣夫人親自接見；30 日，獲陳誠副總統接見；8 月 1 日，內政部長王德溥建議召開海外華僑佛教徒會議。[34]訪問團在返菲前，於 8 月 22 日，獲蔣總統接見。[35]

　　此行除了拜會臺灣佛教各界外，還有一個目的，即劉梅生校長要為

---

[31] 印順，〈我所不能忘懷的人〉，《華雨集》第五冊（新竹：正聞出版社，2000），頁 187。

[32] 印順，〈我所不能忘懷的人〉，《華雨集》第五冊，頁 186。

[33] 〈佛教新聞版：菲華佛教居士林林友 回國訪問各機關社團〉，《菩提樹》第 56 期（1957 年 7 月），頁 40。

[34] 佛教新聞版：蔣夫人及副總統接見菲華佛教居士訪問團〉，《菩提樹》第 57 期（1957 年 8 月），頁 44-45。

[35] 〈佛教新聞版：菲華佛教徒結束訪問 賦歸前蒙總統接見〉，《菩提樹》第 58 期（1957 年 9 月），頁 42。

普賢中學及菲律賓僑界物色適當弘法人才，當 8 月 23 日訪問團回菲律賓時，劉梅生以考察臺灣各學校教育而滯臺，[36]直到 10 月 21 日才返菲律賓。[37]滯臺期間，劉梅生經磋商後，決定聘請自立（1927-2010）與唯慈（1925-2019）兩位法師前往菲律賓普賢中學執教，1958 年 12 月 26 日離臺赴任。[38]

（2）弘化兩校

1958 年底，自立與唯慈法師到了菲律賓，自立法師留在馬尼拉的普賢中學，唯慈法師則到菲國中部的宿霧市，任教於普賢學校宿務（霧）分校。[39]

自立法師來到菲律賓不久，1959 年 9 月，馬尼拉普賢學校開始動工，翌年 5 月，四層樓鋼筋水泥校舍落成，把原在范侖那小學部遷入新校址，名為「菲律賓普賢中學暨附屬小學」，1963 年對自立（乘如）法師的形容是「現任的佛學講師是乘如法師，四年前由留校長親向臺灣禮聘來菲擔任佛學教職，年輕有為，學行素養，均足為青年模範。」[40]

自立法師與慈航法師關係十分密切，遂在眾多來臺依止他的弟子中以「首席」之位付法給他。自立法師稱慈航為「導師」，自承來臺後「始

---

[36] 〈佛教新聞版：菲華佛教徒結束訪問 賦歸前蒙總統接見〉，《菩提樹》第 58 期（1957 年 9 月），頁 42。

[37] 〈佛教新聞版：菲華普賢校長參觀故宮文物〉，《菩提樹》第 60 期（1957 年 11 月），頁 42。

[38] 〈佛教新聞版：兩青年法師飛菲島執教〉，《菩提樹》第 74 期（1959 年 1 月），頁 48。

[39] 〈自立法師〉，《百度百科》（http://baike.baidu.com/view/4419142.htm，2015.4.13 流覽）。

[40] 思源，〈菲律賓首創的佛教學校—菲律賓普賢中學〉，《慈航》季刊第 3 期，頁 72。自立法師，江蘇省泰州人，1937 年生，法名傳心，字乘如，自立一名乃是自取。畢業於杭州武林佛學院。1947 年於寶華山隆昌寺受具足戒；1948 年入杭州武林佛學院，同年轉學到上海靜安佛學院。1949 年 2 月與武林佛學院同學唯慈、幻生二師來臺親近慈航法師。1950 年，入慈航法師之彌勒內院；1954 年 5 月，慈航法師示寂，留下遺囑，請白聖法師代傳法予七個弟子，自立法師為嗣法首席弟子；1958 年底赴菲擔任該普賢學校之佛學導師；1962 年，受隱秀寺住持清和姑聘為導師，後在寺內建立太虛講堂；1963 年，創辦佛教雜誌《慈航季刊》；1980 年，清和姑往生，自立法師繼任隱秀寺住持；2010 年 12 月 9 日，寂於於馬尼拉崇仁醫院，享壽 84 歲。參見〈自立法師〉，《百度百科》（http://baike.baidu.com/view/4419142.htm，2015.4.13 流覽）。

終沒有離開您」、「（慈航）一向特別器重我」，在慈航圓寂當天上午「仍為我授了最後一課」，所以自立打算「『以師志為己志』，以完成您老人家所賦予的使命」。[41]

當 1958 年自立與唯慈法師來到菲律賓後，特別是自立法師一直在尋找機會報答慈航法師昔日的提攜之恩。1962 年 9 月，自立法師被同在馬尼拉的隱秀寺住持清和姑聘為導師後，翌年元月，自立法師在清和姑的支持下，創辦《慈航》季刊，〈發刊詞〉說：「慈公圓寂，已整整八年了。我們對他的懷念，真是時久愈深。為了表示心底這分深切的懷念，我們忘掉眼前環境，也忘掉自己的淺薄，而勉力來出版『慈航』。」基於慈航法師生前愛護青年，自立（或唯慈）法師說：「我們想把慈刊內容，盡量做得淺白些……我們用平凡的作法，闡揚佛教，引導青年入佛正道，紀念老人愛護青年的苦心。」[42]又為了紀念太虛法師，於寺中建立「太虛講堂」。

《慈航》季刊的董事長是清和姑，發行人為乘如（自立）法師，主編為日照（唯慈）法師三人，合力編輯季刊，直到 1972 年，「因菲政府實施軍統，國內一切報刊、雜誌，被逼停刊」，《慈航》季刊前後維持九年。[43]

唯慈法師也是 1949 年與自立法師從大陸來依止慈航的學僧，在1959 年初接普賢小學宿務分校時「僅租用數間民房作校舍，其後購定校址，新建巍峨雄偉的永久校舍，並由小學發展為普賢中學與小學，校譽日隆，校譽倍增，足以媲美馬尼拉普賢學校」，要歸功於唯慈法師十

---

[41] 自立，〈我怎能不痛哭—一封無法投遞的信〉，《慈航大師紀念集（上冊）》（臺北：大乘印經會，1998），頁 164-167。

[42] 本社，〈發刊詞〉，《慈航》季刊第 1 期（1963 年 1 月），頁 3。清和姑（1890-1980），俗姓陳，一名楊端，福建南安人，14 歲於惠安三慈寺出家，修行十餘載，嗣往普陀山普濟寺受戒，從瑩照法師，改法名為清和。後抵上海玉佛寺，皈依太虛法師，承受法旨，取名慈清。28 歲隻身來到菲律賓，為人洗掃煮飯，多年稍有積蓄。1949 年 12 月，於黎剎省加洛干市啟建隱秀寺。落成三年，不幸遭鄰火波及，後復又重建完成。後商於普賢中學執教之自立法師為該寺導師。參見〈菲律賓隱秀寺住持清和八秩大慶壽序〉，《慈航》第 28 期（1969 年 12 月），頁 10-11。

[43] 瑞今，〈佛說阿彌陀經講記・瑞今長老序〉，《佛說阿彌陀經講記》（馬尼拉：隱秀寺，2001）（http://www.book853.com/show.aspx?&id=1250&cid=123，2015.4.18 流覽）。

餘年的耕耘籌劃。[44] 1970 年夏，唯慈法師因病返臺療養，並想留臺閱藏，但因菲校不斷派人催促主持校務，1971 年 9 月許再返菲律賓宿務。1978 年春，創建宿務普賢寺道場；2007 年，接任菲律賓佛教總會會長。同年，普賢寺「唯慈導師基金會」，將唯慈法師全部著作彙編成《唯慈法師全集》22 冊出版。[45]

四、菲律賓「太虛法系」

印順、慈航皆屬「太虛法系」弘揚「人間佛教」的健將。印順法師固不待言，而慈航法師每「以佛心為己心，以師志為己志」自許，而所謂的「師志」即是指太虛「人間（生）佛教」之志。

印順法師與菲律賓佛教的因緣是因為妙欽法師的關係，1955~1961 年間，曾五次蒞菲弘法。1976 年最後一次赴菲不是弘法，而是去探視病篤的妙欽法師，他談到妙欽法師臨終遺言是「服膺太虛大師所開示的常道，學菩薩發心，願再生人間」。[46]

另外，如前述自立與唯慈法師都是 1949 年前來依止慈航法師，慈航法師圓寂後，他負責編印《慈航法師全集》及紀念刊，復聯合同道創辦慈航中學，培植青年，以報師恩。[47]而 1963 年元月，在隱秀寺創建人清和姑的支持下，創辦《慈航》季刊，是為紀念慈航法師自不待言，在

---

[44] 幻生，〈敬業與自修—送唯慈法師再度赴菲〉，《菩提樹》第 229 期（1971 年 12 月），頁 34-35。唯慈法師，號日照，江蘇省高郵人，生於 1925 年。1944 年春，於南京寶山受具足戒；1947 年夏，入杭州武林佛學院就讀；1948 年 11 月初，離杭州抵上海，在演培法師介紹進入靜安佛學院。1949 年 2 月，演培法師寫信介紹他到臺灣去投奔慈航法師。唯慈、自立、幻生三人，於 2 月 14 日抵臺，入學中壢圓光寺「臺灣佛學院」。半年後，圓光寺住持妙果老和尚不續辦，僅留十人於寺，其自立、幻生、唯慈三人在列。1950 年秋，慈航法師在汐止興建的彌勒內院竣工，大陸來臺學僧都集中在內院上課。1954 年 5 月，慈航法師圓寂，內院的學生多數離院。唯慈法師到新竹福嚴精舍，親近印順導師。1956 年，回到汐止彌勒內院，在內院禁足自修，前後三年。參見〈唯慈法師〉，《百度百科》（http://baike.baidu.com/view/4419142.htm，2015.4.13 流覽）。

[45] 釋傳妙，〈菲律賓佛教傳入與發展之略探〉，《第十九屆全國佛學論文聯合發表會論文集》，頁 14。

[46] 印順，〈我所不能忘懷的人〉，《華雨集》第五冊，頁 185。

[47] 康齡，〈隱秀緣起〉，《慈航》季刊第 3 期（1963 年 7 月），頁 85。

「人間佛教」的理念上與太虛法師一致，在應聘住持的隱秀寺建立「太虛講堂」更是明證。

　　1980 年，清和姑往生後，自立法師陞座住持，歷四年時間擴建隱秀寺。1990 年，以慈航法師「教育、文化、慈善是佛教三大救命圈」的理念，在其皈依弟子王玉霞的支持下，發起籌設「菲律賓慈航施診中心」，經年餘而成。2010 年 12 月 9 日自立法師往生，身後遺作有《佛遺教經講記》、《學佛與念佛》、《佛說四十二章經講記》、《佛說八大人覺經講記》、《佛說阿彌陀經講記》、《觀世音菩薩普門品講記》、《生死自如》、《佛說觀彌勒菩薩上生兜率陀天經講記》、《六祖壇經講記》，《藥師經講記》、《普賢行願品講記》等。[48]

　　唯慈法師 1949 年負笈臺灣，親近慈航法師於汐止彌勒內院；1955 至 1956 年親近印順法師於新竹福嚴精舍；1956 年回彌勒內院禁足三年；1958 年冬應聘至菲律賓弘法；1959 年執教於宿務普賢中學，致力推動佛化教育；1968 年開始主理校政。1976 年籌建創立宿務普賢寺，1980 年落成；1984 年創辦宿務普賢義診所，定期施醫贈藥，濟貧救苦；1998 年創設宿務普賢宏法基金會；1999 年創辦《普賢》畫刊與世界日報《普賢》半月刊；2006 年元月創辦《菲島佛教》（傳禪、道元發起）季刊迄今。[49]

　　2006 年 1 月 14 日，於馬尼拉泛太平洋酒店舉行「唯慈法師著作研討會」，菲佛教界共發表八篇論文，肯定唯慈法師「對菲律賓佛教事業做出非凡貢獻」。[50]

---

[48] 了中，〈菲律賓馬尼拉隱秀寺自立法師行狀〉，
　　（http://blog.xuite.net/chi6i7i88/twblog/120146660-%E8%8F%B2%E5%BE%8B%E8%B3%93%E9%A6%AC%E5%B0%BC%E6%8B%89%E9%9A%B1%E7%A7%80%E5%AF%BA%E8%87%AA%E7%AB%8B%E6%B3%95%E5%B8%AB%E8%A1%8C%E7%8B%80，2015.5.11 流覽）。
[49] 〈唯慈導師簡介〉，《菲島佛教》第 2 期（2006 年 4 月）
　　http://blog.sina.com.cn/s/blog_66f760250100i6ii.html，2015.5.11 流覽。
[50] 〈唯慈法師著作研討會圓滿成功舉辦效果彰顯〉，《菲島佛教》第 2 期（2006 年 4 月）
　　http://blog.sina.com.cn/s/blog_66f760250100i6ii.html，2015.5.11 流覽。

五、結語

　　戰後至少在 2006 年之前，就「太虛法系」的「人間佛教事業」而言，菲律賓佛教可分為兩大時期，一是 1949-1961 年印順法師來菲弘法時期，一是 1961-2006 年自立、唯慈駐菲弘法時期。

　　印順法師來菲弘法時期，促成普賢中學、能仁中學的成立，也影響了劉梅生居士的佛教教育事業，但就其被請為上座的馬尼拉信願寺，以及卓錫於信願寺的妙欽法師而言，印順法師認為，就馬尼拉最具歷史與影響力的信願寺，是一座佛教「傳統」道場，不要說他僅是十年間五度弘法而已，有心從事太虛、印順「人間佛教」的妙欽「對傳統的佛教環境來說，無論是法事，人事，都有點不相契合，所以顯得有點孤獨」，印順法師感慨說：「『求真』與『適今』的佛法方針，做起來是不容易的。因為離開了傳統的佛教，不容易開展；依附於傳統的佛教，又會受到限礙，這是近代佛教一直存在著的問題。」[51]

　　卓錫菲律賓超過一甲子的唯慈法師，認為菲律賓佛教「雖無統一的計畫，大體也算走出了一條佛教的道路」，但亦感慨地說「向華僑社會傳播了佛法，唯一遺憾的並未能走進菲人的環境，只在中國人的社會裡轉動」，「大部份的出家人，仍以傳統的誦念活動為主流」。[52]

　　菲律賓佛教特別是對「太虛法系」的僧眾而言，仍宥於「傳統佛教」而頗受阻礙，但是，就「太虛法系」最著重的「人間佛教」三大事業：慈善、教育、文化，仍頗有進展，就慈善事業言，至少有「佛教歲暮慈贈會」（1956 年創立）、「佛教乘願安老院」（1956 年創立）、「文蓮施診所」（1978 年創立）、[53]「宿務普賢義診所」（1984 年創立）；教育方面有普賢中小學、能仁中學等；文化方面則有《慈航》季刊（1963-1972）、《普賢》畫刊（1999-）與世界日報《普賢》半月刊（1999-）、《菲島佛

---

[51] 印順，〈我所不能忘懷的人〉，《華雨集》第五冊，頁 187。

[52] 唯慈，〈《菲島佛教》創刊詞〉（http://hk.plm.org.cn/gnews/20111112/20111122/6923.html，2015.5.11 流覽）。

[53] 不著撰人，〈菲島佛教：應《菲華時報》出版"菲律賓華人"專刊而作〉（http://www.fjdh.cn/wumin/2009/12/06091195394.html，2015.5.11 流覽）。

教》（2006-）。

　　如今菲律賓佛教已站穩華人信仰圈，接下來是如何進入菲律賓人社群中。在戰後一甲子的歲月中，佛教信仰幾乎從無到有，特別是 1949 年來臺陸僧的「再移出」功不可沒。不僅是菲律賓華人佛教界，包括南洋及美洲華人佛教界皆有類似情況。

戰後臺灣佛教結社與淨土行人（1949-1987）

一、前言

戰後臺灣佛教，隨著大陸的各省籍緇素來臺，全臺蓮社也如雨後春筍般地成立。臺灣地區在解嚴前（1987）到底成立多少蓮社、念佛會，有哪些代表性淨土人物？其所倡導的淨土思想為何？皆非常值得關注。

道安法師（1907-1977）所著的〈一九五〇年代的臺灣佛教—民國三十八年至四十六年〉一文中談到「淨土法門之契機」時表示：

> 臺省自光復以來，結社念佛者，首推臺中蓮社李炳南居士，秉承印光法師之遺教，提倡尤力。臺北善導寺原為淨土宗之專宗道場，在每逢週六，集眾念佛，參加者近千人，去年又組織臺北蓮友助念團。此外，如宜蘭念佛會、桃園蓮社、棲蓮精舍，各淨土念佛會，不下一百餘個……。[1]

據上述，在 1957 年前後，全臺念佛道場已不下百座，自國府撤臺短短不到十年，念佛風氣之盛，恐與國共內戰失利來臺將領或高階文官，學佛並投入結社或閉關念佛有關，代表人物至少有孔祭祀官李炳南、官拜陸軍中將的黃臚初（律航法師，1887-1960）、鍾石磐、王天鳴，以及由軍職轉文職的李濟華居士等，這種現象值得關注。

日本殖民時期，臺僧雖承繼清代以來一貫禪淨雙修的傳統，但結社念佛的風氣並未特別突出，倒是光復後十分明顯，其因為何？頗值得探討。本文旨在探討光復至解嚴前臺灣佛教的結社念佛與淨土行人。

二、結社念佛之風

1949 年末，國民政府在國共內戰失利後遷臺，以整肅共產黨為著

---

[1] 道安，〈一九五〇年代的臺灣佛教—民國三十八年至四十六年〉，收到張曼濤主編《現代佛學叢刊・中國佛教史論集（8）》（臺北:大乘文化出版社，1977），頁129。

眼的「白色恐怖」順勢展開。大陸緇素大批逃難來臺，共軍渡臺之說風
聲鶴唳，臺灣百姓惶惶不可終日。從戰後史料來看，歷經抗戰、內戰的
大陸來臺緇素，主導了戰後臺灣的結社念佛之風。

戰後臺灣首開結社念佛之風始於李炳南居士。1949 年夏，臺中市
靈山寺德欽尼師（1889-1963）組念佛會，請李炳南主持，並進一步帶
動中臺灣結社念佛的風氣，史稱「臺地結社念佛以此為始」。[2]臺灣中部
地區，特別是臺中地區，就在李炳南的努力下，成立一座座念佛道場。

南臺灣亦不惶多讓，1951 年陸軍退役將領鍾石磐（1904-？），結集
嘉義居住之軍眷，於義德佛堂組成念佛會，禮如平法師為導師，採興慈
法師（1881-1950）於南昌佑民寺覺集念佛林親授之儀軌，每週日下午
集會念佛，後嘉義天龍寺、普濟寺、太元佛堂、普德佛堂均仿傚之。[3]兩
位居士中南部相呼應，逐漸開啟了臺灣的結社念佛之風。

1949-1950 年間，全臺各地結社念佛或倡修念佛道場及個人比比皆
是，1950 年農曆 11 月逢印光法師（1862-1940）圓寂十週年，臺灣各地
紛紛舉辦法會紀念，龍澄澈所撰疏文，將臺地念佛之風作一概覽：

> （印光）大弟子李炳南專弘淨土經義于臺中，得法華寺智雄住持
> 作譯，聽眾因聞法而皈依念佛者，日增月益，其中如董正之居士，
> 身居立委，接引有智識及地位者尤多，法會所講之經，皆由彼募
> 捐贈送。朱時英觸辦發揚遺教之刊物，全省流通，臺北有余平書，
> 逢人勸導，十普寺自白聖法師住持後，延請道源和尚講經，善導
> 寺自李子寬居士接辦以來，每星期集眾念佛，更延賢首宗南亭法
> 師住寺，初講般若，期植聽眾慧根，進則光大善導寺門庭亦弘揚
> 淨土，他如如淨老和尚之在獅崖，妙果老和尚在苗栗，汐止彌勒
> 內院慈航院主，相淨兼弘，培植青年僧尼等，律航法師教學中壢
> 圓光寺，類皆日課彌陀，又如優婆塞如朱鏡宙，鑑于臺省素缺內
> 典，特募資排引（印）淨土及其他諸經，李文啟慨浩劫當前，倡
> 辦無量壽月月放生會，優婆夷如孫張清揚宿具福慧，財法兼

---

[2] 釋妙然，《民國佛教大事年紀》（臺北:海潮音雜誌社，1995），頁 272。
[3] 釋妙然，《民國佛教大事年紀》，頁 282。

施……。[4]

　　即 1950 年代臺灣佛教的念佛結社、印經、放生，在大陸來臺的緇素倡導下已蔚然成風，上述唯一臺籍法師僅如淨法師一人。

　　結社念佛之外，打佛七的風氣亦盛，戰後最早的結七當是 1948 年冬，於桃園圓光寺的阿彌陀佛誕佛七，[5]接著是 1954 年，時任高雄阿蓮鄉光德寺住持的淨念法師（1920-1976）即邀約專修淨土法門者打精進佛七，當時參加者有律航、慧峰、真華、董正之、鍾石磐等人。[6] 1965 年，臺南新營妙法寺念佛會初次打佛七，禮請懺雲法師（1915-2004）前來主七，[7]臺灣佛七之風亦逐漸開啟。

　　與此同時，無論是臺籍或外省籍緇素，紛紛倡導念佛或宣講淨土要義，更為臺省結社念佛之風推波助瀾，戰後初期（1952-1955）其有史可稽者如下：

　　1952 年 10 月 16 日，李炳南籌設之臺中佛教蓮社念佛團成立，有二百餘位蓮友出席；10 月 28 日-11 月 9 日，中國佛教會及龍山寺管理委員會邀請白聖法師宣講《佛說阿彌陀經》，圓滿日皈依者七十餘人；[8] 11 月 8 日，宜蘭雷音寺住持妙專尼師主持週六念佛會，朱斐應該寺護法林松年之邀，前去宣講念佛法門；11 月 11-17 日，基隆月眉山靈泉寺啟建佛七道場，專誦阿彌陀聖號，禮請大德宣講淨土法門；11 月 18-24 日，新店廣明岩修建念佛七法會，由律航法師主七、孫張清揚講法；12 月，臺中靈山寺舉行佛七，李炳南主持，專念阿彌陀聖號。[9]

　　1953 年 5 月起，每週日鍾石磐於嘉義義德佛堂宣講《佛說阿彌陀經》，念佛者常有百人；5 月 2 日，屏東東山寺週末念佛會特請高登海

---

[4] 龍澄澈，〈印師入寂十週年紀念疏文〉《覺生》第五、六合刊期（1950 年 12 月），頁 34。
[5] 律航，〈彌陀佛七初次開示—四十七年農曆十一月十二日於臺中靈山寺淨宗講堂〉《菩提樹》第 74 期（1959 年 1 月），頁 26。
[6] 鍾石磐，《聖賢夢影·鍾石磐居士七十年大事記》（臺北，大乘精舍，1983），頁 38。
[7] 鍾石磐，《聖賢夢影·鍾石磐居士七十年大事記》，頁 44。
[8] 〈一月佛教〉《菩提樹》創刊號（1952 年 12 月），頁 2。
[9] 〈各地簡訊·一月佛教〉《菩提樹》第 2 期（1953 年 1 月），頁 26-27。

宣說念佛要訣；[10]12 月，新莊迴龍寺啟建佛七法會，由常證法師開示念佛法要。[11]

1954 年 2 月 19-27 日，應臺中慎齋堂主張月珠（1903-1968）之請講《阿彌陀經》八日，法會中分贈圓瑛法師遺著《勸修念佛法門》，及李炳南之《當生成就之佛法》；[12]6 月，高雄佛教堂每星期禮請方倫及陳樹根二居士講解淨土教理；[13]11 月 15-23 日，嘉義天龍寺禮請隆泉法師（1902-1973）主持佛七法會，並請懺雲、淨念、真華、如平四法師指導，臺中靈山寺佛七由德真、德欽二尼師主七，李炳南每日開示；[14]12 月 23-31 日，臺中蓮社特請佛瀅尼師宣講《佛說阿彌陀經》。[15]

1955 年 3 月，臺中靈山寺佛七，李炳南、孫張清揚（1913-1992）開示念佛法門；[16]4 月，心然法師於苗栗三合寺主講〈淨土法門的殊勝〉；[17]8 月 10 日起，臺南湛然精舍舉行佛七法會，由慧峰、淨念二師主七，陳樹根主持淨土學講座；[18]11 月 13-28 日，律航法師於臺南白河大仙寺講《佛說阿彌陀經》及〈太虛大師往生安樂土法門念佛往生原理〉；11 月 26 日起一連二十天，星雲法師於高雄佛教堂講《佛說阿彌陀經》。[19]

佛七每年從數場至十數場極為普遍，更遑論固定週六或週日的念佛共修。由於淨土念佛被視為易行道，接引初機有其方便性，故推廣淨土法門或講述淨土經論者比比皆是。

---

[10] 〈新聞版・各地簡訊〉《菩提樹》第 7 期（1953 年 6 月），頁 30。

[11] 〈新聞版・迴龍寺啟建佛七 常證法師往開示〉《菩提樹》第 14 期（1954 年 1 月），頁 32。

[12] 〈新聞版・臺中市慎齋堂舉辦講經法會 並追悼圓瑛老法師〉《菩提樹》第 16 期（1954 年 3 月），頁 33。

[13] 〈新聞版・高雄市蓮社落成 佛教堂又將興工〉《菩提樹》第 20 期（1954 年 7 月），頁 33。

[14] 〈佛教新聞版・嘉義市佛教創舉天龍寺啟建佛七 臺中靈山寺亦同時舉行〉《菩提樹》第 20 期（1954 年 7 月），頁 45。

[15] 〈國內外新聞版・臺中蓮社恭請佛瀅法師講經〉《菩提樹》第 27 期（1955 年 2 月），頁 39。

[16] 〈新聞版・靈山淨土道場 念佛法會殊勝〉《菩提樹》第 29 期（1955 年 4 月），頁 35。

[17] 〈佛教新聞版・心然法師在中縣創佛教活動講座〉《菩提樹》第 30 期（1955 年 5 月），頁 40。

[18] 〈佛教新聞版・湛然精舍佛七圓〉《菩提樹》第 34 期（1955 年 9 月），頁 42。

[19] 〈佛教新聞版・律航法師大仙寺講經・高雄佛教堂講演彌陀經〉《菩提樹》第 37 期（1955 年 12 月），頁 41。

三、淨宗行人舉偶

（一）李炳南（1890-1986）

李炳南是來臺緇素中於中部最早倡導淨土念佛的大德，其影響力更是全臺性。

李炳南諱豔，字炳南，號雪廬，法號德明，別署雪僧，雪叟，姓李氏，籍山東濟南。生於清光緒十六（1890）年。自幼諸經子史，循次讀誦。開講以後，兼治岐黃。李炳南在三十一歲（1920 年）時管理莒縣監獄，這段期間是他崇儒學佛的開始：「因罹疾病，以精湛之醫術療之；罪屍無主者，代收瘞之。公始崇儒，宅心厚道；繼讀山東法科學堂，教授時講因果，以喻法學。時有梅教授擷芸光羲，南昌孝廉，掌秋官於魯省，精邃內典法相學，於大明湖畔組佛學社，講授相宗。公聽而悅之，每講必與，儒釋洞達。」[20]

李炳南真正走入淨土並茹素，是 1930 年閻、馮反蔣中原大戰時，莒城被圍，因閱豐子愷之《護生畫集》而開始。[21]李炳南向弟子表示：「余自壯歲以來，曾學密、參禪、研習唯識各八年，最後皈依印光大師，專宗淨土法門」。[22]他抗戰前曾跟來魯的北京真空禪師學禪門參究，跟濟南淨居寺方丈客觀禪師同參八年，而學密則是抗戰後避難四川重慶時，跟隨白教貢噶呼圖克圖學的。[23]

李炳南起初所讀的佛經是《金剛經》、《楞嚴經》、《法華經》、《圓覺經》之類的經書，後來讀了兩本宏化社寄來之淨土書籍，才生皈依之心。[24]不僅自學，還為全家說，全家也跟著信佛。後來他讀《印光文鈔》，

---

[20] 〈李炳南居士事略〉，《菩提樹》第 403 期，頁 12。

[21] 于凌波，《中國近代佛門人物誌》第三集，〈雪廬老人李炳南〉，（臺北：慧炬出版社，1984），頁 2。

[22] 智果，〈懷恩師話唯識〉，于凌波編，《李炳南逝世十周年紀念集》（臺中：財團法人李炳南居士紀念文教基金會，1997），頁 68。

[23] 淨業，〈德翁夫子所為何事──雪廬老人淨土選集編後感言〉，《雪廬老人法彙》，頁 131。

[24] 李炳南，〈印光大師圓寂十周年紀念回憶錄〉，《雪廬老人淨土選集》（臺中佛教蓮社，2000），頁 460 。

心想其必是得道高僧，並從友人處得知，印光乃是由儒而佛的大德。李炳南雖有皈依印光之心，但未果，一直要到數年之後。

> 數年後，鄰縣有土匪死屍未埋，予發起埋屍事。事後，縣推一位林姓代表來謝，林氏腕上套有一串念珠，言談間得知彼為印祖之皈依弟子，遂說出皈依素願，蒙彼慨然應允寫信介紹皈依，說來莫非因緣也。不久，蘇州來一信，乃印祖之親筆開示，並賜給法名。接信為舊曆七月十二日，翌日，依所示儀式於佛前自行皈依禮，正值大勢至菩薩紀念日也。大師之開示，大要為敦倫盡分與念佛之法，從此死心塌地而學之。[25]

印光賜給李炳南的法號是「德明」，信中給他的開示是：「學佛之人，必須敦倫盡分，閑邪存誠，諸惡莫作，眾善奉行；自行化他，同修淨業。念佛之法，宜執持名號，口念清楚，耳聽清楚，久久自得一心，不必兼修觀想。因倘不明教相，境細心粗，反而生弊。」[26]

1933 年，李炳南利用到南京出差的機會，特到蘇州報國寺去面謁印光。[27]1934 年被薦修莒縣縣志，越三年，應聘入至聖先師奉祀官府秘書。1935 年李炳南獲得中醫執照，醫術日後竟成為其來臺弘揚佛法的開端；1936 年 8 月底於山東濟南淨居禪寺，依可觀律師求受五戒，同年九月底，於山東濟南女子蓮社依大雲法師求受菩薩戒。[28]

蘆溝橋事變起，李炳南隨孔奉祀官孔德成到重慶。[29]李炳南在重慶時期，雖衷心於淨土念佛，惟並未專一，李炳南學禪、密後又復歸淨土，原來真正的原因是「沒有學成」，[30]所以他到臺灣後常告訴大家「時當末法，斷惑極難，不若帶業往生之為妥當」。[31]

---

[25] 思飛，〈訪雪公老師談學佛因緣〉，頁 18。

[26] 李炳南，〈印光大師圓寂十周年紀念回憶錄〉，《雪廬老人淨土選集》，頁 460。

[27] 淨軍編，〈李炳南居士大事年表〉，《李炳南居士與臺灣佛教》（臺中：雪廬講堂印經功德會，1995），頁 117。

[28] 淨軍編，〈李炳南居士大事年表〉，頁 118。

[29] 〈李炳南居士事略〉，《菩提樹雜誌》第 403 期，頁 12。

[30] 淨業，〈德翁夫子所為何事－－雪廬老人淨土選集編後感言〉，頁 131。

[31] 淨業，〈德翁夫子所為何事－－雪廬老人淨土選集編後感言〉，頁 131。

　　李炳南來臺主因是國共內戰，他曾表示：「（抗戰勝利後）不三稔，徐蚌戰作，土果不守，予亦浮海東來……。」[32]李炳南來臺後定居於臺中，這和孔聖奉祀官孔德成的動向有關，因為他在 1937 年被薦任大成至聖先師奉祀官府，後不久即晉升為主任秘書。[33]

　　1949 年 1 月下旬孔德成來臺遊覽，因感臺中市氣候良好有意卜居，當時臺中市長即為他代覓居所，1949 年 3 月孔德成舉家遷臺。[34]大成至聖先師奉祀官府最初正設於臺中，地點在臺中市復興路的巷內，李炳南亦因此而居於奉祀官舍中。[35]

　　1949 年 3 月間來臺，李炳南一踏上基隆碼頭就發願表示，要將阿彌陀佛的名號傳遍臺島的每一角落，於是自 4 月份開始，即席不暇暖地實施義診、講經說法。[36]同年 7 月間，臺中市女眾道場靈山寺是繼法華寺之後的另一座淨土道場。在法華寺初次講經稍後，董正之與賴棟樑等人發起改靈山寺為淨土道場，每逢週日聘請李炳南前來講經，最初為《觀世音菩薩普門品》繼而是《阿彌陀經》、《無量壽經》、《觀無量壽經》等淨土要典。[37]關於在臺中市法華寺、靈山寺結社念佛的情況如下：

> （李炳南）去年蒲月，受諸善信虔請，於法華寺，開立道場，宣揚淨宗，導眾念佛……六月受大慈大悲度生為懷之靈山寺住持及當家邀約，設念佛會每星期日講阿彌陀經。[38]

　　李炳南在法華寺、靈山寺結社念佛，尤其在靈山寺星期念佛會定期舉辦佛學演講更是座無虛席。[39]除了法華寺、靈山寺的念佛會外，還有家庭班，同時積極倡印淨土佛典：

---

[32] 李炳南，《雪廬寓臺文存之一》，（臺中：青蓮出版社，1995），頁 104。
[33] 孔德成口述‧王天昌筆記，〈李炳南先生略傳〉，《李炳南逝世十周年紀念集》，頁 3。
[34] 王見川，〈李炳南與戰後初期臺灣的佛教（1949-1952）《臺灣歷史學會通訊》第 9 期（1999 年 9 月），頁 3。
[35] 許炎墩述‧觀玲記，〈我所認識的李老恩師〉，《李炳南逝世十周年紀念集》，頁 166。
[36] 吳希仁，〈憶——雪公恩師內儒外佛的風範〉，《李炳南逝世十周年紀念集》，頁 37。
[37] 智雄，〈紀念炳公老居士一年間的弘法工作〉，《覺生》創刊號（1950 年 7 月），頁 12。
[38] 慧治，〈我加入靈山、法華寺念佛會之感想〉，《覺群》第 76 期（1950 年 3 月），頁 9。
[39] 〈新聞網〉《覺群》第 76 期（1950 年 3 月），頁 15。

家庭念佛班大小七班，每月每班按時念佛一次。最近化及北屯慈
善堂開設每月兩期念佛會，豐原豐原寺開設每月三期念佛會。文
化方面：有法華寺圖書組佛書借閱處，印經「當生成就之佛法」，
翻印「歧路指歸」、「光明畫集」、「無量壽經」。最近翻印「學佛
淺說」、「勸人專修念佛法門」、「龍舒淨土文」，著作「阿彌陀經
義蘊」、「阿彌陀經摘註附加表解」。[40]

　　李炳南在臺中除了影響佛寺結社念佛外，部分民間信仰宮廟亦改為
淨土道場，如鸞堂贊化堂正副堂主領眾念佛，[41]更不用說佛教，同（1950）
年8月，當地寶善寺亦改為淨土道場。[42]

　　臺中市在經過李炳南等人的努力，至1953年4月許，據報導指出：
「本（臺中）市東區南區一帶佛法最盛，在街頭巷尾不時可聞念佛之聲，
家庭主婦，尤佔多教（數）。蓮社及靈山寺兩淨土道場每次講經念佛時，
參加者總在四百人以上……。」[43]

　　李炳南第一年在臺中弘法極有成績，除在法華寺、靈山寺設立家庭
念佛班大小七班，每月每班念佛一次，後來又擴及北屯慈善堂，每月兩
期念佛會，豐原豐原寺每月三期念佛會。此外，還有每月二次的放生，
而印贈是以淨土為主的經書。[44]從上述看，李炳南在臺中地區影響力重
大。

　　在臺中影響漸增後，更將念佛結社推廣至全臺各地，如1951年5
月應邀至屏東東山寺；8月在臺中寶善寺；1954年5月復應邀至屏東東
山寺、鳳山、高雄、大崗山等地；11月至桃園棲蓮精舍講經；12月應
桃園蓮友之邀前去弘法。

　　自1955年起，李炳南陸續在全省各地成立佈教所、蓮社、念佛會
及合作寺院，計有：崙字佈教所（臺中市‧1955年4月）；太平佈教所
（臺中縣‧1955年4月）；鹿港佈教所（彰化縣‧1957年臘月）；慈光

[40] 智雄，〈紀念炳公老居士一年間的弘化工作〉，《覺生》創刊號（1950年7月），頁11-12。
[41] 〈新聞網‧贊化堂鸞壇 改立淨土場〉《覺生》創刊號（1950年7月），頁12。
[42] 〈一月佛教〉，《覺生》第二期（1950年8月），頁19。
[43] 〈佛教新聞版〉，《菩提樹》第6期（1953年4月），頁30。
[44] 智雄，〈紀念炳公老居士一年間的弘法工作〉，頁12。

圖書館（臺中市·1958 年 4 月）；霧峰佈教所（臺中縣·1960 年 5 月）；慈光育幼院（臺中市·1960 年 9 月）；般若精舍（臺中市·1961 年 10月）；菩提仁愛之家（臺中縣·1963 年 4 月）；員林佈教所（彰化縣·1964 年）；水湳蓮社（臺中市·1967 年 4 月）；豐原佈教所（臺中縣·1967 年 4 月）；明倫社（臺中市·1970 年 3 月）；后里佈教所（臺中縣·1976 年）；淨廬念佛會（臺北市·1976 年 8 月）；佛陀教育基金會（臺北市·1978 年 5 月）；青蓮念佛會（高雄市·1982 年 12 月）；澹寧齋（臺中市·1983 年臘月）；淨業精舍（臺中縣·1984 年 4 月）；金剛寺（新竹縣·1985 年）；卓蘭佈教所（苗栗縣·1985 年 6 月）；本淨寺（臺中縣·不詳）；而在李炳南往生以後才創立的有，西勢佈教所（屏東縣·1986 年 6 月）；大雅佈教所（臺中縣·1987 年 4 月）；中興佈教所（南投縣·1987 年 8 月）；中和佈教所（臺中縣·1988 年 3 月）；香光佛教蓮社（馬來西亞·1988 年 10 月）；中壢佈教所（桃園縣·1988 年 10月）。[45]

李炳南倡導結社念佛的影響力，不僅是全臺性，甚至在他往生後，其徒眾仍秉持他的理念持續推動，如當時還是居士身的淨空法師即是一例。

（二）律航法師（黃臚初，1887-1960）

律航法師，俗名黃臚初，安徽亳縣人，生於清光緒 13（1887）年 3月。九歲入私塾，十八歲參加府試，因科舉取消而負笈穎州府清穎中學，二十二歲轉入安慶省立優級師範學校。翌年，遵父母命與張氏結婚。在列強交侵因感國脈民命岌岌可危，毅然投筆從戎。二十四歲考進保定陸軍速成學堂，三十歲入陸軍大學，歷任參謀長、砲兵學校教育長、軍團長、副軍長及軍長等職。民國十七年升陸軍中將，抗戰期間任太原防空司令及第二戰區駐西安北平辦事處處長。五十一歲因患眼疾而為學佛之機，翌歲在溫起凡、朱慶瀾介紹下皈依西安大興善寺心道法師，專修淨

---

45 《李炳南教授百歲紀念特刊》（臺中：青蓮出版社，1991），頁 40-49。

土法門。六十歲由北平來臺，於臺北東和禪寺得識慈航法師，翌年銜慈老命，於中壢圓光寺佛學院教授國文，同年披剃於慈老座下；1953 年出任臺中慈善寺住持，1960 年 7 月 4 日寂於慈善寺。[46]

1960 年 6 月，律航法師寂於臺中市慈善寺，在諸弟子念佛聲中安然往生，獲舍利數百顆，鍾石磐說：「官至陸軍中將，為僧十一年，專修念佛法門，卒年七十四歲，六十三歲出家修行，有此成就而往生西方淨土，以了脫生死，實得利於末法時期唯一可斷輪迴的淨土法門。」[47]律航寂後，淨侶李炳南在〈律航法師文鈔序〉寫道：「（律航）捨報前夕，夢赴蓮池海會，次日告人曰，吾其去矣，召吾淨侶李居士來訣，余至，互證淨功，不及世態，再一日安詳西逝，荼毘得舍利一鉢，吾道聞之，咸振奮焉。」[48]

1950 年冬 11 月起（12 月 9 日至 1951 年 2 月 19 日），律航法師於汐止靜修院修般舟三昧念佛，「個人打百日念佛七，期內擬剋期取證，並止語過午不食，不會客以求一心不亂」，[49]律航自剖念佛心境謂：「末法凡夫，非修念佛法門，很難了脫生死，但要真了脫生死，又非修行般舟三昧，很難現前見佛，臨終蒙佛接引。」[50]

律航法師百日念佛七結束後，結集成書謂《百日念佛自知錄》，慈航法師在為該書作序道：「有黃將軍臚初者，中年信佛，參師訪道，日久功深，遂於三十七年冬，余為剃度，取名律航，二三年來自行化他，精進無間，尤於淨土法門，深得真信；由是切願，油然而發，而起妙行。」[51]

此百日念佛七的每日修行日課分為敬佛、驅魔、念佛、拜佛、閱經、讀誦、靜坐、持午八項。律航法師的結七念佛是戰後臺灣佛教甚受矚目的一項舉措。

[46] 呂佛庭，〈追思律航法師〉，《菩提樹》第 93 期（1960 年 8 月），頁 25-26。

[47] 鍾石磐，《聖賢夢影‧鍾石磐居士七十年大事記》，頁 42-43。

[48] 李炳南，〈律航法師文鈔序〉，《菩提樹》第 101 期（1961 年 4 月），頁 24。

[49] 〈一月佛教〉，《覺生》第五、六期合刊（1951 年 2 月），頁 2。

[50] 慈引，〈律航法師百日念佛七盛會紀實—民國三十九年十二月十日在靜修院‧附錄律航法師懺悔文及緣起并百日念佛自知錄〉，《覺生》第七、八期合刊（1958 年 12 月），頁 9。

[51] 慈航，《百日念佛自知錄‧百日念佛自知錄緣起》（http://book.bfnn.org/books/0545.htm，2015.11.25 流覽）。

（三）鍾石磐（1904-？）

鍾石磐居士官拜陸軍少將，1956 年退役，同鄉周邦道（1898-1991）稱：「其學佛也，禪、密、天台、唯識、教理，均曾參涉，而畢竟棲心淨土，發願生西。」[52]另一同鄉周宣德謂：「居士精修『念佛法門』，自信前生乃一僧人，無疑其為夙根早具，乘願再來者，證以久歷兵間，屢罹危難，卒倖免於險，化凶為吉。」[53]

鍾石磐，江西萍鄉南溪鄉人，生於清光緒 30（1904）年，七歲入私塾；八歲入南溪小學；十一歲考入縣立高等小學；十七歲往長沙就讀養正中學；十八歲奉父母之命回鄉與段承蘭小姐結婚，婚後赴北平，就讀匯文大學預科；十九歲考入東北講武堂第五期步科；二十一歲，直奉大戰爆發，講武堂停課，學員分發部隊參戰，被編入第三旅教導營任第一連連長，同年因戰功升任少校；二十三歲任中校參謀，駐防江蘇無錫；二十四歲，出任軍官教導團上校團長；二十五歲，被編為第一少將支隊長；二十六歲，東渡日本，入東亞學校學日文；二十七歲，回國與賀玫小姐結婚，婚後與妻同赴日本，考入日本陸軍士官學校第二十三期，妻入東京女子家政學院；二十九歲，自士官學校二十三期畢業，妻亦畢業於家政學院，偕妻返國。[54]自三十歲起歷勦共、抗日，1949 年來臺：

> 由江西第五區行政督察專員公署保安副司令，轉任保安第十三團團長，勦撫共匪，生擒匪首方志敏。旋調團長二十團、五團。初於南潯路西，與廬山抗戰孤軍犄角呼應；繼於九江、瑞昌、德安間之岷山，建立根據地，組訓民眾，游擊作戰，與倭寇周旋，出奇制勝，屢奏厥功。於是第九戰區前敵總司令羅卓英將軍，電令升任岷山游擊少將指揮官。泊夫南昌陷落，掩護廬山部隊，撤至瑞昌柯樂源。省府熊主席式輝，電令升江西第九區行政督察專員兼游擊司令。第九戰區又令兼湘鄂贛邊區野戰指揮官、第三挺進縱隊司令。……爾後，任贛南師管區副司令、司令，節節與共匪

---

[52] 周邦道，《聖賢夢影‧鍾石磐居士「一夢七十年」序》（臺北：大乘精舍，1983），頁 6。
[53] 周宣德，《聖賢夢影‧一夢七十年序》，頁 8。
[54] 鍾石磐，《聖賢夢影‧鍾石磐居士七十年大事記》，頁 12-21。

鏖戰。撤退來臺,任陸軍第六軍少將高參。四十一年,調國防部
少將參議,正式任官陸軍少將。四十六年,以高參退休。[55]

　　退伍後的鍾石磐,1951 年結集嘉義居住之軍眷於義德佛堂組成其
念佛會,禮如平法師為導師,採興慈法師於南昌佑民寺覺集念佛林親授
之儀軌,每週日下午集會念佛,後嘉義天龍寺、普濟寺、太元佛堂、普
德佛堂均仿傚之。[56]天龍寺是嘉義新設最大念佛道場,如 1952 年 11 月
9 日,舉行念佛法會,參與人數達五百餘人,而太元佛堂新設第二念佛
道場,為教導念佛,更附設唱念補習班。[57]

　　鍾石磐退休後,南臺灣許多寺廟請他籌組念佛會,亦有邀他講經
者,如 1963 年,嘉義天龍寺佛學院院長心一法師,邀請開講《佛說阿
彌陀經》等;1965 年,新營妙法寺佛七,禮請懺雲法師來主七,寺無
住持,念佛會則由鍾石磐主講念佛法門,後被推為念佛會會長;1967
年,妙法寺心田住持成立空中布教小組,鍾石磐受邀宣講《佛說阿彌陀
經》;1959 年,於臺南六甲龍湖巖三年修學期滿前一個月,特駐該巖講
授淨土法門。[58]

　　鍾石磐在南臺灣,活躍於教界,自 1951 年於嘉義提倡念佛道場以
來,其影響遍及嘉義、臺南兩地。惜其 70 歲以後的動向不明。

（四）李濟華（1883-1962）與王天鳴（1893-1972）

　　李濟華,江蘇省如皋人,清末投筆從戎,就讀於陸軍測繪學堂,曾
參加辛亥革命及討袁運動,北伐成功後由軍旅轉任文職,曾任如皋縣議
會議長等職。1933 年春,皈依佛門,禮印光法師為師。1949 年來臺。[59]1956
年與王天鳴等於臺北市籌組蓮友念佛團,廣化法師在為其編印全集時形

---

[55] 周邦道,《聖賢夢影‧鍾石磐居士「一夢七十年」序》,頁 5。

[56] 釋妙然,《民國佛教大事年紀》,頁 282。

[57] 〈一月佛教‧嘉義〉,《菩提樹》創刊號（1952 年 12 月）,頁 2。

[58] 鍾石磐,《聖賢夢影‧鍾石磐居士七十年大事記》,頁 44-47。

[59] 于凌波,〈王天鳴居士（1893-1972）〉（http://hk.plm.org.cn/gnews/2006525/20065252187.html,
2015.12.13 瀏覽）。

容他修行與往生：

> 行持以早晚課誦彌陀經各一卷，佛號一萬聲，願生西方淨土……
> 五十一年正月二十一日，在蓮友念佛團宣講阿彌陀經要義，講完
> 即謂：「請大家念佛，我去了！」遂坐化，直至次日仍安然未動。[60]

　　李濟華坐化瑞相，當時臺灣佛教諸多刊物皆有報導，至今仍有不少
念佛往生集錄收錄此一則故事。

　　1953 年，陸軍中將王天鳴隨黃傑（1902-1995）部隊來臺灣，不久
退役，專任國大代表。並皈心淨土。李濟華遷居臺北後，得識王大鳴，
二人志同道合，一見如故。同修淨土，乃合議組織「臺北市蓮友念佛會」，
李濟華任總幹事，王天鳴為副總幹事。後設永久會址於臺北市遼寧街，
王天鳴老居士當選第一屆董事長。[61]1972 年 10 月 25 日，於同修念佛聲
中安詳逝世，世壽 81 歲。黨國大老張齡（1910-19789）在致祭時綜合
其一生謂：

> 公生魯東，現將軍身，孝親純篤，御物肫誠，肆力戎旃，殫精籌
> 策，禹甸淪胥，遠羈異國，堅持漢節，終返都門，從容卸甲，如
> 鳥脫凡，皈命虛皇，老實念佛，旦夕精勤，功夫綿密，惟念佛團，
> 淨土道場，蓮侶有眾，擇善從長，李老往生，推公是繼……歲事
> 將闌，虔修佛七，公以高年，拜誦如律，修持精進，唯求一心，
> 一念相應，泯去來今……遽登彼岸，安詳捨報，往生有徵，見聞
> 佛法，悟最上乘……。[62]

　　抗戰被俘，釋放後卸甲念佛，與李濟華志同道合，同創臺北蓮友念
佛團，李濟華往生後，他扛起念佛團的運作，直到壽終。臺北蓮友念佛
團由於靠近印順法師（1906-2005）所創建的慧日講堂，早年亦請印順
法師指導，近年也時常禮請淨空法師講經說法。

---

60 廣化，〈李濟華居士初集〉，《獅子吼》第 6 卷第 3 期（1957 年 3 月），頁 21。

61 于凌波，〈王天鳴居士（1893-1972）〉（http://hk.plm.org.cn/gnews/2006525/20065252187.html，
　2015.12.13 瀏覽）。

62 張齡，〈祭王天鳴老居士文〉，《菩提樹》第 240 期（1972 年 11 月），頁 20。

（五）煮雲法師（1919-1986）

煮雲法師，生於民國八年二月，江蘇省如皋縣人，俗名許秀明。八歲那一年隨同五哥、六哥入私塾，由於俗家食指浩瀚，十四歲便輟學到香鋪去當學徒。1937 年「七七事變」爆發，八年抗戰正式展開，同年冬，煮雲十九歲，因日人徵兵逃離故鄉如皋；1939 年，年二十一歲於如皋城北三十里丘場（又名西場）之財神廟，依參明老和尚出家，法名實泉，字醒世，號煮雲；1941 年正月離開如皋，趕赴南京棲霞山二月的戒期。煮雲受戒之期欲留住棲霞律學院求學，但因年齡稍長而受排擠；1944 年正月初，由棲霞趕赴焦山應考，雖考取，但第二次因以年齡而受辱，正式生被拒於門外，一學期後便離開焦山前往上海清涼寺趕經懺僧。1945 年春，進「圓明講堂楞嚴專宗佛學院」親近圓瑛法師；1947 年正月，普陀山法雨寺春季傳戒法會，煮雲於戒期中擔任「大悅眾」一職；1948 年，應聘至普陀山之雙泉庵任教職，後應弘度、星雲法師之請赴南京法藏寺協助寺務；1950 年 4 月，以軍人身份隨國軍七十一師三十三醫院來臺。約在陸軍第五十四醫院任職一年，之後復又披上袈裟，展開全臺弘法工作。1953 年 4 月，正式駐錫鳳山蓮社，晉山後並將鳳山蓮社改為「鳳山佛教蓮社」，成立念佛會，大力推動淨土法門。[63]

煮雲法師專修淨土法門「每日九枝香念佛，另外禮佛一千拜」，[64]外加念佛二萬聲。自 1972 年農曆二月一日起，煮雲法師正式創辦精進佛七於臺東清覺寺精進，而引發全臺佛七風潮，[65]但他可能不是精進佛七的首創者，臺地佛七之始，應在 1948 年冬圓光寺的阿彌陀佛誕，據律航法師的回憶：「在中壢圓光寺，提倡打佛七，當時寺內清眾，皆言只聽說打佛七，但未參加過，不料該寺打佛七的風聲傳出去，不久由北部而中部以致南部各寺廟統統打佛七，所謂時節因緣，風起雲湧，屈指十

---

[63] 闞正宗，《臺灣高僧‧東臺弘法第一人——煮雲法師的佈教心路》（臺北:菩提長青出版社，1996），頁 191-222。

[64] 煮雲，《煮雲法師全集 3‧上煮下雲小傳》（高雄:鳳山佛教蓮社，1988），無頁碼。

[65] 〈煮雲法師年譜〉（http://dongchu.ddbc.edu.tw/html/05/5_4.html，2015.12.1 流覽）。

年……。」[66]雖然如此，但將佛七之風推上高峰，確是煮雲法師。

　　大專精進佛七始於 1974 年暑假，地點在臺東清覺寺，1975 年瑞芳弘明寺，1977 年臺中萬佛寺。[67]而僧伽精進佛七則始於 1975 年農曆 3 月 18 日，地點在臺東清覺寺。[68]其精進佛七程序，依據親身參與的學員所述，情況大致如下：

> 此日第一枝香下來，於第二枝香時設壇，由主七和尚領眾迎請三寶，龍天護法，一切神祇，監壇及護持道場，傳授八關齋戒。……經羯摩、受戒後，三業罪障似得蕩滌，身心頓有清淨輕靈之感。傳戒後接著午供繼以「過堂」，均由主七和尚親披大紅祖衣主持。……往後每日定有八枝香、禮佛、唱讚、誦經、念佛、繞行、靜坐、迴向、靜息均如法而行。晚上最後一枝香主七和尚就日間大眾未能如法處，藉開示之時間糾正……圓滿日於大迴向禮祖後，主七和尚宣布開禁。[69]

　　除了成年人的精進佛七外，也有兒童精進佛七組，這是煮雲和尚的創舉，[70]也是臺灣佛教的創舉。至 1974 年 12 月，臺東清覺寺精進佛七即已連辦廿六屆。[71]影響所及，1982 年夏，基隆十方大覺寺更開辦了四十九天的精進佛七，完全按照煮雲法師的模式，隔年並再續辦。[72]

　　1972 年農曆二月，煮雲正式創辦精進佛七於臺東清覺寺；1974 年農曆一月於臺東清覺寺首辦大專精進佛七；1975 年農曆三月再辦第一屆出家班精進佛七；1976 年暑假舉辦青少年及兒童之精進佛七開始，至 1986 年 7 月止，煮雲往生前的一、二個月，幾乎是每個月都主持一

---

[66] 律航，〈彌陀佛七初次開示—四十七年農曆十一月十二日於臺中靈山寺淨宗講堂〉，《菩提樹》第 74 期（1959 年 1 月），頁 26。

[67] 煮雲，《煮雲法師全集 3・大專精進佛七開示錄自序》，頁 1-3。

[68] 煮雲，《煮雲法師全集 4・僧伽精進佛七記自序》，頁 1。

[69] 鄭舜生，〈參加臺東清覺寺精進佛七觀感〉，《菩提樹》第 235 期（1972 年 6 月），頁 35。

[70] 慧中，〈兒童精進佛七絮描〉，《菩提樹》第 250 期（1973 年 9 月），頁 41。

[71] 李敏娟，〈我的喜悅—參加臺東清覺寺第廿六屆精進佛七有感〉，《菩提樹》第 265 期（1974 年 12 月），頁 42-43。

[72] 〈四十九天精進佛七通告〉，《菩提樹》第 367 期（1983 年 6 月），頁 49。

次精進佛七。[73]1986 年 7 月,主持鳳山佛教蓮社國小佛七第一期,隔月因高血壓宿疾病逝於鳳山蓮社之「懺悔堂」,世壽六十八,僧臘四十八,戒臘四十六。[74]

臺灣後來打佛七的風氣至今不衰,甚至海外華人地區亦傳之甚廣,如美國、新馬等,與煮雲當年所帶動不無關係。煮雲法師一生以淨土法門為依歸,其倡導精進佛七影響力巨大。

四、結語

戰後臺灣佛教結社念佛之風甚為普遍,主因當然與其方便、易行,而當年推動念佛結社的代表人物當中,出身軍旅的緇素值得注意。鍾石磬、律航、李濟華、王天鳴等人,沙場征戰,更感人命無常,是否因而加深他們於退役後投身佛門,進而以結社念佛為晚年生活重心?

另外,代表人物之一的李炳南及煮雲法師,前者以弘揚印光法師淨土法門為核心,其影響當時中臺灣許多道場成立念佛會,進而促成淨空法師在全臺各地成立「淨宗學會」。煮雲法師主持的佛七暨精進佛七,自 1970 年代推動以來,一時蔚然成風,在煮雲圓寂後仍持續多年。

在全體緇素的努力下,以淨土念佛為主軸的結社運動,構成戰後臺灣佛教史非常重要的一環,其風至今仍然不輟。

附錄:解嚴前(1949-1987)臺灣結社念佛一覽

結社名稱	成立時間	負責人/創辦人	備註
臺中市法華寺念佛會	1949.6	智雄	由李炳南講淨土法門
臺中市靈山寺念佛會	1949.7	德欽尼師/李炳南	由李炳南講淨土法門
汐止彌勒內院	1949	律航法師	撰《百日念佛自知錄》
臺中慈善堂	1950.6	李炳南	每月兩期念佛

[73] 闞正宗,《臺灣高僧‧東台弘法第一人——煮雲法師的佈教心路》,頁 191-222。
[74] 〈煮雲法師年譜〉(http://dongchu.ddbc.edu.tw/html/05/5_4.html,2015.12.1 流覽)。

臺中豐原寺	1950.6	李炳南	每月三期念佛
臺中佛教蓮社	1951.1.14	李炳南	與董正之、徐灶生、朱炎煌、張松柏諸居士籌組，社址暫設法華寺內，李炳南當選首屆社長，1953 年 1 月，德欽尼師繼李炳南之後任第二屆社長，李炳南任導師
臺南念佛會	1951 夏	煮雲法師	—
嘉義義德佛堂念佛會	1951	如平法師	鍾石磐發起，後陸續成立天龍寺、太元佛堂、普德佛堂、普濟寺念佛會
桃園佛教蓮社	1951.10	李鋡榮、簡國垣、陳朝忠、陳希達/志心法師	1951 年 10 月，李鋡榮、簡國垣、陳朝忠、陳希達籌辦，1953 年 4 月聘斌宗法師主持佛像安座
臺東念佛會	1951	煮雲法師	—
田中、二水念佛會	1953.2	煮雲法師	—
宜蘭雷音寺念佛會	1953.5	妙專尼師	週六念佛
鳳山佛教蓮社	1954.4.12	煮雲法師	—
新莊棲蓮精舍	1954.5.23	慈惠會	法師不定時前往帶領麻瘋病患者念佛共修
高雄市佛教蓮社	1954.6.13	道宣法師	—
苗栗念佛會	1954.6	煮雲法師	—
田中佛教蓮社	1954.6	煮雲法師	1955 年 2 月成立田中念佛會
臺東念佛會	1955.2	煮雲法師	—
新港念佛會	1955.2	煮雲法師	—
關山念佛會	1955.2	煮雲法師	—

臺中水湳佛教蓮社	1955.3	黃毅	前身為家庭念佛堂
基隆佛教講堂念佛會	1955.3.13	普觀法師、羅盛水、楊普良、吳乘雲	1966 年遷建
臺北蓮友念佛團	1956.1.29	蕭家點、李濟華、王天鳴	於善導寺舉行成立大會，1961 年新建佛堂落成，舉行開光及佛七，由印順、隆泉二師主法
慕善堂念佛會	1956.5.27	成一法師	—
基隆佛教蓮社	1956	知寂法師	—
棲蓮精舍	1957.5	金義禎	李炳南發起
花蓮佛教蓮社	1957	—	—
彰化安瀾念佛會	1957	李炳南	前身為吳郭璧雲籌組安瀾念佛班
彰化福基念佛會	1957	李炳南	—
臺東佛教蓮社	1958	王居士等信徒發心創建	1966 年，瑞麟法師接掌寺務，1969 年 6 月，煮雲法師受聘為導師
桃園佛教蓮社	1959.6.27	玠宗法師	—
羅東念佛會	1959.8	真華法師	1988 年德清法師更名為菩提寺
金門佛教念佛會	1960.11	式建法師、劉也好	—
虎尾（寺）念佛會	1961.6.4	煮雲法師	煮雲法師任念佛會會長及導師
新營妙法寺念佛會	1962.4.1	鍾石磐	受住持心揚尼師之邀
玉里佛教蓮社	1963	柯萬見、羅享順、古順妹	—
臺北佛教蓮社	1967	詹金枝與江雲嬌、曾王雪英等數位居士共同發起	1971 年 6 月禮請淨心法師住持
高雄慈仁念佛會	1967.8	黃清水	1994 年改組
高雄光照念佛會	1967	—	—

白河佛教蓮社	1971	—	—
臺北市放生念佛會	1974	—	—
高雄淨觀念佛會	1981	菩妙法師	1994 年遷移
永和佛教蓮社	1985	—	—

資料來源：綜合上述及網路資料

社區的愛情見證——
從佛刊看戰後臺灣「佛化婚禮」的歷史演變

一、前言

　　「佛化婚禮」在今日的臺灣是一個相當普及的現象，但它形成的來由並不清楚。不過，「佛化婚禮」的時間在兩岸佛教史上應該不長，大約是形成於民國年間，考其緣由，大陸極可能是受日本佛教的影響，而臺灣則是在日本殖民統治中出現，日本本土佛教則可能是借鏡於西方宗教的教堂婚禮。

　　近年在臺灣，主要的佛教山派如法鼓山、慈濟、佛光山都曾為新人舉行「佛化婚禮」，其中以法鼓山聖嚴法師的「佛化聯合婚禮」結婚最為盛大，動輒數十對，甚至上百對新人以佛教的形式完成終身大事，例如 2008 年的第 13 屆法鼓山「佛化聯合婚禮」預計錄取 56 對新人（後有 64 對報名），在 2007 年 12 月 23 日舉行婚前講習暨花童培訓，2008 年 1 月 6 日於臺北縣金山教育園區舉行。[1]法鼓山佛化婚禮從 1994 年舉辦至 2008 年共 13 屆，共促成佳偶 612 對，[2]這種現象一方面說明佛教道場不僅是社區學習與教化的中心，另一方面，也說明佛教積極朝生活化、社會化的取向。

　　本文旨在探討「佛化婚禮」在戰後臺灣社會的歷史演變過程，以及佛教道場舉辦「佛化婚禮」的社區化意義。

二、民國兩岸「佛化婚禮」的形成及其儀式

　　走入民國的中國佛教，在西力東漸，基督宗教普遍弘傳於各地的影響下，開始學習與模仿，如佛教開辦教育機構，從事計劃性的慈善事業

---

[1] 〈2008 法鼓山第十三屆佛化聯合婚禮〉（http://wedding.ddm.org.tw，2008 年 1 月 12 日瀏覽）。
[2] 大漢溪，〈法鼓山佛化聯合婚禮你儂我儂才能你儂我儂〉（http://tnews.cc/022/newscon1.asp，2008 年 1 月 12 日瀏覽）。

等等,而「佛化婚禮」其實是佛教力求人間化的一個過程,就像當年高喊的「佛化新青年」、「佛化家庭」、「佛化新僧」、「佛化葬禮」、「佛化祝壽」等等的訴求一樣。

鄰國日本也是在西方船堅砲利下被迫開港通商,傳教士得以自由傳教,受到衝擊的佛教,開始借鏡西方宗教的社會化、社區化的優勢,其中教堂婚禮正是介於生與死之間最重要的人生大事。

(一)臺灣的「佛前結婚」

日本殖民時代的臺灣,在寺院中舉行「佛化婚禮」不乏少見,當時稱為「佛前結婚」,約為 1921-1922 年間由臨濟宗妙心寺派首倡:

> 佛前結婚,元無是舉。至於近代,鑒及社會要求,始盛於內地。殊中華近年,亦由太虛法師首唱,諒亦漸行其間。而本島自五六年前,既見是舉。按編者所識者,則先於臺南某齋堂,由臨濟宗東海宜誠師司婚者為嚆矢,次於曹洞宗臺北別院,由水上興基師司婚者一,繼於臨濟宗臺北臨濟寺,由天田策堂師司婚者一。再一於曹洞宗臺中佛教會館,由林德林師司婚者是也。上記皆以本島人方面言之,然內地人方面則多矣。最近則去十一月廿日,於臺北臨濟寺,復有佛前華灼典,乃由該寺住職吉田萬籟師之司婚者,蓋其式之莊嚴,較於前記數氏盛矣,實本島未見者也。[3]

雖然當時臺灣日式「佛化婚禮」未見普及,但是在日僧的提倡下,已非完全陌生。而從上述可知,大陸「佛化婚禮」的提倡者可能是太虛法師,較之臺灣略晚幾年。

(二)大陸的「佛化婚禮」

民國時期大陸的「佛化婚禮」發軔,亦可能受到日本佛教的影響,近代學人蔡念生回憶道:

---

[3] 〈雜報:本島未見之莊嚴,臺北臨濟寺之佛前結婚式〉,《南瀛佛教》第 6 卷第 1 號(1927年 12 月),頁 75。

佛化結婚這件事，在形式上，起源於日本，在精神上則由來已久。記得民國十三四年間，我在北平居住，有一天法源寺裏，來了幾個日本人，請求訂期在大殿舉行婚禮，並求方丈和尚現明法師證婚。這一突如其來的事，把現明和尚搞得很尷尬，不知道應該應允不應允？若是應允，又不知什麼儀式。只得答復容作考慮，明日聽信。隨即邀集派下的諸山護法，加以商討。大家多數主張既是日本人崇敬三寶，我們不應該拂其來意。結果藉口於兩國禮俗不同，先作一度禮節的商定，遂如期舉行，這是我知道佛化結婚之始。換言之，因為日本有了佛化結婚，我國才有了佛化結婚。[4]

時人卓明道亦說：「我們中國人逢到結婚的喜事，卻很少舉行佛教儀式，很少請和尚證婚，在民國成立以前，簡直是絕對沒有。直到大陸淪陷以前的十多年，佛教漸有蓬勃復興之象，才有極少數的佛教男女青年舉行佛化婚禮的。」[5]事實上，太虛法師於 1927 年 2 月 2 日於上海成立「佛法僧園法苑」（簡稱法苑），同年三、四月間，太虛於法苑中為張歆海、王森甫舉行佛式婚禮，引起佛教「舊派」的反對。[6]

1950 年 12 月朱斐居士（1921-2015）與鄧明香的「佛化婚禮」後，中醫唐湘清（1918-？）回憶「佛化婚禮」的沿革道：

> 在國內，佛化婚禮不僅已行了十多年，並且在著名佛刊上，如覺有情刊、弘化月刊等，好幾年以前都曾對於「佛化婚禮」有過一番很熱烈的討論……如寶存我老居士、陳无我老居士的公子，以及鄭頌英居士等，都曾先後舉行過佛化婚禮，還有我的師姐崔柳春小姐與東台盧居士在她故鄉結婚時，蔡惠明居士更特地為他們編輯一本佛化婚禮的專刊，名曰法喜充滿第一集，其中執筆者，如范古農、李淨圓、許圓照等，都是國內著名的大佛學家，尤以陳海量居士手訂的佛化婚禮須知，更可作為矜式……。[7]

4　念生，〈談佛化結婚〉，《菩提樹》第 146、147 合刊（1965 年 1 月），頁 44。
5　卓明道，〈再談佛教女青年的戀愛與婚姻〉，《菩提樹》第 89 期（1960 年 4 月），頁 31。
6　紹佳德，《近代佛教改革的地方實踐—以民國南京的寺廟、組織、信眾為中心》（香港中文大學博士論文，2015），頁 152。
7　唐湘清，〈佛化婚禮感言〉，《覺生》第 7、8 期合刊（1951 年 2 月），頁 16。

　　如果比對蔡念生居士所言，大陸「佛化婚禮」起於民國時期大致是不錯的。不過，即使如此，民國時期的「佛化婚禮」未見普及，除了時局動盪之外，佛教本身是否贊成在寺院舉行婚禮，並由僧侶福證，這是可能是原因之一。值得一提的是，上述民國大陸佛教對於「佛化婚禮」的提倡，似乎未見有僧侶積極響應，或許有某種顧慮。

　　明末以降的中國佛教逐漸經懺化，佛教在清末衰敗中，為亡者超拔、拜懺之風盛行，因此，太虛法師以「人生（間）佛教」對治「死人宗教」，讓佛教走入人間，漸次蔚然成風。只不過禮請僧侶為亡者拔度是常態，但人生大事的婚姻，禮請僧侶福證，甚至在佛寺舉行，並不是所有教界緇素都能接受。

　　1940 年代初，上海佛教文化界，曾就佛化婚禮能否在寺院中舉行？能否請和尚證婚？有過一場辯論，論者分別是寶存我與陳无我兩位居士。寶存我主張佛化婚禮可以在寺院舉行、可以請僧侶證婚；陳无我反對佛化婚禮在寺院舉行，只能在居士林舉行，同時反對請僧侶證婚，認為只能請老居士為證婚人。辯論最後寶存我承認主張錯誤。影響所及，大陸佛教界似乎公認佛化婚禮，只能在居士林舉行，並請居士證婚；[8]而殖民時期臺灣佛教界受日本佛教影響，佛化婚禮則都是在寺院舉行。

（三）「佛化婚禮」的儀式

　　前述 1927 年 11 月在臺北臨濟寺所舉行的陳、岳「佛前結婚」，已有固定儀式及程序：[9]

　　（1）午後二時法皷為號，來賓一同著席。
　　（2）司婚師、新郎、新婦、媒妁者、郎、婦、各兩親順次著位。
　　（3）讚佛歌（司婚師、獻香三拜）。
　　（4）敬白文捧讀。
　　（5）告文（朗讀了而念珠授與）。

8　卓明道，〈再談佛教女青年的戀愛與婚姻〉，《菩提樹》第 89 期，頁 31。
9　〈雜報：本島未見之莊嚴，臺北臨濟寺之佛前結婚式〉，《南瀛佛教》第 6 卷第 1 號，頁 76。

（6）媒妁辭（陳全永代讀）。

（7）婚歌（登科之禮、新郎新婦獻香）。

（8）媒妁者、郎、婦、各兩親順次獻香。

（9）來賓祝辭（後讀祝電）。

（10）叙禮（郎父陳螟蛉）。

（11）讚佛歌。

（12）順次退場。

（13）式後於本堂前攝影記念

　　日式的「佛化婚禮」在大陸是否曾被改良，並無可靠證據，但戰後臺灣則有借鏡與改良。1947 年，陳海量居士（1909-1989）《建設佛化家庭》一書脫稿，但是包括此書在內的著作，中共掌政後不久，即 1955 年，被列為禁書，並全面銷毀，其本人被打成右派，並下放至青海勞改，直至 1981 年才釋放。[10]相對於陳海量的著作在大陸受查禁，戰後在臺灣他的許多著作卻不斷地被翻印，其中尤以《建設佛化家庭》廣受歡迎。陳海量在本書的自序上說：「家庭是社會的一個雛形，而社會乃是家庭的集合體。要使社會佛化，必須先從家庭佛化做起。」[11]而「家庭佛化」的前提是必須先建立婚姻關係，「佛化婚禮」無疑是個開始。因此，在《建設佛化家庭》一書中的〈婚喪篇・婚禮須知〉就規劃了禮堂的佈置：

> 禮堂懸掛聯軸。禮案用半桌或兩張方桌拼成鋪上彩色新毯。桌上供教主釋迦牟尼佛像一尊（或畫或銅鐵鑄製均可），香爐一隻，鮮花兩瓶，證書兩張，印泥一盒。案旁置鋼琴或風琴一具。案前拜凳兩隻。主婚人證婚人介紹人各備圖章一顆。新郎新娘各備念珠一串，圖章一顆。證婚一人，主婚，男女宅各一人，介紹人儐相各二人，司儀一人。禮堂排列椅子可請來賓就坐觀禮。[12]

　　陳海量此一禮堂的佈置，無疑是為各行其是的「佛化婚禮」規範化。

---

[10] 鄭頌英作、陳無憂整理，〈未必囚衣便斷腸?──陳海量老居士其人其詩〉（上），《香港佛教》第 512 期（2003 年 1 月）http://www.hkbuddhist.org/magazine（2008 年 2 月 12 日流覽）。

[11] 陳海量，《建設佛化家庭・自序》（臺北：普門文庫，1979），頁 10。

[12] 陳海量，《建設佛化家庭・婚喪篇》，頁 169。

不過，從上述的禮堂佈置來看，陳海量心目中的「佛化婚禮」顯然不是在寺院中進行，否則不會特別強調佛像的擺放。或許正如前述，民國時期的大陸佛教界，「佛化婚禮」僅在居士林，或甚至居士林以外的餐廳、禮堂舉行。

由於大陸來臺的緇素所進行的「佛化婚禮」主要是參考陳海量的《建設佛化家庭》一書，戰後省籍佛教人士智雄居士，是首位綜合日僧來馬琢道（1877-1964）所著《結婚式私解》一書，將「佛教婚禮」進行內容規範化的第一人，他將「佛化婚禮」儀式分為三大項，即「婚禮之準備」、「席位安排」、「婚禮行儀」，特別是「婚禮行儀」共分十八項：[13]

（1）大鼓第一會：式場全部都準備完了。

（2）大鼓第二會：式眾入場，式眾位設式師席後之內陣，用員約四、五名。

（3）大鼓第三會：兩家親族入場，參禮者入場。

（4）新郎新娘入場，媒妁人在前領導，至式場中央問訊坐下，此時輕音奏合樂。

（5）式師入場：式師身穿色衣，手執如意，侍者捧香隨後徐徐入場，式師至佛前拈香，回轉拜席舉行三拜禮，同時全體肅立隨式師一拜行一鞠躬，式師再進佛前獻湯獻菓獻茶上供後四轉拜席再行三拜畢。

（6）獻華：新郎新婦，將童男童女所擎的花束接起來進到佛前行禮，將花束插在花瓶再行禮而退，此時音樂止奏。

（7）禮讚文或三寶歌，維那舉唱三寶禮文，式師一拜一唱，唱三寶歌時風琴起奏，大家合唱。

（8）啟白文：式師恭讀啟白文。

（9）傳授三皈依：式師向新郎新娘灌頂後傳授三皈依。

（10）誓詞：式師向新郎新婦曰：「善男子善女人體念慈悲愛敬之佛心，誓願終生同苦同樂」，此時新郎新婦表示諾意同行揖禮。

（11）壽珠授與：式師將壽珠薰香授與新郎新婦，新夫婦接受掛於

---

13 智雄，〈怎樣來舉行佛化結婚儀禮〉，《臺灣佛教》第 10 卷第 5 期（1956 年 5 月），頁 14。

左手腕上行禮而退。

（12）證婚人批讀結婚證書：讀完以後蓋上圖章，次則證書遞給兩家主婚人蓋章，介紹人蓋章，新郎新婦蓋章（最好證書在式前蓋好所要圖章以免拖延時間）。

（13）式師訓辭：式師將佛訓向新夫婦簡述。

（14）祝辭：祝辭可移宴會時行之，如代表的一二人可此時行之。

（15）弘誓願文：式師唱一句，式眾隨唱一句，唱完了，音樂接奏。

（16）式師退場：式師先導新夫婦隨後退場，然後親族朋友參禮散堂禮成。

（17）拍照紀念。

（18）祝宴：宴會以不殺生靈為主，或能以素齋最好，如不方便設宴者，在會場令設茶餅會，給親戚朋友祝辭，亦無不可。

　　智雄法師所擬定的「婚禮行儀」，是融和陳海量和來馬琢道而成，其立意雖然良善，但是，戰後臺灣的「佛化婚禮」，從以下的研究發現，其實還是「各行其是」的多。

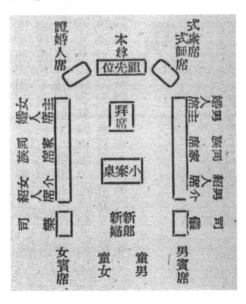

智雄法師所設計的「佛化婚禮」圖式（資料來源：《臺灣佛教》第 10 卷 5 期）

三、戰後臺灣的「佛化婚禮」發微

（一）兩次極具意義的婚禮

戰後臺灣首次有史可稽的「佛化婚禮」是 1947 年 8 月在臺北市東和寺舉行的湯、林聯婚，由於當時大陸僧侶尚未來臺，加上東和寺證婚人心源和尚（1881-1970）為皈依日僧大石堅童出家的日式僧侶，[14]故此一婚禮應是傳自日本殖民時代。其婚禮程序大致分為三部分，即啟白文、誓約文與證明師用印：[15]

啟白文
菩薩戒子　焚香稽首　恭白大恩教主本師釋迦牟尼佛　真前
伏維
慈雲普蓋常潤誠信之機
靈光分明永照暗迷之夜
是以
信心一發始覺慈容髣髴於眼前
感應忽至方見光明顯現於腳下
於茲
善男子湯謝永順也　善女人林月嬌也
仰讚如來之大法
俯拜世尊之妙相
心心相契若針芥之相投
機機相合似等鋒之相柱
切冀
琴瑟相和鸞鳳舞於仁風
信行兩全龜鶴歌乎福韻
以報罔極之鴻恩用酬無疆之大德　　　　　　　謹啟
中華民國三十六年八月八日

---

[14] 闞正宗，《臺灣佛教一百年》（臺北：東大，1999），頁 142。
[15] 〈佛前結婚式〉，《臺灣佛教》第 3 號（1947 年 9 月），頁 30-31。

```
誓約文
我等於茲
大聖本師釋迦如來之慈光
得以
圓滿吉緒合欣式而今而後
長共苦樂　永同憂喜
精誠一心　歸依至寶
誓修利自利他之淨行
願作大慈大悲之善樂
藉以
普報四恩均資三有
法界眾生恒沾幸福
謹誓
中華民國三十六年八月八日
誓約人　湯謝永順 印
誓約人　　林月嬌 印
證明師　釋孫心源 印
```

　　從東和寺的「佛化婚禮」來看，儀式甚為簡單，沒有什麼繁文縟節。1949 年之後大陸眾多緇素來臺後，首次能見度最高的「佛化婚禮」是後來《菩提樹》月刊的創辦人、原籍上海的朱斐居士（1921-2015）婚禮。他與鄧明香小姐在 1950 年 9 月 2 日於臺中市訂婚後，就有意將「佛化婚禮」公開，並作示範，報載：「他們結婚時將在本省首創佛化婚禮，戒殺放生，並請大德居士證婚，大德法師親受皈戒云。」[16]並在佛教刊物上刊登消息，歡迎觀禮。

　　朱斐居士雖言「本省首創佛化婚禮」，正如前述，戰後臺灣有史可稽的「佛化婚禮」是 1947 年的東和寺湯、林聯婚，所以朱斐的婚禮談不上「首創」，但是，整個儀式進行程序與東和寺有極大不同。正確地

---

16 〈一月佛教〉，《覺生》第 2 期（1950 年 8 月），頁 19。

說,是新郎佀朱斐參照日本佛教婚式和陳海量居士編的《建設佛化家庭》一書綜合而成。[17]

　　整個婚禮的進行過程是:鼓聲三響後,主婚人(朱鏡宙)、介紹人(董正之,1910-1989)、證婚人(李炳南,1891-1986)、維那師(智雄)、悅眾師(林進蘭)、新郎新娘入席,接著是證婚人上香,全體唱〈爐香讚〉,讚畢,證婚人佛前獻茶湯、新郎新娘獻花果,新郎新娘對立行結婚禮三問訊,結婚證書上蓋印;證婚人李炳南居士為新郎新娘交換念珠後開示,並方便說不邪淫戒;接著來賓致詞、主婚人致謝詞;最後和唱〈懺悔文〉、〈四宏(弘)誓願〉、三頂禮,新郎新娘向主婚人等及諸位來賓一問訊,鼓聲三響後禮成。[18]

　　除了「佛化婚禮」簡單隆重,朱、鄧聯婚最欲示範的其實是戒殺放生的意義,故婚禮結束之後,還特別舉行簡單的放生儀式,並將所收到的賀儀禮金用於放生、印經、供僧上。[19]

(二)其他代表性「佛化婚禮」

(1)花蓮首次「佛化婚禮」

　　1954年農曆12月10日,在花蓮市東淨寺所舉行花蓮地區首次「佛化婚禮」,新人是林夏石、蔡瑞珠,由花蓮縣佛支會理事長暨東淨寺住持曾普信(景來,1907-1977)證婚,其進行程序為:奏樂→入席→香讚→誦經→回向→灌頂皈依→讀疏文→用印→授珠→致賀詞。[20]曾普信為一日式僧侶,早年留學日本駒澤大學,日本殖民時代曾服務於總督府機關報《南瀛佛教》,任編撰工作。曾普信主持的「佛化婚禮」,與前朱斐的婚禮主要差異在「灌頂皈依」與「讀疏文」,而「讀疏文」相當於戰後臺灣首次「佛化婚禮」在東和寺舉辦時的「啟白文」與「誓約文」。

17　堯,〈朱鄧佛化婚禮花絮〉,《覺生》第7、8期,頁24。

18　堯,〈朱鄧佛化婚禮花絮〉,《覺生》月刊7、8期,頁24-25。

19　堯,〈朱鄧佛化婚禮花絮〉,《覺生》月刊第7、8期,頁25。

20　〈佛教新聞:花蓮首次舉辦佛化婚禮〉,《菩提樹》第15期(1954年2月),頁33。

（2）臺南首次「佛化婚禮」

1954 年 3 月 28 日，臺南市觀音講寺住持學慈（悟慈）法師（1925-2005）主持的羅、許「佛化婚禮」，其程序高達 21 項，即證明師就位、證婚人就位、介紹人就位、奏樂、新郎新娘就位、獻花、唱讚（爐香讚）、心經、皈依、讚頌、啟白文、誓約文、授珠、證明師開示、用印、證婚人致詞、來賓致祝詞、主婚人致謝詞、全體禮佛、夫婦合掌、奏樂。[21]

此次的「佛化婚禮」在程序上，看的出來，已經借鏡前幾次，有相互融合之勢。

（3）鳳山首次「佛化婚禮」

1954 年 9 月 12 日，在鳳山佛教蓮社舉行的「佛化婚禮」，雖然請到慧峰（1909-1973）、煮雲法師（1919-1986）證明皈依，但是證婚人是崔玉衡、李遷兩位居士，這依然是受到大陸時期僧侶不證婚的影響。此次婚禮進行的程序為：梵音→爐香讚→誦心經→慧峰法師授皈依→煮雲法師灌頂授珠並開示佛法→新人誦三皈依偈→證婚人致詞→來賓致詞。[22]

大陸籍緇素所參與的婚禮，與臺籍緇素最大的不同處是在婚禮中有無「啟白文」、「誓約文」，有者乃受日本佛教影響，而婚禮後的素宴，甚至放生儀式等，是大陸時期所保留，至於其他的程序則互有增減、借鏡。由於是鳳山首次「佛化婚禮」，故吸引了許多佛教團體來觀禮，計有屏東佛教會、高雄連（苓）雅佈教所、「臺南靈迦佛所」等居士三百餘人，[23]這對「佛化婚禮」的推廣，應該有良好示範作用。

---

[21]〈佛教新聞：臺南觀音講寺佛化婚禮記〉，《覺生》第 46 期（1954 年 4 月），頁 30。

[22]〈佛教新聞：鳳山蓮友首次創辦佛化婚禮盛況異常〉，《菩提樹》第 23 期（1954 年 10 月），頁 33。

[23]〈佛教新聞：鳳山蓮友首次創辦佛化婚禮盛況異常〉，《菩提樹》第 23 期，頁 33。

（4）臺中蓮社首次「佛化婚禮」

1955 年 7 月 9 日，臺中佛教蓮社舉行首次佛化婚禮，由李炳南居士證婚，這至少是李居士第二次任證婚人的角色。由於李居士一生倡修淨土法門，故特別注重戒殺放生。本次陳天生、林金蓮的「佛化婚禮」和李居士第一次主持的大同小異，目的是在「戒殺放生、革除陋習、提倡節約」，其進行的程序為：奏佛歌→合唱爐香讚→證婚人拈香誦吉祥咒→新人禮佛三拜→新人交換念珠→證婚人致詞→來賓致詞→茶話會。[24]

（5）屏東東山寺三兄弟集體婚禮

1960 年 4 月 6 日，在屏東東山寺由道安法師（1907-1977）等所舉行的三兄弟「佛化婚禮」，又是一場特殊的婚禮，重點並非是三兄弟同時舉行，而是有類似基督教堂牧師詢問新人的口白儀式，如「你們立志，願意訂盟約，白頭偕老為夫妻嗎？」、「你們願意共同生活，互相愛念，互相安慰，互相敬重，不論疾病和健康，永遠在一起嗎？」、「你們願意從今以後，有福同享，有難同當，富貴不離，貧賤相守，情鍾意順，至死不變嗎？」、「你們願意從今以後，組織佛化家庭，立誓永遠護持三寶，不違背佛教嗎？」[25]新人逐條回答「願意」，這是戰後臺灣佛教所僅見者。

---

[24] 〈佛教新聞：臺中蓮社佛教青年首次舉行佛化婚禮〉，《菩提樹》第 33 期（1955 年 8 月），頁 43。

[25] 〈佛門佳話兄弟三人同時結婚道安法師等主持儀式〉，《覺世》旬刊第 110 號（1960 年 5 月 21 號），第 4 版。

1968 年 12 月臺南湛然寺的「佛化婚禮」慧峰法師證婚（左），新郎新娘佛前行禮（右）（資料來源：《菩提樹》第 194 期）

四、「佛化婚禮」的大用

戰後初期（1946-1954），「佛化婚禮」並不普及，故教界有人謂：

> 本省佛教徒佔十分之七，實行佛化婚禮者少得可憐。……佛化婚禮是佛化家庭的原動力，弘揚佛教者不可忽略的工作。佛禮至為簡單，在寺院教會舉行固然適當。遠離寺院者或假講堂戲院，或在家庭，臨時鋪設佛壇，招聘法師一人或三人（有經驗者）就能夠舉行。[26]

「佛化婚禮」算是近現代的創舉，首先，對於臺灣一般人來說，婚姻畢竟是人生大事，就算新人是佛教徒且同意，雙方的家長、親族能否贊成還是問題，這應也是「佛化婚禮」無法一時普遍的原因之一。

其次，佛教以離欲解脫為尚，是故，「佛化婚禮」組織家庭的「非離欲」取向，才是導致某些教界人士觀望的重要因素。如《四十二章經》云：「人繫於妻子寶宅之患，甚於牢獄桎梏鋃鐺。牢獄有原赦，妻子情欲雖有虎口之禍，己猶甘心投焉，其罪無赦。」[27]

其三，有人認為佛門以清修為重，伽藍是高潔聖所，不適合管男女

---

[26] 〈新聞網：臺中市佛誕節的前奏曲兩對新人舉行佛化婚禮〉，《覺生》第 47 期（1954 年 5 月），頁 27。

[27] 漢·迦葉摩騰、法蘭，《四十二章經》卷 1，CBETA，T17，0723a 2。

結合之俗事。[28]「佛化婚禮」上常被用來開示新人的兩部經，一是《玉耶女經》，一是《六方禮經》，都是在強調家庭道德的教誡，主要也是藉以說明佛教並非不顧家庭倫理。如何讓「出家」與「在家」不產生對立，「佛化婚禮」是一個顯而易見的實例。佛教與家庭的關係有三層可茲探討，一是佛教制度與家庭制度，二是僧團生活與家庭生活，三是出家修道與在家修道：

> 許多人以為佛教的出家，禁慾，乞化等，違背社會，破壞家庭。那「佛教與家庭」，想起來好像是相反而對立的。其實佛教不會破壞家庭，滅無（亡）社會。苦行不是整個佛教的理想，僧團成立以後，才有佛教與家庭的對立觀念。教團的制度，生活，修持等，當然與家庭的不同。整個佛教不是僧團的專有，僧團以外還有在家弟子，佛陀對于在家出家的態度一律平等，理想在乎兩家的互助協助。出家的形相，披上袈裟，捧著鐵缽，不算尊貴。只要心性清淨，不著無明，很好的在家是有的，不良的出家也難免無。不依名份，靠在實質真誠，這是佛陀的理想。然則出家不是佛教的必須條件。[29]

「人間（生）佛教」在近代佛教史上是顯學，但是，佛教以「出家」、「離欲」為教旨核心，如何兼顧世俗的婚姻與家庭，這才是「佛化婚禮」在西力東漸的過程中崛起的原因。無論是近代日本，或民國大陸時期，「佛化婚禮」的倡導都是晚近之事。日本佛教社會化的程度比之中國佛教較快，所以日本殖民時期的臺灣「佛化婚禮」，並未避諱在寺院由僧侶主持，而大陸佛教則小心翼翼，或避免在寺院，或避免由僧侶主持。

戰後臺灣的「佛化婚禮」，特別是在 1949 年之後漸次普遍，日式及中式的「佛化婚禮」皆有所堅持，但最後終於借鏡、融合。戰後臺灣的「佛化婚禮」，除了人間佛教思潮的可能影響外，配合政府政令也是其中的原因之一。早年臺灣社會經濟普遍不發達，政府屢有政令，希望能在婚喪喜慶上節約，避免浪費，而「佛化婚禮」的提倡是有這方面考量，

---

28 方倫，〈佛化婚禮評議〉，《菩提樹》第 63 期（1958 年 2 月），頁 10。
29 曾景來，〈佛教與家庭關係的演變〉，《臺灣佛教》第 7 卷第 2 號（1953 年 5 月），頁 6。

如 1959 年莊、尤聯婚在臺中市法華寺舉行，發布新聞稿指出「統管數萬佛教徒的中市佛教會，是推廣佛化婚禮的儀式，以配合政府災後節約建設及屠宰禁令政策的有效擁護團體云。」[30]而佛教界對於「佛化婚禮」的大用大致有以下的看法：

（1）認為「佛化婚禮」可以消除社會類似虛偽、矛盾、罪業、獸性、黑暗的行為，更可消除苦厄、發揚人性的存在、促進人間淨土的表現。[31]

（2）家庭是國家社會的一個組成單位，有了家庭才有家族、才有國家社會，家庭基礎在於夫妻和合，家庭和合國家社會就有安全。[32]

（3）戒殺放生是「佛化婚禮」的主要訴求之一，因此，婚宴上採用素食，甚至是儀式後舉行放生，都是其中一環，而時常以明末蓮池大師的〈戒殺文〉為著眼。[33]

（4）五戒通出家與在家，為維持是維持家庭之所需。[34]

五、結語

「佛化婚禮」在佛寺中舉行，是近代佛教的創舉，其中至少有兩項重大意義，一是「人生（間）化」，一是「社區化」。佛教「人生（間）化」當代鴻論者眾，無庸贅述，而「佛化婚禮」社區化是有其根本意義。

當代對「佛化婚禮」略有認識者皆知道，佛教自民國以來始終被認為是「專作死人生意」，與西方宗教推行社會事業以招徠有別。[35]宗教應

---

30 〈莊文燦居士舉行佛化婚禮〉，《覺世》旬刊第 92 號（1959 年 11 月 11 號），第 4 版。

31 黃國峰，〈佛化婚禮的觀感――述參觀朴子靜修精舍佛化婚禮有感而作〉，《覺世》旬刊第 103 號（1960 年 3 月 11 號），第 4 版。

32 〈花蓮支會主辦佛制結婚〉，《臺灣佛教》第 8 卷第 2 號（1954 年 2 月），頁 20。

33 惟修，〈佛化婚禮花絮――記朴子靜修精舍蓮友佛化結婚典禮〉，《覺世》旬刊第 171 號（1962 年 2 月 1 號），第 4 版。蓮池大師關於結婚之〈戒殺文〉「夫婚者，生人之始也。生之始而行殺，理既逆矣。又婚禮吉禮也，吉日而用凶事，不亦慘乎？此舉世習行而不覺其非，可為痛哭流涕長太息者四也。」

34 惟悟，〈漫談在佛寺舉行佛化婚禮問題〉，《菩提樹》第 168 期（1966 年 11 月），頁 14。

35 方倫，〈佛化婚禮評議〉，《菩提樹》第 63 期，頁 12。

該是兼顧養生與送死，「養生」者，是照顧其日常生活與修持，一直到生命的盡頭，舉行告別式，這才是全人式的關照。而在生命的過程中，婚姻無疑是人生大事。民國之前的佛教，未曾有過「佛化婚禮」的記載，這固然是佛教「離欲」與「解脫」的取向下必然結果，可是面對西方宗教的強力挑戰，佛教重新體認在家弟子必須在家庭生活中護持佛法，家庭的重要性於焉突顯。

家庭倫理與兼具教化的兩本佛經《玉耶女經》、《六方禮經》與《金剛經》、《法華經》、〈普門品〉等相較，在佛教的弘傳上並不普遍，這畢竟和佛教專注於「解脫道」的「離欲」與「出世」有關。民國僧人太虛的「人生（間）佛教」一呼百諾，從重死的經懺佛事中回到生活的根本，從生活的根本回到家庭倫理，從出世回到入世，從超脫回到現實，「佛化婚禮」有其正面的思考。

在社區信仰中心的寺院舉行「佛化婚禮」，其意義有：

（1）從「送死」（經懺佛事）到「福證」（鑼鼓喜樂）。

（2）從「解脫」（離欲修證）到「家庭」（現實磨難）。

（3）從「出世關懷」到「入世關懷」。

（4）從「家為苦本」到「家為淨土」。

（5）「先以欲勾牽，後令入佛智」的轉進。

佛寺作為社區中心，其功能與角色的一再突破，是縮短僧侶與信眾距離的原因，無疑的，「佛化婚禮」民國時期兩岸佛教幾乎同時發微，是具有其時代意義。就如同今日臺灣佛教寺院生活化與社區化一樣，可以提供插花、烹飪、書法、藝文等各項活動，普遍融入社區之中，這樣的變化在中國佛教史上是少見的。

而「佛化婚禮」在解嚴前後，從「個別的」走入「集體的」，一方面固是佛教徒的增多，一方面亦表示佛寺社區化的成功。作為在家弟子，在「解脫之道」與「家庭之道」的平衡中，「佛化婚禮」是其中介與轉折，讓寺院在社區扮演的角色日漸完整與人性（本文原載《護僧》第 51 期，原名〈社區的愛情見證〉，2008 年 6 月，2017 年略作修改）。

附錄：戰後臺灣（1947-1976）「佛化婚禮」一覽

日期	新人	證婚人	寺　　院	出　　處	備註
1947.8.8	湯謝永順 林月嬌	心源法師	臺北東和寺	《臺灣佛教》第3號（1947.9.1）	戰後有史可稽最早
1950.2.5	朱　斐 鄧明香	李炳南	臺中慎齋堂	《覺生》第7、8期合刊（1950.2.28）	臺中首次
1954.2（農曆12月10日）	夏石君 蔡瑞珠	曾普信	花蓮東淨寺	《菩提樹》第15期（1954.2.8）	花蓮首次
1954.3.28	羅錫泉 許雪娥	學慈（悟慈）法師	臺南觀音講寺	《覺生》第46期（1954.4.1）	臺南首次
1954.4.6	張士才 郭嘉雲	智雄居士	臺中慎齋堂	《覺生》第47期（1954.5.1）	張士才為慎齋堂堂主張月珠之姪
1954.4.16	郭達武 謝秀琴	智雄居士	臺中法華寺	《覺生》第47期（1954.5.1）	─
1954.9.12	鄭納德 郭水秀	崔玉衡 李　遷	鳳山佛教蓮社	《菩提樹》第23期（1954.10.8）	鳳山首次。慧峰、煮雲法師主持皈依，任證明師
1954.11.28	陳、梁	煮雲法師	鳳山佛教蓮社	《菩提樹》第25、26期合刊（1954.12.8）	─
1955.7.9	陳天生 林金蓮	李炳南	臺中佛教蓮社	《菩提樹》第33期（1955.8.8）	臺中佛教蓮社首次
1955.10.11	廖德水 施麗華	李炳南	臺中佛教蓮社	《菩提樹》第36期（1955.11.8）	─

1956.9.26	呂清雲 陳碧巧	陳朝忠	桃園佛教蓮社	《菩提樹》第48期（1956.11.8）	桃園佛教蓮社首次，陳朝忠為該蓮社理事
1957.1.20	宋文浩 丁百合	月基法師	高雄佛教堂	《菩提樹》第51期（1956.2.8）	—
1957.7.24	吳正方 蔣　純	東初法師	臺中慎齋堂	《覺世》旬刊第13號（1957.8.1）	—
1958.2（農曆1月6日）	許俊傑 林菊蘭	李炳南	臺中佛教蓮社	《菩提樹》第64期（1958.3.8）	—
1958.4.22	譚德森 吳保仁	演培法師	臺北善導寺	《今日佛教》第2卷第2期（1958.6.1）	周邦道為主婚人、李子寬為介紹人
1958.5.4	涂根山 侯玉瑛	黃芳來	嘉義朴子靜修精舍念佛會	《今日佛教》第2卷第2期（1958.6.1）	黃芳來為嘉義縣佛教支會理事長
1958.6.8	李雙喜 侯彩環	修和法師	臺東海山寺	《今日佛教》第2卷第4期（1958.8.1）	臺東首次，修和法師為海山寺住持，時任臺東佛教支會理事長
1958.6.18	鄭寶琛 林碧愁	李炳南	溪州	《菩提樹》第68期（1958.7.8）	—
1958.8.10	王炯如 黃惠美	李炳南	臺中市慈光圖書館	《菩提樹》第70期（1958.9.8）	—
1959.11.11	莊文燦 尤瓊娘	智雄居士	臺中市法華寺	《覺世》旬刊第92號（1959.11.11）	—

1959.11.29	楊阿忠 紀　惜	聖印法師	臺中市寶覺寺	《臺灣佛教》第13卷第12號（1959.12.8）	―
1960.1.12	黃明堂 李淑花	黃芳來 妙廣法師	朴子靜修精舍	《覺世》旬刊第101號（1960.2.21）	―
1960.2.10	方文獻 趙玉秀	煮雲法師	鳳山佛教蓮社	《菩提樹》第88期（1960.3.8）	月基法師開示
1960.4.	李耀東 鄭美屏 李耀星 蔡玉梅 李耀宗 蔣麗精	道安法師	屏東東山寺	《覺世》旬刊第110號（1960.5.21）	李耀東、李耀星、李耀宗為三兄弟
1960.10.16	李雲龍 林綉霞	法宗法師	臺北善導寺	《覺世》旬刊第125號（1960.10.21）	法宗法師為香港來臺
1961.2.11	李奇茂 張光正	星雲法師	宜蘭念佛會	《菩提樹》第100期（1961.3.8）	―
1961.4.18	張鴻聲 蕭玉枝	嚴持法師	花蓮佛教蓮社	《覺世》旬刊第142號（1961.4.21）	―
1961.8.20	常康德 劉蕙芳	東初法師	北投中華佛教文化館	《覺世》旬刊第155號（1961.9.1）	―
1961.10.5	張挺青 廖麗華	東初法師	北投中華佛教文化館	《覺世》旬刊第161號（1961.11.1）	―
1962.1（農曆12月9日）	康秋 池戀花	永觀法師	朴子靜修精舍	《覺世》旬刊第169號（1962.1.21）	―
1962.12（農曆11月10日）	游禎雄 李素雲	星雲法師	宜蘭念佛會	《覺世》旬刊第202號（1962.12.21）	―

1963.3.1	蕭枝塗 范秀香	星雲法師	宜蘭念佛會	《覺世》旬刊第210號（1963.3.21）	―
1964.10.24	蔡興濟 劉春美	李炳南	不明	《菩提樹》第145期（1964.12.8）	蔡興濟為蔡念生之長公子
1965.1.15	張鋼鎚 黃美棗	星雲法師	宜蘭念佛會	《覺世》旬刊第277號（1965.1.21）	―
1965.2.23	拉瑪 于璇	道安、樂觀法師	臺北國賓大飯店	《覺世》旬刊第281號（1965.3.1）	拉瑪為印度亞盟代表、于璇為歌星
1966.1.7	侯夫川 鄭香玉	玄信法師	侯家自宅	《新覺生》第4期1期（1966.1.15）	―
1968.1.5	王秀雄 城惠美	悟一法師	臺北善導寺	《菩提樹》第183期（1968.2.8）	引禮師妙然法師及八位法師南亭、白聖、成一、守成、妙然、會性、蓮航、振光祝福
1968.4	江錦祥	李炳南	臺中佛教蓮社	《菩提樹》第186期（1968.5.8）	―
1968.12	龔顯榮 林培玉	慧峰法師	臺南湛然寺	《菩提樹》第194期（1968.1.8）	―
1969.5.23	蔡興安 郝筠	李炳南	臺中教師會館	《菩提樹》第220期（1969.9.8）	―
1970.5.23	高大任 藍麗蕾	悟一法師	臺北善導寺	《菩提樹》第211期（1970.6.8）	―

1971.9.29	鄭勝陽 朱美枝	李炳南	臺中佛教蓮社	《菩提樹》第 227 期（1971.10.8）	—
1971.10.2	林茂勳 張月鳳	朱斐	彰化壇花佛堂	《菩提樹》第 227 期（1971.10.8）	新郎林茂勳為壇花佛堂住持林大賡令郎
1972.1.12	葉東殷 李麗英	周邦道	臺北慧日講堂	《菩提樹》第 231 期（1972.2.10）	真華法師主持皈依
1972.2.12	吳永猛 陳清香	周宣德	—	《菩提樹》第 232 期（1972.3.10）	—
1973.9	李榮輝 陳資織	李炳南	臺北林森紀念館	《菩提樹》第 251 期（1973.10.8）	—
1975.9.21	黃天健 蔡淑華	明常法師	臺北市攝山精舍	《菩提樹》第 277 期（1975.12.8）	—

資料來源：綜合各佛教期刊而成

戰後臺灣的「反創價學會」運動

一、前言

日本殖民時代，傳入臺灣的日本佛教宗派共有七宗十二派，[1]而日蓮宗即是其中之一。法華宗系的佛教派別傳入臺灣，以日蓮宗為主，尚包括本門法華宗、顯本法華宗與顯正教會。其中以日蓮宗在臺較具發展性，其他各宗規模尚小，其在臺發展情況並不明朗。創價學會作為日蓮宗的分支，戰後臺灣佛教對他是十分陌生。然而在 1970 年代，臺灣佛教卻掀起一股反創價學會的浪潮，究竟是何原因？

整個「反創價學會」的運動，主要還是圍繞在當時的會長池田大作（1928-）身上，他是戰後推動「中（共）日邦交正常化」不遺餘力，1968 年提出的《日中邦交正常化倡言》，不僅在日本，受到右派及反共人士的圍剿，臺灣佛教界在戒嚴時期反共政策的影響下，也升起反池田、反創價學會、反公明黨的運動。

本文旨在探討 1970 年代臺灣佛教「反創價學會」的原因及其背後動機。

二、殖民時期的日蓮宗

日本殖民時代傳入臺灣的日蓮宗屬中山派（中山門流），[2]除了在臺北市建立最高布教中心——臺灣開教司監部（法華寺）外，還分別在基隆、新竹、臺中、嘉義、高雄至少建立五座布教所，並以臺北法華寺作為日蓮宗臺灣開教司監部。

---

[1] 江木生，〈內地佛教の臺灣傳來と其現勢〉，《南瀛佛教》15 卷 2 期（1937 年 2 月），頁 19。

[2] 〈改稱批露〉，《臺灣日日新報》（1917 年 11 月 25 日），7 版。中山門流（なかやまもんりゅう）是屬日蓮系各宗派中之一派，指的是繼承曾為護持日蓮有力檀越、即後來出家的門人日常法脈的法華經寺（總本山）及其末寺的總稱。古時稱若宮門徒，作為中世到近世以來所使用的總稱，另外也稱日常門流。

　　日蓮宗來臺開教始於明治 28（1895）年的從軍布教師，當時派遣武田宣明、久保要瑞二師；明治 29 年 6 月，一般開教正式展開，派遣渡邊英明、佐野是秀前來交替。[3]約在同（1896）年 6 月間，曹洞宗的佐佐木珍龍（1865-1934）、鈴木雄秀等人，在臺北西門館二町目設立佛教會館，作為日本佛教來臺開教師聚會的場所，每週六、日舉行演講，除曹洞宗佐佐木、鈴木外，其他各宗開教師有：淨土宗橋本定幢、真言宗小柴豐嶽、真宗紫雲玄範、實行教大教正北條三野夫，以信徒身份參加的有：日蓮宗的內藤無一庵。[4]曹洞宗佐佐木、鈴木身先士卒，集合各宗僧侶，以及菊地慶治郎、鹿山豐、內藤無一庵、小躓和夫等有志之士，創立「大日本臺灣佛教會」，目的是「開放自家信仰之志念，維持社會道德，進而開導本島人」，已有三百人入會，預計同（1896）年 7月 21 日舉行成立大會。[5]該會草創只見日蓮宗信徒內藤無一庵，未見渡邊與佐野等相關布教師入會。

　　1896 年 10 月，甲斐本耀與同宗布教師來臺，建立說教所及清正堂。[6]當時甲斐帶來「南無妙法蓮華經」的旗子一面在臺北樹立，當臺北布教打下基礎之後，1898 年 8 月，他經海陸來到澎湖的媽祖宮布教；[7]1897年，物色艋舺八甲街建築用地，於新起（橫）街設臨時布教所。[8]1898

---

[3] 〈臺北の寺院　日蓮宗臺北布教所〉，《臺灣日日新報》（1910 年 2 月 27 日），7 版。另參見江木生，〈內地佛教の臺灣傳來と其現勢〉，《南瀛佛教》15 卷 2 期，頁 19。

[4] 〈日本佛教會堂の嚆矢〉，《臺灣新報》（1896 年 7 月 16 日）。實行教是源於江戶時代的富士信仰，是日本山岳信仰的一環。16 世紀後半，透過「富士講」的開山長谷川角行（1541-1646），開始了信仰教義的組織性開展。「富士講」驚人的發展是在 18 世紀後半，身祿派第八代江戶淺草的雕刻師伊藤參行（1746-1809）著《四民の卷》，倡四民平等，讓富士信仰具思想性的展開，身祿派的影響及富士派之大半。幕末，身祿派商人出身的小谷祿行三志（1765-1841），以江戶北郊的農村為中心，向全國農村提倡以實踐道德為中心的「不二道」，而實行教就是從「不二道」的教義中衍生出來的。幕末，奉行不二道的柴田咲行花守（1809-1890）進入小谷祿行之門，到全國各地傳教，明治維新之後，柴田創立不二道實行派，與祿行之子小谷川兵衛的不二道孝心講分裂。實行派順著政府的神道國教化政策。強烈傾向以天皇為中心的國家主義，1882 年從神道事務局獨立，即是實行教。參見日・村上重良，《日本宗教事典》（東京：講談社，1989），頁 266-269。

[5] 〈大日本臺灣佛教會〉，《臺灣新報》（1896 年 7 月 16 日）。

[6] 〈日蓮宗新設布教所〉，《臺灣日日新報》（1898 年 5 月 28 日），2 版。

[7] 〈日蓮宗布教師來錫〉，《臺灣日日新報》（1898 年 8 月 5 日），3 版。

[8] 〈臺北の寺院　日蓮宗臺北布教所〉，《臺灣日日新報》（1910 年 2 月 27 日），7 版。

年，信徒吉岡、鷲谷等人聘請在新竹布教之渡邊英明來臺北艋舺新起（橫）街建日蓮宗布教所，該宗信徒二百餘名，在大稻埕有志發起人的奔走下，費千圓建立完成，[9]同（1898）年6月5日，新起（橫）街日蓮宗布教所自日本熊本迎來清正公（加藤清正，1562-1611）像，舉行遷座儀式。[10]1899年，新起（橫）街日蓮宗布教所遷移至八甲街（若竹町）；[11]1901年，佐野轉任新竹，渡邊師回日，由村上日普、赤井文勝取代；1905年末，由於新起（橫）街布教師赤井日蘇素行不修，信徒遠離，教勢日衰，日蓮宗布教所脫離前日蓮宗宗務院之管轄，成為千葉縣大本山法華經寺所轄，佐野是秀再度卓錫新起（橫）街日蓮宗布教所。[12]

1909年，市區重劃，新起（橫）街日蓮宗布教所廢除，於八甲街建立「日蓮宗布教所」（後來之法華寺），[13]並於1910年11月23日落成。[14]之後日蓮宗布教所啟動的建設是：1910年建寮房，大正9（1920）年建大殿，昭和6（1931）年新建牌位堂，並整修寮房及大殿。[15]

屬於中山派的八甲街日蓮宗布教所，自1906年5月，由佐野是秀開基以來，終於在1917年5月，獲總督府許可，准予登記為「南海山法華寺」。[16]

在1907年11月時，日蓮宗在臺共擁有臺北、新竹、臺南三座布教所，而臺北新起（橫）街日蓮宗布教所因為即將面臨市區重劃，已有建

---

[9] 〈日蓮宗新設布教所〉，《臺灣日日新報》，2版。
[10] 〈清正公遷座式〉，《臺灣日日新報》（1898年6月8日），4版。
[11] 徐壽，〈日蓮宗法華寺〉，《臺灣全臺寺院齋堂名蹟寶鑑》（臺南：國清寫真館，1932），無頁碼。
[12] 〈日蓮宗布教所〉，《臺灣日日新報》（1906年2月2日），5版。法華經寺（ほけきょうじ）是位於日本千葉縣市川市中山二丁目的日蓮宗大本山寺院。鎌倉時代應元（1260）年創立，為日蓮說法之地，鬼子母神的信仰深厚，也稱中山法華經寺，為日蓮宗祈禱的根本道場。參見日本 http://ja.wikipedia.org/wiki（日蓮宗）。
[13] 不著撰人，〈臺北の寺院　日蓮宗臺北布教所〉，《臺灣日日新報》（1910年2月27日），7版。
[14] 日・伊藤政重，〈日蓮宗布教所落成〉，《實業の臺灣》第16期（無出版日），頁38。
[15] 徐壽，〈日蓮宗法華寺〉，《臺灣全臺寺院齋堂名蹟寶鑑》，無頁碼。
[16] 不著撰人，〈改稱披露〉，《臺灣日日新報》（1917年11月25日），7版。

立大伽藍之計劃。[17]

　　1926 年 9 月，岡田榮源（1893-1943）任日蓮宗臺灣開教司監、臺北法華寺住持。岡田為日本岡山縣人，1893 年 6 月生於大阪，1918 年畢業於東京日蓮宗大學（立正大學），1920 年來臺前在朝鮮布教，1926 年任臺灣布教師。[18]1927 年兼宜蘭布教所主任；1943 年 6 月太平洋戰爭期間，岡田從日本回臺時，所搭的高千穗九誤觸水雷沈沒，因此喪生，他的法號為「僧正慈照院日惺上人」。[19]繼岡田之後任臺灣開教監督、臺北法華寺住持的是沖原龍進，時間為 1943 年 11 月。[20]

　　隨著日本戰敗離臺，日蓮宗也隨即消失在臺灣。1949 年國府來臺後，戒嚴體制禁絕一切外來宗教，日本佛教各宗無法在臺自由傳播。

三、戰後中國佛教會暨黨政對日本佛教宗派的態度

（一）中佛會對日本佛教僧侶的「界定」

　　日本殖民統治半世紀，1950 年中國佛教會（以下簡稱中佛會）在臺「復會」，距日本佛教離臺不過五年時間，但是，因為戰爭的關係，以大陸來臺緇素為主的中佛會，對日本佛教抱持高度的戒心，更對於日本僧侶「肉食妻帶」不以為然，也無法人承認其為「出家人」。

　　1955 年 1 月間，章嘉大師（1890-1957）以中佛會理事長身分發出〈真宗傳教師身份說明〉謂：[21]

　　（1）查日本建立之「淨土真宗」，教義既有其特異之點，教制尤與僧規相違異，在日本該宗傳教師，並不以出家自居，原屬無可厚非，而末流所及，則間有僧俗難分之嫌，遂致引起西方佛教徒之誤解，或認為日本真宗傳教師即為日本之比丘，則日本所稱之比丘，即為不持戒之僧

---

[17] 不著撰人，〈日蓮宗布教所會式〉，《臺灣日日新報》（1907 年 11 月 15 日），5 版。

[18] 徐壽，〈岡田榮源〉，《臺灣全臺寺院齋堂名蹟寶鑑》，無頁碼。

[19] 〈橫山日蓮宗館長代理來臺〉，《臺灣日日新報》（1943 年 6 月 25 日），2 版。

[20] 〈法華寺の晉山式〉，《臺灣日日新報》（1943 年 11 月 9 日），6 版。

[21] 章嘉，〈真宗傳教師身份說明〉，《人生》第 7 卷第 1 期（1955 年 1 月），頁 14。

人，或認為日本真宗所寓之政治性，超過於宗教性，最近以觀察者身份赴緬出席世佛第三次會議過臺訪問之美籍宗教徒即以此為言。

（2）臺灣佛教徒不無過去日本之淨土真宗人士在內，關於該宗傳教師身份問題，亟應有所明瞭免滋誤會。茲將日本東京西本願寺傳教師飛利浦‧查理‧愛德曼至錫蘭「佛教世界社」一函，摘錄如左：

「日本真宗並無僧侶、比丘、教士等職名，傳揚該宗之本願寺傳教師，皆係佛教講師，並不自稱僧人，有名之親鸞上人，亦係脫離僧侶生活而返俗作居士，以居士身傳教。日本比丘亦如西方佛教徒之嚴持佛戒，住持佛戒，至本願寺派之傳教師，則並非破戒之結婚比丘，不可作此想」。

（3）右項希即查照並轉知所屬各會員為盼。

（4）本件副本抄呈內政部，並送內政部社會司、民政司、省政府、民政廳、社會處即各佛教刊物社。

從上述章嘉大師的說明函件可知，在中佛會的認定上，真宗傳教師並非「僧侶」而是「居士」，如此以來，更遑論從日蓮宗教團分裂出來的創價學會，完全是在家人身分在運作。

戒嚴時期（1949-1987）禁止外來宗教，但是在 1990 年正式成立法人化之後的「臺灣創價學會」，宣稱在臺弘教從 1962 年開始。[22]如果此言為真，當時創價學會的傳教當屬「非法」。

（二）正眼看待「創價學會」

戰後日本佛教各宗在解嚴前（1987）並沒有公開在臺活動紀錄，雖然如此，七十年代由於創價學會池田會長的「親共」，以中佛會為首的佛教各界展開對日蓮教、創價學會、公明黨三合一的批判。

其實，在 1968 年池田大作提出的《日中邦交正常化倡言》之前，臺灣佛教界對「創價學會」並無特殊好惡，直到以「創價學會」成員為

---

22 《臺灣創價學會‧創立宗旨》（http://www.twsgi.org.tw/intro.php?level1_id=2&level2_id=3，2017.8.31 瀏覽）。

班底的公明黨積極推動與中共建交後，臺灣佛教界才展開嚴厲的反擊。
1962 年 7 月 11 日，《覺世》旬刊轉載《中央日報》刊出〈簡介創價學
會〉時，當時黨政態度十分中立：

> 這個團體是怎樣發展起來的呢？說起來，才不過三十年間的事，
> 而實際的進展，係在最近七年之間。在三十年前，東京某小學校
> 長牧口常三郎，因研究哲學上的價值論和佛教中的「日蓮宗」非
> 常接近，乃把兩者結合起來，創立了一個所謂「價值創造學說」，
> 意謂人世間的善惡、美醜、真偽都是根據自己的價值以為判斷。
> 故人生而病老死苦，固屬煩惱，但如看穿了，則「煩惱即是菩提，
> 生死即是涅槃」。這種「現世樂土」的觀念，原是七百年前日蓮
> 和尚的教條。[23]

「創價學會」拿這位古人來象徵日本民族精神，其對於徬徨失意的
主婦、青年，可能發生了相當影響。然而「創價學會」的迅速發展，主
要還是靠了它的組織技術和宣傳教育方法。它採取軍事編組方式，把全
國學員組織為橫的陣營，以及縱的班連、支部、總支部、地區支部等，
每一學員必須服從組長，每月每週必須參加各種會議，談話、討論、說
服。對於異教，他們採取「折伏」的戰術，意即徹底破壞其固有的思想
觀念，然後收降之。

此簡介主要介紹創價學會的發展方式，並沒有任何價值判斷，又
說：「何以一個現代國家的日本，居然讓這樣的宗教團體向國會堂堂進
軍，而且每戰皆捷，全部當選，儼然成為參院的第三黨，這真是有些不
可思議。但如果我們想到戰後日本社會的變化，則在青黃不接的蛻變過
程中，種種奇異的現象產生，並非不可能的事。」[24] 雖對宗教團體進軍
國會有所質疑，但也沒有評論。

中國佛教在晚清民國以來，受到「廟產興學」的諸多衝擊，組織佛
教會與政府周旋，僧侶參政之議甚囂塵上，雖然太虛法師（1890-1947）

---

23 〈簡介創價學會〉，《覺世》第 186 期（1962 年 7 月 11 日），第 1 版。
24 〈簡介創價學會〉，《覺世》第 186 期（1962 年 7 月 11 日），第 1 版。

力主「議政而不干政」，但是並不是完全獲教界認同。

　　戰後臺灣佛教，許多佛教徒其實並不反對走入國會，《覺世》旬刊繼 7 月 11 日轉載之後，7 月 21 日再次討論「創價學會」表示：

> 日本佛教界之組織政黨，滲入民主政壇，本為形勢所趨，不足為奇。但在整個世界來說，佛教之組織政黨，「干政而不干治」，日本則為第一個國家。……我們對日本佛教能利用莊嚴的宗教教義，與嚴密的組織方法，提出有力而具體的號召，迅速而普遍地野火燎原，在地方議會及中央議會，獲得極多席次，穩紮穩打，一帆風順，獲得國民的大力支持，而成為日本第三大黨，其政治前途，實不可忽視！
>
> 返視我國，佛教是否要效顰日本，那倒不關緊要。而應該效法的是：日本佛教徒那一股精神與志氣！最低限度，佛教徒面對現實，應有勇氣承認自己這個佛教徒的身份，而不適扭扭捏捏，躲躲藏藏；即使是比丘參政，亦是行使其「基本人權」，與人何異？
>
> 質此，當世界潮流所趨，宗教徒參政，應該是值得鼓勵、支援的；而不是揶揄、諷刺與卑視的時候了！[25]

　　從這裡可知，六十年代初臺灣佛教界對「創價學會」並無特定立場，「創價學會」成功打入政壇，反而部分鼓舞了佛教界，認為「值得鼓勵、支援的」。但是，好景不常，直到 1968 年，「創價學會」會長池田大作提出的《日中邦交正常化倡言》，並利用公明黨在國會倡議中共加入聯合國後，臺灣佛教界才「怒目以對」。

四、池田大作與公明黨

　　1947 年，池田大作（1928-）參加了創價學會舉辦的一個小型座談會，頭一次聽到當時會長戶田誠聖（1900-1958）的談話。當時，雖然池田對於宗教思想感到懷疑，但他寫道：「在戰爭時期，他曾跟剝奪了日本國民自由與權利，狂熱推動對外侵略戰爭的軍部勢力進行了不撓的

25　〈日本的創價學會〉，《覺世》第 187 期（1962 年 7 月 21 日），第 1 版。

戰鬥,為此而繫獄達二年之久,但始終堅貞不屈。因此,他說出的話語是那麼踏實和富有份量。『這個人值得信賴!』直覺這樣地告訴我!」、「我決定,一生追隨戶田向他學習。」[26]

1960 年 5 月,在戶田城聖逝世兩年後,32 歲的池田就任「創價學會」第三任會長。[27]池田出任會長後,積極展開「創價學會」的運作,並在 1964 年 11 月創立公明黨。事實上,1956 年 7 月,第二任戶田會長任內,「創價學會」首度在國會選舉中推出候選人,並獲得三個席位。[28]

1968 年池田提出《日中邦交正常化倡言》時,恐怕臺灣政教二界已在注意公明黨的政治動向,果不其然,1970 年 3 月,公明黨成員訪問大陸,成為「中日」建交的搭橋者,池田回憶道:

> 我在 1968 年提出的《日中邦交正常化倡言》的基本精神亦與此同出一轍。兩國人民才是真實的,只有將觀點放在「民眾與民眾」而不是「國家與國家」之間,才能突破現狀。我的倡言受到猛烈抨擊。有些人批評:「宗教領袖何必要繫『紅領帶』。」時值 1970 年 3 月,政治家松村謙三先生力勸我一同去中國。我回答他:「感謝您的美意,但我是個宗教家,而創價學會又是個佛教團體。復交要在政治層面解決。我會請我創辦的公明黨人員訪華。」他說:「有關池田會長與公明黨的事,我會一一秉告周總理。」周總理信賴公明黨,託付以恢復日中邦交的搭橋工作,身為創黨人的我來說,是個永垂不朽的榮譽。[29]

1968 年,池田提出《日中邦交正常化倡言》之後,不僅觸怒日本國內右派,也引起臺灣佛教的反彈:

---

[26] 《池田大作中文網・值遇人生之師》(http://www.daisakuikeda.org/cht/zhou-en-lai.html,2017.9.9 瀏覽)。

[27] 《池田大作中文網・值遇人生之師》(http://www.daisakuikeda.org/cht/zhou-en-lai.html,2017.9.9 瀏覽)。

[28] 《池田大作中文網・年表》(http://www.daisakuikeda.org/cht/zhou-en-lai.html,2017.9.13 瀏覽)。

[29] 《池田大作中文網・中國周恩來總理》(http://www.daisakuikeda.org/cht/zhou-en-lai.html,2017.9.9 瀏覽)。

1968 年，池田在一場有一萬數千名大學生出席的會議上發表演講，建議日中關係正常化。在當時，日本與中國正處於敵對的立場，反中及反共的情緒瀰漫於日本社會。池田的倡言遭到強烈的批評，他還受到來自右翼份子的生命威脅。儘管如此池田仍然堅持，和中國維持和平關係，是讓亞洲區域穩定的關鍵。他還主張重新接納中國進入國際社會，強調那是建立世界和平的根本條件。他的倡言敞開了日中友好的門扉，促成日本與中國在政治層面上一連串的交流活動，也為後來兩國邦交的恢復鋪路。[30]

1970 年 3 月，《日中邦交正常化倡言》化為具體行動，公明黨成員訪問中國大陸，推動與中共建交進程。臺灣佛教界一改過去「中立」立場，開始在佛教媒體批判「創價學會」。應該說，以中國佛教會為首的臺灣佛教界，一反對於「創價學會」及池田大作「中立」立場，轉而展開大規模的批判，乃是其「親共」立場，這無疑衝擊「反共‧戒嚴」體制下的臺灣政教二界。

五、藤原弘達的《創価学会を斬る》

（一）藤原之反「創價學會」與公明黨

1970 年 8 月，《菩提樹》月開始連載由署名「友仁」者翻譯日本反創價學會的藤原弘達（1921-1999）新著《創価学会を斬る》，譯名為《筆斬創價學會》，自第 213 期至 235 期，幾乎達二年之久。

藤原弘達，日本的政治學者、評論家。出生於廣島尾道市。求學歷程學為第六高等學校、1945 年東京大學法學部畢業。師事丸山眞男（1914-1996），先是任教於明治大学，之後成為政治評論家、政治學博士。關於藤原反創價學會、公明黨，最後出版《創価学会を斬る》過程如下：[31]

　　藤原自 1962 年起開始指出創價學會的問題點後，藤原即不斷收到創價學會信徒激烈的抗議函件。但是，藤原的言論並未有所退縮，不論總本山或創價學會本部是否看到，他投稿到創價學會相關出版社發行的雜誌（《潮》），並出席講演會以懷柔策略為中心。

　　1964 年，池田成立了公明黨，目的是「政黨把原本無黨派的創價學會候選人歸為一體，讓他們得以在日本政治結構中，發揮更大的影響力，以便有效地順應民心，為民施政。」[32]與此同時，藤原也開始進行對學會會員的實證調查，也與創價學會幹部會面談話。之後，原學會會員植村左內、隈田洋（筆名福島泰照）等所著批判創價學會的書，受到來自創價學會的阻擋而無法出版。在藤原方面，雖然不再出現於媒體上，但在飽受被剝奪教授地位的中傷和批評聲中，他升等教授。藤原在《新評》雜誌（新評社）寫下「公明黨七大罪狀」的論評，對此，前述的壓力接踵而至，該雜誌發行後，廣告代理商等縮手，面臨壓力。[33]

　　1969 年 8 月，藤原批判創價學會與公明黨政教一體的《創価学会を斬る》出版廣告出來不久，公明黨中央幹部藤原行正及當時「聖教新聞社」骨幹秋谷榮之助等要求中止出版、修正內容，但被以「妨礙言論」拒絕。之後，受當時公明黨委員長竹入義勝委託，時任自民黨幹事長的田中角榮（1918-1993），兩度要求停止出版或修正，但被拒絕，且堅決出版。[34]

　　公明黨・創價學會方面的這個動作成為眾矢之的，其妨礙言論、出版自由（「言論出版妨害事件」）被大眾媒體及國會大肆披露，飽受社會

（http://dictionnaire.sensagent.leparisien.fr/%E8%97%A4%E5%8E%9F%E5%BC%98%E9%81%94/ja-ja/，2017.9.14 瀏覽）。

[32] 《池田大作中文網・創立公明黨》（http://www.daisakuikeda.org/cht/zhou-en-lai.html，2017.9.14 瀏覽）。

[33] 〈藤原弘達〉
（http://dictionnaire.sensagent.leparisien.fr/%E8%97%A4%E5%8E%9F%E5%BC%98%E9%81%94/ja-ja/，2017.9.14 瀏覽）。

[34] 〈藤原弘達〉
（http://dictionnaire.sensagent.leparisien.fr/%E8%97%A4%E5%8E%9F%E5%BC%98%E9%81%94/ja-ja/，2017.9.14 瀏覽）。

批評的創價學會會長池田大作只好公開道歉，最終並在制度上區隔創價學會與公明黨。池田並說：「如果可以的話，日後願向相關人士道歉」。

　　1969 年 11 月，《創価学会を斬る》正式在日新報道出版。為回應各界輿論的壓力，1970 年 5 月 3 日，創價學會禁止公明黨黨員兼任學會幹部，並重申公明黨完全的自主地位。[35]但藤原並不打算放過創價學會及公明黨 ，1985 年 10 月再出版《創価学会・公明党をブッた斬る》（打死創價學會・公明黨）。[36]

　　由於池田會長公開發表「親共」言論，就在《創価学会を斬る》出版隔年的 8 月間，臺灣佛教傳媒開始批判「創價學會」，《菩提樹》月刊正式連載中譯的《創価学会を斬る》。

（二）《創価学会を斬る》的內容重點

　　作為政治學者、政治評論家的藤原認為：「想到日本政黨政治，民主政治的前途時，個人堅信，如果託辭迴避面對創價學會、公明黨存在的這個問題，日本的議會政治、民主政治，絕不可能有健全的發展。」[37]

（1）「權謀術數集團家」的指控

　　在本書〈第一部實態〉，以「可怕的創價學會本質—權謀術數集團家乎？」展開論述，認為創價學會「將社會的不滿對準政治，獨特的再以言教給予『加味料』這點上。」又說「創價學會可以說是，以那種戰後社會的精神上空白為土壤，急速成長作的一種不三不四（原文作「鬼

---

[35] 《池田大作中文網・年表》（http://www.daisakuikeda.org/cht/zhou-en-lai.html，2017.9.14 瀏覽）。

[36] 《amazomglobal》
　　（https://www.amazon.co.jp/%E5%89%B5%E4%BE%A1%E5%AD%A6%E4%BC%9A-%E5%85%AC%E6%98%8E%E5%85%9A%E3%82%92%E3%83%96%E3%83%83%E3%81%9F%E6%96%AC%E3%82%8B-%E8%97%A4%E5%8E%9F-%E5%BC%98%E9%81%94/dp/B00BDI8R1W，2017.9.14 瀏覽）。

[37] 日・藤原弘達著・友仁譯，〈筆斬創價學會（一）〉，《菩提樹》第 213 期（1970 年 8 月），頁 32。

子」）的信仰集團。」[38]情況是：

> 這種折伏行，加上他們所標榜的『王佛冥合』的一種宗教性哲學
> 政治，正因為精神的空白是以政治的空白──由戰敗及佔領所帶來
> 的政治空白為背景，所以發揮了雙重效果。因此日蓮正宗──創價
> 學會──公明黨是在宗教──折伏──加上政治三者的連關之下，在戰
> 後的特異精神上空白的社會，進行了如鏟土機的活躍，急速地完
> 成了莫明其妙的成長。[39]

以「折伏」敵人為基礎，並「利用」政治空白而產生的精神空白，
創價學會得到廣大的信仰，藤原表示「到底這個集團是以宗教及信仰為
目的，還是手段，抑或為達成和這些完全不同的一定目的，認為可以不
擇手段來進行強制活動乎？為目的不擇手段的權謀術數家集團的印
象，愈來愈濃厚。」[40]

（2）強調「政教分離」

藤原認為：「創價學會分號的公明黨，竟敢抹殺這個近代國家的大
原則，無非是以獲得政權為目的所結成的政黨。」[41]在前次眾議院選舉
時，公明黨囊括了二十五名新議員，但在池田的權威性一言下，更換了
所有的幹部，藤原將之形容為：「可以比擬法皇的權威與皇帝的權威同
時存在的中古權威形態，創價學會會長就是法皇，公明黨的委員長等於
一個皇帝。」[42]

---

[38] 日‧藤原弘達著‧友仁譯，〈筆斬創價學會（一）〉，《菩提樹》第 213 期，頁 32-33。

[39] 日‧藤原弘達著‧友仁譯，〈筆斬創價學會（一）〉，《菩提樹》第 213 期，頁 32-33。

[40] 日‧藤原弘達著‧友仁譯，〈筆斬創價學會（一）〉，《菩提樹》第 213 期，頁 34。

[41] 日‧藤原弘達著‧友仁譯，〈筆斬創價學會（三）〉，《菩提樹》第 215 期（1970 年 10 月），頁 31。

[42] 日‧藤原弘達著‧友仁譯，〈筆斬創價學會（三）〉，《菩提樹》第 215 期，頁 32。

（3）宣布創價學會的「七大罪狀」

1.公明黨是創價學會罪孽的「私生子」：立場和共產黨極為相似。[43]

2.時代錯誤之罪：以日蓮未完成的宗教改革，硬框套在現代社會。暗喻公明黨具有像希特勒所言，黨員盲目服從才能成為政黨的力量的特質。[44]

3「詛咒」他人之罪：對他人沒有寬容性，乖僻成性的意識之罪。將「邪宗」信徒之死，認為是「罰」，嚴重冒犯「人的尊嚴」。[45]

4.蠱惑人的八方美人之罪：公明黨政策大部分是討好大眾。揚棄對立創造高次元的想法，並非公明黨獨有，並不稀罕。[46]

5.思考停止、愚民化誘導之罪：國家社會觀念極為淡薄，傾向於個人家庭主義。[47]

6.不合理的「虛業」過於興隆之罪：合理的實業被創價學會「虛業」形態所擾亂而不興。[48]

7.扶強鋤弱之罪：對強者擺出柔軟姿態，對弱者採取強硬態度。[49]

藤原批判創價學會與公明黨的核心理念，其實還是在「政教分離」，並堅決主張「解散以政黨形態的公明黨，回復其公民政治聯盟的組織」，這一點最終還是迫使池田在 1970 年 5 月 3 日，創價學會禁止公明黨黨員兼任學會幹部，並重申公明黨完全的自主地位。

在《創価学会を斬る》的結論，藤原如此說：「他們以御本尊崇拜的日蓮的偉大處，就是在於對所謂鎌倉幕府政權的抵抗。然而，目前的

---

[43] 日・藤原弘達著・友仁譯，〈筆斬創價學會（四）〉，《菩提樹》第 216 期（1970 年 11 月），頁 28-29。

[44] 日・藤原弘達著・友仁譯，〈筆斬創價學會（四）〉，《菩提樹》第 216 期，頁 29-31。

[45] 日・藤原弘達著・友仁譯，〈筆斬創價學會（四）〉，《菩提樹》第 216 期，頁 32。

[46] 日・藤原弘達著・友仁譯，〈筆斬創價學會（五）〉，《菩提樹》第 217 期（1970 年 12 月），頁 32-33。

[47] 日・藤原弘達著・友仁譯，〈筆斬創價學會（五）〉，《菩提樹》第 217 期，頁 31-33。

[48] 日・藤原弘達著・友仁譯，〈筆斬創價學會（六）〉，《菩提樹》第 218、219 期合刊（1971 年 2 月），頁 38-39。

[49] 日・藤原弘達著・友仁譯，〈筆斬創價學會（六）〉，《菩提樹》第 218、219 期合刊，頁 39。

創價學會、公明黨的姿勢，到底有沒有真正和權力對抗的姿勢呢？又有沒有向權力展開真正尖銳的批判呢？更有進者，有沒有向著透過對權力的批判使國民大眾更加有力量的方向邁進呢？我想並沒有。倒是一部分野心家再利用御本尊，利用學會組織，利用大眾而已。」[50]

藤原以一位政治學者及政治評論家的立場，主張解散公明黨，最低限度則必須「政教分離」，這是政治學立場，並非政治意識形態。而臺灣政教二界的立場則不然。

六、臺灣佛教對「創價學會」批判的主軸

（一）「創價學會」在臺活動

前述，隨著臺灣在 1987 年 7 月 15 日「解嚴」，「創價學會」於 1990 年正式成立法人化，並登記為「臺灣創價學會」，該會宣稱在臺弘教從 1962 年開始，當時情況是，以「創價學會」名義擬設立一個全國性人民團體，其宗旨在發揚日蓮教的精神，但因「排斥佛教及其他宗教，目的在分化臺胞」，而被批駁未准，只好轉入地下秘密活動，嗣經政府取締，一時曾銷聲匿跡，但不久又活動起來。[51]由於當時臺灣仍在「戒嚴時期」，故所有的外國宗教的傳教皆屬「非法」，因此「創價學會」只能秘密傳教，樂觀法師的回憶：

> 當民國五十二年十二月，我從緬甸回到臺灣來的時候，就聽說有一個日本日蓮教─創價學會，在臺灣秘密活動的消息。該教會的號召方法，大致有三：（一）入信日蓮教者，貧窮人可以致富。（二）患病者可以不藥而癒，且可以長生不老。（三）可免費去日本名勝地方遊歷。以此而為誘餌，使人不知不覺入其殼中，故無知老百姓多有信者。[52]

---

[50] 日・藤原弘達著・友仁譯，〈筆斬創價學會（六）〉，《菩提樹》第 218、219 期合刊，頁 32-33。

[51] 樂觀，〈憶往事・談今朝「日蓮教」〉，《海潮音》第 51 卷第 7 期（1970 年 7 月），頁 12。

[52] 樂觀，〈憶往事・談今朝「日蓮教」〉，《海潮音》第 51 卷第 7 期，頁 7。

其中第三點的「可免費去日本名勝地方遊歷」，另有說是「可免費赴日本富士山之大石寺朝聖」。[53]「創價學會」戒嚴時期在臺灣的傳教方式採取秘密方式應無疑義，其組織有十四個地方支部，五十二個總支部，三百八十四個支部及總支部，東南亞則設總支部於琉球（沖繩），下設琉球支部、香港支部、泰國支部、臺灣支部。[54]

在臺灣的活動共分九個地區、二十二個分區、七十九個小教區，信徒名冊可稽者約一千二百餘人，活動地點主要以臺北為中心。在全臺兩大教區中北部地區包括北投、萬華、臺北西區、和平地區及板橋、臺中兩分區；南部教區則分高雄地區（包括鼓山、大港、屏東）、高濱地區（包括新民、登山、鼓濱）、旗山地區，並各設地區部長，各地區又分為二至三個分教區（設班長、班擔），分教區以下更設有四至六個小教區，其中信徒本省籍佔百分之九十以上。[55]到 1969 年時，創價學會稱臺灣已有三萬會員。[56]

（二）接踵而來的批判

1969 年 6 月，《中國佛教》月刊開風氣之先，率先刊登批判日蓮宗的文章，並把「創價學會」與「鴨蛋教」（一貫道）等量齊觀。接著同年 8 月，《菩提樹》開始連載藤原弘達的《創価学会を斬る》中文譯文，與此同時，其他佛教刊物不約而同地跟進，如《獅子吼》也展開批判。當檢視這些批判創價學會的文章時，大致會發現背後濃厚的「反共意識形態」。其論點大致如下：

（1）陰謀集團論

認為宗教背後有政黨、政黨外貌是宗教，則宗教變成政黨工具，「這

---

[53] 正言，〈從鴨蛋教談日本的日蓮教〉，《中國佛教》第 14 卷第 10 期（1970 年 6 月），頁 4。
[54] 正言，〈從鴨蛋教談日本的日蓮教〉，《中國佛教》第 14 卷第 10 期，頁 4。
[55] 樂觀，〈憶往事・談今朝「日蓮教」〉，《海潮音》第 51 卷第 7 期，頁 12。
[56] 石陶庵，〈透視日本創價學會的陰謀（上）〉，《獅子吼》第 9 卷第 9 期（1970 年 9 月），頁 4。

種政黨與宗教狼狽為奸的組合體，在內企圖一黨專政，在外企圖併吞世界」，[57]「會員們藉獎勵向上組織密告某些會員的脫離組織，提供不受控制的情報，必須時，而加以制裁或嚴厲的警告跟處罰，形成鐵的紀律」；[58]「藉宗教滲透政治的企圖，不僅欲在其本國形成一種登峰造極之優勢力量，同時並有向『世界進軍』的野心；[59]「創價學會以『日蓮宗』名義在我自由中國宣傳，作為秘密政治陰謀勾當，無疑地，是國家一大禍患，是我佛教一大恥辱」；[60]「披著宗教外衣的幌子，而實幹共產黨陰謀，滲透到佛教團體」。[61]

（2）親共的宗教團體

「創價學會這種狂妄的政治野心，很明顯地是完全承襲日本軍閥故技的復魂運動」；[62]「這些政治野心家和共產黨一樣，趁社會上的病態心理，掘其泥而揚其波，大售其迷幻藥」：[63]「為×張目，主張共×入聯合國，與×貿易等，完全沒有正義感的一群國際勢力派，我們應當視為共×同路人，禁止其活動」：「創價學會等於共產黨的第五縱隊，莫以宗教視之」；[64]「（要日本政府）承認中（中國大陸）共偽政權，打開日關係，主張一個中國（指中國大陸）」；[65]「集希特勒的納粹主義，史達林的獨裁跟秘密組織，日本軍國主義之大成於一身」；[66]「以親共為政策的創價學會，其向

57　趙亮杰，〈對日本創價學會（日蓮教）之剖析〉，《獅子吼》第 9 卷第 8 期（1970 年 8 月），頁 5-6。

58　石陶庵，〈透視日本創價學會的陰謀（二續）〉，《獅子吼》第 9 卷第 10 期（1970 年 10月），頁 4。

59　正言，〈從鴨蛋教談日本的日蓮教〉，《中國佛教》第 14 卷第 10 期，頁 3。

60　樂觀，〈憶往事・談今朝「日蓮教」〉，《海潮音》第 51 卷第 7 期，頁 12。

61　石陶庵，〈透視日本創價學會的陰謀（續四完）〉，《獅子吼》第 9 卷第 12 期（1970 年 12月），頁 4。

62　石陶庵，〈透視日本創價學會的陰謀（上）〉，《獅子吼》第 9 卷第 9 期（1970 年 9 月），頁 4。

63　趙亮杰，〈對日本創價學會（日蓮教）之剖析〉，《獅子吼》第 9 卷第 8 期，頁 5-6。

64　趙亮杰，〈對日本創價學會（日蓮教）之剖析〉，《獅子吼》第 9 卷第 8 期，頁 7。

65　石陶庵，〈透視日本創價學會的陰謀（上）〉，《獅子吼》第 9 卷第 9 期，頁 4。

66　石陶庵，〈透視日本創價學會的陰謀（二續）〉，《獅子吼》第 9 卷第 10 期，頁 3。

本省積極滲透的目的何在，真可說是『司馬昭之心』，路人皆知了！」[67]「該會向以所謂『新社會主義社會』、『世界和平新秩序』為標榜，雖然我們對上述口號的涵義未盡明瞭，但該會已多次顯示其立場及行動極為左傾，並已公開作親x論調之宣言，是項宣言並已作為『公明黨』政策」；[68]「日本有識之士早已指出該會思想左傾，將來必成為共產黨幫兇……『創價學會』自始即為共x之同路人，實已不容否認」；[69]「自當更不允許一個變了質，而且親共的宗教團體向我們反共基地—臺灣滲透，這顯然與我們的國策相違背的」；[70]「他們完全採取共產黨的諜報組織滲透政策」。[71]

（3）「迷信」、「邪教」組織

「彼日蓮者，盜法叛教，別立門戶，散佈邪說」；[72]「創價學會，認一切宗教是邪教，毫無價值，只有他們才是『創造人生的真價值』的唯一的真宗教」；[73]「民主國家對宗教信仰是自由的，但是，我們不能允許一個蠱惑人民以自肥的迷信信仰的存在」；[74]「日本邪教『創價學會』，是由『日蓮教』蛻變而來假借佛教為幌子，背後則有著可怕的政治陰謀集團」。[75]

雖然，對日蓮教、創價學會，乃至池田的指控有以上三端，但是真正的導火線是他在 1968 年 9 月 8 日於「第十一回創價學會學生部總會」的演講，涉及兩岸主權之爭的有三點（1）中（共）日國交正常化，並

---

67 正言，〈從鴨蛋教談日本的日蓮教〉，《中國佛教》第 14 卷第 10 期，頁 4。

68 正言，〈從鴨蛋教談日本的日蓮教〉，《中國佛教》第 14 卷第 10 期，頁 4。

69 樂觀，〈憶往事‧談今朝「日蓮教」〉，《海潮音》第 51 卷第 7 期，頁 11-12。

70 正言，〈從鴨蛋教談日本的日蓮教〉，《中國佛教》第 14 卷第 10 期，頁 4。

71 石陶庵，〈透視日本創價學會的陰謀（三續）〉，《獅子吼》第 9 卷第 11 期（1970 年 11 月），頁 16。

72 趙亮杰，〈對日本創價學會（日蓮教）之剖析〉，《獅子吼》第 9 卷第 8 期，頁 7。

73 石陶庵，〈透視日本創價學會的陰謀（上）〉，《獅子吼》第 9 卷第 9 期，頁 4。

74 正言，〈從鴨蛋教談日本的日蓮教〉，《中國佛教》第 14 卷第 10 期，頁 4。

75 不著撰人，〈日本邪教創價學會滲透美國的情況〉，《獅子吼》第 9 卷第 11 期（1970 年 11 月），頁 16。

主張由兩國內閣總理舉行會談；（2）協助中共進入聯合國；（3）推進與中國大陸貿易。[76]關於這個過程如前述。

池田所領導的「創價學會」，在推動與中國大陸建交上不遺餘力，這無疑給予當時已處於風雨飄搖的中華民國國際地位一記重擊，臺灣佛教之反「創價學會」，其主要原因亦在此。

七、結語

1895 年日蓮宗中山派隨從軍布教師入臺，1930 年，皈依日蓮宗的牧口常三郎與戶田城聖創立了創價學會前身—「創價教育學會」；1943 年，牧口與戶田被捕下獄，翌年，牧口病逝於獄中。戰敗前夕，戶田出獄，重建「創價教育學會」，並更名為「創價學會」，但作為日蓮宗分支，在日本殖民結束前未曾入臺。

1958 年戶田去世後，池田大作出任第三任會長。在 1968 年池田提出的《日中邦交正常化倡言》之前，臺灣佛教界對「創價學會」並無特殊好惡，直到以「創價學會」成員為核心的公明黨積極推動與中共建交後，臺灣佛教界才展開嚴厲的批判。

在 1968 年之前，臺灣佛教界對「創價學會」所知甚少，只有情治單位密切注意外來各種團體的活動，直到池田提出的《日中邦交正常化倡言》後，日蓮宗—創價學會—公明黨這種特殊組合成為眾矢之的，這是臺灣的「反共・戒嚴」體制下反應，不足為奇。半世紀後的今天來看待七十年代臺灣佛教界的「反創價學會」運動，諸多的「批判」充滿濃厚的意識形態，反倒是「創價學會」重要的反戰、反核武器的價值無人聞問，殊為可惜。

---

[76] 石陶庵，〈透視日本創價學會的陰謀（續四完）〉，《獅子吼》第 9 卷第 12 期（1970 年 12 月），頁 3。

徵引書目

一、原典、文獻

[日]性派,《黃檗開山普照國師年譜》卷下(刻版,編撰於 1684 年之後)。

[宋]贊寧,《宋高僧傳》卷 18,CBETA,T50,0822a03。

[宋]道原,《景德傳燈錄》卷 27,CBETA,T51,0433a04。

[元]念常,《佛祖歷代通載》卷 12,CBETA,T49,0587c14。

[元]覺岸,《釋氏稽古略》卷 3,CBETA,T49,0817c13。

[元]熙仲,《歷朝釋氏資鑑》卷 6,CBETA,X76,0193b17。

[元]如瑛,《高峯龍泉院因師集賢語錄》卷 7,CBETA,X65,0021b03。

[清]弘贊,《觀音慈林集》卷 3,CBETA,X88,0096b07。

[清]守一,《宗教律諸宗演派》卷 1,CBETA,X1667,0560a04。

[清]蔣毓英,《臺灣府志》(臺北:臺灣銀行經濟研究室,1967)。

[日]川口長孺,《臺灣割據志》(臺灣文獻叢刊第 1 種)。

[清]朱仕玠,《小琉球漫誌(卷 2)海東紀勝(上)》(臺灣文獻叢刊第 3 種)。

[清]黃叔璥,《臺海使槎錄》(臺灣文獻叢刊第 4 種)。

[清]姚瑩,《東槎紀略》(臺灣文獻叢刊第 7 種)。

[清]藍鼎元《東征集》(臺灣文獻叢刊第 12 種)。

[清],《治臺必告錄》(臺灣文獻叢刊第 17 種)。

[清]劉銘傳,《劉壯肅公奏議(卷 2)謨議略覆陳撫番清賦情形摺》(臺灣文 獻叢刊第 27 種)。

[清]諸家,《臺灣雜詠合刻》(臺灣文獻叢刊文叢第 28 種)。

[清]唐贊袞,《臺陽見聞錄》(臺灣文獻叢刊第 30 種)。

[清]倪贊元《雲林縣采訪冊》(臺灣文獻叢刊第 37 種)。

[清]吳德功,《戴施兩案紀略》(臺灣文獻叢刊第 47 種)。

不著撰人,《安平雜記》(臺灣文獻叢刊第 52 種)。

[清]不著撰人，《嘉義管內采訪冊》（臺灣文獻叢刊第 58 種）。

[清]江日昇，《臺灣外記》（臺灣文獻叢刊第 60 種）。

[清]鄭鵬雲、曾逢辰纂輯，《新竹縣志初稿》（臺灣文獻叢刊第 61 種）。

[清]高拱乾，《臺灣府志》（臺灣文獻叢刊第 65 種）。

[清]范咸，《重修臺灣府志》（臺灣文獻叢刊第 66 種）。

[清]徐幹學，《清一統志臺灣府》（臺灣文獻叢刊第 68 種）。

[清]盧德嘉，《鳳山縣采訪冊》（臺灣文獻叢刊第 73 種）。

[清]劉良璧，《重修福建臺灣府志》（臺灣文獻叢刊第 74 種）。

[清]不著撰人，《天妃顯聖錄》（臺灣文獻叢刊第 77 種）。

[清]林焜熿，《金門志》（臺灣文獻叢刊第 80 種）。

[清]陳壽祺纂、魏敬中重纂，《福建通志臺灣府》（臺灣文獻叢刊第 84 種）。

[清]陳淑均，《噶瑪蘭廳志》（臺灣文獻叢刊第 92 種）。

臺灣銀行經濟研究室，《新竹縣制度考》（臺灣文獻叢刊第 101 種）。

臺灣銀行經濟研究室，《欽定平定臺灣紀略》（臺灣文獻叢刊第 102 種）。

[清]陳文達，《臺灣縣志》（臺灣文獻叢刊第 103 種）。

[清]胡建偉，《澎湖紀略》（臺灣文獻叢刊第 109 種）。

[清]王必昌，《重修臺灣縣志》（臺灣文獻叢刊第 113 種）。

[清]蔣鏞，《澎湖續編》（臺灣文獻叢刊第 115 種）。

[清]余文儀，《續修臺灣府志》（臺灣文獻叢刊第 121 種）。

[清]陳培桂，《淡水廳志》（臺灣文獻叢刊第 124 種）。

連雅堂，《臺灣通史》（臺灣文獻叢刊第 128 種）。

[清]謝金鑾，《續修臺灣縣志》（臺灣文獻叢刊第 140 種）。

[清]周鍾瑄，《諸羅縣志》（臺灣文獻叢刊第 141 種）。

[明清]張蒼水，《張蒼水詩文集》（臺灣文獻叢刊第 142 種。

臺灣銀行經濟研究室，《新竹縣采訪冊》（臺灣文獻叢刊第 145 種。

[清]王瑛曾，《重修鳳山縣志》（臺灣文獻叢刊第 146 種）。

[清]許南英，《窺園留草》（臺灣文獻叢刊第 147 種）。

臺灣銀行經濟研究室，《臺灣私法物權編》（臺灣文獻叢刊第 150 種）。

臺灣銀行經濟研究室，《臺灣中部碑文集成》（臺灣文獻叢刊第 151 種）。

[日]川口長孺，《臺灣割據志》（臺灣文獻叢刊第 156 種）。

[清]陳淑均，《噶瑪蘭廳志》（臺灣文獻叢刊第 160 種）。

[清]林豪原纂、薛紹元訂補，《澎湖廳志》（臺灣文獻叢刊第 164 種）。

[清]陳培桂，《淡水廳志》（臺灣文獻叢刊第 172 種）。

[清]閩浙總督覺羅伍拉納題本，《臺案彙錄內集》（臺灣文獻叢刊第 176 種）。

[清]李元度，《清先正事略選》（臺灣文獻叢刊第 194 種）。

[清]章甫，《半崧集簡編》（臺灣文獻叢刊第 201 種）。

連雅堂，《雅堂文集》（臺灣文獻叢刊第 208 種）。

不著撰人，《野史無文》（臺灣文獻叢刊第 209 種）。

[清]吳桭臣，《臺灣輿地彙鈔·閩海偶記》，（臺灣文獻叢刊第 216 種）。

臺灣銀行經濟研究室，《臺灣南部碑文集成》（臺灣文獻叢刊第 218 種）。

[清]李桓撰，《清耆獻類徵選編》（臺灣文獻叢刊第 230 種）。

臺灣銀行經濟研究室，《清史稿臺灣資料集輯》（臺灣文獻叢刊第 243 種）。

[清]馮用、吳幅員編，《劉銘傳撫臺前後檔案·南府轉行巡撫劉銘傳具奏》，（臺灣文獻叢刊第 276 種）。

臺灣銀行經濟研究室，《臺灣詩鈔》（臺灣文獻叢刊第 280 種）。

[清]蔣元樞，《重修臺郡各建築圖說》（臺灣文獻叢刊第 283 種）。

[明清]孫承澤、張麟白、鄭經、鄭克塽等著，《臺灣關係文獻集零（16）·臺陽集》，（臺灣文獻叢刊第 309 種）。

[清]季麒光·李祖基點校，《蓉洲詩文稿選輯》（香港：香港人民出版社，2006）。

[清]沈之奇（撰）·懷效鋒、李俊（點校），《大清律輯註》（北京：法律出版公司，2000）。

二、專書

（一）中文

法雲寺，《觀音山法雲禪寺菩薩同戒錄》（苗栗：法雲寺，1928）。

鄭羅漢，《臺灣開元寺誌略稿》（臺南：開元寺，1930）。

鄭卓雲，《開元寺誌（略）目錄・歷代住持》（臺南：開元寺，1930）。

徐壽，《臺灣全臺寺院齋堂名蹟寶鑑》（臺南：國清寫真館，1932）。

張文進，《臺灣佛教大觀》（臺中：正覺出版社，1957）。

朱其昌，《臺灣佛教寺院庵堂總錄》（高雄：佛光出版社，1977）。

張漫濤主編，《中國佛教史論集・臺灣佛教篇》（臺北：大乘文化，1979）。

杜潔祥主編，《中國佛寺史志彙刊・黃蘗山寺志》卷 4（臺北：明文書局，1980）。

牧田諦亮著，索文林等譯，《中國近世佛教史研究》，《世界佛學名著譯叢》46 冊（臺北：華宇出版社，1985）。

何聯奎、衛惠林，《臺灣風土志》（臺北：中華書局，1989）。

蔡相煇，《北港朝天宮志》（雲林：北港朝天宮董事會，1989）。

楊國連，《台灣佛寺導遊（三）》（台北：菩提長青，1992）。

梁湘潤、黃宏介合編，《臺灣佛教史初編》，（臺北：行卯出版社，1993）。

黃文博・凃順從，《關仔嶺大仙寺》（臺南：臺南縣立文化中心，1995）。

許佩賢譯，《攻台見聞—風俗畫報台灣征討圖繪》（臺北：遠流出版事業，1995 年）。

闞正宗，《台灣佛寺導遊（五）》（台北：菩提長青，1996）。

《廈門抗日戰爭檔案資料》（廈門：廈大出版社，1997）。

龔顯宗主編，《沈光文全集及其研究資料彙編》（新營：臺南縣立文化中心，1998）。

溫國良編譯，《總督府檔案專題翻譯（二）宗教系列之一・臺灣總督府公文類纂宗教史料彙編（明治二十八年十月至明治三十五年四月）》（南投：臺灣省文獻委員會，1999 年）。

印順，《太虛大師年譜》（竹北：正聞出版社，2000）。

中天寺誌編輯委員會，《中天寺誌》（臺中：中天寺，2000）。

黃鼎松，《獅頭山百年誌》（苗栗：勸化堂，2000）。

曾吉連，《祀典臺南大天后宮志》（臺南：祀典臺南大天后宮管理委員會，2001 ）。

釋慧嚴，《台灣佛教史論文集》（高雄：春暉出版社，2003）。

臺南大天后宮管委會，《明朝寧靖王府邸祀典臺南大天后宮》（臺南：臺南大天后宮管委會，2005）。

郭金潤，《鎮瀾宮歷史風華》（大甲：鎮瀾宮，2005）。

廖武治監修，《新修大龍峒保安宮志》，（台北：保安宮，2005）。

梁華璜，《臺灣總督府的「對岸」政策研究》，（臺北：稻鄉出版社，2005）。

《太虛大師全集》（新竹：正聞出版社光碟版，2005）。

梁華璜，《臺灣總督府的「對岸」政策研究》（臺北：稻鄉出版社，2005）。

葛兆光，《西潮又東風：晚清民初思想、宗教與學術十講》（上海：上海古籍出版社，2006）。

李祖基點校，《蓉洲詩文稿選集・東寧政事集・出版說明》（香港：人民出版社，2006）。

黃運喜，《中國佛教近代法難研究（1898-1937）》（臺北：法界出版社，2006）。

戴天昭/著・李明峻/譯，《臺灣國際政治史》（臺北：前衛，2007）。

陳正茂、林寶琮、林世宗，《新編臺灣史》（臺北：新文京開發出版，2008）。

江燦騰，《臺灣佛教史》（臺北：五南出版社，2009）。

闞正宗譯，《甲午戰爭・臺灣篇（二）─《日清戰爭實記》編譯附劉永福抗日《草莽奇人傳》》（臺北：博揚文化，2014）。

闞正宗，《臺灣佛教一百年》（臺北：東大圖書，2015）。

林正芳，《宜蘭的日本時代（1895-1945）》（宜蘭：宜蘭縣立蘭陽博物館，2016）。

（二）日文

佐佐木珍龍，《從軍實歷夢遊談》（東京：鴻盟社，1900）。

佐倉孫三，《臺風雜記》（東京：國光社，1903）。

《鎮南紀念帖》，（臺北：鎮南山護國臨濟禪寺，1913）。

相良吉哉，《臺南州祠廟名鑑‧龍湖巖》（臺南：臺灣日日新報社，1933）。

大橋捨三郎，《真宗本派本願寺臺灣開教史》（臺北：真宗本派本願寺臺灣別院，1935）。

姉崎正治、比屋根安定，《現代日本文明史宗教史》第 16 卷（東京：東洋經濟新報社，1941）。

施德昌，《紀元二千六百年記念‧臺灣佛教名蹟寶鑑》（臺中：民德寫真館，1941）。

《明治百年記念佛教大年鑑》（東京：佛教タイムス社，1969）。

曹洞宗海外開教傳道史編纂委員会，《曹洞宗海外開教傳道史》（東京：曹洞宗宗務庁，1980）。

佐藤三郎，《近代日中交涉史の研究》，（東京：吉川弘文館，1984）。

中村孝志，《日本の南方關与と台灣》，（奈良：天理教道友社，1988）。

村上重良，《日本宗教事典》（東京：講談社，1989）。

「淨土宗海外開教のあゆみ」編集委員会，《淨土宗海外開教のあゆみ》（京都：淨土宗開教振興協會，1990）。

柏原祐泉，《日本仏教史近代》（東京：吉川弘文館，1990）。

小島勝‧木場明志，《アジアの開教と教育》（京都：法藏館，1992）。

菱木政晴，《淨土真宗の戰爭責任》（東京：岩波書屋，1993）。

中濃教篤，《天皇制国家と植民地傳道》（東京：ニチレン出版，1993）。

臺南州共榮會，《南部臺灣誌》（臺北，南天書局，1994）。

法政大學沖繩文化研究所編，《中国福建省琉球列島交涉史の研究》（東京：第一書房，1995）。

安岡昭男，《中国福建省琉球列島交涉史の研究》，（東京：第一書房，1995）。

陳繼東，《清末仏教の研究－－楊文会を中心として》（東京：山喜房，
　　　2003）。

三、期刊論文

（一）中文

諦閑，〈文苑・台灣五指山創興梵剎序〉《宏法社刊》第 5 期（1928 年
　　　12 月）。

仁厚，〈仁山法師小傳〉，《法海波瀾》第 1 期（1929 年 2 月）。

不著撰人，〈傳記・諦閑法師略傳〉《弘法特刊》第 1 期（1932 年 2 月）。

仁山，〈台灣毗盧寺碑銘〉《香海佛化刊》第 1 期（1932 年 3 月）。

江木生，〈內地佛教の臺灣傳來と其現勢〉，**《南瀛佛教》**，第 15 卷第 2
　　　號（1937 年 2 月）。

〈茂峰老法師傳略〉，《佛教時人彙誌》（1937 年 3 月，香港羅永強居士
　　　提供）。

綠珊盦，〈臺南黃檗寺僧與天地會八卦教〉，《臺南文化》 季刊第 3 卷 2
　　　期（1953 年 9 月）。

李添春，〈臺灣佛教史要〉，《中國佛教史論集（三）》，（臺北：中華文化
　　　出版事業委員會，1956）。

李添春，〈明末清初的臺灣佛教〉，《中國佛教史論集（八）臺灣佛教篇》
　　　（臺北：大乘文化，1979）。

〈清代臺南名宦柯耀南先生珍藏之手抄清律判例〉，載《臺南文化》新
　　　9 期（1980 年 6 月）。

鄭喜夫，〈清代在臺僧人錄（初稿）〉，《臺灣文獻》第 41 卷第 2 期（1990
　　　年 6 月）。

了中，〈紹隆佛種的茂峰老法師——賀東普陀建寺六十週年〉，《海潮音》
　　　第 74 卷 11 期（1993 年 11 月）。

黃啟江，〈宋太宗與佛教〉，《故宮學術季刊》12：2（1993 年冬季號）。

釋慧嚴,〈西來庵事件前後臺灣佛教的動向—以曹洞宗為中心〉,《中華佛學學報》,第 10 期（1997 年）。

松金公正,〈關於日據初期日本佛教從軍佈教使的活動—以淨土宗佈教使橋本定幢〈再渡日誌〉為例〉,《圓光學報》,第 3 期（1999 年 2 月）。

釋慧嚴,〈西來庵事件前後台灣佛教的動向—以曹洞宗為中心〉,《中華佛學學報》,第 10 期（1997 年）。

楊惠南,〈明鄭時期臺灣「名士佛教」的特質分析〉,《臺灣文獻》,53 卷 3 期（2002 年 9 月）。

楊惠南,〈明清時期臺灣佛教的神佛不分與三教同源〉,《臺灣文獻》,53 卷 3 期（2002 年 9 月）。

江燦騰,〈日據時期臺灣新佛教運動的先驅—「臺灣佛教馬丁路德」林德林的個案研究〉,《中華佛學學報》第 15 期（2002 年）。

黃啟江,〈泗州大聖僧伽傳奇新論 宋代佛教居士與僧伽崇拜〉,《佛學研究中心學報》第 9 期（2004 年 7 月）。

釋慧嚴,〈太虛、圓瑛二大師與臺灣佛教界〉《中華佛學學報》第 17 期（2004 年）。

蔡相煇,〈以李邕（673~742）〈泗州臨淮縣普光王寺碑〉為核心的僧伽（628~709）信仰考〉,《空大人文學報》第 14 期（2005 年 12 月）。

闞正宗,〈殖民後期日本臨濟宗的在臺布教－－以第八任總監高林玄寶的《布教監督巡教日誌》為中心〉,2006 年 5 月 13-14 日（現代佛教學會年會）。

王惠琛,〈臺灣南部寺廟中的僧侶神主牌位調查〉（一）,《媽祖與民間信仰：研究通訊（1）》（臺北：博揚文化,2012 年 6 月）。

吳嘉燕,〈九如三山國王廟的田野考察〉,《媽祖與民間信仰：研究通訊（1）》（臺北：博揚文化,2012 年 6 月）。

闞正宗,〈日僧佐佐木珍龍的臺灣開教—佛教曹洞宗在殖民初期（1895-1901）的活動〉,《圓光學報》,第 20 期（2013 年 6 月）。

吳疆,〈黃檗僧東渡斷絕考：十八世紀江戶幕府的唐僧招請〉,《漢語佛

學評論》第五輯（2017 年 10 月）。

（二）日文

日本外務省外交史料館收藏，〈後藤臺灣民政長官清國廈門及福州地方
　　へ出張一件〉（1900 年 4 月）。

小松吉久，〈噫後藤棲霞伯〉，《圓通》第 98 號（1925 年 1 月 15 日）。

王進瑞，〈開元寺緣起に就て〉，《臺灣佛教》第 21 卷第 4 號（1943 年 4
　　月）。

斎藤聖二，〈廈門事件再考〉，《日本史研究》第 305 期（1988 年 1 月）。

野世英水，〈真宗における從軍布教の歷史と役割〉《印度學佛教學研
　　究·》，第 41 卷第 2 號（1993 年 3 月）。

高蘭，〈日清戦後の対清国経済進出構想－－伊藤博文を中心〉，《日本
　　歴史》593 期（1997 年 10 月）。

胎中千鶴，〈日本統治期台湾における臨済宗妙心寺派の活動－－
　　1920-30 年代を中心－〉，《台湾史研究》第 16 號（1998 年 10 月）。

日・野川博之，〈台南黃檗寺考—古黃檗末寺の盛衰—〉，《黃檗文華》
　　第 122 號（2003 年 7 月）。

肥田路美，〈四川省夾江千仏岩僧伽・宝誌・萬迴三聖龕について〉，《早
　　稲田大学大学院文学研究科紀要》第 3 分冊（東京:早稲田大学大
　　学院文学研究科編，2012）。

四、學位論文

蘇秀鈴，《日治時期崇文社研究》（彰化：國立彰化師範大學中國文學教
　　育研究所碩士論文，2001）。

林麗珠，《戒殺放生文之研究—以蓮池大師為例》（國立花蓮師範學院碩
　　士論文，2003）。

劉慶宇，《清乾隆朝佛教政策研究》（東北師範大學博士論文，2008）。

闞正宗，《日本殖民時期臺灣「皇國佛教」之研究──「同化、教化、皇民化」下的佛教（1895-1945）》（國立成功大學博士論文，2010）。

錡啟弘，《以聖道之名：羅東文宗社與地方社會再造》（佛光大學歷史學系碩士論文，2014）。

五、報紙

《臺灣新報》（1896 年 7 月 16 日）-《臺灣日日新報》（1943 年 11 月 9 日）。

《臺灣民報》第 149 號（1927 年 3 月 20 日）。

六、雜誌

《日清戰爭實記》第 26 編（1895 年 5 月 7 日）~《日清戰爭實記》第 48 編（1895 年 12 月 27 日）。

《教海一覽》第 17 號（1898 年 3 月 26 日）-《教海一覽》第 20 號（1898 年 1 月 12 日）。

《佛教》，第 98 號（1896 年 1 月）。

《禪の生活》，第 7 卷第 8 號（1928 年 8 月）。

《圓通》第 98 號（1930 年 6 月）~《圓通》第 132 期（1933 年 5 月）。

《南瀛佛教》第 12 卷第 6 期（1934 年 6 月）~《南瀛佛教》第 14 卷第 12 期（1936 年 12 月）。

《海潮音》18 卷 6 號（1937 年 6 月）。

《人生》第 7 卷第 1 期（1955 年 1 月）。

《覺世》第 186 期（1962 年 7 月 11 日）~第 187 期（1962 年 7 月 21 日）。

《中國佛教》第 14 卷第 10 期（1970 年 6 月）。

《海潮音》第 51 卷第 7 期（1970 年 7 月）。

《菩提樹》第 213 期（1970 年 8 月）~第 218、219 期合刊（1971 年 2 月）。

《獅子吼》第 9 卷第 8 期（1970 年 8 月）~第 9 卷第 11 期（1970 年 11 月）。

《普門慈幼月刊》第 128 期（2011 年 9 月）。

七、網路

許介鱗，〈日本佛教團體如何為戰爭效勞〉，「許介鱗論說」網站（http://www.japanresearch.org.tw/Column/Column_Hsu_006.html，2006.7.5 瀏覽）。

〈茂峰法師略傳〉（http://wisdom.buddhistdoor.com/terrywong/page/2/，2009.10.25 流覽）。

〈謚號〉，http://zh.wikipedia.org/zh-tw（2010.12.6 瀏覽）。

〈千佛山東普陀講寺碑〉（http://bekemp.mysinablog.com/index.php?op=ViewArticle&articleId=3069635，2011.10.20 流覽）。

〈東普陀講寺〉（http://www.fushantang.com/1005c/e3027.html，2011.10.20 流覽）。

〈絡子環(らくすかん)、絡子(らくす)＞袈裟＞樂藏屋法衣店〉（www.kinranya.com/user/index.php?，2012.1.13 上網）。

《臺灣文藝叢誌》（彰化：崇文社，1928）http://catalog.digitalarchives.tw/item/00/59/41/81.html（數位典藏與學習聯合目錄，2012.6.13 瀏覽）。

心照不宣，〈黔城龍標山普明禪寺禪師傳〉（http://article.hongxiu.com/a/2004-4-9/348761.shtml，2012.7.22 瀏覽）。

〈大甲鎮瀾宮沿革說明〉（http://www.dajiamazu.org.tw/html/page01-2-1.html，2012.7.23 瀏覽）。

林曉君，〈福州泗洲文佛信仰初探〉

（http://hk.plm.org.cn/gnews/2009122/2009122100516.html，2014.8.27
瀏覽）。

《百度百科・全椒縣》（http://baike.baidu.com/view/157001.htm，2014.8.27
瀏覽）。

〈江陰古塔塔基下驚現「觀音舍利子」〉 ，《新華網 NEWS》
（http://big5.xinhuanet.com，2014.8.28 瀏覽）。

《中華詩詞網》，（http://www.haoshici.com/Libai8928.html，2014.10.23
流覽）。

《デジタル版 日本人名大辞典+Plus の解説》
（ http://kotobank.jp/word/%E5%B9%B3%E6%9D%BE%E7%90%86
%E8%8B%B1，2014.7.15 瀏覽）

張子文，《臺灣記憶・許林》
（http://memory.ncl.edu.tw/tm_cgi/hypage.cgi?HYPAGE=toolbox_figu
re_detail.hpg&project_id=twpeop&dtd_id=15&subject_name=%E8%8
7%BA%E7%81%A3%E6%AD%B7%E5%8F%B2%E4%BA%BA%E7
%89%A9%E5%B0%8F%E5%82%B3--%E6%98%8E%E6%B8%85%
E6%9A%A8%E6%97%A5%E6%93%9A%E6%99%82%E6%9C%9F
&subject_url=toolbox_figure.hpg&xml_id=0000295005&who=%E8%
A8%B1%E6%9E%97，2015.7.27 流覽）。

《興賢吟社先賢簡介・林田爵》
（ http://library.taiwanschoolnet.org/cyberfair2003/C0322500088/yinsh
e/s2-2.htm，2015.7.27 流覽）。

《林獻堂》
（http://library.taiwanschoolnet.org/cyberfair2001/C0112400335/main6
04.htm，2015.7.27 流覽）。

《國立臺灣文學館文學知識平台・彰化鹿港洪月樵》
（ http://www.nmtl.gov.tw/ikm/index.php?option=com_klg&task=ddeta
il&id=171&Itemid=238，2015.7.28 流覽）。

不著撰人，〈天台宗四十三世諦閑大師〉

（http://www.budaedu.org/doctrin/t15.php，2016.10.22 瀏覽）。

〈南陳宗親網・泉州開元寺〉

　　（http://www.nanchens.com/xqxx/xqxx27/xqxx27012.htm，2017.4.5
　　瀏覽）。

《臺灣創價學會》

　　（http://www.twsgi.org.tw/intro.php?level1_id=2&level2_id=3，2017.9.17
　　瀏覽）。

《池田大作中文網・日中關係》

　　（http://www.daisakuikeda.org/cht/zhou-en-lai.html，2017.9.17 瀏覽）。

《當代臺灣佛教文獻》

　　（　http://buddhism.lib.ntu.edu.tw/museum/TAIWAN/md.html#03　，
　　2018.4.26 瀏覽）。

許介鱗，〈日本佛教團體如何為戰爭效勞〉，收在「許介鱗論說」網站。

八、其他

蔡維斌，〈北港朝天宮傳說迎媽祖來台的和尚找到了〉，《聯合報》（2013
　　年 11 月 22 日），A26。

國家圖書館出版品預行編目資料

闞正宗臺灣史研究名家論集 / 闞正宗　著者. -- 初版. -
臺北市：蘭臺, 2021.06
　面 ；　公分. -- (臺灣史研究名家論集；3)
ISBN 978-986-06430-4-6(全套：精裝)

1.臺灣研究　2.臺灣史　3.文集

733.09　　　　　　　　　　　　　　　110007832

臺灣史研究名家論集 3

闞正宗臺灣史研究名家論集

著　　者：闞正宗
主　　編：卓克華
編　　輯：沈彥伶、陳嬿竹
封面設計：塗宇樵
出 版 者：蘭臺出版社
發　　行：蘭臺出版社
地　　址：台北市中正區重慶南路 1 段 121 號 8 樓之 14
電　　話：(02)2331-1675 或(02)2331-1691
傳　　真：(02)2382-6225
E—MAIL：books5w@gmail.com 或 books5w@yahoo.com.tw
網路書店：http://5w.com.tw/、https://www.pcstore.com.tw/yesbooks/
　　　　　https://shopee.tw/books5w
　　　　　博客來網路書店、博客思網路書店
　　　　　三民書局、金石堂書店
經　　銷：聯合發行股份有限公司
電　　話：(02) 2917-8022　　　傳　真：(02) 2915-7212
劃撥戶名：蘭臺出版社　　　帳號：18995335
香港代理：香港聯合零售有限公司
電　　話：(852)2150-2100　　　傳真：(852)2356-0735
出版日期：2021 年 6 月 初版
定　　價：新臺幣 30000 元整（套書，不零售）
ISBN：978-986-06430-4-6

《臺灣史研究名家論集》

這套叢書是研究台灣史的必備文獻！

　　這套叢書是兩岸台灣史的權威歷史名家的著述精華，精采可期，將是臺灣史研究的一座豐功碑及里程碑，可以藏諸名山，垂範後世，開啟門徑，臺灣史的未來新方向即孕育在這套叢書中。展視書稿，披卷流連，略綴數語以說明叢刊的成書經過，及對臺灣史的一些想法，期待與焦慮。

三編

尹章義、林滿紅、林翠鳳、武之璋、孟祥瀚、洪健榮、
張崑振、張勝彥、戚嘉林、許世融、連心豪、葉乃齊、
趙祐志、賴志彰、闞正宗

二編　ISBN：978-986-5633-70-7

9 789865 633707　30000

臺灣史名家研究論集二編（精裝）NT$：30000

尹章義、李乾朗、吳學明、
周翔鶴、林文龍、邱榮裕、
徐曉望、康　豹、陳小沖、
陳孔立、黃卓權、黃美英、
楊彥杰、蔡相輝、王見川

一編　ISBN：978-986-5633-47-9

9 789865 633479　28000

臺灣史研究名家論集（套書）　定價：28000

王志宇、汪毅夫、卓克華、
周宗賢、林仁川、林國平、
韋煙灶、徐亞湘、陳支平、
陳哲三、陳進傳、鄭喜夫、
鄧孔昭、戴文鋒

100台北市重慶南路一段121號8樓之14
TEL：(8862)2331 1675　FAX：(8862)2382 6225

E-mail：books5w@gmail.com
網址：http://5w.com.tw/